D1867113

Sri Aurobindo

Vorbote eines Neuen Zeitalters

Eine Einführung und Werkauswahl
von
Robert McDermott

Aquamarin Verlag

Titel der amerikanischen Originalausgabe:
»The Essential Aurobindo«
©The Lindisfarne Press
195 Main Street, Great Barrington
MA 01230, USA

Zitate aus dem Werk von Sri Aurobindo mit Genehmigung
des Sri Aurobindo Ashrams.

Für die Abdruckrechte der im Hinder & Deelmann Verlag
erschienenen deutschen Übersetzungen von Sri Aurobindo
sei an dieser Stelle dem Verlag herzlich gedankt.

Besonderer Dank gilt Herrn R. Hinder, der auch die Übersetzung der bisher nicht in deutscher Sprache vorliegenden
Texte besorgte.

Titelbild nach einem Photo des
© Sri Aurobindo Ashram Trusts
mit freundlicher Hilfe des Hinder & Deelmann Verlages.

Layout: Annette Wagner

1. Auflage 1991
©Aquamarin Verlag
Voglherd 1 · 8018 Grafing

Druck: Wiener Verlag, Himberg
Herstellung: P & P Lichtsatz GmbH, Grafing

ISBN 3-89427-004-7

16,95 DM ≙ 42,6 %

Sri Aurobindo: Vorbote eines Neuen Zeitalters

Für Sri Aurobindo

स महात्मा सुदुर्लभः

sa mahātmā sudurlabhaḥ

Solch große Seele ist schwer zu finden

(Bhagavad Gita, VII, 19)

Höherentwicklung ist das wahre Ziel der Menschheit

Dem Eintritt eines spirituellen Zeitalters muß das Erscheinen einer zunehmenden Anzahl von einzelnen vorausgehen, die nicht mehr mit dem üblichen intellektuellen, vitalen und körperlichen Sein des Menschen zufrieden sind, sondern erkennen, daß eine Höherentwicklung das wahre Ziel der Menschheit ist, und die versuchen, sich dieses Ziel zu setzen, andere zu ihm hinzuführen und es zum anerkannten Ziel aller Menschen zu machen. Soweit sie darin erfolgreich sind und in dem Maße, in dem sie diese Entwicklung voranbringen, wird die noch unverwirklichte Möglichkeit, die sie repräsentieren, zur aktuellen Chance der Zukunft.

Sri Aurobindo, Der Zyklus der menschlichen Entwicklung

Inhalt

Teil III – Auf dem Weg in ein spirituelles Zeitalter

TEIL IV – Epilog

Dank

Die ausgewählten Texte aus den Schriften Sri Aurobindos und der Mutter werden mit freundlicher Genehmigung der Mutter des Aurobindo-Ashrams wiedergegeben. Um die Fragen des Copyright und die damit verbundenen Probleme kümmerten sich vor allem André Morisset und Udar Pinto.

Während meiner Untersuchungen über Sri Aurobindo wurde ich von einer kleinen Schar von Schülern in Matagiri, Mount Temper (New York) unterstützt, vor allem durch Muriel Spanier und die Sachkenntnis von Eric Hughes.

Den Herausgebern von Cross Currents, Joseph E. Cunneen und William Birmingham, bin dich dafür dankbar, daß sie im Winter 1972 eine Sonder-Ausgabe über Sri Aurobindo veranstaltet und mich dazu ermuntert haben, meinen Beitrag dazu zu einem Buch auszuweiten. Ich danke auch Dr. Oscar Shaftel, Professor für Geisteswissenschaften am Pratt Institute und Herausgeber bei Schocken Books, für seine großzügige Hilfe.

Im Sommer 1972 durfte ich mithelfen, im ländlichen Teil des Staates New York eine durch Auroville inspirierte Erfahrungsgruppe aufzubauen. Zu ihr gehörten u. a. Bob Lawlor und Deborah Lee, die beide fünf Jahre lang in Auroville als Wegbereiter gewirkt hatten. Ihr Beispiel und ihr Einblick war von großem Einfluß auf meine Wertschätzung des Integralen Yoga als persönliche und als Gemeinschaftsaufgabe. Ähnlich hat mir Marjorie Spalding geholfen, klarer zu erkennen, welche transformierende Wirkung auf Menschen ausgeht, die sich der Lehre und Vision Sri Aurobindos und der Mutter überantworten.

Die Wahl der Auszüge und Einführungen ist, so hoffe ich, besser gelungen dank der hilfreichen Reaktionen von Studenten, denen ich Sri Aurobindo in Philosophie-Kursen am Manhattan-College und am Baruch-College der City University of New York nahegebracht habe. Zweifellos habe ich auch von den Diskussionen mit Kollegen profitiert, die wie ich an indischer Philosophie und Religion interessiert sind. Eine unvollständige Liste derer, denen ich mich verpflichtet fühle, enthält die Namen von Thomas Berry, Harry M. Buck, Haridas Chaudhuri, Eliot Deutsch, Thomas Hopkins, V. S. Naravane, H. Daniel Smith und Frederick J. Streng.

Wie stets stellte meine Frau, Ellen Dineen, ihre Arbeitskraft großzügig zur Verfügung, so daß ich meine Untersuchungen über Sri Aurobindo zu Hause, in Bibliotheken, während eines Sommerlagers und während zweier Reisen nach Indien durchführen konnte.

Vorwort

Sri Aurobindos „The Mind of Light“ (New York: E. P. Dutton, 1971) und Aufsätze, die aus Anlaß des hundertsten Geburtstages von Sri Aurobindo in Studenten-Zeitschriften und Nachrichten-Magazinen erschienen, fanden ein so positives Echo, daß man von einem dringenden Bedürfnis nach einer amerikanischen Ausgabe der wesentlichen Aussagen Sri Aurobindos sprechen kann. Die Empfänglichkeit dafür wurde mit ausgelöst durch die jüngste Welle von Begeisterung für indische Spiritualität. An ihr war positiv, daß sie die Notwendigkeit zu neuer spiritueller Unterweisung aufzeigte, negativ, daß sie es nicht vermochte, die echten Repräsentanten der indischen Tradition von bloßen Anbietern abgefeimten Unsinns zu unterscheiden.

Studierende und Suchende gleichermaßen werden in Sri Aurobindo einen echten Philosophen erkennen, der der natürlichen und der menschlichen Evolution verpflichtet ist, einen Yogi von unübertroffen spiritueller Kraft, einen Visionär mit tiefem Gespür für den historischen Prozeß und den Begründer einer weltweiten Bewegung, dessen Vermächtnis die von der Mutter geleitete und von der UNESCO geförderte Stadt Auroville mit einschließt. Die vier Abschnitte der vorliegenden Ausgabe entsprechen im wesentlichen den vier Komponenten von Sri Aurobindos Hinterlassenschaft. Sie beziehen sich erstens auf die systematische Philosophie Sri Aurobindos, besonders seine Theorie vom Menschen in der Evolution und seinen Begriff von der Wiedergeburt; zweitens auf seine spirituelle Lehre, die auf der Bhagavad Gita fußt und zu seinem System des Integralen Yoga weiterentwickelt wurde; drittens auf seine Schau der geschichtlichen und der spirituellen Entwicklung des Menschen und viertens schließlich auf die Instrumentalisierung dieser Vision durch die Mutter, seine geistige Mitarbeiterin, die nicht aufhörte, sich um die spirituelle Entwicklung mehrerer Tausend Schüler Sri Aurobindos in dessen Ashram, in Auroville und in anderen Teilen der Welt einschließlich Amerikas zu kümmern.

Entsprechend der unterschiedlichen Entwicklungsstufen und Perspektiven, von und in denen der Leser an dieses Werk herantritt, sind die Einführungen und Auszüge so angelegt, daß Sri Aurobindos Lehren dem Anfänger ebenso verständlich werden wie jenen, die bereits mit indischer Philosophie, Religion und Kultur vertraut sind. Die allgemeine Einführung versucht, Sri Aurobindo und die Mutter in einen für den westlichen Leser sinnvollen Zusammenhang einzuordnen. Sie wird ergänzt durch kurze erläuternde Artikel, die den vier Abschnitten vorangestellt werden. Das Glossar weist wichtige Namen und Begriffe aus. Die Bibliographie soll den Leser auf Bücher und Zeitschriften zu verwandten Themen hinweisen.

Die Vision einer transformierten Welt

Einführung von Robert A. McDermott

Politik und Yoga

Was Erik Erikson „die seltsame Umkehrung der traditionellen Rolle von Ost und West“ nennt, durch die Gandhi zu „einem Vorbild des Handelns in unserer Kultur“[1] geworden ist, könnte sich womöglich als weniger seltsam erweisen, als die meisten westlichen Denker zuzugeben bereit sind. Nicht nur Gandhi sondern auch die drei anderen Giganten des modernen indischen Denkens – Tagore, Radhakrishnan und Sri Aurobindo – waren Handelnde von großer Wirksamkeit, mit feinem Empfinden für gesellschaftliche und historische Realitäten. Charakteristisch und typisch indisch für diese Persönlichkeiten ist die von ihnen praktizierte Überzeugung, daß nach festen Regeln gehandelt werden muß. Der praktische Sinn für die eigenen nationalen Bedürfnisse, der unter dem Druck des britischen Einflusses in Politik und Kultur angeregt wurde, wurzelt zugleich in einer oder mehreren indischen spirituellen Disziplinen. Aber die übliche Charakterisierung indischer Spiritualität als weltverneinend geht an der Bedeutung dieser vier hervortretenden Gestalten des modernen Indien vorbei. Jeder dieser Denker hat seine eigene durch und durch humanistische Synthese der nationalen und kulturellen Werte entwickelt und ihr als Beispiel gedient.

Informierte westliche Betrachter sind seit langem vertraut mit den Visionen und dem Einfluß von Tagore, Gandhi und Radhakrishnan. Das weniger bekannte Werk Sri Aurobindos reicht indessen weiter zurück und wird wohl den Einfluß seiner indischen Zeitgenossen noch überdauern[2]. Mehr als irgendeine andere Gestalt des modernen Indien gibt Sri Aurobindo in dramatischer Weise ein Beispiel für das Ideal einer harmonischen Verbindung von gesellschaftlich-politischer Aktivität und spiritueller Disziplin. Zusätzlich zu seinem Wetteifern mit der ästhetisch-schöpferischen Leistung des Dichters Tagore[3], der sozialen und moralischen Leistung Gandhis[4] und dem philosophischen Werk Radhakrishnans ragt Sri Aurobindo hervor als der wohl am tiefsten verwirklichte Yogi des modernen Indien[5]. Im Gegensatz zum Yoga der herkömmlichen indischen Yogis, der meisten modernen Yogis überhaupt, ist Sri Aurobindos Yoga bestimmt durch die Vision einer transformierten Welt, die umgekehrt sein Yoga noch verstärkt.

Sri Aurobindo erinnert zwar mehr als einmal seine Biographen daran, daß sein Leben „nicht an der Oberfläche stattgefunden hat, wo man es sieht“[6], trotzdem ist einige Klarstellung bezüglich seiner Entwicklung für das Verständnis seiner intellektuellen und spirituellen Kraft erforderlich. Die Beziehung zwischen seinem äußerlich wahrnehmbaren und seinem inneren Leben zeigt bespielhaft, was Sri Aurobindo meint, wenn er betont, daß eine Transformation im Bewußtsein den persönlich-geschichtlichen Formen vorangeht und diese Formen erst erarbeitet. So geht in seinem Leben wie in aller menschlichen Erfahrung die innere der äußeren Verwirklichung voraus. Sein Wirken für die Unabhängigkeit Indiens, die Entwicklung eines Yoga, der auf Handeln und geschichtlicher Entwicklung basiert, und die Bildung einer geistigen Gemeinde, die dem Heraufkommen eines spirituellen Zeitalters gewidmet ist, – all dies nahm in Sri Aurobindos Bewußtsein Gestalt an, bevor es seinen geschichtlichen und institutionellen Ausdruck fand.[7]

Während der Jahre, in denen er politisch aktiv war, vor allem zur Zeit seiner revolutionären Führerschaft in Kalkutta (1905 bis 1910), bemühte sich Aurobindo Ghose zu beweisen, daß Indien, solange es unterdrückt ist, seinen spezifisch geistigen und kulturellen Genius nicht zu entfalten vermag. Genauso wie Gandhi, der die Führungsrolle in der nationalen Bewegung einige Jahre, nachdem sich Aurobindo aus der Politik zurückgezogen hatte, übernahm, fühlte sich Aurobindo mehr der Befreiung des indischen Bewußtseins verpflichtet als der politischen Unabhängigkeit. Ähnlich kann man sein scheinbar übereiltes Sich-Zurückziehen vom aktiven politischen Leben in die geistige Abgeschiedenheit, im Jahre 1910, im Rückblick als logische Folge seiner sich entwickelnden spirituellen Erkenntnis erklären. Was als Konflikt zwischen politischer und geistiger Aktivität erscheint, ist eher als ein dramatisches Zeichen dafür zu deuten, daß Sri Aurobindo überzeugt war, die geschichtliche Form werde sich der zuerst zu vollziehenden geistigen Verwirklichung anpassen.

Sein Wirken in der nationalen Bewegung, sowohl als politischer Revolutionär (bis 1910) wie nachfolgend durch mittelbaren Einfluß, entspricht daher seiner Überzeugung, daß historische Entwicklung die Forderungen des spirituellen Bewußtseins ausdrückt. Während er in Kalkutta als Revolutionär wirkte und in den Jahren, in denen er als Yogi in Pondicherry lebte, vertrat Sri Aurobindo die Meinung, daß die geeignete Form des Protestes gefunden und erfolgreich sein werde, sobald seine Landsleute die Notwendigkeit und Möglichkeit politischer Unabhängigkeit erkannt hätten. 1910, vier Jahre vor Gandhis Rückkehr aus Südafrika, kam Sri Aurobindo zu dem Schluß, das Bedürfnis nach politischer Unabhängigkeit nehme so nachhaltig im indischen Bewußtsein zu, daß es unausweichlich sei, die Unabhängigkeit zu erlangen.

Nach seiner Ansicht über die geschichtliche und die geistige Entwicklung, die er zunächst mit der Leidenschaft des politischen Revolutionärs hegte und später im einzelnen gelehrt darlegte, wird der geschichtliche Fortschritt vom Wachstum und der Verfeinerung des Bewußtseins bestimmt. Ob er die Strategie für die indische Unabhängigkeitsbewegung absteckte oder den Verlauf der Kulturen umriß, Sri Aurobindo verstand den Prozeß in Begriffen der Möglichkeiten und Notwendigkeiten, die zuerst im inneren Leben des Menschen realisiert sein mußten. Da die tiefergreifende und am Ende erfolgreiche Verwirklichung nur von einer aufnahmefähigen und disziplinierten Persönlichkeit verstanden werden kann, wirken die geistige Disziplin des Yoga und die praktischen Angelegenheiten der Geschichte gleichermaßen als notwendige Bestandteile des revolutionären Vorgangs. Geschichte ohne Yoga ist blind. Yoga ohne Geschichte ist leer. In Sri Aurobindos Leben, Denken und Einfluß werden das Geistige und das Geschichtliche so nachhaltig aufeinander bezogen, daß sie miteinander verbunden als Maßstab der spirituellen Entwicklung dienen.

Die frühen Jahre

Auch wenn biographische und geschichtliche Ereignisse[8] im Vergleich zu den Tiefen und der Bedeutung von Sri Aurobindos Bewußtsein bloß „an der Oberfläche" liegen, so bieten sie doch das Rohmaterial, das vom inneren Leben aufgezehrt und transformiert wird. Wie jede Darstellung, die Sri Aurobindo ausschließlich in Begriffen der Geschichte oder Philosophie behandelt, die Einzigartigkeit seiner spirituellen Kraft verfehlt, so würde jede Darstellung, die sich ausschließlich um seinen Yoga kümmert, jene Veränderungen außer acht lassen, die sein Yoga bewirkte. Wie der Zusammenprall der britischen mit den indischen Interessen die Bühne für Sri Aurobindos politische und spirituelle Leistungen hergab, haben diese Leistungen umgekehrt die politischen und geistigen Entwicklungen im weiten Umkreis beeinflußt. Von nachhaltigem Einfluß auf den jungen Aurobindo Ghose war die positive Vermischung von westlichen und indischen Werten. Zwar überschritt er letzten Endes die Grenzen jeder einzelnen Kultur – er drängte darauf, sowohl über Indien wie über den Westen hinauszugehen –, war aber genau genommen deshalb in der Lage, indische und westliche Gedanken zu transzendieren, weil er sich die schöpferischen Elemente beider Überlieferungen gründlich angeeignet hatte. So wie die Wirkung seiner Schau schließlich mit großer Begeisterung im Westen empfunden wird, kommen die ersten Elemente seiner intellektuellen Bildung aus dem Westen, vor allem von der klassischen britischen Erziehung, die er von 1879 bis 1893 in London und Cambridge genoß. Da der junge Aurobindo Ghose im Alter von fünf bis sieben Jahren von irischen Nonnen in Darjeeling und von sieben bis einundzwanzig in England von Geistlichen der Anglikanischen Kirche erzogen wurde, waren es westliche Einflüsse, die seine Haltung entscheidend prägten. Als er nach Indien zurückkehrte, nachdem er am King's College in Cambridge sein Examen mit Auszeichnung abgelegt hatte, sprach er Englisch und Französisch, las er Griechisch, Lateinisch und Italienisch. Von den indischen Sprachen konnte er nur ein wenig Bengali, das er in Cambridge zu lernen begonnen hatte.

Aurobindos natürliche Vorliebe für sein Heimatland wurde durch sekundäre Quellen lebendig gehalten, wie z. B. *The Bengalee,* eine Zeitung, die häufig Berichte über die schlechte Behandlung von Indern durch die Engländer und über indische Studenten enthielt, die ein indisches *Majlis* organisierten, eine Studenten-Vereinigung, die sich für die indische Unabhängigkeit einsetzte. Derartige Einflüsse hinterließen in Aurobindo ein Gefühl der Identität mit seiner Nation, der er im folgenden seine wachsenden Talente und Kräfte widmete. Auch wenn er eine tiefe und Gestalt annehmende Verpflichtung gegenüber der indischen Kultur und dem indischen Nationalismus erst einging, nachdem er in Indien lebte, war seine Vorwegnahme Indiens doch so zwingend, daß er sich nach Ankunft am Bombay Gate, im Jahre 1893, einer tiefgreifenden spirituellen Erfahrung erfreuen durfte. In den Jahren, in denen er als Professor für Englisch am Baroda College lehrte (1893-1905), erzielte er gute Leistungen in Sanskrit, Marathi, Gujarati und Bengali, schrieb er zahlreiche Gedichte (die später in Pondicherry veröffentlicht wurden) und entwickelte sich in ihm eine tiefe Übereinstimmung mit der indischen Kultur. Sein literarisches Werk, seine Übersetzungen und politischen Schriften aus dieser Zeit offenbaren seine Bestimmung und die Fähigkeit, das Niveau des indischen Selbst-Bewußtseins zu heben. Aber die Einführung von Ideen seitens des Westens, wie er sie zweifellos während seines England-Aufenthaltes beobachtete, brachte ihn dazu, in gesellschaftlichen und politischen ebenso wie in gelehrten Kreisen Überzeugungsarbeit zu leisten. Zu derselben Zeit, als er eine Reihe bemerkenswerter – scheinbar beiläufiger – spiritueller Vorkommnisse erlebte, schloß er sich mit politischen Radikalen in Bombay zusammen. So dauerte die gegenseitige Durchdringung seiner geistigen und seiner politischen Aktivitäten bis zu der Zeit in Baroda, hingegen entwickelte sich die schöpferische Synthese aus beiden Aktivitäten während der politisch bedeutsamen Jahre in Kalkutta, vor allem während des einen Jahres, das er im Gefängnis von Alipur (1908-1909) verbrachte.

Politik, Gefangenschaft und Karma-Yoga

Das Jahr im Gefängnis von Alipur (einschließlich einiger Monate Einzelhaft), wo Aurobindo auf den Prozeß wegen Konspiration gegen die britische Regierung in Indien wartete, enthüllt in dramatischer Weise Umfang und Intensität seiner Verpflichtungen gegenüber Indiens Wiederauferstehung. Zwar durchzieht die Verknüpfung von innerem und äußerem Leben, von geistigen und historischen Interessen seinen ganzen Lebenslauf, doch geschah es während dieses einen Jahres im Gefängnis, als Ergebnis von drei Jahren intensiver revolutionärer Tätigkeit, daß Aurobindo über die Gita meditierte, die Gegenwart Krishnas und die Inspiration durch Vivekananda erfuhr und beschloß, für die erneute Spiritualisierung der indischen Kultur zu wirken. Die Wurzeln dieser Synthese reichen tief in die indische und in die westliche Überlieferung, von denen er zehrte. Auch wenn er deutlich den Einfluß des westlichen Geschichtsbewußtseins erkennen ließ, so beruhte seine neue Schau der historischen und geistigen Entwicklung, mit Indien als Mittelpunkt, doch offensichtlich auf der spirituellen Lehre der Bhagavad Gita.

Sri Aurobindo erläutert an einer Stelle, die bemerkenswert nahe an Augustins Beschreibung dessen eigener Verwandlung[9] herankommt, wie Gott ihm im Gefängnis die Gita in die Hand gab:

> *„Seine Kraft ging auf mich über, und ich war in der Lage, die sādhanā der Gita auf mich zu nehmen. Ich sollte nicht nur intellektuell verstehen, was Sri Krishna von Arjuna verlangte und was Er von denen fordert, die danach streben, Sein Werk zu tun, frei zu sein von Abneigung und Verlangen, für Ihn zu wirken, ohne auf die Früchte zu achten, dem ichhaften Willen zu entsagen und ein passives und gläubiges Werkzeug in Seinen Händen zu werden, ein ausgeglichenes Herz für hoch und niedrig, Freund und Feind, Erfolg und Mißerfolg zu haben und doch sein Werk nicht nachlässig zu verrichten. Ich sollte das auch verwirklichen.“*[10]

In „Prison and Freedom“, von Aurobindo im Gefängnis geschrieben, offenbart er die Grundlage, auf der er später seine Theorie spirituellen Handelns entwickelt:

> *„Das zentrale ethische Gebot der Gita – „fest gegründet im Yoga vollbringe deine Taten“ (II, 48) – diese kühne These ist der Yoga der Gita. Sobald die inneren Freuden und Sorgen nicht von äußerem Gut oder Böse, nicht von Wohlfahrt oder Gefahr abhängen sondern vom Selbst erzeugt, vom Selbst angetrieben und an das Selbst gebunden werden, kehrt sich der normale menschliche Zustand um, das äußere Leben kann nach dem inneren ausgerichtet werden, und die Gebundenheit des Handelns löst sich auf“.*[11]

Sri Aurobindos Vorhaben, die Lebensbedingungen Indiens zu wenden, erreichte einen Höhepunkt in dem Jahr, da er über die Gita meditierte, und nahm eine entschieden neue Richtung, als er sich aus der aktiven Politik zurückzog, um in Pondicherry, Südindien, Yoga zu praktizieren. Die volle Wucht seiner Yoga-Erfahrung, gerade vor dem Jahr seiner Haft und offensichtlich während des Haft-Jahres, belegt ein Vergleich seiner Schriften vor und nach 1908. Die Leitartikel, die er für *Bande Mataram* schrieb, jene Wochenzeitung, die er von 1907 bis 1908 herausgab, legen Nachdruck auf politische Erwägungen. Aber in *Karmayogin,* den er von 1909 bis 1910 herausgab, liegt die Betonung auf der spirituellen Disziplin des Karma-Yoga, dem selbstlosen Handeln. In „The Ideal of the Karmayogin“, geschrieben 1909, prägt Sri Aurobindo das Ideal des Karma-Yoga ausdrücklich um in Begriffe eines neu definierten nationalen Dharma (Pflicht):

> *„Es gibt ein machtvolles Lebensgesetz, einen hohen Grundsatz menschlicher Entwicklung, einen Rahmen spirituellen Wissens und spiritueller Erfahrung, die Indien stets – als Vorbild wie als Bote – zu hüten bestimmt war. Dies ist das* sanātana dharma, *die ewige Religion. Unter dem Druck fremder Einflüsse hat Indien dieses Dharma weitgehend eingebüßt, nicht seine Struktur, wohl aber seine lebendige Wirklichkeit. Denn indische Religion ist nichts, wenn sie nicht gelebt wird. Sie muß nicht nur auf das Leben, vielmehr auf das Leben im Ganzen angewendet werden. Ihr Geist muß in unsere Gesellschaft einfließen und sie gestalten, ebenso in unsere Politik, Literatur, Wissenschaft, in unseren persönlichen Charakter, unsere Neigungen und Bestrebungen. Den Kern dieses Dharma zu erkennen, es als Wahrheit zu erfahren, die hohen Gefühle nachzuempfinden, die es auslöst, und es im Leben auszudrücken und zu vollstrecken, das ist es, was wir unter* Karma-Yoga *verstehen. Wir glauben, daß wir den Yoga zum Ideal des menschlichen Lebens machen sollen, damit sich Indien heute erhebt. Durch den Yoga wird Indien die Stärke erhalten, um seine Freiheit, Einheit und Größe zu verwirklichen. Durch den Yoga wird ihm die Kraft erhalten bleiben, sie zu bewahren. Es ist eine geistige Revolution, die wir voraussehen. Die materiellen Dinge sind nur ihr Schatten und ihre Widerspiegelung.“*[12]

Dieser Auszug zeigt, daß Indien für Sri Aurobindo eine Art Kurukshetra[13] war: Als Krieger im Kampf für Indiens Freiheit ist es höchste Pflicht eines Inders, den gerechten Kampf zu kämpfen, weil er gerecht ist, und, indem er dies tut, die historische Situation in das rechte Verhältnis zum göttlichen Willen zu rücken. Wie schon Gandhi vor ihm, war Sri Aurobindo weniger mit der politischen Unabhängigkeit befaßt als mit der Frage, was Indien mit der Unabhängigkeit anfangen würde. Eine politische Lösung würde bestenfalls vorübergehender Natur sein, wenn sie nicht auf ein erweitertes Bewußtsein und die Lehre vom selbstlosen Handeln gegründet war.

Bald nach dem Jahr in Haft und vier Jahrzehnte bevor Indien die Unabhängigkeit erlangte, hatte Sri Aurobindo seine politischen und spirituellen Unternehmen ausgeweitet, indem er den ganzen Geschichtsraum der Menschheit einbezog. Ausgestattet mit Kampferfahrung in revolutionärer Politik und in fortgeschrittenen Yoga-Techniken, ließ er sich in Pondicherry nieder, wo er sich auf die Hebung des indischen Bewußtseins durch spirituelle und psychische Kräfte konzentrierte. Zwar befaßte er sich weiterhin mit seiner eigenen und der geistigen Disziplin seiner Anhänger und war durchweg, wenn auch nur mittelbar, in Indiens Freiheitskampf verwickelt, doch gewann sein System des Integralen Yoga und sein Programm für die geschichtliche Transformation jetzt universalen Charakter, was für das zeitgenössische religiöse Denken von wesentlicher Bedeutung war. Beispielsweise wird sich im folgenden Abschnitt über Indien und die Weltgeschichte zeigen, daß sein Engagement für Indien eine fundamentale Verpflichtung gegenüber der geschichtlichen Entwicklung auf transnationaler oder globaler Grundlage zur Voraussetzung hat.

Indien und die Weltgeschichte

Sri Aurobindos Botschaft zum Indischen Unabhängigkeitstag am 15. August 1947 war ein Rückblick sowohl auf sein eigenes Leben und seine eigene mystische Vision als auch auf Indiens politische Unabhängigkeit. Bereits 1905 hatte der junge Aurobindo Ghose an seine unglückliche, neunzehn Jahre alte Frau Mrinalini geschrieben[14], daß er von drei Torheiten geplagt werde. Die erste sei die Erkenntnis, daß seine Begabungen und Talente ausschließlich für Gottes Werk genutzt werden müssen; die zweite, daß er „eine unmittelbare Verwirklichung des Herrn erlangen müsse“; die dritte, daß für ihn Indien die Mutter darstelle, die Verkörperung der göttlichen Shakti (oder der göttlichen Schöpfungskraft)[15]. Obwohl er in späteren Jahren seine Verpflichtung noch erheblich ausweitete, fiel er doch nie davon ab. Die größere Vision, die er in der Botschaft zur Unabhängigkeit umriß, war nicht auf sein Engagement für Mutter Indien beschränkt. Dieses schloß sie mit ein, wie er es mehr als vier Jahrzehnte früher in seinem Brief an Mrinalini verkündet hatte:

„Die dritte Torheit ist dies: Während andere das Vaterland als einen untätigen Gegenstand betrachten und nur als die Ebenen, Felder, Wälder, Berge und Flüsse kennen, blicke ich auf mein Land als die Mutter, verehre ich es und bete es an als die Mutter. Was tut ein Sohn, wenn ein Dämon auf der Brust seiner Mutter sitzt und ihr Blut trinkt? Sitzt er zufrieden da und ißt und fährt fort, sich der Gesellschaft seiner Frau und seiner Kinder zu erfreuen? Wird er nicht vielmehr herbeieilen, um

seine Mutter zu retten? Ich weiß, daß ich die Kraft habe, diese gefallene Menschheit aufzurichten. Es handelt sich nicht um körperliche Kraft. Ich will nicht mit dem Schwert oder einem Gewehr kämpfen – sondern mit der Macht des Wissens. Die Macht des Kriegers ist nicht die einzige Art Kraft, es gibt auch die Macht des Brahman, die auf Wissen beruht. Das ist kein neuartiges Gefühl in mir, es ist auch nicht erst seit kurzem da. Ich wurde mit ihm geboren, es ist in meinem Innersten. Gott hat mich auf die Erde gesandt, um diese große Mission zu erfüllen. Im Alter von vierzehn Jahren hatte die Saat zu sprießen begonnen, mit achtzehn war sie fest verwurzelt und wurde unerschütterlich."[16]

Im Alter von fünfundsiebzig Jahren konnte Sri Aurobindo in seiner Botschaft zur Unabhängigkeit nicht nur auf die Erledigung „dieser großen Aufgabe" zurückblicken, sondern auch auf den Fortgang zu weiteren größeren Aufgaben, vor allem der Wiedergeburt Asiens, der spirituellen Evolution und der schließlichen Vereinigung der Menschheit.

„Für mich persönlich muß es natürlich erfreulich sein, daß dieses Datum diese ungeheure Bedeutung erlangt hat, denn es war für mich lediglich deshalb denkwürdig, weil es mein Geburtstag war, der alljährlich von denen gefeiert wurde, die meinen Lebensgrundsatz akzeptiert hatten. Als Mystiker betrachte ich diese Übereinstimmung nicht als auffälliges Zusammentreffen oder zufälliges Ereignis, sondern als Bestätigung und Siegel der Göttlichen Macht, die meine Schritte lenkt bei dem Werk, mit dem ich zu leben begann. Tatsächlich kann ich an diesem Tag beobachten, daß fast alle Welt-Bewegungen, von denen ich hoffte, sie zu meinen Lebzeiten vollendet zu sehen, obwohl sie damals unerfüllbaren Träumen glichen, entweder sich ihrer Erfüllung näherten oder in Gang gebracht sind und sich auf dem Weg zu ihrem Ziel befinden…

Denn ich habe stets daran festgehalten und gesagt, daß Indien nicht nur lebt, um seinen materiellen Interessen zu dienen, um Raum, Größe, Macht und Wohlstand zu gewinnen – obwohl Indien auch dies nicht vernachlässigen darf –, und gewiß nicht wie andere, um Herrschaft über fremde Völker zu erlangen, sondern daß es auch lebt für Gott und die Welt als Helfer und Führer der ganzen Menschheit. Diese Ziele und Ideale heißen in ihrer natürlichen Reihenfolge: eine Revolution, durch die Indiens Freiheit und Einheit erreicht wird; die Wiedererweckung und Befreiung Asiens, das zurückkehrt und die Rolle wiederaufnimmt, die es bei der Entwicklung der menschlichen Zivilisation gespielt hat; die Erhebung der Menschheit zu einem neuen, größeren, helleren und edleren Leben, das um seiner vollständigen Verwirklichung willen äußerlich auf einer internationalen Vereinigung der getrennt lebenden Völker ruht, wobei deren nationales Leben erhalten und gesichert wird, die Völker aber zu einem alles umstoßenden und vollendeten Einssein zusammengebracht werden; Indiens Hergabe seines spirituellen Wissens und seiner Mittel zur Spiri-

tualisierung der ganzen Menschheit; schließlich ein neuer Schritt in der Evolution, durch den mittels Erhebung des Bewußtseins auf ein höheres Niveau die Lösung so vieler Existenz-Probleme in Angriff genommen würde, die die Menschheit verwirrt und bedrückt haben, seit Menschen anfingen, zu denken und von persönlicher Vollkommenheit und einer vollkommenen Gesellschaft zu träumen."[17]

Wie dieser Text zeigt, betrachtet Sri Aurobindo sein eigenes Leben wie die indische Spiritualität mehr und mehr als Vermittler und Helfer der historischen Entwicklung. So wie viele zeitgenössische Denker Indiens hob Sri Aurobindo zunehmend das dringende Bedürfnis nach einer kosmischen oder allumfassenden Betrachtung der Geschichte hervor und nahm für Indien eine einzigartige Rolle bei der künftigen Evolution des Menschen in Anspruch. Er machte beide Ziele durch theoretische und durch praktische Mittel geltend. Die Kraft der Vision Sri Aurobindos liegt in der Tat darin, daß sie sich auf die am meisten drückenden gesellschaftlichen und geschichtlichen Probleme gründet und bezieht. Sein Human Cycle (deutsch: „Der Zyklus der menschlichen Entwicklung") zum Beispiel stellt heute noch eine ebenso scharfsinnige Analyse der Weltsituation dar wie 1918, als er geschrieben wurde, und hat als Grundlage gedient für den Sri Aurobindo-Ashram und für Auroville sowie für zahlreiche andere potentiell bedeutsame Projekte der Anhänger und Schüler Sri Aurobindos.

Damit ist Sri Aurobindos Bedeutung weder auf seine frühe revolutionäre Aktivität noch auf seine geistigen Lehren begrenzt. Sie umfaßt vielmehr einen weiten Bereich von Angelegenheiten, die seine Aufmerksamkeit mit Erfolg in Anspruch nahmen. Neben seinen politischen Aktivitäten und seinem reifen politischen Denken schließt das Vermächtnis Sri Aurobindos seine systematische Philosophie, seine literarischen Werke, sein Yoga-System und die spirituelle Kraft mit ein, die ihm von seinen Anhängern nachgesagt wird. Ebenso wie sein politisches Denken gehen auch die anderen Bereiche seiner Lehre aus seiner intensiven persönlichen Erfahrung hervor, haben aber Bedeutung weit über die Grenzen seines Lebens und seiner Zeit hinaus.

Die empirische Grundlage

Obwohl Radhakrishnan behauptet, „die Philosophie in Indien (sei) im Wesen spirituell"[18], ist Sri Aurobindos philosophisches System vielleicht das einzige, das von spiritueller Erfahrung ausgeht. Zwar haben viele der großen modernen religiösen Persönlichkeiten Indiens – solche wie Ramakrishna, Ramana Maharshi, Sivananda und Krishnamurti – ihre Erfahrung in philosophischer

Sprache ausgedrückt, keiner hat aber ein originales und kritisches philosophisches System entwickelt, das Erkenntnistheorie, eine Theorie des Seins, des Selbstes, der natürlichen Ordnung und des Lebenszieles einschließt. Andererseits haben einige wenige indische Philosophen – wie Radhakrishnan, K. C. Battacharya und Datta – versucht, ein umfassendes System zu entwickeln, aber keiner übertrifft Sri Aurobindo an Reichweite, Themenvielfalt, Genauigkeit in der Argumentation und Reichtum im Detail. Bedeutsamer bleibt jedoch, daß Sri Aurobindos philosophisches System hinsichtlich seiner autobiographischen Glaubwürdigkeit einzigartig dasteht. Bezüglich der philosophischen Reichhaltigkeit findet Sri Aurobindos Philosophie ihre zeitgenössische Entsprechung im Westen unter systematischen Denkern wie Royce, Bergson, Whitehead und Heidegger. Bezüglich ihrer spirituellen und autobiographischen Qualität gleicht sie eher Kierkegaard und Buber und vielleicht Heidegger und Wittgenstein. Doch letztendlich muß man feststellen, daß der Vorrang an Yoga-Disziplin und Verwirklichung in Sri Aurobindos Erfahrung sein philosophisches System beinahe einzigartig macht.

1935 erklärte er seinem Schüler Dilip Kumar Roy:

„Laß mich dir im Vertrauen sagen, ich war niemals, nie, nie ein Philosoph, obwohl ich philosophische Texte geschrieben habe, was eine ganz andere Geschichte ist. Ich verstand reichlich wenig von Philosophie, bevor ich Yoga übte und nach Pondicherry kam. Ich war Dichter und Politiker, nicht Philosoph. Wie ich dennoch dazu wurde und warum? Zunächst, weil Richard mir vorschlug, mit ihm an einer philosophischen Zeitschrift zusammenzuarbeiten. Da meine Theorie besagte, ein Yogi müsse imstande sein, sich allem zuzuwenden, konnte ich mich nicht gut verweigern. Und dann zog er in den Krieg und ließ mich zurück mit vierundsechzig Seiten Philosophie pro Monat, die sämtlichst von mir allein geschrieben werden mußten. Zweitens: da ich alles, was ich beim täglichen Praktizieren des Yoga beobachtet und erfahren hatte, nur in intellektueller Sprache niederschreiben konnte, war die Philosophie automatisch da."[19]

Die Philosophie, von der Sri Aurobindo fand, daß sie „automatisch da" war, erschien fortsetzungsweise im *Arya,* jener philosophischen Monatsschrift, die Paul Richard (dessen Frau Mira später die Mutter des Sri Aurobindo-Ashram wurde) für Sri Aurobindo gegründet hatte. In den Jahren 1914–1921 veröffentlichte Sri Aurobindo in monatlichen Fortsetzungen darin die Hauptteile seines Werkes, mit Ausnahme von Savitri, also: The Life Divine, The Synthesis of Yoga, Essays on the Gita, The Human Cycle, The Ideal of Human Unity und The Secret of the Veda. Zusammen mit Savitri – A Legend and a Symbol, dem dreiundzwanzigtausend Zeilen umfassenden epischen Gedicht, das er bis unmittelbar vor seinem Tod überarbeitete, verbesserte Sri Aurobindo auch The Life Divine und The Synthesis of Yoga, um die fortgeschrittenen spirituellen Erfahrungen seiner späteren Jahre einzuarbeiten. Die Revision dieser drei größeren Arbeiten und seine umfangreiche Korrespondenz während seiner Sādhanā geben Einblick in Sri Aurobindos geistigen Aufstieg von der mentalen bis zum Saum der supramentalen Bewußtseinsebene. Die Kluft zwischen diesen Ebenen kann durch das, was Sri Aurobindo die dreifache Umwandlung nennt, überbrückt werden:

> *„Zuerst muß es eine psychische Veränderung geben, die Umwandlung unserer ganzen gegenwärtigen Natur in eine Instrumentation der Seele. Auf sie hin, oder zugleich mit ihr, muß die spirituelle Umwandlung erfolgen, die Herabkunft eines höheren Grades von Licht, Wissen, Macht, Kraft, Seligkeit, Reinheit in das ganze Wesen, selbst bis in die niedersten Schlupfwinkel in Leben und Körper, selbst in die Dunkelheit unseres Unterbewußtseins. Schließlich muß die supramentale Mutation eintreten, als krönende Bewegung muß das Emporsteigen in das Supramental und die umwandelnde Herabkunft des supramentalen Bewußtseins in unser ganzes Wesen und unsere ganze Art stattfinden.“*[20]

Sri Aurobindo erfuhr seine erste Umwandlung im Gefängnis von Alipur, wenn nicht schon vorher. Damals hatte sein Selbst-Bewußtsein nachweisbar einer göttlichen Kraft nachgegeben. Die zweite Umwandlung ereignete sich mit der Herabkunft des Übermentals. Sri Aurobindo erklärt, daß diese Herabkunft erst an seinem „Day of Siddhi“ (Tag des spirituellen Sieges), dem 24. November 1926, abgeschlossen war. Unmittelbar nach diesem Ereignis erklärte Sri Aurobindo, daß die dritte, die supramentale Umwandlung durch die Herabkunft des Übermentals unzweifelhaft sei, und kurz vor seinem Tod (1950) kündigte er an, daß das Supramental auf der mentalen und der körperlichen Ebene durch die Mutter manifest werde. 1956 gab die Mutter bekannt, das Supramental sei tatsächlich durch sie herniedergekommen. Diese Behauptung kann am ehesten in Begriffen vermittelt werden, in denen die Mutter ihren Platz in Sri Aurobindos spiritueller Kraft und Lehre gefunden hat. So wie sich die Glaubwürdigkeit der spirituellen Ansprüche, die Sri Aurobindo in bezug auf sich selbst stellte, bis zu einem gewissen Grad auf die Qualität seiner politischen und philosophischen Hinterlassenschaft stützen muß, so sollte die Glaubwürdigkeit der Mutter im Hinblick auf die Ehrerbietung, die ihr Sri Aurobindo und seine Schüler zollten, sowie auf die Qualität ihres historischen Vermächtnisses beurteilt werden. Da wir in einer Zeit und Gesellschaft leben, in der sich solche, die auf einen vorrangigen spirituellen Zustand Anspruch erheben und die Massen unkritischer Anhänger stark vermehren, in der selbsternannte Avatare und echte Gurus von fanatischen Schülern vergöttlicht werden, ist es umso wichtiger, daß wir in diese Einführung zu Sri Aurobindo und der Mutter eine klare Selbst-Darstellung beider einbeziehen.

Sri Aurobindo über sich selbst und die Mutter

Sri Aurobindo definiert den spirituellen Lehrer als einen, der sich zur Offenbarung eines höheren Bewußtseins erhoben hat und auch als solcher angesehen wird. Der Lehrer oder Guru steht dem Sadhak oder Schüler bei durch seine Lehre und seine „Kraft, die eigene Erfahrung zu vermitteln“[21]. Sein eigener Status und der Rang der Mutter als Offenbarung eines höheren Bewußtseins wird ausführlich in seinen Schriften über sich selbst und die Mutter beschrieben. Man erlebt Sri Aurobindo und die Mutter unterschiedlich, entsprechend der unterschiedlichen Empfänglichkeit des Beobachters, je nachdem, ob man Schüler oder neugieriger Außenseiter ist, aber es gibt offenbar weit mehr Empfänglichkeit für erhobene Ansprüche seitens Sri Aurobindos als seitens der Mutter. Es war dieser Widerstand, besonders im Westen, aber auch, was wichtiger ist, ihre Funktion, die Menschen eher zu Sri Aurobindo als zu sich selbst hinzuführen, was die Mutter ihre eigene Bedeutung in Sri Aurobindos Vermächtnis nicht hervorheben ließ. Eher betonten Sri Aurobindo und seine Schüler den spirituellen Vorrang der Mutter.

Obwohl die Idee der Mutter – oder Shakti (göttliche Kraft) – in der indischen geistigen Tradition fest verankert ist, bleibt sie für die meisten Menschen des Westens ein Hemmschuh, selbst für jene, die Sri Aurobindos Lehren wohlgesonnen sind. Offenkundig gab es diesen Hemmschuh auch für einige der frühen Anhänger, denn Sri Aurobindo erinnerte sich in einem Brief von 1934, daß es „eine Zeit (gab), als die Mutter nicht voll anerkannt und akzeptiert war von einigen derer, die von Anfang an hier waren“[22]. Aber für nahezu sämtliche Schüler der letzten Jahrzehnte repräsentiert die Mutter die Verkörperung der göttlichen Entwicklung im gegenwärtigen Zeitalter. Wie Sri Aurobindo selber betont, kann man seinem Yoga nur durch die Mutter hindurch folgen:

> *„Das Bewußtsein der Mutter und das meinige sind ein und dasselbe, das eine Göttliche Bewußtsein in zweien, denn dies gehört notwendigerweise zu dem Spiel: Nichts kann getan werden ohne ihr Wissen und ohne ihre Macht, ohne ihr Bewußtsein. Wenn jemand wirklich ihr Bewußtsein spürt, sollte er wissen, daß ich dahinter stehe, und wenn er mich fühlt, ist es dasselbe mit ihr.“*[23]

Daß Sri Aurobindo das Bewußtsein der Mutter mit seinem eigenen Bewußtsein identifiziert und die Unentbehrlichkeit der Mutter für seinen Yoga betont, versteht man am besten im Zusammenhang mit dem Gedanken der Shakti, wie ihn die Überlieferung darbietet, und im Licht der spirituellen Autobiographie der Mutter.

In Sri Aurobindos Integralem Yoga verweist die Idee der Shakti auf Prakriti, den Weltprozeß in seinem weiblichen Aspekt, kurz gesagt: auf die Welten-

Mutter. Wie Aurobindo Ghose, der politische Revolutionär, „Mutter Indien" gleichsetzte mit der Verkörperung der Shakti, so setzte Sri Aurobindo, der Prophet des Supramentalen Zeitalters, die Mutter des Sri Aurobindo-Ashrams (die frühere Mira Richard) gleich mit einer Manifestation von Shakti in Gestalt der Göttlichen Mutter. Philosophisch gesprochen ist Shakti die bewußte Kraft – fast gleich dem Bergsonschen élan vital –, die den Weltprozeß zu immer höheren Stufen der Evolution trägt. Shakti weist auf zahlreiche Aspekte des Göttlichen Wesens hin, von denen einer Mahashakti heißt oder Göttliche Mutter, durch die der Yoga wirkt. Als Ausdruckskraft von Shakti offenbart die Mutter des Sri Aurobindo-Ashrams die bewußte Kraft des Universums dreifach:

> *„Übersinnlich als ursprünglich erhabene Shakti, steht sie über den Welten und verbindet die Schöpfung mit dem ewig verborgenen Geheimnis des Erhabenen. Allumfassend als Mahashakti, erschafft sie alle diese Dinge und enthält, betritt, unterstützt und verkörpert sie die Macht dieser zwei unermeßlichen Wege ihres Seins, erfüllt sie mit Leben, bringt sie uns näher und vermittelt zwischen der menschlichen Personalität und der göttlichen Art."*[24]

Im Hinblick auf den erhabenen Zustand und Wirkcharakter dieser Idee ist es offensichtlich bedeutsam, daß Sri Aurobindo von Anbeginn seiner spirituellen Zusammenarbeit mit Mira Richard diese als die Mutter – als Mutter des Sri Aurobindo-Ashrams und als Verkörperung von Shakti anerkannte[25].

In Anbetracht des geistigen Niveaus, das sie beide zur Zeit ihrer Begegnung (1914) erreicht hatten, überrascht es vielleicht nicht, daß sie einander unmittelbar als einzigartig und sich ergänzende Aspekte des Göttlichen Wesens erkannten. Mira Richard hatte von Sri Aurobindo durch ihren Mann, Paul Richard, gehört, einen französischen Diplomaten und geistigen Sucher, der Sri Aurobindo, nach seiner Begegnung mit ihm 1910, als den „Helden von morgen" beschrieben hatte, als den größten unter „den göttlichen Menschen Asiens"[26]. Als Mira vier Jahre später, am 29. März 1914, Sri Aurobindo begegnete, sah sie in ihm Krishna (die Reinkarnation Vishnus in der Bhagavad Gita), dessen sie bewußt gewesen war, bevor sie nach Indien kam. In ihrem Tagebuch vermerkte sie am nächsten Tag:

> *„Nach und nach lichtet sich der Horizont, der Weg wird ersichtlich. Und wir schreiten vorwärts zu immer größerer Gewißheit. Es macht nichts, wenn es Hunderte von Wesen gibt, die in dunkelste Unwissenheit getaucht sind. Der, den wir gestern sahen, ist auf Erden. Seine Gegenwart genügt, um zu beweisen, daß der Tag kommt, an dem die Dunkelheit in Licht verwandelt, an dem Deine Herrschaft auf Erden tatsächlich eingerichtet wird."*[27]

Für Mira Richard, die damals sechsunddreißig Jahre alt war, stand diese außerordentliche Begegnung im Einklang mit einer geistigen Begabung, die von Kindheit an bei ihr auffiel. Wie Sri Aurobindo später erklärte: „Die Mutter stand inwärtig selbst in ihrer Kindheit über dem Menschlichen.“[28] Als junges Mädchen war Mira ungewöhnlich meditativ und übersinnlich veranlagt. Folgerichtig studierte sie in Algerien den Okkultismus und gründete dann eine Gruppe geistig Suchender, die sich in ihrem Heim in Paris trafen[29]. 1912 schrieb sie auf, daß „das allgemeine Ziel, das erreicht werden soll, der Eintritt einer fortschreitenden, allumfassenden Harmonie ist ... durch das Erwachen der inneren Göttlichkeit, die Eine ist, in allen und in ihrer Offenbarung durch alle. Mit anderen Worten: Einheit zu schaffen durch Gründung des Gottesreiches, das in uns allen ist.“[30] Wie dieses und andere Zitate zeigen, bildete die Begegnung von Sri Aurobindo und der Mutter die Vereinigung zweier gleichermaßen bemerkenswerter geistiger Persönlichkeiten.

Nach neun Monaten intensiver geistiger und literarischer Tätigkeit kehrten Paul und Mira Richard im Januar 1915 nach Frankreich zurück. Ein Jahr später schifften sie sich nach Japan ein, wo sie bis 1920 blieben, jenem Jahr, in dem Mira nach Pondicherry reiste, um die geistige Aufgabe zu übernehmen, die sie mit Sri Aurobindo bis zu dessen Tod 1950 teilte. In der überlieferten geistigen Partnerschaft in Indien, wie sie von Rama und Sita, Krishna und Radha symbolisiert wird, kann man die Mutter als Partner in einer göttlich inspirierten Romanze des Geistes betrachten. Entsprechend dieser symbolischen Deutung stellt die Zusammenarbeit von Sri Aurobindo und der Mutter die Vereinigung von Shiva und Shakti, von Indien und dem Westen, von Männlich und Weiblich dar. Solche Vereinigung zeigt an, was Sri Aurobindo unter der „Stunde Gottes“ versteht. Das heißt in Sri Aurobindos Sicht, wie sie in Savitri niedergelegt ist:

„Wenn aber die Stunde des Göttlichen sich naht,
dann soll die Mächtige Mutter sich in der Zeit gebären
und Gott geboren werden im menschlichen Lehm
in die Gestaltungen, die zubereitet sind durch euer Menschenleben.
Dann soll die erhabene Wahrheit an die Menschen übergeben werden.[31]

Damit behauptet Sri Aurobindo in wohldurchdachter Darstellung der Mutter, von seinem 1928 erschienenen gleichnamigen Büchlein bis zu den abschließenden Zeilen in Savitri, die er nur wenige Tage vor seinem Tode niederschrieb, daß deren Aufgabe an die seinige anschließt, aber keineswegs weniger bedeutsam, weniger notwendig ist. Wenn die Mutter außerhalb des geistigen Rahmens, den Sri Aurobindo geschaffen hat, charakterisiert wird, erscheinen die göttlichen Kräfte, die ihr zugeordnet werden, zwangsläufig als fromme Übertreibungen von Anhängern. Aber diese Eigenschaften, ob gerechtfertigt oder nicht, haben ihren Ursprung keineswegs in der Frömmigkeit der Anhänger sondern in den eindeutigen Erklärungen Sri Aurobindos. Die Mutter ihrerseits hat gleichermaßen darauf bestanden, daß Sri Aurobindo dank seiner Lehre und Kraft der eigentliche Mittelpunkt für alle spirituell Strebenden ist. Nach dem, was Sri Aurobindo „das göttliche Spiel" nennt, hängt die Möglichkeit der Mutter von Sri Aurobindo ab und die Offenbarung Sri Aurobindos von der Mutter. Das eigentliche Wesen Sri Aurobindos dürfte jedoch eher ein Mysterium sein, mit dem man lebt, denn eine Frage, auf die man eine Antwort sucht.

Sri Aurobindos spirituelle Kraft eignet sich ebenso wenig für eine genaue Definition wie die Inanspruchnahme von Göttlichkeit für Buddha, Krishna oder Jesus. Tatsächlich betrachtet Sri Aurobindo seine Mission hinsichtlich ihrer Einzigartigkeit und transformativen Kraft vergleichbar derjenigen dieser drei Avatare. Als er einmal von einem seiner Anhänger gefragt wurde, ob er ein Avatar sei, definierte er sein Wirken folgendermaßen:

„Ich trachte danach, etwas vom Göttlichen Wesen, das mir bewußt ist und das ich fühle, zu offenbaren. Es ist mir völlig gleichgültig, ob mich das zum Avatar macht oder zu sonst etwas. Das ist keine Frage, die mich interessiert. Mit Offenbarung meine ich allerdings die Hervorbringung und Verbreitung jenes Bewußtseins, so daß auch andere es fühlen, in es eintreten und in ihm leben können."[32]

In Erwiderung auf hartnäckiges Fragen desselben Schülers bezüglich seiner Selbst-Auffassung und der Natur des Avatars erklärte Sri Aurobindo, daß seine Kräfte für andere gerade deshalb von Wert seien, weil sie in Übereinstimmung mit einer verläßlichen geistigen Disziplin entwickelt wurden.

„Ich hatte in mir keinen Drang zur Spiritualität, ich entwickelte Spiritualität. Ich war nicht imstande, Metaphysik zu verstehen, ich entwickelte mich zu einem Philosophen. Ich hatte kein Auge für Malerei, ich entwickelte es durch Yoga. Ich wandelte meine Natur um von dem, was sie war, in das, was sie nicht war. Ich tat es auf eine besondere Weise, nicht durch ein Wunder, und ich vollbrachte es, um zu zeigen, was getan werden kann und wie es getan werden könnte. Ich tat es nicht aus einer persönlichen Notwendigkeit oder durch ein Wunder ohne jeden Vorgang. Wenn es nicht so wäre, sage ich, dann wäre mein Yoga unbrauchbar und mein Leben ein Irrtum – eine bloße Laune der Natur ohne Sinn und Folge. Ihr alle scheint es für ein großes Kompliment an mich zu halten, wenn ihr sagt, was ich getan habe, hätte nur für mich Bedeutung, für sonst niemanden. Das ist die vernichtendste Kritik an meinem Werk, die ich mir vorstellen kann. Ich tat es auch nicht durch mich selbst, falls ihr unter „mich selbst" den Aurobindo versteht, der ich war. Er tat es durch die Hilfe Krishnas und der göttlichen Shakti. Auch empfing ich Hilfe von menschlicher Seite."[33]

Dergestalt weist die Idee des Avatars – ob Rama, Krishna, Buddha, Caitanya, Ramakrishna oder Sri Aurobindo – auf ein göttliches Bewußtsein in einer werkzeughaften Persönlichkeit hin *„gemäß den Spielregeln – obgleich mitunter, um die Spielregeln zu ändern"*. So entsteht der Avatar existentiell nicht als *„eine bloße unnötige Laune der Natur"*, sondern als ein *„verständlicher Teil der Ordnung des Göttlichen Wesens in der Natur."*[34]

Folgt man der Mutter und den Schülern, hinterläßt Sri Aurobindos Darstellung des göttlichen Wesens in der Natur und seine Rolle in dieser Ordnung keinen Zweifel an seinem Rang als Avatar:

> *„In der Ewigkeit des Werdens ist jeder Avatar nur der Ankündiger, der Vorläufer einer vollkommeneren künftigen Verwirklichung.*
> *Und doch neigen die Menschen immer wieder dazu, den Avatar der Vergangenheit zu vergöttlichen, im Gegensatz zum Avatar der Zukunft.*
> *Auch jetzt ist Sri Aurobindo gekommen, um der Welt die Verwirklichung von morgen anzukündigen. Und wiederum trifft seine Botschaft auf dieselbe Opposition, wie sie jene vorfanden, die ihm vorausgingen.*
> *Aber morgen wird sich die Wahrheit dessen erweisen, was er enthüllt hat, und sein Werk wird getan werden."*[35]

Sri Aurobindos Ankündigung bezieht sich auf die unmittelbar bevorstehende Herabkunft des Supramentals oder den Eintritt des Supramentalen Zeitalters. Alle früheren Avatare befanden sich demnach auf der mentalen oder vielleicht der übermentalen Ebene. Sri Aurobindo ist der Prophet oder Avatar des Supramentals. Er erklärt jedoch wiederholt, er sei das Werkzeug der übermentalen Herabkunft; das Supramental werde erst durch die Mutter ins Erdbewußtsein herniedergebracht:

> *„Ihre Verkörperung ist für das Erdbewußtsein die Gelegenheit, das Supramental darin zu empfangen und zunächst die Umwandlung durchzumachen, damit dies ermöglicht wird. Danach wird es zu einer weiteren Umwandlung durch das Supramental kommen…*
> *Es gibt eine göttliche Kraft, die im Weltall wie im einzelnen wirkt, und die auch über dem einzelnen und dem Weltall ist. Für all dies steht die Mutter, aber sie wirkt hier im Körper, um herniederzubringen, was in dieser materiellen Welt noch nicht Ausdruck gefunden hat, um so das Leben hier zu transformieren. Es ist so, daß ihr sie als die göttliche Shakti betrachten solltet, die hier für diesen Zweck wirkt. Dies ist sie im Körper, doch wird sie in ihrem ganzen Bewußtsein auch mit all den anderen Aspekten des Göttlichen Wesens gleichgesetzt."*[36]

Laut Ankündigung der Mutter fand die dritte Umwandlung, die Herabkunft des Supramentals, am 29. Februar 1956 statt. Im April desselben Jahres gab die Mutter bekannt: „Die Offenbarung des Supramentals auf Erden ist nicht mehr nur eine Verheißung sondern eine lebendige Tatsache, eine Wirklichkeit. Es ist hier am Wirken, und der Tag wird kommen, da der Blinde, der am meisten Unbewußte, ja der Unwilligste dankbar sein wird, sie anzuerkennen."[37] Zur selben Zeit verriet die Mutter, daß „das supramentale Bewußtsein 1967 in eine Phase eintrete, in der es Macht realisiert".[38] Die Mutter wollte damit feststellen, daß das supramentale Bewußtsein offenbar werde mit der Gründung von Auroville, jener ersten planetarischen Stadt, die seit 1968 bei Pondicherry entsteht.

Es ist sicher möglich, Lehren und Wirken Sri Aurobindos und der Mutter zu würdigen und damit zu arbeiten, ohne daß man den Anspruch akzeptiert, der bezüglich dieser spirituellen Kraft erhoben wird. Doch gewinnen diese Werke zusätzlich an Bedeutung, wenn sie als höhere Stufe der geistigen Entwicklung betrachtet werden. Wenn wir eine Jakobs-Probe oder eine lehrhafte Prüfung religiöser Erfahrung zulassen, zeugen Sri Aurobindos und der Mutter Vermächtnis, gemessen an ihren persönlichen und tatsächlichen Leistungen, für Tiefe und vielleicht Einzigartigkeit spiritueller Erfahrung.

Yoga, Religion und Utopie

In den vier Jahrzehnten seiner Sādhanā und den dreißig Bänden systematisch angelegter Schriften sowie seiner Korrespondenz unterschied Sri Aurobindo durchweg seine spirituelle Disziplin von der überlieferten Religion. Er hob wiederholt hervor, daß sich seine Lehre mit der Spiritualisierung der natürlichen Welt befasse:

> *„Wir haben nicht die Absicht, ... eine Religion oder eine philosophische Schule oder eine Yoga-Schule zu gründen, vielmehr eine Haltung und eine Methode zu entwickeln, die eine höhere Wahrheit jenseits des Mentals herniederbringen wird, aber nicht unerreichbar für die menschliche Seele und das menschliche Bewußtsein ist...*
>
> *Der Yoga-Weg, der hier befolgt wird, unterscheidet sich bezüglich seines Zweckes von anderen Wegen. Denn sein Ziel ist nicht nur, sich aus dem gewöhnlichen Weltbewußtsein in das göttliche Bewußtsein zu erheben, sondern auch die supramentale Macht jenes göttlichen Bewußtseins herunterzuholen in die Unwissenheit von Mental, Leben und Körper, diese zu transformieren, das Göttliche Wesen hier zu offenbaren und ein göttliches Leben in der Materie zu erzeugen."*[39]

Aber an derselben Stelle räumt er ein, daß „dies eine außerordentlich problematische Absicht und ein schwieriger Yoga ist. Vielen oder den meisten erscheint er unmöglich". Dementsprechend werden viele, die diesen Yoga-Weg zu nehmen versuchen, ihn auf eine eher leichter zu bewerkstelligende Aufgabe reduzieren. Eine derartige Reduzierung läge auch dann vor, wenn man Sri Aurobindos Anweisungen auf religiöser Ebene folgt. Eine andere bestünde darin, daß man etwa ohne die erforderliche spirituelle Disziplin an den gesellschaftlichen und historischen Programmen mitwirkt, die durch diesen Yoga erzeugt werden.

Da die Zahl der Anhänger zunimmt, immer mehr unterschiedliche Gruppen und Aktivitäten entstehen, erhält Sri Aurobindos Warnung vor einer Bewegung, ob religiös oder soziologisch, größere Dringlichkeit. 1934, mithin Jahrzehnte bevor außerhalb Indiens ein ernsthaftes Interesse an seinen Lehren bestand, gab Sri Aurobindo zu bedenken:

> *„Eine Bewegung bedeutet im Falle eines Werkes wie dem meinigen die Gründung einer Schule oder Sekte oder eines anderen schrecklichen Unsinns. Sie bedeutet, daß Hunderte und Tausende unnützer Leute mitmachen und das Werk verderben oder es auf eine aufgeblasene Posse reduzieren, von der sich die Wahrheit, die schon dabei war herniederzukommen, in die Verborgenheit und Stille entfernt. Das ist mit den „Religionen" geschehen und der Grund ihres Scheiterns."*[40]

Was Sri Aurobindo und die Mutter den Religionen vorwarfen, war deren Abhängigkeit von Äußerlichkeiten und ihr Festhalten an einem außerweltlichen Ziel des geistigen Lebens, was beides von der entscheidenden Aufgabe abzieht, die natürliche Welt zu spiritualisieren. Geradeso wie Sri Aurobindo für eine integrale Metaphysik gegen Materialismus und Spiritualismus eintritt, so plädiert er für einen integralen Yoga gegen außerweltliche und bloß veräußerlichte religiöse Formen. In dem folgenden Zitat unterscheidet er das Spirituelle vom Religiösen so:

> *„Das spirituelle Leben* (adhyātma-jivana), *das religiöse Leben* (dharma-jivana) *und das gewöhnliche menschliche Leben, zu dem das Mental gehört, sind drei ganz verschiedene Dinge, und man muß wissen, welches davon man sich wünscht, und darf die drei nicht durcheinanderbringen. Das gewöhnliche Leben ist dem durchschnittlichen menschlichen Bewußtsein zugeordnet, von seinem wahren Selbst und vom Göttlichen Wesen getrennt und geführt von den üblichen Gewohnheiten des Mentals, des Lebens und des Körpers, die die Gesetze der Unwissenheit bilden. Das religiöse Leben ist eine Bewegung desselben unwissenden menschlichen Bewußtseins, das sich von der Erde abkehrt oder abzukehren versucht und dem Göttlichen Wesen zuwendet, aber bislang ohne Wissen und geführt von dogmatischen Lehren und Regeln einer Sekte oder eines Glaubensbekenntnisses, die behaupten, den Weg aus den Banden des Erd-Bewußtseins in ein seligmachendes Jenseits gefunden zu haben. Das religiöse Leben kann die erste Annäherung an das spirituelle sein, doch häufig ist es lediglich ein Sichdrehen in einem Kreis von Riten, Zeremo-*

nien und Praktiken oder festgelegter Gedanken und Formen ohne jeden Ertrag. Im Gegensatz dazu schreitet das spirituelle Leben unmittelbar durch einen Wandel des Bewußtseins voran, einen Wandel vom gewöhnlichen Bewußtsein, das unwissend und von seinem wahren Selbst und von Gott getrennt ist, zu einem höheren Bewußtsein, in dem man sein wahres Wesen findet und erstmals in unmittelbaren und lebendigen Kontakt und dann zur Einung mit dem Göttlichen Wesen gelangt. Für den geistig Suchenden ist dieser Bewußtseinswandel das Eine, das er sucht, anderes steht nicht zur Debatte.“[41]

Da aber Sri Aurobindo und die Mutter sehr wohl wußten, daß es genau die Dogmen, Riten und institutionellen Einrichtungen sind, was die Religionen so dauerhaft macht, haben sie ihre Anhänger vor dem Zauber der religiösen Ideale und Praktiken gewarnt. Sri Aurobindo hebt hervor, daß *„es nicht seine Sache ist, irgendeine Religion zu gründen, denn jede dieser Maßnahmen würde von seinem eigentlichen Zweck hinwegführen“.*[42] Ähnlich hat die Mutter die Anhänger daran erinnert, daß die Religion zu einer früheren Art der Spiritualität gehört:

„Warum klammern sich die Menschen an eine Religion?

Religionen basieren auf Glaubensüberzeugungen, die spirituelle Erfahrungen darstellen, die auf eine Ebene herniedergebracht wurden, auf der sie leichter verständlich werden, dies aber auf Kosten ihrer vollen Reinheit und Wahrheit.

Die Zeit der Religionen ist vorüber.

Wir sind in das Zeitalter allumfassender Spiritualität eingetreten, spiritueller Erfahrung in ihrer anfänglichen Reinheit.“[43]

Trotz der Bemühungen und des Beispiels von Sri Aurobindo und der Mutter sowie der weiter fortgeschrittenen Schüler werden viele den Lehren des Meisters zweifellos auf der religiösen Ebene folgen. In dieser Hinsicht hat die Kluft zwischen Sri Aurobindos Integralem Yoga und der religiösen Überlieferung, die er vermutlich erzeugt, seine Entsprechung in den höchst äußerlichen und formalen religiösen Traditionen, wie sie sich aus der tiefen Spiritualität von Gautama und Jesus entwickelten.

Während einige sich um religiöser Zwecke willen an den Yoga halten, werden andere das Werk Sri Aurobindos und der Mutter als rein soziologisches und historisches Vermächtnis mit Beifall begrüßen. Die Mutter hat sich bemüht, die spirituelle Basis von Auroville in seiner frühesten Konzeption festzuschreiben: Die Auroville-Charta, zum Beispiel, legt fest, daß ein „Aurovillianer ein williger Diener am Göttlichen Bewußtsein sein muß“. Da „die Erde sicherlich nicht bereit ist, solch ein Ideal zu verwirklichen“, hat die Mutter jedoch wiederholt Mahnungen wie die folgende erteilt:

„In Auroville lebt man, um frei von moralischen und sozialen Konventionen zu sein, aber diese Freiheit darf keine neue Versklavung an das Ego, seine Wünsche

und Ambitionen bedeuten. Die Erfüllung von Wünschen versperrt den Weg zur inneren Entdeckung, die nur erreicht werden kann in Frieden und der Transparenz vollkommener Uneigennützigkeit.“[44]

Die Aussicht auf eine Gemeinschaft „frei von gesellschaftlichen und moralischen Konventionen“ wird hinlänglich Aufsehen erregen und begeisterte Gefolgschaft dazu verleiten, die spirituelle Disziplin aufs Spiel zu setzen, zur Zeit deutlich sichtbar im Ashram und in Auroville. Die meisten Beobachter gehen davon aus, daß die hohe Qualität dieser Gemeinschaften vermutlich solange Bestand hat, wie sie der geistigen Führung der Mutter folgen. Die Dringlichkeit der Nachfolge-Frage, einer Frage, die sich unabweisbar für Beobachter erhebt, aber von den Anhängern weithin ignoriert wird, hängt von dem Ausmaß ab, in dem die Anhänger Lehre und Vision Sri Aurobindos und der Mutter beherzigen. Für positive wie für negative Voraussagen können Beweise vorgebracht werden. Viele Anhänge werden fortfahren, für die persönlichen und die kollektiven Ziele, wie sie die Mutter gesetzt hat, schöpferisch zu arbeiten, viele andere scheinen nicht in der Lage zu entschiedenem Handeln ohne gesicherte Zustimmung der Mutter. War die Umsetzung der Lehren von Sri Aurobindo und der Mutter schon problematisch während ihrer körperlichen Anwesenheit und unter ihrer ständigen Anleitung, so wird sie in der Tat merklich schwieriger, sobald ihre spirituellen Erfahrungen und Lehren durch die verheerenden Auswirkungen der Zeit und die Begrenztheit der Anhänger gefiltert worden sind. Gleich dem Yoga selbst wird die Erfüllung des Vermächtnisses von Sri Aurobindo und der Mutter „ein überaus schwieriges Ziel“ bleiben. „Vielen oder den meisten wird es unmöglich erscheinen.“ Daß viele oder die meisten weit hinter den Zielen Sri Aurobindos und der Mutter zurückbleiben werden, sollte man erwarten, – aber eine zunehmende Anzahl von Menschen glaubt, daß jene, die die Einladung der Mutter zu dem „großen Abenteuer“ annehmen, tatsächlich an der „Geburt einer neuen Welt“ teilnehmen können.

Anmerkungen

Wenn nicht ausdrücklich anders angegeben, sind alle Schriften Sri Aurobindos im Sri Aurobindo-Ashram, Pondicherry, erschienen. Wo auf die Sri Aurobindo Centenary Library 1970–1973 (Gesamtausgabe der Werke) Bezug genommen wird, werden die Titel des Bandes, dessen Nummer und die Seiten angegeben.

[1]Erik Erikson, Gandhi's Truth (New York: W. W. Norton, 1969), S. 229.

[2]Zur Einführung in diese und andere indische Denker vgl. V. S. Naravane, Modern Indian Thought (New York: Asia Publishing House, 1964). Bezüglich ausgewählter Schriften dieser Denker vgl. Robert A. McDermott u. V. S. Naravane (Hrsg.), The Spirit of Modern India (New York: T. Y. Crowell, 1974).

[3]Als Tagore 1928 Sri Aurobindo in Pondicherry besuchte, begrüßte er seinen bengalischen Dichter-Kollegen als den Propheten und die Stimme einer neuen Sicht:

> *„Ich fühlte, wie die Sprechweise der alten Hindu-Rishis aus ihm sprach in solchem Gleichmut, der der menschlichen Seele den Frieden des Eingangs ins All vermittelt. Ich sagte zu ihm: „Du hast das Wort, und wir warten darauf, es von dir zu empfangen. Indien wird durch deine Stimme zur Welt sprechen: „Hört auf mich!"*
>
> *In ihrem einstigen Haus im Wald erfuhr Shakuntala ihr Erwachen zum Leben in der Ruhelosigkeit ihrer Jugend. In der späteren Einsiedelei erlangte sie die Erfüllung ihres Lebens. Vor Jahren traf ich Aurobindo in der einstigen Stimmung seiner heroischen Jugend, und ich sang ihm zu: „Aurobindo, empfange den Gruß von Rabindranath!" Heute traf ich ihn in der tieferen Stimmung eines verschwiegenen Reichtums an Weisheit, und ich sang ihn wiederum an in Schweigen: „Aurobindo, empfange den Gruß von Rabindranath!"*

[4]Seltsamerweise hatten Sri Aurobindo und Gandhi keinen persönlichen Kontakt, obwohl Nehru und viele andere nationale Führer (z. B. Surendra Mohan Ghose aus Bengalen) zu Sri Aurobindo durch die dreißiger und vierziger Jahre Verbindung hielten. Bezüglich der Zurückweisung von Gandhis Programm durch Sri Aurobindo, vor allem von Gandhis Beharren auf Gewaltfreiheit, vgl. On Himself (XXVI, S. 40 f. und S. 438).

[5]Sri Aurobindo und Radhakrishnan haben viele gemeinsame philosophische Quellen und Bezüge, aber das Betonen des Yoga – besonders seine tiefsinnige spirituelle Verwirklichung – unterscheidet Sri Aurobindos Integrale Philoso-

phie vom vedantischen (oder neo-vedantischen) System Radhakrishnans. Zieht man ihre jeweiligen Bemühungen, indische und westliche Philosophie miteinander zu verbinden, in Betracht, erscheint es seltsam, daß die beiden hervorragendsten Philosophen des modernen Indien im Grunde genommen keinen persönlichen oder philosophischen Kontakt miteinander hatten. Zu Radhakrishnans eigenen Schriften vgl. Robert A. McDermott (Hrsg.), Radhakrishnan: Selected Writings on Philosophy, Religion and Culture (New York: E. P. Dutton, 1970).

[6]Sri Aurobindo, On Himself, XXVI, epigraph.

[7]Man beachte, daß die Mutter in erster Linie für die Schaffung von Ashram und Auroville verantwortlich war, daß aber die theoretische Grundlage für beides deutlich in Sri Aurobindos Schriften vorbereitet wurde, vor allem in The Human Cycle.

[8]Neben den Standardwerken von A. B. Purani, The Life of Sri Aurobindo (1964), R. R. Diwakar, Mahayogi Sri Aurobindo (Bombay: Bharatiya Vidya Bhavan, 1967) und Sisirkumar Mitra, The Liberator (Bombay: Jaico Publishing House, 1970) liefert K. R. Srinavas Iyengar, Sri Aurobindo: A Biography and a History, 2 Bde. (1972) die umfassendste Darstellung der Frühzeit Sri Aurobindos.

[9]Augustinus, Bekenntnisse, VII, 9, 27.

[10]„Uttarpara Speech", in Karmayogin, II, S. 3.

[11]„Prison and Freedom", in Kara Kahini (1969), übers. v. Sisirkumar Ghose, S. 3. Vgl. auch Writings in Bengali, IV, S. 298-305.

[12]„The Ideal of the Karmayogin" in Karmayogin, II, S. 17. Die spirituelle Methode und das spirituelle Ziel dieser Revolution schließt freilich ein radikales Programm mit ein, das Sri Aurobindo später wie folgt zusammenfaßte:

„Sri Aurobindos politische Vorstellungen und Aktivitäten hatten drei Seiten. Zunächst gab es die Aktion; mit der er anfing: eine geheime revolutionäre Propaganda und Organisation, deren zentrales Anliegen die Vorbereitung eines bewaffneten Aufstandes war. Zweitens gab es die öffentliche Propaganda, mit der die gesamte Nation zum Ideal der Unabhängigkeit bekehrt werden sollte. Als er in die Politik eintrat, wurde dieses Ideal von der großen Mehrheit der Inder als unrealistisch und undurchführbar, als ein fast unheilvolles Trugbild angesehen. Man glaubte, das britische Empire sei zu mächtig und Indien sei zu schwach, außerdem unbewaffnet und unfähig, um auch nur von einer solchen Anstrengung zu träumen. Drittens gab es die Organisierung des Volkes, um eine öffentliche und vereinte Opposition voranzubringen, sowie die Unterminierung der Fremdherrschaft durch zunehmende Nicht-Zusammenarbeit und passiven Widerstand." (On Himself, XXVI, S. 21).

[13]Das Feld der Kurus nahe Delhi. Wie Gandhi und andere betont haben, bietet

„das Schlachtfeld von Kurukshetra … lediglich die Gelegenheit für die Dialogführung. Das eigentliche Kurukshetra liegt im menschlichen Herzen.“

[14]1901 heiratete Sri Aurobindo im Alter von achtundzwanzig Jahren Mrinalini Bose, ein frommes Hindu-Mädchen, das halb so alt war wie er. Als er sich mehr und mehr in Politik und Yoga verstrickte, wurde die offensichtliche Kluft zwischen beiden immer größer. 1918, als Mrinalini mehr als zehn Jahre von ihrem Manne getrennt lebte und gerade nach Pondicherry reisen wollte, zog sie sich eine Grippe zu und starb.

[15]Zitiert bei Purani, a. a. O., S. 87-90, nachgedruckt in Cross Currents, XXII (Winter 1972), 9-11.

[16]Purani, a. a. O., S. 90, Cross Currents, S. 11

[17]„The Fifteenth of August, 1947“ in Sri Aurobindo and His Ashram (1964), S. 40 f.; Cross Currents, S. 44 f.

[18]Radhakrishnan, Indian Philosophy (New York: Macmillan Company, 1962), I, S. 24; McDermott (Hrsg.), Radhakrishnan, a. a. O., S. 69.

[19]Zitiert bei Diwakar, a. a. O., S. 174.

[20]The Life Divine, XIX, S. 891; deutsch: Das Göttliche Leben (Gladenbach: Hinder & Deelmann, 1974, S. 301.

[21]„The Teaching of Sri Aurobindo“, in Sri Aurobindo and His Ashram, S. 62.

[22]On Himself, XXVI, S. 455.

[23]Ebenda.

[24]The Mother, XXV, S. 20.

[25]In Beantwortung der Frage eines Schülers bezüglich dieses Gegenstandes bestätigte Sri Aurobindo, daß sein Büchlein „The Mother“ (1928) sich in der Tat auf die Mutter des Sri Aurobindo-Ashram beziehe (The Mother, XXV, S. 47).

[26]Paul Richard, Dawn Over Asia, zit. bei Srinivas Iyengar, a. a. O., S. 694.

[27]Prayers and Meditations of the Mother (1948), S. 88 f.

[28]The Mother, XXV, S. 48.

[29]Srinivas Iyengar, a. a. O., S. 696.

[30]Zitiert ebenda.

[31]Savitri, XXIX, S. 705; deutsch: Savitri – Legende und Sinnbild (Gladenbach: Hinder & Deelmann, 1985, S. 719).

[32]Nirodbaran, Correspondence with Sri Aurobindo (1969), S. 58.

[33]Ebenda, S. 49.

[34]Ebenda, S. 50.

[35]The Mother on Sri Aurobindo (1961), S. 6.

[36]The Mother, XXV, S. 49 f.

[37]Zitiert bei Mitra, The Liberator, a. a. O., S. 279. Vgl. auch Bulletin of the International Centre of Education (künftig: Bull. I. C. E. abgekürzt), November 1957, und Gazette Aurovilienne, Nr. 5-6, S. 13.

[38]Zitiert bei Mitra, a. a. O., S. 285.

[39]Zitiert in Bull. I. C. E. (Sondernummer Mother India), Nov.-Dez. 1968, S. 5.

[40]Zitiert in Gazette Aurovilienne, 1971, S. 1.

[41]Letters on Yoga, XXII, S. 137.

[42]„The Teaching of Sri Aurobindo", S. 62.

[43]Zitiert in Bull. I. C. E., S. 6.

[44]Gazette Aurovilienne, Nr. 4, S. 5.

Die Lehre Sri Aurobindos

von Sri Aurobindo

Die Lehre Sri Aurobindos geht aus von jener Lehre der alten Weisen Indiens, nach der es hinter den Erscheinungen des Universums eine Wirklichkeit des Seins und des Bewußtseins gibt, ein Selbst aller Dinge, einzig und ewig. Alle Wesen sind geeint in jenem einen Selbst und Geist, aber zerteilt dank einer gewissen Tendenz des Bewußtseins zur Trennung, durch Unkenntnis ihres wahren Selbstes und ihrer wahren Wirklichkeit in Mental, Leben und Körper. Mit Hilfe einer bestimmten psychologischen Disziplin ist es möglich, diesen Vorhang des zur Trennung neigenden Bewußtseins wegzuziehen und des wahren Selbstes, der Göttlichkeit in uns und in allem, gewahr zu werden.

Sri Aurobindos Lehre stellt fest, daß dies eine Sein und Bewußtsein hier in die Materie involviert ist. Evolution ist der Vorgang, durch den es sich selbst befreit. Das Bewußtsein erscheint in etwas, das unbewußt zu sein scheint, und sobald es erschienen ist, wird es durch sich selbst gezwungen, höher und höher hinaufzuwachsen und sich gleichzeitig auszuweiten und in Richtung auf eine immer größere Vollendung hin zu entwickeln. Leben heißt der erste Schritt dieser Befreiung des Bewußtseins, Mental heißt der zweite. Aber die Evolution hört nicht auf beim Mental. Sie erwartet eine Befreiung in etwas Größeres, in ein Bewußtsein, das spirituell und supramental ist. Der nächste Schritt der Evolution muß erfolgen in Richtung der Entwicklung des Supramentals und des Geistes als der beherrschenden Macht des bewußten Wesens. Denn nur dann wird sich die involvierte Göttlichkeit völlig befreien, wird es dem Leben ermöglicht, Vollkommenheit zu offenbaren.

Aber während die früheren Entwicklungsschritte der Natur im pflanzlichen und tierischen Leben ohne bewußten Willen unternommen wurden, wird die Natur im Menschen fähig, sich durch den bewußten Willen des Werkzeuges zu entfalten. Dies kann jedoch nicht allein durch den mentalen Willen des Menschen vollbracht werden, denn das Mental reicht nur bis zu einem gewissen Punkt und dreht sich danach im Kreise. Es muß eine Verwandlung stattfinden, eine Wende des Bewußtseins, durch die das Mental sich in das höhere Prinzip zu verwandeln hat. Dieser Weg soll durch die uralte psychologische Disziplin und Praxis des Yoga gefunden werden. In der Vergangenheit hat man sich um ihn bemüht, indem man von der Welt abhob und in der Höhe des Selbstes oder

Geistes verschwand. Sri Aurobindo lehrt, daß eine Herabkunft des höheren Prinzips möglich ist, die das geistige Selbst nicht bloß aus der Welt entläßt, sondern in der Welt befreit und die Unwissenheit des Mentals bzw. dessen sehr begrenztes Wissen durch ein supramentales Wahrheits-Bewußtsein ersetzt, das ein ausreichendes Werkzeug des inneren Selbstes sein wird und es dem Menschen ermöglicht, sich kraftvoll innerlich wiederzufinden, wie auch aus seiner noch tierischen Menschlichkeit hinauszuwachsen in eine göttlichere Art. Die psychologische Disziplin des Yoga kann zu diesem Zweck angewendet werden, indem mit ihrer Hilfe alle Teile des Wesens für eine Umwandlung oder Transformation geöffnet werden in der Herabkunft und im Wirken jenes höheren, noch verborgenen supramentalen Prinzips.

Dies kann freilich nicht auf einmal oder in kurzer Zeit oder durch eine rasche oder wundersame Umwandlung geleistet werden. Vom Suchenden sind viele Schritte zu unternehmen, bevor die supramentale Herabkunft möglich ist. Der Mensch lebt vorwiegend in seinem Oberflächen-Mental, -Leben und -Körper. Es gibt aber ein inneres Wesen in ihm, das über gewaltigere Möglichkeiten verfügt. Zu ihm muß er erwachen –, denn einstweilen empfängt er nur einen sehr beschränkten Einfluß von dort, der ihm allerdings den Anstoß gibt, mehr Schönheit, Harmonie, Macht und Wissen zu erstreben. Der erste Arbeitsgang des Yoga besteht deshalb darin, die Bereiche des inneren Wesen zu öffnen und von da nach draußen zu leben, wobei er das äußere Leben durch ein inneres Licht und die innere Kraft bestimmt. Dabei entdeckt der Mensch seine wahre Seele, die keine äußere Mischung mentaler, vitaler und physischer Elemente ist, vielmehr etwas von der Wirklichkeit dahinter, ein Funke des einen göttlichen Feuers. Er muß lernen, in seiner Seele zu leben und den Rest seiner Natur durch deren Vorstoß zur Wahrheit zu läutern und auszurichten. Danach kann dort eine Öffnung nach oben und die Herabkunft eines höheren Seinsprinzips erfolgen. Doch auch dann ist das nicht sogleich das volle supramentale Licht und die volle supramentale Kraft. Denn es gibt mehrere Bewußtseinsebenen zwischen dem gewöhnlichen menschlichen Mental und dem supramentalen Wahrheits-Bewußtsein. Diese dazwischenliegenden Ebenen müssen geöffnet werden, und ihre Macht muß hinuntergebracht werden in Mental, Leben und Körper. Erst danach kann die volle Macht des Wahrheits-Bewußtseins in der Natur wirken. Der Vorgang dieser Selbst-Disziplinierung oder dieser Sādhanā ist daher lang und schwierig, aber selbst mit einem kleinen Teil davon ist viel gewonnen, weil er die äußerste Befreiung und Vollkommenheit eher ermöglicht.

Auf diesem Wege ist vieles notwendig, was älteren Systemen entstammt: eine Öffnung des Mentals zu größerer Weite und für die Bedeutung des Selbstes und des Unbegrenzten, ein Emporkommen in das, was man das kosmische Bewußtsein genannt hat, die Meisterung der Begierden und Leidenschaften. Äußerer Asketismus ist nicht unbedingt notwendig, aber die Überwindung von Verlangen und Bindung und die Beherrschung des Körpers, seiner Bedürfnisse, Süchte und Instinkte sind unverzichtbar. Es gibt eine Kombination der Grundsätze der alten Systeme, dem Weg des Wissens durch Unterscheidung des Mentals zwischen Wirklichkeit und Erscheinung; dem Weg des Herzens über Verehrung, Liebe und Hingabe; und dem Weg der Werke, bei dem der Wille sich abwendet von den Beweggründen ichhaften Interesses zur Wahrheit und zum Dienst an einer größeren Wirklichkeit als dem Ich. Denn das ganze Wesen muß so geschult werden, daß es antworten und, wenn erforderlich, umgewandelt werden kann, um in der Natur für jenes größere Licht und jene höhere Kraft zu wirken.

In dieser Disziplin sind die Eingebung des Meisters und, auf den verschiedenen Stufen, seine Kontrolle und Gegenwart unerläßlich. Andernfalls wäre es unmöglich, ohne zahlreiche Fehler und Irrtümer diesen Prozeß zu durchlaufen, was die Erfolgschancen minderte. Der Meister ist es, der sich zu einem höheren Bewußtsein und Sein erhoben hat und der oftmals als dessen Manifestation und Repräsentant betrachtet wird. Er hilft nicht nur durch seine Lehre und weitaus mehr noch durch seinen Einfluß und sein Beispiel, sondern auch durch eine Kraft, die eigene Erfahrung andern zu vermitteln.

Dies ist Sri Aurobindos Lehre und praktischer Weg. Sein Ziel besteht nicht darin, irgendeine Religion zu entwickeln oder die älteren Religionen miteinander zu verschmelzen oder eine neue Religion zu gründen, denn all dies würde von seinem zentralen Ziel wegführen. Das eine Ziel seines Yoga heißt innere Selbst-Entwicklung, durch die jeder, der sie betreibt, in angemessener Zeit das Eine Selbst in allem entdecken und ein höheres als das mentale Bewußtsein entwickeln kann: ein spirituelles und supramentales Bewußtsein, das die menschliche Natur transformieren und vergöttlichen wird.

Zeittafel zum Leben Sri Aurobindos

1872, 15. August

Als viertes Kind des Arztes Dr. Krishnadhan Ghose und der Swarnalata Devi, die später an Hysterie litt, geboren. Wird ursprünglich Aravinda Ackroyd genannt, läßt aber Ackroyd von seiner Studienzeit in Cambridge an weg. „Sri", das Bestandteil seines Namens mindestens seit 1926 ist, bezieht sich auf seine geistige Würde.

1872–1879

In Khulna, Ostbengalen, wo sein Vater District Medical Officer war.

1877–1879

In Darjeeling, in der Loretto Convent School.

1879–1884

In Manchester, England, in der Obhut der Familie Drewett. Wird daheim von den Drewetts erzogen.

1884–1890

An der St. Paul's School in Cambridge.

1890–1892

Am King's College in Cambridge. Tritt in Reden vor der Studentengruppe Indian Majlis für die Freiheit Indiens ein. Schreibt Gedichte und geht anderen schriftstellerischen Aktivitäten nach.

1893, Februar

Kehrt nach Indien zurück, geht am Apollo Kai in Bombay an Land und erfährt eine unermeßliche Stille, die mehrere Monate andauert. Beginnt mit seiner Tätigkeit im Dienste des Maharaja von Baroda. Wird Professor für Englisch und Französisch und später stellvertretender Direktor des Baroda College.

1893, 7. August

Veröffentlicht im Indu Prakash (Bombay) eine Reihe politischer Artikel: „New Lamps for Old".

1898–1899

Fängt an, Savitri zu schreiben.

1900–1902

Beginn seiner politischen Aktivität.

1901, April

Heiratet Mrinalini Bose in Kalkutta.

1902
Begegnet Schwester Nevedita.
1903, April
Erfährt „das leere Unendliche" auf dem „Hügel des Shankaracharya" in Kashmir.
1904–1905
Fängt an, Yoga zu praktizieren.
1905
Teilung Bengalens. „Bhavani Mandir" und „No Compromise", revolutionäre Pamphlete.
1906, Februar
Zieht nach Kalkutta.
1906, März
Übernimmt die allgemeine Leitung der revolutionären bengalischen Wochenschrift Yugantar von seinem jüngeren Bruder Barindra.
1906, August
Hilft Bipan Chandra Pal bei der Gründung der radikalen politischen Zeitung Bande Mataram, die später das Organ der Nationalistischen Partei Bengalens wird.
1906, Dezember
Löst Bipan Chandra Pal als Führer der Nationalistischen Partei Bengalens und als Herausgeber von Bande Mataram ab.
1907, April
Veröffentlicht eine Reihe von Artikel-Serien in Bande Mataram, darunter „The Doctrine of Passive Resistance".
1907, August
Wird unter dem Vorwurf der Aufwiegelung durch seine Aufsätze in Bande Mataram verhaftet, aber gegen Kaution freigelassen.
1907, 23. August
Hält eine Rede vor dem Bengalischen National College nach seinem Rücktritt als Direktor.
1907, Dezember
Wird zum Führer der Nationalisten auf dem Bengal Provincial Congress und auf dem Surat Congress.
1908, Januar
Begegnet in Baroda Vishnu Bhaskar Lele, einem Yogi aus Maharashtra. Folgt Leles Anweisungen zur Stillegung seines Mentals und erfährt das raum- und zeitlose Brahman.

1908, 19. Januar

Hält vor der National Union, Bombay, eine Rede über „Die gegenwärtige Situation“.

1908, 2. Mai

Wird im Zusammenhang mit dem Prozeß wegen Verschwörung in Alipur verhaftet. Befindet sich vom 5. Mai 1908 bis 6. Mai 1909 als Untersuchungshäftling im Gefängnis von Alipur. Meditiert über die Gita und praktiziert Yoga.

1909, 6. Mai

Wird von den Anschuldigungen gegen ihn freigesprochen.

1909, 30. Mai

Uttarpara Rede.

1909, 19. Juni

Gründet und leitet die englische Wochenschrift Karmayogin.

1909, 23. August

Gründet und leitet die bengalische Wochenschrift Dharma.

1909, September

Führt die Nationalisten auf der Bengal Provincial Conference.

1910, Februar

Verläßt Kalkutta und reist nach Chandernagore.

1910, 1.–4. April

Schifft sich ein nach Pondicherry.

1910

Begegnet Paul Richard.

1914, 29. März

Begegnet Mira Richard.

1914, 15. August

Erscheinen der ersten Ausgabe des Arya, jener Monatsschrift, in der er seine wichtigsten Arbeiten mit Ausnahme von Savitri veröffentlicht. Setzt die Publikation fort bis zum Januar 1921.

1920, 24. April

Mira Richard kehrt nach Pondicherry zurück, nachdem sie einige Jahre in Japan verbracht hat.

1926, 24. November

„Tag der Siddhi“ (Tag des Sieges): Erfährt die Herabkunft Krishnas bzw. des übermentalen Bewußtseins in den Körper. Zieht sich vollständig zurück in konzentrierte Sādhanā. Die Mutter kümmert sich um die Schüler und gründet den Ashram.

1928
Veröffentlichung von The Mother.
1930–1938
Täglicher Umgang mit den Sadhaks im Ashram.
1939–1940
Überarbeitung und Veröffentlichung von The Life Divine als Buch.
1939, Sept. bis Okt.
Schreibt etwa dreißig Sonnette.
1940, September
Gemeinsame Erklärung Sri Aurobindos und der Mutter zur Unterstützung der Alliierten. Stellt sich in Gegensatz zur vorherrschenden indischen Position und arbeitet den ganzen Krieg über für die Alliierten.
1942, März
Unterstützt den Vorschlag von Cripps bzw. der englischen Regierung, der für eine Mitarbeit Indiens an den Kriegsanstrengungen in Asien mit der Gegenleistung erweiterter Selbstregierung wirbt.
1942, 2. Dezember
Eröffnung der Ashram-Schule.
1947, 15. August
75. Geburtstag Sri Aurobindos: Indien wird unabhängig.
1949, 21. Februar
Erscheinen der ersten Ausgabe des Bulletin of Physical Education (späterer Titel: Bulletin of the Sri Aurobindo International Centre of Education) mit Sri Aurobindos Botschaft (die später unter dem Titel *The Supramental Manifestation* erscheint und neuaufgelegt wird unter dem Titel *The Mind of Light*).
1950
Veröffentlichung des Teil 1 von Savitri.
1950, November
Nierenkrankheit.
1950, 5. Dezember
Tod. Nachdem Sri Aurobindos Körper fünf Tage lang aufgebahrt war, wird er zur letzten Ruhe im Hof des Ashrams bestattet.
1951
Veröffentlichung der Teile 2 und 3 von Savitri.
1951, 24. April
Eröffnung des Sri Aurobindo International University Centre, das später Sri Aurobindo International Centre of Education genannt wird.
1956, 29. Februar
Herabkunft des Supramentals durch die Mutter.

1968, 29. Februar
Gründung von Auroville.
1972, 15. August
Sri Aurobindos 100. Geburtstag.
1973, 17. November
Tod der Mutter.

/ Südostindien [internationale, sich selbst versorgende Dorfgemeinschaft]

haben laut Aussage des Gründungsmitglieds Frédéric [ursprünglich Münchener] auch bis 2018 noch keine geeignete Form der kollektiven Selbstverwaltung gefunden;
– keine soziale Hierarchie
– alle Entscheidungen nach langen Diskussionen in Vollversammlung

u.a.: materielles Wohlstandsniveau blieb auch nach 50 Jahren des Bestehens der Gemeinschaft bescheiden; Wohnungen haben nur gemeinsame Toiletten.

[Quelle: Sendung HR-Info Radio 25.12.2018]

Teil I

Der Mensch in der Evolution

Einführung

Die Bestimmung des Menschen

Wenn die Geschichte der westlichen Philosophie als „Anmerkungen zu Platon" charakterisiert werden kann, dann kann man mit noch größerer Berechtigung die Geschichte der indischen Philosophie als „Anmerkungen zu den Rishis oder Weisen des Vedischen Zeitalters" bezeichnen. Zwar sind einige der Grundgedanken Sri Aurobindos ebenso weit entfernt von den vedischen Rishis wie diejenigen Whiteheads von Platon. Sri Aurobindo teilt aber mit der philosophischen Tradition Indiens die Schau einer geeinten Wirklichkeit oder eines geeinten Bewußtseins, das der Erscheinung von Mental, Leben und Körper zugrunde liegt. In den Jahrhunderten vor Platon rang man um die Beziehung zwischen der Welt der Erscheinungen und der Wirklichkeit, die hinter dieser Welt liegt. Die Rishis des alten Indien betrachteten die Welt als getrennt in zwei Bereiche – den empirischen und den transzendentalen. In der Brhadāranyaka Upanishad zum Beispiel wird der Opfernde angehalten, folgende Verse zu rezitieren:

Führe mich vom Unwirklichen zum Wirklichen,
Von der Dunkelheit zum Licht,
Vom Tod zur Unsterblichkeit. (I, 3:28)

Sri Aurobindos philosophisches System und die spirituelle Disziplin, durch die das Unwirkliche, die Dunkelheit, der Tod überwunden werden, beginnen mit derselben Art von Bestreben, wie es sich aus der ungewöhnlichen Schau ergibt, die die Veden und die Upanishaden enthalten.

Stufen der Entwicklung

Das Göttliche Leben macht die Synthese von Materie und Geist deutlich, indem hier beide in die doppelte Bewegung des Seins – Involution und Evolution – hineingestellt werden. Entsprechend diesem Schema hat sich der Mensch, jetzt selbst-bewußt, von den niedersten bis zu den höchsten Ebenen des Seins entwickelt. Seine letzte Entwicklungsstufe wird das physische, das vitale und das mentale Wesen in einer Synthese integrieren, die das Supramental ermöglicht. Von daher ist das Supramental die Brücke zwischen den niederen und den höheren Hemisphären des Seins:

Sein (Sat)
Bewußtheitskraft (Chit)
Seligkeit (Ananda)
Supramental (vollkommene Einheit in Getrenntheit)
Mental (Intellekt und Intuition)
Leben (vitales, organisches)
Materie (körperliche, unbewußte)

So wie die drei niederen Ebenen des Bewußtseins durch die drei höheren transformiert werden müssen, ist das Sat-Chit-Ananda nicht erfüllt, solange es nicht die Bereiche von körperlichem, vitalem und mentalem Sein vollständig vergeistigt hat. Dieser Umstieg der niederen Ebenen ist möglich, weil das Sat-Chit-Ananda, der reine Geist, von Anfang an in jede Ebene des Seins involviert ist. Von daher folgt, ontologisch gesehen, die Evolution der Involution nach. Zuerst involviert sich das Sein in die verschiedenen Ebenen des Seienden, danach öffnet es sich durch eine Reihe natürlicher und menschlicher Umwandlungen.

Die einleitenden Kapitel von Sri Aurobindos metaphysischem opus magnum zeigen in Übereinstimmung mit seiner Betrachtung der philosophischen und geistigen Entwicklung, von den Veden bis zu seiner eigenen supramentalen Prophetie, daß die vier Ziele der frühesten „Weisheitsregel" des Menschen – Gott, Licht, Freiheit und Unsterblichkeit – jetzt im persönlichen und im öffentlichen Sein des Menschen verwirklicht werden können. Diese Hervorhebung des menschlichen Strebens zieht sich durch alles Denken Sri Aurobindos und sein Vermächtnis. Derselbe „Antrieb zur Vervollkommnung", den die vedische Erfahrung des Göttlichen Wesens erzeugte, bereitete den Weg zu einer Reihe zunehmend nach vorn gerichteter Antworten des Göttlichen Wesens in der Welt. Diese Antworten in Gestalt von Avataren wie Rama, Krishna und Buddha offenbaren die Struktur des Seins und die Ebenen, auf die sich die Menschheit im Zusammenwirken mit ihren Avataren entwikkelt hat. Doch da diese Offenbarungen unausgeglichen auf die Masse der ruhelosen Menschheit treffen, bleibt das Leben ein Rätsel, das der Lösung bedarf.

Von daher handelt *Das Göttliche Leben*, Sri Aurobindos metaphysische Abhandlung, zuerst von den zwei Antworten auf das Rätsel des Lebens, zwischen denen der Mensch durch die Jahrhunderte hin- und herschwankte: der „materialistischen Ablehnung" oder Zurückweisung des Geistes, die so nachdrücklich im modernen Westen vertreten wird, und der „asketischen Verweigerung" oder Zurückweisung der Materie, die so bezeichnend für Indien ist. Eine der

Zielsetzungen in *Das Göttliche Leben* ist, diese „zwei Verneinungen" in ein umgreifenderes und eher positives Verständnis der natürlichen Ordnung zu überführen. Wie Sri Aurobindo in dem einleitenden Absatz von „Die Lehre Sri Aurobindos" erläutert, akzeptiert er die Grundeinsicht der alten indischen Weisen, derzufolge die Wirklichkeit – obgleich die Eine – geteilt ist durch eine gewisse Tendenz des Bewußtseins zur Trennung oder den Vorhang, der jeden von uns von „dem wahren Selbst, der Göttlichkeit in uns und in allem" trennt. Sri Aurobindo entwickelt von diesem Ausgangspunkt aus eine Theorie der Wirklichkeit, die die absolute Einheit der vedischen Weisen bewahrt, aber zugleich auch die Wirklichkeit und den Wert der sogenannten Erscheinungen bestätigt. Wie S. K. Maitra zutreffend feststellt: „Der grundlegende Gedanke, auf dem das ganze Gebäude von Sri Aurobindos Philosophie ruht, ist dieser: Die Materie ist ebenso wie der Geist als wirklich zu betrachten." (An Introduction of the Philosophy of Sri Aurobindo, 1965, S. 1).

Bezeichnenderweise verficht Sri Aurobindo die Meinung, daß ein enger Spiritualismus, wie er in der Geschichte der indischen Philosophie so hervorstechend vom Advaita Vedanta vertreten wird, „vollständiger, endgültiger, gefährlicher in seinen Auswirkungen auf einzelne oder Kollektive ist, die seinen machtvollen Ruf in der Wüste hören", als die materialistische Ablehnung des Geistes. Die das Geistige höher bewerten, stellen zwar die aufsteigende Bewegung in Rechnung, ignorieren aber unglücklicherweise den Vorgang, durch den der Geist in die Materie herabsteigt. Wie der folgende Auszug zeigt, bildet dieser gleichzeitige Vorgang, auch Involution (Herabstieg) und Evolution (Aufstieg) genannt, einen wesentlichen Bestandteil der Theorie Sri Aurobindos von der Wirklichkeit.

Nach Sri Aurobindo ist der evolutionäre Prozeß wirklich, ungewöhnlich und wunderbar. Wirklich, insofern er nicht einen bloßen Schatten oder bloße Erscheinung darstellt, sondern einen echten Baustein der Wirklichkeit-in-Bewegung. Ungewöhnlich, insofern jede Transformation (insbesondere diejenige von der Materie zum Vital, zum Mental und zum Supramental) sich nicht unbedingt ereignet haben muß oder, wenn sie es hat, es nur tat, weil die natürlichen und menschlichen Ordnungen in der Lage waren, den Geist in der historischen Ordnung zu befreien. Wunderbar, insofern *Lilā* oder das göttliche Lebensspiel den Sinn des Lebens bildet und jede Einzelheit des Menschseins einschließt.

Das Streben des Menschen

Usha folgt denen zum Ziel, die ins Jenseits weitergehen. Sie ist die erste in der Folge der ewigen Morgendämmerungen, die kommen, – sie weitet sich aus, bringt das Lebendige hervor, erweckt einen Gestorbenen... Wie weit reicht sie, wenn sie Einklang schafft zwischen den Morgendämmerungen, die früher leuchteten, und denen, die jetzt scheinen müssen? Sie sehnt sich nach den Morgen der Vergangenheit und bringt ihr Licht zu vollem Glanz. Sie strahlt ihr Licht in die Zukunft und eint sich mit denen, die noch kommen sollen.

Kutsa Angirasa – Rig Veda, I.113.8.10.

Dreifach sind jene höchsten Geburten dieser göttlichen Kraft, die in der Welt ist, sie sind wahr, sie sind begehrenswert. Dort regt Er sich, weit-offenbar, im Inneren des Unendlichen, und leuchtet klar, lichtvoll, Erfüllung bringend... Was in Sterblichen unsterblich ist und im Besitz der Wahrheit, ist ein Gott, er wohnt im Innern als eine Kraft, die sich in unseren göttlichen Mächten auswirkt... Erhebe dich hoch über alles, o Stärke, zerreiße alle Schleier und offenbare in uns die Dinge der Gottheit.

Vamadeva – Rig Veda, IV.1.7., IV.2.1., IV.4.5.

Das früheste Anliegen im erwachten Denken des Menschen und, wie es scheint, sein unentrinnbares und letztes ist auch das höchste, das sein Denken sich vorstellen kann, – denn es überlebt die längsten Zeiträume des Skeptizismus und keht nach jeder Verbannung wieder zurück. Es offenbart sich in der Ahnung der Gottheit, im Impuls zur Vollkommenheit, im Suchen nach reiner Wahrheit und unvermischter Seligkeit, im Empfinden einer geheimen Unsterblichkeit. Die frühen Morgendämmerungen menschlicher Erkenntnis bezeugen dieses ständige Streben. Heute sehen wir, daß sich eine Menschheit anschickt, zu ihren ursprünglichen Sehnsüchten zurückzukehren, gesättigt und doch nicht befriedigt von der sieghaften Analyse des Äußeren der Natur. Die älteste Formulierung der Weisheit verspricht auch ihre letzte zu sein: Gott, Licht, Freiheit, Unsterblichkeit.

wie?

Diese unvergänglichen Ideale der Menschheit stehen andererseits in Widerspruch zu ihrer alltäglichen Erfahrung und sind die Bestätigung höherer und tieferer Erfahrungen, die für die Menschheit im allgemeinen ungewöhnlich sind und in ihrer organischen Vollständigkeit nur durch eine revolutionäre individuelle Anstrengung oder durch einen evolutionären allgemeinen Fortschritt erlangt werden können. Als die Offenbarung Gottes in der Materie und als das Ziel der Natur in ihrer irdischen Evolution wird uns verheißen: Wir sollen in einem tierhaften, vom Ego bestimmten Bewußtsein das göttliche Wesen erkennen, besitzen und sein. Wir dürfen unsere zwielichtige oder verfinsterte physische Mentalität in die Fülle supramentaler Erleuchtung verwandeln. Wir können Frieden und eine aus dem Selbst seiende Seligkeit dort erbauen, wo es jetzt nur die Spannung vergänglicher Befriedigungen gibt, die stets bedrängt werden vom physischen Schmerz und Leiden des Gemüts. Wir vermögen die Fundamente zu einer unendlichen Freiheit in der Welt zu legen, die sich uns als ein Komplex mechanischer Notwendigkeiten präsentiert. Wir sollen unsterbliches Leben in einem Leib entdecken und verwirklichen, der dem Tod und ständiger Veränderung unterworfen ist. Für den gewöhnlichen materiellen Intellekt, der seine gegenwärtige Bewußtseins-Organisation als äußerste Grenze seiner Möglichkeiten ansieht, ist der direkte Widerspruch zwischen den unverwirklichten Idealen und der verwirklichten Tatsächlichkeit ein endgültiges Argument gegen den Wert jener Ideale. Wenn wir aber die Wirkensweisen der Natur gründlicher erforschen, kommt uns diese direkte Widersprüchlichkeit eher vor als Teil der tiefsinnigen Methode der Natur und als das Siegel ihrer vollen Zustimmung.

Denn alle Probleme des Daseins sind im wesentlichen Probleme der Harmonie. Sie entstehen aus der Wahrnehmung einer unaufgelösten Disharmonie und dem unbewußten Verlangen nach einer unentdeckten Übereinstimmung oder Einheit. Die praktischen und mehr animalischen Schichten im Menschen bringen es fertig, sich mit einer unaufgelösten Disharmonie zufriedenzugeben. Das ist aber für sein voll erwachtes Mental unmöglich. Gewöhnlich gehen selbst seine praktischen Seiten der allgemeinen Notwendigkeit einer Lösung nur dadurch aus dem Wege, daß sie entweder das Problem ausklammern oder einen faulen, unerleuchteten Nützlichkeitskompromiß eingehen. Denn die gesamte Natur sucht wesenhaft nach Harmonie: das Vital und die Materie in ihrem eigenen Bereich ebenso wie das Mental durch die Ordnung seiner Wahrnehmungen. Je größer die scheinbare Unordnung der dargebotenen Materialien oder die scheinbare Verschiedenheit, selbst bis zur unvereinbaren Gegensätzlichkeit der Elemente, die verwendet werden müssen, ist, desto stärker der Ansporn zur Harmonie. Er drängt nach einer feineren und machtvolleren Ordnung, als sie normalerweise durch ein weniger schweres Bemühen zustande kommen kann. Das aktive Leben in Einklang zu bringen mit einem zu formenden Material, in dem Trägheit die Grundlage der Aktivität zu sein scheint, ist ein Problem des Entgegengesetzten, das die Natur gelöst hat und in immer umfassenderer Vielfalt zu lösen sucht. Seine vollkommene Lösung wäre die materielle Unsterblichkeit eines völlig durchorganisierten, das Mental unterstützenden Tierkörpers. Ein anderes Problem des Entgegengesetzten, bei dem die Natur erstaunliche Ergebnisse zustande gebracht hat und nach immer neuen höheren Wundern strebt, ist der Einklang zwischen bewußtem Mental und bewußtem Willen mit einer Gestalt und einem Leben, die an sich nicht offenkundig ihres Selbstes bewußt sind und bestenfalls einen mechanischen oder unterbewußten Willen aufbringen können. Ihr höchstes Wunder wäre hier das Bewußtsein eines Tierwesens, das nach der Wahrheit und dem Licht nicht mehr nur sucht, sondern beide zugleich mit der praktischen Allmacht besitzt, die aus dem Besitz eines unmittelbaren, vervollkommneten Wissens herrührt. So ist dieser Aufwärtsdrang im Menschen nach Harmonisierung immer umfassenderer Gegensätze nicht nur an sich vernunftsgemäß, sondern einzig mögliche Erfüllung eines Gesetzes und Bemühens, wie sie einer grundlegenen Methode der Natur und dem wahren Sinn ihres universalen Ringens zu entsprechen scheinen.

Wir sprechen von der Evolution des Lebens in der Materie, von der Evolution des Mentals in der Materie. Evolution ist aber ein Wort, das eigentlich nur das Phänomen feststellt, ohne es zu erklären. Denn es scheint keinen Grund zu geben, warum sich Leben aus materiellen Elementen oder Mental aus lebendigen Formen durch Evolution entfalten sollte, wenn wir nicht die vedantische Lösung annehmen, daß Leben schon in Materie und Mental schon in Leben involviert ist, weil ihrem Wesen nach Materie eine Form verhüllten Lebens und Leben eine Form verhüllten Bewußtseins ist. Dann dürfte nur wenig gegen einen weiteren Schritt in der Reihe und gegen die Zustimmung dazu eingewendet werden können, daß mentales Bewußtsein selbst nur eine Form und eine Verhüllung höherer Zustände ist, die jenseits des Mentals liegen. In diesem Fall erweist sich der unbesiegbare Drang des Menschen zu Gott, Licht, Seligkeit, Freiheit, Unsterblichkeit wohl an seinem richtigen Platz in der Kette, einfach als der zwingende Impuls, durch den Natur die Evolution über das Mental hinaus sucht, und er erscheint ebenso natürlich, wahr und richtig zu sein wie der Impuls zum Leben, den sie in gewisse Formen der Materie einpflanzte, und wie der Impuls zum Mental, den sie gewissen Formen von Leben eingab. Wie dort, so existiert dieser Impuls hier mehr oder minder dunkel in ihren verschiedenen Gefäßen mit einer immer höher ansteigenden Reihe in der Macht seines Willens-zum-Sein. Wie dort, so entwickelt er sich hier in Stufen und muß die notwendigen Organe und Fähigkeiten voll zur Entfaltung bringen. So wie der Impuls zum Mental von den empfindsameren Reaktionen des Lebens in Metall und Pflanze bis zu seiner vollen Organisation im Menschen emporreicht, so gibt es auch im Menschen die gleiche emporsteigende Reihe, die

Vorbereitung, wenn nicht noch mehr, eines höheren göttlichen Lebens. Das Tier ist ein lebendiges Laboratorium, in dem die Natur sozusagen den Menschen erarbeitet hat. Der Mensch mag sehr wohl ein denkendes, lebendiges Laboratorium sein, in dem sie mit seiner bewußten Mitwirkung den Über-Menschen, den Gott erarbeiten will. Oder sollten wir nicht besser sagen: Gott offenbaren will? Denn wenn die Evolution die fortschreitende Offenbarung seitens der Natur von dem ist, was in ihr schlief oder involviert in ihr wirkte, ist die Natur auch die offenbare Realisation von dem, was sie insgeheim ist. Wir dürfen sie also nicht auf einer gewissen Stufe ihrer Evolution bitten, innezuhalten, und wir haben auch nicht das Recht, mit den Vertretern der Religion als verkehrt und anmaßend oder, mit den Vertretern des Rationalismus, als Krankheit oder Halluzination ihre etwaige Absicht oder ihr Bemühen zu verurteilen, über die jetzige Stufe hinauszugehen. Wenn es wahr ist, daß Geist in Materie involviert und sichtbare Natur insgeheim Gott ist, dann ist es für den Menschen auf Erden das erhabenste und legitime Ziel, in sich selbst das Göttliche zu offenbaren und Gott im Innern und nach außen hin zu verwirklichen.

So rechtfertigt sich vor der überlegenden Vernunft wie vor dem drängenden Instinkt oder der Intuition der Menschheit das ewige Paradoxon und die ewige Wahrheit eines göttlichen Lebens in einem Tierkörper, der einem sterblichen Gehäuse innewohnenden unsterblichen Sehnsucht oder Wirklichkeit eines sich in begrenzten Mentalwesen und getrennten Ichs repräsentierenden einzigen und universalen Bewußtseins, eines transzendenten, unbegrenzbaren, zeitlosen und raumlosen Wesens, das allein Zeit, Raum und Kosmos möglich und in diesen allen die höhere Wahrheit durch den niedrigeren Begriff realisierbar macht. Man hat manchmal den Versuch unternommen, Fragen, die schon so oft vom logischen Denken für unlösbar erklärt wurden, endgültig loszuwerden und die Menschen zu überreden, ihre mentale Betätigung auf die praktischen, unmittelbaren Probleme ihrer materiellen Existenz im Universum zu beschränken. Solche Fluchtversuche hatten aber nie dauerhafte Wirkung. Die Menschheit kehrt von ihnen mit nur noch heftigerem Drang zum Forschen und noch stärkerem Hunger nach unmittelbarer Lösung zurück. Aus diesem Hunger zieht der Mystizismus seinen Nutzen, und neue Religionen entstehen, um die alten zu ersetzen, die man zerstörte oder ihrer Bedeutung beraubte durch einen Skeptizismus, der selbst nicht befriedigte, da das Forschen zwar sein Beruf, er aber nie willens war, gründlich genug zu ermitteln. Eine Wahrheit ableugnen oder ersticken zu wollen, weil sie in ihrem äußeren Wirken noch unerleuchtet ist und nur zu oft durch finsteren Aberglauben oder eine rohe Glaubensform dargestellt wird, ist selbst eine Art von Obskurantismus. Schließlich erweist sich, daß der Wille, sich einer kosmischen Notwendigkeit deshalb zu entziehen, weil es mühevoll und schwierig ist, sie durch leicht greifbare Ergebnisse zu rechtfertigen, und weil es lange dauert, ihre Abläufe unter Kontrolle zu bringen, keine Anerkennung der Wahrheit der Natur, sondern eine Revolte gegen den geheimen, mächtigeren Willen der Großen Mutter ist. Es ist besser und vernünftiger, wir nehmen das, was sie uns als Menschheit zu verwerfen verbietet, an und erheben es aus dem Bereich blinden Instinkts, unerleuchteter Intuition und ziellosen Strebens empor in das Licht der Vernunft und in einen aufgeklärten und bewußt vom Selbst gelenkten Willen. Wenn es dann ein höheres Licht erleuchteter Intuition oder sich selbst enthüllender Wahrheit gibt, die jetzt im Menschen blockiert oder unwirksam ist oder nur zeitweise wie durch einen Schleier aufblitzt oder nur gelegentlich aufleuchtet wie das Nordlicht an unserem materiellen Himmel, auch dann sollen wir uns nicht fürchten, weiter zu streben. Denn wahrscheinlich wird das der nächsthöhere Zustand eines Bewußtseins sein, demgegenüber das Mental nur eine Vorform und Verschleierung darstellt. Der Pfad unserer fortschreitenden Selbst-Ausweitung in jenen höchsten Zustand, der am Ende der Ruheplatz der Menschheit ist, mag durch die Herrlichkeiten dieses Lichtes hindurchführen.

Es gibt daher keinen Grund, unserer evolutionären Möglichkeit eine Grenze zu setzen, indem man unsere gegenwärtige Organisation oder unseren jetzigen Seinszustand als endgültig betrachtet. Das Tier ist ein Laboratorium, in dem die Natur den Menschen hervorgebracht hat. Der Mensch kann sehr wohl ein Laboratorium sein, in dem sie den Übermenschen ausarbeiten, die Seele als ein göttliches Wesen sichtbar machen und eine göttliche Art entwikkeln werden.

(XXVII, S. 380)

Der Mensch im Universum

Des Menschen Seele, ein Reisender, wandert in diesem Zyklus des Brahman, gewaltig groß, eine Totalität von Lebensabläufen, eine Totalität von Zuständen. Sie wähnt sich verschieden von Ihm, der den Impuls gibt zur Reise. Ist sie von Ihm angenommen, erlangt sie ihr Ziel der Unsterblichkeit.

Svetasvatara Upanishad, I.6.

Die fortschreitende Offenbarung einer großen, lichtvollen, transzendenten Wirklichkeit, deren Mittel und Material, Grundlage und Feld die vielfachen Relativitäten dieser Welt sind, die wir sehen, und jener anderen Welten, die wir nicht sehen, erscheint mithin als der Sinn des Universums, – da es eine Bedeutung und ein Ziel hat und weder zwecklose Illusion noch ein zufälliges Ereignis ist. Dieselbe logische Überlegung, die uns zu dem Schluß führt, das Welt-Dasein sei kein irreführender Kunstgriff des Mentals, rechtfertigt gleicherweise die Gewißheit, daß das Universum keine blinde, träge, aus sich selbst seiende Masse gesonderter äußerer Erscheinungen ist, die auf ihrer Bahn durch die Ewigkeit so gut sie können zusammenhalten und miteinander ringen. Es ist auch keine ungeheure Selbst-Schöpfung, kein Selbst-Impuls einer unwissenden Kraft ohne geheime Intelligenz im Innern, die sich ihres Ausgangspunktes und ihres Zieles bewußt ist und ihren Verlauf wie ihre Bewegung lenkt. Vielmehr hält ein seiner selbst voll bewußtes Sein, das uneingeschränkter Herr seiner selbst ist, das phänomenale Wesen, in das es involviert ist, in seinem Besitz, verwirklicht sich in Gestaltung und entfaltet sich im Individuum.

Dieses lichtvolle Hervortreten ist der Tagesanbruch, den die arischen Ahnen anbeteten. Seine erfüllte Vollkommenheit ist jener höchste Schritt des die Welt durchdringenden Vishnu, den sie schauten, wie wenn ein Auge seine seherische Kraft bis in die reinsten Himmel des Mentals ausweitet. Denn dieses Licht existiert schon als alles offenbarende und lenkende Wahrheit der Erscheinungen. Es wacht über die Welt und zieht den sterblichen Menschen zu sich hin, zuerst ohne die Erkenntnis seines bewußten Mentals durch den allgemeinen Gang der Natur, zuletzt aber bewußt durch fortschreitendes Erwachen und Selbst-Ausweitung, empor zu seinem göttlichen Aufstieg. Dieser Aufstieg zum Göttlichen Leben ist des Menschen Reise, sein Werk der Werke, sein willkommenes Opfer. Er allein ist des Menschen wirkliche Aufgabe und die

Rechtfertigung für sein Dasein in der Welt. Ohne ihn wäre er nur ein Insekt, das zwischen anderen Eintagsfliegen auf einem Fleck aus Schlamm und Wasser herumkriecht, der es fertig brachte, sich inmitten der schauerlichen Unermeßlichkeiten des physischen Universums zu gestalten.

Diese Wahrheit der Dinge, die aus den Widersprüchen der Welt der Erscheinungen hervorleuchten soll, wird als unendliche Seligkeit und ein seines Selbstes bewußtes Sein erklärt, das überall, in allen Dingen, zu allen Zeiten und jenseits der Zeit dasselbe ist, seiner selbst bewußt hinter all diesen Phänomenen. Durch deren intensivste Vibrationen von Aktivität oder umfassendste Totalität kann es nie völlig ausgedrückt oder irgendwie eingeschränkt werden. Es existiert in sich selbst und hängt bezüglich seines Daseins nicht von seinen Manifestationen ab. Diese repräsentieren es hier, erschöpfen es aber nicht. Sie weisen auf es hin, enthüllen es aber nicht. Dieses Sein ist innerhalb ihrer Gestaltungen nur sich selbst gegenüber offenbar. Das in die Formen involvierte bewußte Sein gelangt bei seiner Evolution zur Erkenntnis seiner selbst durch Intuition, Selbst-Schau und Selbst-Erfahrung. Es wird in der Welt es selbst, indem es sich selbst erkennt. Es erkennt sich selbst, indem es es selbst wird. Indem das Sein sich innerlich auf diese Weise besitzt, teilt es auch seinen Gestaltungen und Eigenschaften die bewußte Seligkeit von *saccidananda* mit. Die beabsichtigte Umwandlung sowie Wert und Zweck des individuellen Daseins ist das Hervortreten von unendlichem Seligkeit-Sein-Bewußtsein im Werdeprozeß von Mental, Vital und Körper, – denn unabhängig von ihnen existiert *saccidananda* ewig. Es offenbart sich so durch das Individuum in der Beziehung, wie es in der Identität in sich selbst ist.

Daß das Unerkennbare sich selbst als *saccidananda* erkennt, ist die eine erhabene positive Grundthese des Vedanta. Sie enthält alle anderen, oder diese sind aus ihr abgeleitet. Das ist die eine wirkliche Erfahrung, die übrigbleibt, wenn wir alles abgerechnet haben: entweder negativ, indem wir ihre äußeren Gestaltungen und Hüllen eliminieren, oder positiv, indem wir ihre Namen und Formen auf die beständige Wahrheit zurückführen, die sie enthalten. Um das Leben zur Erfüllung zu bringen oder um es zu transzendieren, ferner ob Reinheit, Stille, Freiheit im Geist unser Ziel ist oder Machtfülle, Freude und Vollkommenheit, *saccidananda* ist dafür der unvorstellbare, allgegenwärtige, unentbehrliche Begriff, nach dem das menschliche Bewußtsein im Erkennen und Fühlen oder im Empfinden und Handeln ewig sucht.

Das Universum und das Individuum sind die beiden wesentlichen Erscheinungen, in die das Unerkennbare herniederkommt und durch die man sich ihm nahen muß. Denn die anderen Kollektive zwischen diesen beiden entstehen nur aus ihrem Zusammenwirken. Dieses Herabkommen der höchsten

Wirklichkeit ist seiner Natur nach Selbst-Verhüllung. Bei dem Herabkommen entstehen aufeinanderfolgende Ebenen, bei der Verhüllung immer weitere Schleier. Notwendigerweise nimmt die Enthüllung die Form eines Aufstiegs an, und ebenso müssen Aufstieg und Enthüllung beide progressiv sein. Denn jede der aufeinanderfolgenden Ebenen des Herniederkommens des Göttlichen Wesens wird für den Menschen zur Stufe eines Aufstiegs. Jede Hülle, die den unbekannten Gott verbirgt, wird für den Gott-Liebenden und Gott-Suchenden zum Anlaß, Ihn zu enthüllen. Um sich aus dem rhythmischen Schlummer der materiellen Natur zu befreien, die der Seele und Idee noch unbewußt ist, die jedoch den geordneten Wirkungsablauf ihrer Energie in ihrer dumpfen, mächtigen materiellen Trance aufrechterhalten, ringt sich so die Welt empor in einen rascheren, unterschiedlicheren, aber auch ungeordneteren Rhythmus des Lebens, das sich bis zu den Grenzgebieten des Selbst-Bewußtseins müht. Aus dem Leben kämpft sich die Welt weiter hinauf bis zum Mental, in dem das Einzelwesen zu sich selbst und seiner Welt gegenüber zum Bewußtsein erwacht. Durch dieses Erwachen gewinnt das Universum den erforderlichen Hebel für sein höchstes Werk. Es gewinnt die ihrer selbst bewußte Individualität. Das Mental nimmt dieses Werk jedoch nur auf, um es fortzusetzen, nicht um es zu vollenden. Es ist ein Arbeiter mit scharfer aber begrenzter Intelligenz, der das Durcheinander von Materialien aufgreift, das ihm vom Leben angeboten wird. Wenn er diese nach seinen Kräften verarbeitet, angepaßt, abgeändert und eingestuft hat, reicht er sie weiter an den erhabensten Künstler unseres göttlichen Menschseins. Dieser Künstler hat seinen Sitz im Supramental, denn *supermind* is *superman,* das Supramental ist der Übermensch. Deshalb muß unsere Welt noch über das Mental emporkommen zu einem noch höheren Prinzip, zu einem höheren Zustand und einer höheren Kraftentfaltung, in der Universum und Individuum das erkennen und in Besitz nehmen, was beide eigentlich schon sind. Darum stehen beide sich nun in vollem gegenseitigen Verstehen gegenüber, in Harmonie und geeint.

Die Unordnungen von Leben und Mental hören auf, wenn wir das Geheimnis einer Ordnung entdecken, die vollkommener ist als die physische. Die Materie unterhalb von Leben und Mental enthält zwar in sich die Ausgewogenheit vollkommener Ruhe und Aktion unermeßlicher Kraft, aber sie ist nicht im Besitz dessen, was sie in sich enthält. Ihr Friede trägt die Maske stumpfer, unerleuchteter Trägheit, eines Schlafes in Unbewußtheit oder gar eines betäubten, eingesperrten Bewußtseins. Da sie von einer Kraft getrieben wird, die ihr wahres Selbst ist, deren Sinn sie aber nicht begreifen, noch sich zu eigen machen kann, besitzt sie nicht die voll erwachte Freude an ihren eigenen harmonischen Energien.

Leben und Mental erwachen zum Empfinden dieses Mangels in der Form ringender und suchender Unwissenheit und verworrenen, gehemmten Verlangens. Das sind die ersten Schritte zur Selbst-Erkenntnis und Selbst-Erfüllung. Wo ist dann aber das Reich ihrer Selbst-Erfüllung? Es kommt dadurch zu ihnen, daß sie über sich selbst hinausgelangen. Jenseits von Leben und Mental gewinnen wir bewußt in seiner göttlichen Wahrheit, was die Ausgeglichenheit der materiellen Natur in grober Weise darstellte, – Ruhe, die weder Trägheit noch in sich verschlossene Trance des Bewußtseins ist, vielmehr Konzentration einer absoluten Kraft und Selbst-Erkenntnis, das Wirksamwerden einer unermeßlichen Energie, die zugleich ein Aufwallen unsagbarer Seligkeit ist. Denn nun ist jeder einzelne Akt Ausdruck nicht mehr von Mangel und unwissendem Mühen, sondern von absolutem Frieden und Selbst-Meisterschaft. Wenn unsere Unwissenheit das erlangt, nimmt sie das Licht wahr, dessen verdüsterter, partieller Widerschein sie war. Dann kommen unsere Begehren zur Ruhe in Überfluß und hoher Erfüllung, worauf sie, selbst in ihren groben materiellen Formen, stets ihre wenn auch verdüsterte und gefallene Sehnsucht gerichtet haben.

Universum und Individuum brauchen einander zu ihrem Aufstieg. Tatsächlich existieren sie immer füreinander und haben voneinander ihren Nutzen. Das Universum ist eine Ausbreitung des göttlichen Alls in die Unendlichkeit von Raum und Zeit. Das Individuum ist dessen Konzentration innerhalb der Grenzen von Raum und Zeit. Das Universum sucht in unendlicher Ausdehnung nach der göttlichen Totalität, die zu sein es fühlt, ohne sie völlig verwirklichen zu können. Denn bei der Ausbreitung treibt das Sein hin zu einer pluralistischen Summe seiner selbst, die weder die ursprüngliche noch die letzte Einheit sein kann, vielmehr eine sich wiederholende Dezimale ohne Ende oder Anfang. Darum erschafft das Universum in sich eine ihres Selbstes bewußte Konzentration des Alls, durch die es sein Streben befriedigen kann. Im bewußten Individuum wendet sich *prakriti* nach innen, um *purusha* wahrzunehmen; die Welt sucht nach dem Selbst. So wie Gott ganz und gar zur Natur geworden ist, sucht die Natur nun fortschreitend danach, Gott zu werden. Andererseits wird das Individuum durch das Universum gezwungen, sich selbst zu verwirklichen. Das Universum ist ihm nicht nur Grundlage, Mittel, Feld und Stoff für das göttliche Wirken, der individuelle Mensch muß sich notwendigerweise auch universal und apersonal machen, damit er das göttliche All, das seine Wirklichkeit ist, manifest machen kann. Denn die Konzentration des universalen Lebens, das er ist, findet innerhalb von Beschränkungen statt und ist nicht, wie die intensivere Einheit von Brahman, bar jedes Begriffs von Grenze und Ende. Dennoch ist ihm geboten, selbst dann, wenn er sich am weitesten in eine Bewußtseins-Universalität ausdehnt, ein geheimes, transzendentes Etwas zu bewahren, das sich ihm dunkel und ichhaft in dem Empfinden von Personalität darstellt. Andernfalls hätte er sein Ziel verfehlt, das ihm gestellte Problem würde nicht gelöst, und das göttliche Wirken, für das er die Geburt angenommen hatte, würde nicht geleistet.

Das Universum tritt dem Individuum als Leben entgegen, als ein Kräftespiel, dessen ganzes Geheimnis er zu meistern hat, als eine Masse zusammenprallender Ergebnisse, als ein Wirbel potentieller Energien. Er soll aus diesen eine erhabene Ordnung und noch nicht verwirklichte Harmonie freimachen. Das ist schließlich der wirkliche Sinn des menschlichen Fortschritts. Er soll nicht einfach nur in leicht veränderten Formulierungen das noch einmal feststellen, was die physische Natur bereits zustande gebracht hat. Auch darin kann das Ideal des menschlichen Lebens nicht bestehen, daß er einfach das Tierleben auf der höheren Stufe seiner Mentalfunktionen wiederholt. Sonst würden irgendein System oder eine Ordnung, die ein erträgliches Wohlbefinden und eine mäßige mentale Zufriedenheit sichern, unsern Fortschritt zum Stillstand bringen. Das Tier begnügt sich mit einer bescheidenen Befriedigung seiner Bedürfnisse. Die Götter sind mit ihren Herrlichkeiten zufrieden. Nur der Mensch kann erst dann dauernd zur Ruhe kommen, wenn er ein höchstes Gut erlangt hat. Deshalb ist er auch das höchste der lebendigen Wesen, weil er das unzufriedenste ist, das am meisten den Druck seiner Begrenztheit fühlt. Vielleicht ist er allein dazu fähig, vom göttlichen Wahnsinn der Sehnsucht nach einem fernen Ideal ergriffen zu werden.

Für den Geist im Leben ist darum das Individuum, in dem sich seine potentiellen Kräfte konzentrieren, in besonderer Weise der Mensch, *purusha.* Der Sohn des Menschen ist im höchsten Grade dazu ausersehen, Gott zu inkarnieren. Der Mensch ist *manu,* der Denker, *manomaya purusha,* die mentale Person oder die Seele als Träger des Mentals nach der Auffassung der Weisen des Altertums. Er ist nicht nur ein Säugetier höherer Art, sondern eine geistig empfängliche Seele, die ihre Grundlage im animalischen Leib in der Materie hat. Er ist bewußter Name, numen. Er nimmt Gestalt an und verwendet sie als ein Mittel, durch das die Person mit der Substanz umgehen kann. Das aus der Materie hervortretende animalische Leben ist nur der untergeordnete Begriff seiner Existenz. Das Leben in Denken, Fühlen, Wollen und bewußtem Impuls, das wir in seiner Gesamtheit mit Mental bezeichnen und das sich müht, die Materie und ihre vitalen Energien in seine Macht zu bekommen und sie dem Gesetz seiner fortschreitenden Transformation zu unterwerfen, ist der mittlere Begriff, in dem der Mensch bei seinem Wirken vorübergehend Station macht. Auch hier gibt es aber einen noch höheren Begriff, nach dem das Mental im

Menschen sucht. Ihn möchte er finden und ihm in seiner mentalen und leiblichen Existenz eine sichere Grundlage geben. Diese praktische Bejahung von etwas, das dem gegenwärtigen Ich des Menschen wesenhaft überlegen ist, ist das Fundament für das göttliche Leben im menschlichen Dasein.

Ist der Mensch zu einem Wissen von sich erwacht, das tiefer ist als seine erste mentale Idee über sich selbst, beginnt er, sich von dem, was er so sicher zu bejahen hat, eine gewisse Formel auszudenken und ein Wahrnehmungsbild zu erfassen. Dann kommt es ihm aber vor, als sei diese Bejahung zwischen zwei Verneinungen gestellt. Wenn er jenseits dessen, was er bis jetzt erlangt hat, die Macht, das Licht, die Seligkeit eines seiner selbst bewußten unendlichen Seins wahrnimmt oder davon berührt wird und seine Gedanken darüber oder seine Erfahrungen davon berührt wird und seine Gedanken darüber oder seine Erfahrung davon in die Begriffe überträgt, die seiner Mentalität entsprechen – Unendlichkeit, Allwissenheit, Allmacht, Unsterblichkeit, Freiheit, Liebe, Seligkeit, Gott –, scheint ihm diese Sonne seines Schauens zwischen einer doppelten Nacht zu leuchten, einer Finsternis unter und einer noch mächtigeren Finsternis über ihr. Denn wenn er sich müht, sie bis zum äußersten zu erkennen, scheint sie in etwas überzugehen, das weder ein einzelner dieser Begriffe noch ihre Summe darstellen kann. Sein Mental verneint schließlich Gott zugunsten eines Jenseits, zumindest scheint es zu finden, Gott transzendiere Sich Selbst und verweigere Sich begrifflicher Erfassung. Aber auch hier, in der Welt, in ihm selbst und in seiner Umgebung, begegnen dem Menschen stets die Gegensätze zu seinen Bejahungen. Immer ist der Tod bei ihm, Beschränkung umlagert sein Wesen und seine Erfahrung, Irrtum, Unbewußtheit, Schwäche, Trägheit, Kummer, Schmerz, das Böse – sie alle sind fortwährende Unterdrücker seines Bemühens. So wird er auch hier dazu getrieben, Gott zu verleugnen, zumindest scheint das Göttliche Wesen sich selbst zu verneinen, sich in einer äußeren Erscheinung oder in einem Ergebnis zu verbergen, das anders ist als seine wahre, ewige Wirklichkeit.

Die Begriffe dieses Leugnens sind nicht wie die jener anderen, entlegeneren Verneinung dem Verstehen des Menschen unerreichbar, darum natürlicherweise geheimnisvoll und für sein Mental unerkennbar, sie scheinen vielmehr erkennbar, bekannt und klar zu sein – und dennoch mysteriös. Er weiß nicht, was sie sind, warum sie existieren, wie sie ins Seiende gekommen sind. Er sieht ihre Vorgänge so, wie sie sich auf ihn auswirken und wie sie ihm erscheinen. Er kann aber ihre wesenhafte Wirklichkeit nicht ergründen.

Vielleicht sind sie unergründlich? Vielleicht sind sie in ihrem Wesen auch wirklich unerkennbar? Oder sie besitzen überhaupt keine wesenhafte Wirklichkeit, sind eine Illusion, *asat,* ein Nicht-Seiendes. Die Negation auf höherer

Ebene erscheint uns manchmal als ein Nihil, als ein Nicht-Sein. So mag auch die Negation auf der niederen Ebene ihrem Wesen nach ein Nihil sein, ein Nicht-Sein. Aber wie wir schon jene Ausflucht aus der Schwierigkeit im Blick auf die höhere Verneinung von uns gewiesen haben, so weisen wir sie auch für dieses niedere *asat* zurück. Die Wirklichkeit dieser Negation gänzlich zu bestreiten oder ihr dadurch entrinnen zu wollen, daß wir sie als bloße verhängnisvolle Illusion erklären, bedeutet, daß wir das Problem einfach von uns weisen und unserem Werk davonlaufen. Für das Leben sind die Dinge, die Gott zu bestreiten und Gegensätze zu *saccidananda* zu sein scheinen, auch dann wirklich, wenn sie sich als etwas nur Zeitweiliges herausstellen. Sie und ihre Gegensätze, das Gute, das Wissen, Freude und Lust, Leben und Überleben, Stärke und Macht, fortschreitendes Wachstum, sind gerade das Material, mit dem das Leben arbeitet.

Es ist in der Tat wahrscheinlich, daß sie das Ergebnis oder vielmehr die untrennbaren Begleiterscheinungen, zwar nicht einer Illusion, aber doch einer falschen Beziehung sind, deshalb unrichtig, weil sie sich auf eine falsche Auffassung von dem gründen, was das Individuum im Universum ist. Daher kommt die falsche Haltung des Menschen sowohl zu Gott und zur Natur, wie zu sich selbst und zu seiner Umgebung. Denn das, was er bisher geworden ist, hat jede Harmonie mit dem verloren, was die Welt seiner Wohnstätte ist und was er selbst sein sollte und werden muß. Darum ist der Mensch diesen Widersprüchen gegen die geheime Wahrheit der Dinge unterworfen. Ist das aber so, dann sind sie nicht die Strafe für einen Sündenfall, sondern Voraussetzungen seines Fortschritts. Sie sind die ersten Elemente für das Werk, das er zu vollbringen hat, und der Preis, den er für die Krone entrichten muß, die er zu erringen hofft. Sie sind der enge Pfad, auf dem die Natur aus der Materie heraus in das Bewußtsein entrinnt. Sie sind zugleich ihr Lösegeld und ihr Kapital.

Denn aus diesen falschen Beziehungen und mit ihrer Hilfe müssen wir die wahren Beziehungen finden. Mittels der Unwissenheit müssen wir den Weg über den Tod hinaus finden. So spricht der Veda auch in rätselhaften Andeutungen von Energien, die wie Frauen sind, böse in ihrem Impuls, vom rechten Weg abgekommen und ihrem Herrn Harm zufügend, dennoch bauen sie, obwohl sie an sich falsch und unglücklich sind, am Ende diese ungeheure Wahrheit auf, diese Wahrheit, die Seligkeit ist. So wäre dann für den Menschen das Opfer vollbracht, die Reise vollendet, Himmel und Erde wären miteinander zum Ausgleich gekommen und beide in der Seligkeit des Höchsten geeint, wenn der Mensch, statt das Böse in der Natur durch einen Akt moralischer Chirurgie aus sich herauszuoperieren oder sich mit Abscheu aus dem Leben zurückzuziehen, den Tod in ein vollkommeneres Leben umwandelt, die kleinen Dinge der menschlichen Beschränktheit in die hohen Dinge der göttlichen unbegrenzten Weite emporhebt, das Leiden in Seligkeit umformt, das Böse in sein eigentliches Gutes umkehrt und Irrtum und Lüge in ihre geheime Wahrheit überträgt.

Wie können aber solche Gegensätze ineinander übergehen? Durch welche Alchimie soll dieses Blei der Sterblichkeit verwandelt werden in das Gold göttlichen Wesens? Wie aber, wenn sie in ihrer Essenz überhaupt keine Gegensätze, wenn sie Offenbarungen einer einzigen Wirklichkeit und in ihrer Substanz identisch sind? Dann allerdings wird eine göttliche Umwandlung vorstellbar.

Wir haben gesehen, daß das jenseitige Nicht-Seiende sehr wohl ein unbegreifliches Sein und vielleicht eine unaussprechliche Seligkeit sein kann. Jedenfalls stellt sich in der Psychologie des befreiten, auf der Erde weiter wirkenden Menschen das Nirvana des Buddhismus – der ein voll erleuchtetes Bemühen des Menschen formuliert, das höchste Nicht-Sein zu erlangen und in ihm zur Ruhe zu kommen – als unaussprechlicher Friede und als Freude dar. Seine praktische Auswirkung ist das Erlöschen alles Leidens durch das Verschwinden aller ichhaften Vorstellung oder Empfindung. Wir kommen einem positiven Begriff von Nirvana am nächsten, wenn wir es als eine unaussprechliche Glückseligkeit verstehen – falls dieser Name oder überhaupt ein Name einem Frieden beigelegt werden kann, der so inhaltslos ist – der Begriff der eigenen Existenz scheint völlig aufgesogen und verschwunden zu sein. Es ist ein *saccidananda,* auf das wir selbst die höchsten Begriffe von *sat, chit* und *ananda* nicht mehr anzuwenden wagen. Alle Begriffe werden hier zunichte, und alle erkennende Erfahrung bleibt weit zurück.

Andererseits haben wir die Vermutung gewagt: Da alles eine einzige Wirklichkeit ist, kann auch diese untergeordnete Verneinung, dieser andere Widerspruch oder dieses Nicht-Sein von *saccidananda* nichts anderes sein als *saccidananda* selbst. In Wahrheit kann es durch den Intellekt begriffen, in der Schau wahrgenommen und sogar durch die Empfindungen erfaßt werden als das, was es zu bestreiten scheint. Für unsere bewußte Erfahrung wäre das immer so, wenn die Dinge nicht durch einen ungeheuren fundamentalen Irrtum verfälscht würden und durch Unwissenheit, die alles in ihrem Besitz und unter ihrem Zwang hält durch *maya* oder *avidya.* In diesem Empfinden könnte eine Lösung gesucht werden, vielleicht keine zufriedenstellende metaphysische Lösung für das logische Mental, denn wir stehen hier an der Grenzlinie zum Unerkennbaren und Unaussprechlichen und bemühen uns vergeblich, hinüberzuschauen, aber eine ausreichende Grundlage in der Erfahrung zum Praktizieren des göttlichen Lebens.

Dazu müssen wir wagen, tiefer als nur in die helle Oberfläche der Dinge einzudringen, bei der das Mental so gern verweilt. Wir müssen es mit dem Unermeßlichen und Dunklen aufnehmen, in die unergründlichen Tiefen des Bewußtseins untertauchen, uns mit Zuständen des Wesens identifizieren, die nicht unsere eigenen sind. Bei solchem Forschen leistet die menschliche Sprache nur geringe Hilfe. Wir könnten jedoch in ihr zumindest einige Symbole und Bilder finden, mit einigen gerade noch ausdrückbaren Andeutungen zurückkehren, die für das Licht der Seele eine Hilfe sind und auf das Mental einen Widerschein von dem unaussprechlichen Plan werfen.

Der gewöhnliche Mensch lebt in seinem persönlichen Bewußtsein und erkennt die Dinge mit Hilfe seines Mentals und seiner Sinne gemäß der Berührung, die sie durch eine Welt erfahren, die außerhalb von ihm, außerhalb seines Bewußtseins liegt. Sobald sich das Bewußtsein verfeinert, fängt es an, mit den Dingen sehr viel unmittelbarer in Kontakt zu kommen, nicht nur mit ihren Formen und äußeren Einflüssen sondern auch mit dem, was in ihnen ist – wenngleich noch in geringem Umfang. Aber das Bewußtsein kann sich auch erweitern und damit beginnen, zunächst in unmittelbare Berührung mit einem Universalbereich von Dingen in der Welt zu gelangen, sie dann gleichsam zu enthalten – d. h. die Welt in sich zu sehen – und gewissermaßen mit ihnen identisch zu werden. Alle Dinge im Selbst zu sehen und das Selbst in allen Dingen – sich überall des einen Seins, unmittelbar der verschiedenen Ebenen, ihrer Kräfte, ihrer Wesenheiten bewußt zu sein –, das ist Allumfassendwerden.

(XXII, S. 317)

Der Mensch – ein Übergangswesen*

Der Mensch ist ein Übergangswesen. Er ist nicht endgültig. Denn im Menschen und hoch über ihm steigen leuchtende Stufen hinauf zu einem göttlichen Übermenschentum. Dort liegt unsere Bestimmung und der befreiende Schlüssel zu unserem strebenden, doch verwirrten und begrenzten In-der-Welt-Sein.

Unter Mensch verstehen wir das in einem lebendigen Körper eingeschlossene Mental. Aber das Mental ist nicht die höchst mögliche Macht des Bewußtseins. Denn das Mental ist nicht im Besitz der Wahrheit, sondern nur deren unwissender Sucher. Jenseits des Mentals gibt es eine supramentale oder gnostische Macht des Bewußtseins, die im ewigen Besitz der Wahrheit ist. Dieses Supramental ist an seiner Quelle das dynamische Bewußtsein, in seiner Art zugleich und untrennbar unendliche Weisheit und unendlicher Wille des göttlichen Wissenden und Schöpfers. Supramental heißt Übermensch. Ein gnostisches Übermenschentum ist die nächste klare und triumphale Entwicklungsstufe, die die irdische Natur erreichen soll.

Der Schritt vom Menschen zum Übermenschen ist die nächste zu erreichende Leistung, die in der irdischen Entwicklung bevorsteht. Sie ist unausweichlich, weil sie gleichzeitig in der Absicht des inneren Geistes und in der Logik des Naturprozesses liegt.

Das In-Erscheinung-Treten der Möglichkeit des Menschen in einer materiellen und animalischen Welt war der erste Schimmer eines kommenden göttlichen Lichtes, das erste weit entfernte Versprechen einer Gottheit, die aus der Materie geboren werden soll. Das In-Erscheinung-Treten des Übermenschen in der Menschenwelt wird zur Erfüllung dieses göttlichen Versprechens. Aus dem materiellen Bewußtsein, in dem unser Mental sich als Galeerensklave abmüht, taucht gerade die Scheibe einer geheimen Sonne von Macht, Freude und Wissen auf. Das Supramental wird die Körpergestalt dieses Strahlenglanzes sein.

Übermenschentum bedeutet nicht ein zu seinem natürlichen Höhepunkt hinaufgelangtes Menschsein, nicht einen höheren Grad menschlicher Größe, Erkenntnis, Macht, Intelligenz, menschlichen Willens, Charakters, menschlicher Genialität, dynamischer Kraft, Heiligkeit, Liebe, Reinheit oder Vollkommenheit. Das Supramental ist etwas jenseits mentalen Menschseins und des-

---

* The Hour of God, S. 7-12

sen Begrenztheit. Es ist größer als das höchste der menschlichen Art gemäße Bewußtsein.

Der Mensch ist ein mentales Wesen, dessen Mentalität hier in ein physisches Gehirn involviert ist und darin verdunkelt und erniedrigt wirkt. Selbst in den höchsten Ausformungen seiner Art wird es durch diese Abhängigkeit von den leuchtenden Möglichkeiten erhabener Kraft und Freiheit ferngehalten, abgeschlossen auch von seinen eigenen göttlichen Kräften, und es ist unfähig, unser Leben über bestimmte enge und unsichere Grenzen hinaus zu wandeln. Es ist eine gefangene und gefesselte Kraft, häufig nur der Diener oder Versorger der Interessen oder der Hoflieferant der Vergnügungen für Leben und Körper. Der göttliche Übermensch wird indessen ein gnostischer Geist sein. Das Supramental in ihm wird Hand anlegen an die mentalen und physischen Werkzeuge und Mental, Leben und Körper umwandeln, während es über unseren niederen bereits geoffenbarten Teilen steht und sie doch durchdringt.

Das Mental ist die höchste Kraft im Menschen. Aber das menschliche Mental ist eine unwissende, umwölkte und ringende Macht; und selbst wenn es höchst erleuchtet ist, wird es nur von einem schwachen, reflektierten und blassen Licht erfüllt. Das zentrale Werkzeug des Übermenschen wird ein Supramental sein, das frei ist, Gebieter, Ausdruck göttlicher Herrlichkeiten. Seine ungehinderte Bewegung selbstseienden Wissens, spontaner Macht und unbeeinträchtigter Wonne wird die Harmonie des Lebens der Götter auf das irdische Sein übertragen.

Der Mensch ist in sich kaum mehr als ein ehrgeiziges Nichts. Er ist eine Kleinigkeit, die nach der Weite und Größe jenseits von ihm strebt, ein Zwerg, der sich in die Höhen verliebt hat. Sein Mental ist ein dunkler Strahl in den Herrlichkeiten des allumfassenden Mentals. Sein Leben ist ein unbedeutender Augenblick des allumfassenden Lebens, erfüllt von Streben, Jubel, Leiden, Gier und Leidenschaft, von Sorgen, blindem und dumpfem Verlangen. Sein Körper ist ein mühsamer, vergänglicher kleiner Fleck im materiellen Universum. Er kann nicht das Ziel der geheimnisvollen Aufwärtsbewegung der Natur sein. Es muß etwas darüber hinaus geben, etwas, das die Menschheit sein soll, das wir jetzt erst nur in kurzen Augenblicken durch Risse in der großen Mauer jener Begrenzungen erblicken, welche seine Möglichkeit und Existenz verleugnen. Irgendwo ist eine unsterbliche Seele in ihm, die Funken aussendet und damit ihre Gegenwart kundtut. Über ihm schwebt der Schatten eines ewigen Geistes und unterstützt den seelischen Zusammenhang seiner Natur. Doch dieser größere Geist wird in seiner Herabkunft behindert durch die harte Schale seiner erdachten Persönlichkeit. Und jene innere leuchtende Seele wird eingepackt, erstickt, erdrückt durch dichte äußere Verhüllungen. In nur wenigen ist die Seele tätig, in den meisten kaum vernehmlich. Die Seele und der Geist im Menschen scheinen eher über und hinter seinem Wesen zu existieren denn als ein Teil seiner äußeren und sichtbaren Wirklichkeit. Sie sind eher dabei, geboren zu werden, als schon in der Materie hervorgebracht. Sie sind eher Möglichkeiten des menschlichen Bewußtseins als verwirklichte und gegenwärtige Dinge.

Die Größe des Menschen liegt nicht in dem, was er ist, sondern in dem, was er ermöglicht. Zu seinem Ruhme gereicht, daß er den geschlossenen Ort und die geheime Werkstatt lebendiger Arbeit darstellt, in dem das Übermenschentum von einem göttlichen Handwerker bereitet wird. Doch er ist auch zugelassen zu einer gewaltigeren Größe, und diese ist es, die es ihm erlaubt, ungleich der niederen Schöpfung, zum Teil als Künstler an diesem göttlichen Wandel mitzuwirken. Seine bewußte Zustimmung, sein geweihter Wille und seine geheiligte Teilnahme werden benötigt, damit die Glorie in seinen Körper herabsteigen kann, die ihn ersetzen wird. Sein Streben ist der Ruf der Erde nach dem supramentalen Schöpfer.

Wenn die Erde ruft und der Erhabene antwortet, dann kann die Stunde jener ungeheuren und herrlichen Umwandlung auch jetzt gekommen sein.

Doch was soll der Gewinn sein, den das Erd-Bewußtsein, das wir verkörpern, durch den noch nie dagewesenen Aufstieg vom Mental zum Supramental erzielt, und was das Lösegeld für den supramentalen Wandel? Um welches Zieles willen soll der Mensch seine sicheren menschlichen Grenzen mit diesem riskanten Abenteuer überschreiten?

Betrachten wir zunächst, was gewonnen wurde, als die Natur vom groben Unbewußten und der Trägheit dessen, was als unbeseelte Materie erschien, überging in das zitternde Erwachen und die Empfindlichkeit des Pflanzenlebens. Der Gewinn hieß Leben. Der Gewinn war ein kleines Ding, tastend und unentwickelt, das ein Bewußtsein erlangte, das sich stumm ausstreckte und zur Vibration der Sinne hinwuchs, zur Vorbereitung vitalen Strebens, lebendiger Freude und Schönheit. Die Pflanze erreichte eine erste Form von Leben, konnte es aber nicht besitzen, weil das zuerst organisierte Lebens-Bewußtsein zwar fühlen und suchen konnte, doch blind, taub und stumm an den Boden gekettet blieb und in seine Nerven und Gewebe verwickelt war, aus denen es nicht herauskonnte, um hinter sein Nerven-Selbst zu gelangen wie beim vitalen Mental des Tieres. Noch weniger konnte es von oben auf sich herabblikken, um seine eigenen Bewegungen zu erkennen und zu beherrschen, wie es das beobachtende und denkende Mental im Menschen tut. Der Gewinn war ein begrenzter Gewinn, denn es wurde noch immer viel Druck vom ersten Unbewußten ausgeübt, das mit rohen Phänomenen der Materie und der materiellen Energie alle Zeichen des Geistes verdeckte. Hier konnte die Natur auf keinen Fall stehen bleiben, denn sie barg manches in sich, daß noch geheim, möglich, unausgedrückt, unorganisiert, latent vorhanden war. Die Evolution mußte zwangsläufig weitergehen. Das Tier mußte die Pflanze ersetzen und anstelle der Pflanze an die Spitze der Natur treten.

Was wurde gewonnen, als die Natur aus der Dunkelheit des Pflanzenreiches in das Reich der erwachenden Sinne, Begehren und Gefühle und der freien Beweglichkeit tierischen Lebens überging? Der Gewinn hieß: befreite Sinne, Gefühle und Begehren, Mut, List, die Erfindung von Gegenständen des Verlangens, Leidenschaft, Handeln, Hunger, Kampf und Eroberung, Sexualtrieb, Spiel und Vergnügen und all die Freuden und Leiden der bewußt lebenden Kreatur. Nicht nur das körperliche Leben, das das Tier mit der Pflanze gemein hat, sondern auch ein Lebensmental war erstmals in der Erdgeschichte in Erscheinung getreten und wuchs von einer Form in die andere, besser organisierte, bis es in der besten Form die Grenzen seiner eigenen Gesetzlichkeit erreichte.

Das Tier gelangte zur frühesten Form eines Mentals, konnte es aber nicht besitzen, weil dieses erste organisierte Mental-Bewußtsein auf einen engen Bereich festgelegt war, gebunden an die Funktionen des physischen Körpers, des Gehirns und der Nerven, gehalten, dem körperlichen Leben, seinen Begehren, Notwendigkeiten und Leidenschaften zu dienen, beschränkt auf den hartnäckigen Gebrauch der vitalen Triebe, auf materielles Verlangen, Fühlen und Handeln, gebunden an seinen eigenen niederen Werkzeugcharakter, seine spontanen Verbindungen von Gedanken, Gedächtnis und Instinkt. Diesen konnte es nicht entkommen, es konnte nicht hinter sie treten, wie die menschliche Intelligenz es vermag, um sie zu beobachten. Noch weniger konnte es von oben auf sie herabblicken, wie es die menschliche Vernunft und der menschliche Wille tun, um sie zu beherrschen, zu erweitern, neu zu ordnen, zu übertreffen oder zu sublimieren.

Bei jedem großen Schritt im Aufstieg der Natur findet ein Umschwung des Bewußtseins in dem sich entwickelnden Geist statt. So wie der Bergsteiger sich auf einem Gipfel, den er mühevoll erreicht hat, umdreht und hinunterblickt mit erhabener und weitreichender Schau auf all das, was früher über ihm oder auf derselben Ebene war, aber jetzt zu seinen Füßen liegt, so überschreitet auch das sich entwickelnde Wesen jetzt nicht nur sein vergangenes Selbst, seinen früheren, jetzt übertroffenen Zustand, sondern beherrscht auch von einer höheren Warte der Selbst-Erfahrung und Schau aus mit einem neu wahrnehmenden Gefühl und einer neu verstehenden Sicht und Ausführungskraft im Rahmen eines größeren Wertesystems all das, was einst sein eigenes Bewußtsein war, jetzt aber unter ihm steht und einer niederen Schöpfung angehört. Dieser Umschwung ist das Zeichen für einen entscheidenden Sieg und das Siegel für einen radikalen Fortschritt in der Natur.

Das neue Bewußtsein, das so in der geistigen Evolution erreicht wurde, ist stets höher an Rang und Macht, stets größer, umfassender, weiter an Sicht und Gefühl, reicher und feiner in seinen Fähigkeiten, komplexer, organischer und beherrschender als das uns einst gehörende Bewußtsein, das wir hinter uns ließen. Es hat größere Breiten und Räume, Höhen von unbegehbaren, unerwarteten Tiefen und Vertrautheiten. Es gibt hier eine leuchtende Ausweitung, die das eigentliche Handzeichen des Erhabenen auf seinem Werk ist.

Wohlgemerkt, jeder große, radikale Schritt vorwärts, den die Natur bis jetzt unternommen hat, war unendlich größer in seiner Wandlung, unberechenbar weiter in seinen Folgen als sein winziger Vorgänger. Es findet eine wunderbare Öffnung zu einem immer reicheren und weiteren Ausdruck statt, eine neue Beleuchtung der Schöpfung und eine kraftvolle Erhöhung ihres Sinngehalts. In dieser Welt, in der wir leben, gibt es keine Gleichheit aller auf einer platten Ebene, vielmehr die Hierarchie ständig zunehmender jäher Überlegenheiten, die ihre Bergschultern hinaufstoßen zum Höchsten.

Weil der Mensch ein mentales Wesen ist, bildet er sich natürlich ein, daß das Mental der eine große Führer, Handelnde und Schöpfer bzw. die unentbehrliche Wirkkraft im Universum ist. Aber dies ist ein Irrtum. Selbst hinsichtlich des Wissens ist das Mental nicht das einzige oder größtmögliche Werkzeug, der eine Sucher und Entdecker. Das Mental ist ein unbeholfenes Zwischenspiel zwischen dem unermeßlichen und präzisen unterbewußten Wirken der Natur und dem noch weiteren unfehlbaren Wirken der Gottheit.

Es gibt nichts, was das Mental leisten kann, das nicht besser getan werden könnte in der Unbewegtheit und gedankenfreien Stille des Mentals.

Wenn das Mental schweigt, dann bekommt die Wahrheit ihre Gelegenheit, in der Reinheit der Stille gehört zu werden.

Wahrheit kann nicht erlangt werden durch das Denken des Mentals sondern nur durch Artgleichheit und stille Schau. Wahrheit lebt im ruhigen, wortlosen Licht der ewigen Räume. Sie mischt sich nicht in das Geräusch und Geschnatter logischer Debatte ein.

Das Denken im Mental kann bestenfalls das glänzende und transparente Gewand der Wahrheit sein. Es ist nicht einmal deren Körper. Blicke durch das Kleid hindurch und nicht auf das Kleid, dann wirst du vielleicht etwas von ihrer Gestalt erahnen! Es gibt auch einen Gedanken-Leib der Wahrheit, aber dieser ist das spontane supramentale Denken und Wort, das vollkommen gestaltet dem Licht entspringt, und nicht irgendeine schwierige mentale Nachbildung oder Flickerei. Der supramentale Gedanke ist nicht ein Mittel, die Wahrheit zu erreichen, sondern ein Weg sie auszudrücken. Denn die Wahrheit im Supramental ist selbst-gefunden oder selbst-seiend. Sie ist ein Pfeil aus dem Licht, nicht eine Brücke, um es zu erreichen.

Trenne dich innerlich von Gedanke und Wort, sei unbewegt in dir, blicke aufwärts ins Licht und nach außen in das unermeßlich weite kosmische Bewußtsein, das dich umgibt! Sei mehr und mehr eins mit der Klarheit und Weite! Dann wird die Wahrheit von oben dir zum Bewußtsein kommen und von allen Seiten in dich einfließen.

Doch nur, wenn das Mental in seiner Reinheit nicht weniger stark ist als in seinem Schweigen. Denn in einem unreinen Mental wird sich das Schweigen bald mit Lichtern füllen, die in die Irre führen, und mit falschen Stimmen, die das Echo oder die Verfeinerung seiner eigenen eitlen Einbildung und Meinungen sind oder die Antwort auf seinen geheimen Stolz, seine Eitelkeit, seinen Ehrgeiz, seine Gelüste, Begierden oder Wünsche. Titanen und Dämonen werden eher vernehmbar sein als die göttlichen Stimmen.

Schweigen ist unerläßlich, doch ebenso notwendig ist Weite. Wenn das Mental nicht schweigt, kann es die Lichter und Stimmen der supramentalen Wahrheit nicht empfangen, oder es empfängt sie vermischt mit seinen eigenen flackernden Zungen und seinem blinden und anmaßenden Geschwätz. Geschäftig, überheblich und laut, verzerrt und entstellt es alles, was es empfängt. Wenn das Mental nicht geweitet ist, kann es die Wirkungs- und Schöpfungskraft der Wahrheit nicht in sich beherbergen. Es mag dort etwas Licht spielen, doch es wird eng, begrenzt und unfruchtbar: Die Kraft, die herabsteigt, ist eingeschlossen und behindert, sie zieht sich wieder von dieser aufsässigen fremden Ebene auf ihre weiten Höhen zurück; und selbst wenn etwas herabkommt und bleibt, ist es eine Perle im Schmutz. Denn nichts ändert sich in der Natur, es bildet sich dort höchstens eine geringe Kraft, die engherzig auf die Gipfel zeigt, aber nur wenig festzuhalten und noch weniger auf die sie umgebende Welt auszustreuen vermag.

Stufen der Entwicklung

Involution und Evolution*

Die westliche Vorstellung von Evolution entspricht der Erklärung eines Formations-Vorgangs, nicht einer Aufhellung unseres Wesens. Sie beschränkt sich auf die physikalischen und biologischen Daten der Natur und versucht erst gar nicht, ihren eigenen Sinn zu erkunden, es sei denn abgekürzt und oberflächlich. Man ist damit zufrieden, Evolution als das allgemeine Gesetz einer sehr geheimnisvollen und unerklärlichen Kraft zu verkünden. Evolution wird hier zu einem Problem in der Bewegung, die sich damit begnügt, ihr eigenes Geduldsspiel mit automatischer Regelhaftigkeit zu entfalten, aber nicht zu gestalten, da sie nur Ablauf ist und sich deshalb nicht selbst begreift, und da sie als blinder, unaufhörlicher Automatismus mechanischer Energie weder Ursprung noch Ergebnis hat. Vielleicht begann sie, vielleicht beginnt sie ständig, vielleicht wird sie mit der Zeit aufhören oder hört sie immer irgendwo auf, indem sie zu ihren Anfängen zurückkehrt, aber es gibt kein Warum, nur große Unruhe und viel Lärm über das Wie ihres Anfangs und ihres Aufhörens. Denn es gibt in ihrem Wirken keine Quelle geistiger Absicht, sondern lediglich die Kraft ruheloser materieller Notwendigkeit. Die frühere Idee der Evolution war die Frucht einer philosophischen Intuition, die moderne stellt ein Bemühen naturwissenschaftlicher Beobachtung dar. Beide genannten Ideen lassen etwas vermissen, aber die alte Idee gelangte immerhin zum Geist der Bewegung, während sich die moderne mit einer Form und einem ganz äußerlichen Mechanismus zufrieden gibt. Der Sankhya-Denker vermittelte uns die psychischen Elemente des ganzen evolutionären Vorgangs, analysierte Mental und Sinne und die subtile Grundlage der Materie und vergöttlichte einige Geheimnisse der Vollzugs-Kraft, hatte allerdings keinen Blick für die Einzelheiten der physischen Arbeit der Natur. Außerdem sah er in ihr nicht nur die verdekkende, aktive und augenscheinliche Kraft, sondern auch die verborgene, tragende geistige Wesenheit, obwohl er ein Zusammentreffen von Seele und Kraft durch einen ursprünglichen und ewigen Abgrund oder eine Trennungslinie zwischen beiden unmöglich erscheinen ließ, da er Dank seines übermäßig analysierenden Intellekts von dessen Vorliebe für präzise Schnitte und symme-

* The Supramental Manifestation, S. 232-244.

trische Gegensätze geblendet war. Der moderne Naturwissenschaftler strebt danach, die physikalische Methode, die er in detailierter Arbeitsweise erfaßt hat, zum vollendeten Lehrgebäude und zur vollkommenen Einrichtung zu erheben, ist jedoch blind für das Wunder, das jeder Schritt einschließt, oder bereit, den Sinn dafür einzubüßen in Anbetracht einer unermeßlichen, geordneten Erscheinungswelt. Aber stets bleibt das Wunder des Dinges, das eines ist mit dem unerklärlichen Wunder allen Seins, unerkannt zurück – so wie es in den alten Schriften geschrieben steht:

āścaryavat paśyati kaścid enam
āścaryavad vadati tathaiva cānyaḥ.
āścaryavaccainam anyaḥ śṛṇoti
śrutvāpyenam veda na caiva kaścit.

Man schaut auf es und erblickt ein Wunder,
ein anderer spricht von ihm als einem Wunder,
ein dritter hört von ihm als ein Wunder,
aber was es für das ganze Gehör ist, weiß keiner.
Wir wissen, daß es eine Entwicklung gibt,
aber nicht, was Entwicklung ist.
Das bleibt eines der ersten Geheimnisse der Natur.

Denn Evolution wirft mehr Fragen auf, als sie beantwortet, so wie üblich bei Darstellungen und Erklärungen der tiefen und unbegreiflichen Wege des Geistes in den Dingen durch den menschlichen Verstand. Evolution beseitigt keineswegs das Problem der Erschaffung, obwohl sie wie eine solide ordentliche Tatsache aussieht, ebensowenig wie die religiöse Behauptung eines allmächtigen Schöpfers oder die geheimnisvolle Maya des Illusionisten, *aghatana-ghatana-patīyasī,* die so begabt ist, die unmögliche, etwas seltsam seiend-nicht-seiende Macht zustande zu bringen mit der Idee von Jenem, das jenseits davon und ohne Ideen ist, selbst-ermächtigt, eine seiend-nicht-seiende Welt zu erschaffen. Seiend, weil sie ganz offenkundig existiert, nicht-seiend, weil sie eine zusammengestoppelte Konsistenz traumhaft unwirklicher Vergänglichkeiten bildet. Durch Evolution wird das Problem nur verschoben, weiter zurückgestellt, wird ihm ein subtiles und wohlgeordnetes, doch umso stärker herausforderndes komplexes Aussehen verliehen. Aber auch wenn sich unser Fragen auf das eine Problem der Evolution beschränkt, erhebt sich noch die schwierige Frage nach der wesenhaften Bedeutung der bloß draußen beobachteten Tatsachen, was denn mit Evolution gemeint ist, was denn evolviert und von was und durch welche Kraft der Notwendigkeit getrieben? Der Naturwissenschaftler begnügt sich damit, von einer ursprünglichen Materie oder Substanz zu sprechen, die sich schließlich als atomar, elektrisch, ätherisch oder was auch immer herausstellt, und die mit Hilfe des Wesens der ihr innewohnenden Energie oder durch eine Kraft, die in ihr oder auf sie wirkt – beides ist nicht dasselbe, die Unterscheidung ist von beachtlicher Konsequenz, wenngleich sie am Anfang des Prozesses unwesentlich zu sein scheint –, eine Reihe verschiedener Grundformen oder materielle Mächte oder unterschiedlich sensible, wirksame Energiebewegungen hervorbringt, infolge eines unerklärlichen Gesetzes, eines dauerhaften Systems von Ergebnissen oder eines anderen umwandelbaren Prinzips. Diese treten in ihr Sein, so scheint es, wenn kleinste ursprüngliche Materieteilchen in unterschiedlich angeordneten Mengen, Maßen und Zusammenstellungen aufeinander treffen, und alles übrige ist eine sich abwandelnde, sich entwickelnde, emporsteigende Bewegung organisierter Energie und ihrer evolutionären Folgen, *pariṇāma,* die von dieser grob konstituierenden Grundlage abhängen. All das ist oder kann die korrekte Darstellung einer phänomenalen Tatsache sein; aber wir dürfen nicht vergessen, diese bringt uns keinen Schritt näher an die vornehmste, allerwichtigste Sache heran, die wir wissen wollen. (Allerdings dürfen wir nicht vergessen, daß die grundlegende Theorie der Naturwissenschaft in letzter Zeit eine heftige Erschütterung durchgemacht und eine rasche Neufassung erfahren hat.) Die Weise, auf die der Mensch das Universum erkennt und erfährt, zwingt seine Vernunft zur Anerkennung einer einzigen, immerwährenden Substanz, von der alle Dinge ihre Gestalt herleiten, und einer einzigen, ewigen, ursprünglichen Energie, die durch die Bewegung von Handlung und die Folgen des Handelns variiert wird. Aber die ganze Frage lautet: Was für eine Wirklichkeit hat diese Substanz, und was macht wesenhaft die Art dieser Energie aus?

Selbst wenn wir annehmen, daß der am wenigsten erklärbare Teil des Handelns eine evolutionäre Entwicklung des Immateriellen aus der Materie ist, dann wäre diese Entwicklung doch eine Schöpfung oder Befreiung, eine Frucht von etwas, das zuvor nicht existierte, oder ein langsames Hervorbringen dessen, das schon als unterdrückte Tatsache oder ewige Potentialität da war. Das Interesse an der Frage wird akut, ihre Bedeutung unermeßlich, wenn wir vor das noch unerklärte Phänomen von Leben und Mental treten. Ist Leben eine Hervorbringung aus unbelebter Substanz oder die Erscheinung einer neuen, plötzlich oder langsam sich ergebenden Macht aus gefühlloser materieller Energie? Ist das bewußte Mental eine Schöpfung aus unbewußtem oder unterbewußtem Leben, oder erscheinen diese Mächte und Gottheiten, weil sie schon immer da waren, wenn auch in vorborgenem, für uns unerkennbarem Zustand ihrer versteckten oder unterdrückten Idee und Aktivität – Name (Nomen) und Göttliches Wesen (Numen)? Und wie steht es mit der Seele und dem Menschen? Ist Seele ein neues Ergebnis oder eine Schöpfung des mentalisierten Lebens oder eine immerwährende Wesenheit, das ursprüngliche Geheimnis, das jetzt seine verborgene Gestalt entschleiert, der ewige Gefährte der Energie, die wir Natur nennen, ihr geheimer Einwohner, ihr Geist und ihre Wirklichkeit? Als erstes betrachten sie viele, weil sie deutlich als eine selbstbewußte, helle, erkennbare Macht nur dann erscheint, wenn das denkende Leben einen hohen Intensitätsgrad erreicht hat. Oder ist der Mensch ein biologisches Erzeugnis roher Energie, das es irgendwie unerwartet und völlig unerklärbar fertiggebracht hat, mit Fühlen und Denken anzufangen? Oder ist er in seinem wahren Selbst jenes innere Wesen und jene innere Macht, die der ganze Sinn der Entwicklung und der Herr der Natur ist? Ist Natur nur die Kraft des Selbst-Ausdrucks, der Selbst-Gestaltung, Selbst-Hervorbringung eines geheimen Geistes und der Mensch, wie sehr er auch in seinem gegenwärtigen Vermögen behindert sein mag, das erste Wesen in der Natur, in dem jene Macht anfängt, gegenüber dem Handeln bewußt selbst-schöpferisch zu sein, ausgesetzt in diesem Außenraum körperlichen Seins, um hier zu schaffen und durch eine zunehmend selbst-bewußte Entwicklung alles, was er kann, von ihrer menschlichen Bedeutung und ihrer göttlichen Möglichkeit hervorzubringen? Zu diesem klaren Schluß müssen wir zuguterletzt kommen, wenn wir einmal einräumen, daß eine geistige Entwicklung der Schlüssel zu der ganzen Bewegung, die Wahrheit dieser ganzen aufsteigenden Hervorbringung ist.

Das Wort Evolution enthält seinem wahren Sinn gemäß in seiner Grundidee die Notwendigkeit einer vorhergehenden Involution. Falls ein verborgenes geistiges Wesen das Geheimnis allen Wirkens der Natur ist, müssen wir dem verborgenen Gewicht der Idee ihre volle Macht zugestehen. Wir sind dann zu der Annahme gehalten, daß alles, was evolviert, bereits involviert bestand, passiv oder auch aktiv, aber in beiden Fällen vor uns verborgen in der Hülle materieller Natur. Der Geist, der sich hier in einem Körper offenbart, muß von Anfang an im Ganzen der Materie, in jedem Knoten, jeder Gestaltung, jedem Teilchen der Materie involviert sein. Das Leben, das Mental und alles, was über dem Mental ist, müssen latent als inaktive oder verborgene aktive Mächte in allen Wirkweisen der materiellen Kraft vorhanden sein. Die einzige Alternative wäre, zwischen den beiden Seiten unseres Wesens die scharfe Sankhya-Trennung einzuführen, aber das würde Geist und Natur zu sehr voneinander entfernen. Die Natur wäre dann ein träges, mechanisches Ding, aber sie würde zu ihrem Wirken dadurch aktiviert, daß der Geist Druck auf sie ausübt. Geist wäre bewußtes Wesen, das in seiner Essenz frei ist von natürlicher Aktivität, würde aber sein Bewußtsein in Reaktion auf das Verhalten der Natur erscheinungsmäßig oder scheinbar abwandeln. Man würde über die Bewegungen der aktiven Macht nachsinnen, andere würden deren Aktivitäten aufklären mit dem Bewußtsein des selbst-bewußten unsterblichen Wesens. In diesem Falle hätte die naturwissenschaftliche evolutionäre Betrachtung der Natur als einer unermeßlichen mechanischen Energie und des Lebens, des Mentals und der natürlichen Seelen-Wirkung als der Stufenleiter ihrer sich entfaltenden Wirkweisen ihre Berechtigung. Unser Bewußtsein wäre lediglich die kluge Übertragung der selbstgetriebenen, rastlosen mechanischen Aktivität in Antwortvermerke der Erfahrung des zustimmenden geistigen Zeugen. Doch diese Vorstellung entwertet der völlig entgegengesetze Charakter unserer höchsten Erkenntnis. Denn zuguterletzt und da die Energie der universalen Kraft die Steigungen ihrer Möglichkeiten hinaufklettert, enthüllt sich die Natur immer mehr als eine Macht des Geistes und ihr ganzer Mechanismus als Symbol seiner meisterhaften Erfindungsgabe. Die Macht der Flamme kann nicht von der Flamme getrennt werden. Wo die Flamme ist, da ist auch die Macht, und wo die Macht ist, da ist auch das feurige Prinzip. Wir müssen auf den Gedanken eines Geistes zurückkommen, der im Universum anwesend ist und sich dort selber die Notwendigkeit einer vorhergehenden Involution auferlegt, wenn der Ablauf des Wirkens seiner Macht und seiner Erscheinung in den Schritten einer Evolution vonstatten geht.

Dieser Geist in den Dingen ist nicht von Anfang an offenbar, sondern selbst verborgen in einem zunehmenden Offenbarungslicht. Wir sehen, wie die zusammengepreßten Mächte der Natur aus ihrer ursprünglichen Involution befreit hervorkommen, in ihrem leidenschaftlichen Wirken die Geheimnisse ihre unbegrenzten Möglichkeiten enthüllen, wie sie sich selbst und dem unterstützenden niederen Prinzip auferlegen, sich die niedere Bewegung zu unterwerfen, von der abhängig zu sein sie gezwungen sind, und in ein höheres Wirken zu überführen, das ihrer Art eignet, und ihre eigene Größe in der Großartigkeit ihrer selbstentbergenden Verwirklichungen zu empfinden. Das Leben erfaßt die Materie und atmet ihr die zahllosen Formen seiner überfließenden schöpferischen Kraft ein, seine feinen, variablen Strukturen, seine leidenschaftliche Bewunderung für Geburt und Tod, für Wachstum, Handeln und Antwort, seinen Willen nach mehr und mehr komplexem Aufbau der Erfahrung, sein zitterndes Suchen und Fühler-Ausstrecken nach dem Selbst-Bewußtsein seiner Freude und Qual und verständlichem Geschmack am Handeln. Das Mental greift nach dem Leben, um es zum Werkzeug der Wunder von Wille und Klugheit zu machen. Die Seele besitzt und hebt das Mental vermittels der Anziehungskraft von Schönheit und Güte, von Weisheit und Größe zu einem halberkannten Ideal höchsten Seins. Bei all dieser wunderbaren Bewegung, diesen aufsteigenden Bedeutungen setzt sich der Fuß mit jedem Schritt auf eine höhere Stufe und öffnet sich der Blick auf einen helleren, weiteren und erfüllteren Horizont des immer geheimen und sich immer selbst-offenbarenden Geistes in den Dingen. Das Auge, das auf die physikalische Evolution festgelegt ist, erblickt lediglich eine mechanische Großartigkeit und Feinheit der Hervorbringung. Größere und subtilere Bereiche des sich selbst-enthüllenden Geheimnisses vermittelt uns die Entwicklung von Leben, das sich zum Mental hin öffnet, die Entwicklung des Mentals, das sich zur Seele seines eigenen Lichtes und Wirkens hin öffnet, die Entwicklung der Seele aus den begrenzten Mächten des Mentals heraus zu einer leuchtenden Fackel der Unendlichkeiten geistigen Seins, was die bedeutsameren Dinge sind. Die physische Evolution ist nur ein äußeres Zeichen, die zunehmend komplexe und subtile Entwicklung einer unterstützenden Struktur, der wachsende äußere Formenabguß, der dazu gedacht ist, die erhebenden Intonationen der geistigen Harmonie in der Materie festzuhalten. Die spirituelle Bedeutung erreicht uns mit Anheben des Gesangs. Aber erst, wenn wir den Gipfel der Leiter erreichen, können wir zu dem vollständigen Sinn dessen Zugang finden, um dessentwillen alle diese ersten formalen Maßnahmen zur äußeren Abgrenzung, zum Entwurf oder zur groben Aufzeichnung gemacht wurden. Leben an sich ist nur ein buntes Fahrzeug, körperliche Geburt eine Gelegenheit für die immer größeren Hervorbringungen des Geistes.

Dann ist der geistige Prozeß der Evolution in gewissem Sinne eine Schöpfung, aber eine Selbst-Hervorbringung, nicht ein Erzeugnis dessen, was niemals war, sondern ein Hervorbringen dessen, was im Wesen implizit vorhanden war. Das Sanskrit-Wort für Schöpfung bedeutet Freimachen, Herauslassen in die Wirkweisen der Natur. Die Upanishad verwendet in einer symbolischen Darstellung das Bild der Spinne, die ihr Netz aus sich hervorbringt und das Haus erschafft, in dem sie wohnt. Dieses Bild wird in den alten Schriften nicht auf die Entwicklung der Dinge aus der Materie angewandt, sondern auf das ursprüngliche Hervorbringen des zeitlichen Werdens aus der ewigen Unendlichkeit. Die Materie an sich und das materielle Universum sind nur ein solches Netz oder tatsächlich nichts weiter als ein Teil von ihm, der vom geistigen Wesen des Unendlichen hervorgebracht wurde. Aber dieselbe Wahrheit, dasselbe Gesetz gilt für alles, was wir vom Auftauchen der Dinge aus der Involution in die materielle Energie sehen. Wir könnten hier beinahe von einer doppelten Evolution sprechen. Eine Kraft, die dem Unendlichen innewohnt, bringt aus ihm ewig den Aufbau ihres Handelns in einem Universum hervor, dessen letzte Abstiegsstufe in einer Involution aller Mächte des Geistes in unbewußte Vertiefung in selbst-vergessene Leidenschaft nach Form und aufbauendem Wirken gründet. Von da an erfolgt ein Aufstieg und die fortschreitende Befreiung von Macht um Macht, bis der Geist, selbst-enthüllt und freigesetzt durch Wissen und Meisterung seiner Werke, die zeitlose Fülle seines Wesens wiederbesitzt, die sich dann einhüllt und in ihrem Fassungsvermögen die mannigfaltigen, vereinten Herrlichkeiten seiner Natur birgt. Auf jeden Fall erscheint der geistige Prozeß, in dem unsere Entstehung als Mensch ein Schritt ist und unser Leben ein Teilvorgang, als Hervorbringung von Größe, *asya mahimānam,* die geheim, innewohnend und im Selbst gefangen ist, in Form und Wirken der Dinge versunken. Unser innerweltliches Handeln stellt eine Entwicklung, ein Ausrollen vielgestaltiger Macht dar, die gesammelt und zusammengerollt in der groben Verworrenheit der Materie liegt. Der Fortschritt aufwärts durch die aufeinanderfolgenden Geburten der Dinge ist eine Erhebung in das aufrüttelnde und immer hellere Licht eines Bewußtseins, das in die erste hermetische Schale des Schlafes der zeitlosen Energie eingeschlossen ist.

Es gibt eine Parallele in der yogischen Erfahrung der Kundalini, die im Körper zusammengerollt am Boden des Wurzel-Gefäßes oder Wurzel-Zimmers, mulādhāra, dem Fundament oder Erd-Zentrum des physischen Nervensystems, ruht. Dort schläft sie, aufgerollt wie eine Python-Schlange und angefüllt mit allem, was sie in ihrem Wesen versammelt hält. Aber wenn sie vom frei durcheilenden Atem getroffen wird, durch den Strom des Lebens, der sich auf die Suche nach ihr begibt, erwacht sie, erhebt sich lodernd die Leiter des Rückenmarks empor und bricht Zentrum um Zentrum der involvierten Geheimnisse des Bewußtseins auf, bis sie am oberen Ende den Geist findet, sich mit ihm verbindet und eins mit ihm wird. Dergestalt gleitet sie aus der Einhüllung im Unbewußten über eine Reihe sich öffnender Höhen ihrer Mächte hinüber in das große, zeitlose Überbewußtsein des Geistes. Die geheimnisvoll sich rings um uns in der Welt entwickelnde Natur nimmt einen solchen Weg. Unbewußtes Wesen ist nicht so sehr Grundsubstanz als vielmehr eine Kammer für die materialisierte Energie, in der alle Mächte des Geistes versammelt sind. Sie sind da, aber sie wirken unter den Bedingungen der materiellen Kraft, eingerollt, sagen wir, und daher nicht als sie selbst offenbar, denn sie sind in eine Form des Wirkens übergegangen, die gemessen an ihrer eigenen Entwicklungsstufe minderwertig ist, wo die Merkmale, durch die wir erkennen und glauben, sie zu kennen, unterdrückt werden in eine mindere und unentdeckte Form des Wirkens. Wenn die Natur sich auf der Stufenleiter nach oben bewegt, befreit sie sie zu ihren erkennbaren Energie-Stufen, enthüllt sie die Wirkweisen, durch die sie sich selbst und ihre Größe fühlen können. Auf dem höchsten Gipfel erhebt sie sich in das Selbst-Wissen des Geistes, der ihr Handeln beseelt, doch wegen seines Eingerolltseins und seiner Verborgenheit in den Formen seines Wirkens hinsichtlich des hohen Ranges seiner Wirklichkeit nicht erkannt werden konnte. Geist und Natur entdecken das Geheimnis ihrer Energien und werden auf dem Höhepunkt der geistigen Entwicklung eines durch eine Seele in der Natur, die zum tieferen Sinn ihres Seins erwacht und mit der Befreiung der höchsten Wahrheiten zu der Erkenntnis gelangt, daß ihre Geburten Hervorbringungen, Übernahmen der Form eines ewigen Geistes waren. Sie erkennt, daß sie dieser ewige Geist selbst ist und nicht ein Geschöpf der Natur, und so erhebt sie sich zum Besitz der geoffenbarten, ganzen und höchsten Macht ihrer wahren, geistigen Natur. Diese Befreiung – denn Befreiung ist Selbst-Besitz – wird uns zuteil als die Krone der geistigen Evolution.

Wir müssen den Sinn dieser Involution in seiner dichten Fülle bedenken. Der Geist, in materielle Energie involviert, befindet sich dort mit all seinen Mächten. Leben, Mental und eine größere supramentale Macht sind in die Materie eingeschlossen. Aber was meinen wir, wenn wir sagen, daß sie involviert sind, und meinen wir, daß alle diese Dinge ganz verschiedene Kräfte darstellen, die durch wesenhaftes Getrenntsein voneinander abgeschnitten sind, aber in einem Wechselspiel hervorquellen? Oder meinen wir, es gebe nur ein einziges Wesen mit einer einzigen Energie und unterschiedliche Schatten des Lichtes seiner Macht, zerlegt im Spektrum der Natur? Wenn wir sagen, das Leben sei in Materie oder in materieller Kraft involviert – denn die Materie scheint nach allem nur eine vielfältige, selbstgesponnene Form jener Kraft zu sein –, meinen wir dann nicht, daß alles universale Wirken, auch das, worin es uns als unbewußte, unbelebte Aktion erscheint, eine Lebens-Macht des Geistes ist, die sich mit Gestaltung befaßt und die wir nicht erkennen, weil sie hier auf einer niedrigeren Stufe vorkommt, auf der die Merkmale, an denen wir Leben wiedererkennen, nicht augenscheinlich sind oder nur leicht entfaltet in die Glanzlosigkeit materieller Umhüllung? Materielle Energie wäre dann Leben, das in die Dichte von Materie eingepackt ist und in ihr seine Fühler nach besser erkennbarer eigener Macht ausstreckt, die es in sich selber in materieller Verborgenheit findet und zum Handeln befreit. Leben wäre dann die Energie eines geheimen Mentals, eines Mentals, das in seinen eigenen Formen gefangen ist und hervorzittert in nervösen Suchaktionen des Lebens nach besser erkennbarer Macht des Bewußtseins, das es in der vitalen und materiellen Unterdrükkung entdeckt und zur Sensibilität befreit. Kein Zweifel, praktisch wirken diese Mächte als verschiedene Energien aufeinander ein, aber im Wesentlichen wären sie eine einzige Energie und ihre Wechselwirkung die Macht des Geistes, der durch seine höheren auf seine niederen Kräfte wirkt, indem er zunächst von ihnen abhängt, mit seinem Aufstieg auf der Stufenleiter sich jedoch umwendet, um sie zu überbieten und zu beherrschen. Auch das Mental dürfte nur eine niedere Stufe und Ausgestaltung sein, die abgeleitet ist von einem viel größeren und supramentalen Bewußtsein, und auch dieses Bewußtsein ist mit seinem größeren Licht und Willen eine typisch hervorbringende Macht geistigen Seins, Macht, die allen Dingen insgeheim innewohnt, im Mental, im Leben, in der Materie, in der Pflanze, im Mental und im Atom, und fortgesetzt durch ihr unausweichliches Handeln die Idee und Harmonie des Universums gewährleistet. Was ist denn der Geist selbst, wenn nicht unendliches Sein, immerwährendes, unsterbliches Wesen, aber stets selbst-bewußtes Wesen – und darin liegt der Unterschied zwischen dem mechanistischen Monismus der Materialisten und der geistigen Theorie des Universums –, das sich hier in einer Welt ausdrückt, die für unsere Begriffe endlich ist, während deren ganze Tätigkeit Zeugnis vom Unendlichen ablegt. Diese Welt existiert, weil der Geist Freude an seinem eigenen unendlichen Sein hat und Freude an seiner unendlichen Selbst-Variation. Hervorbringung geschieht, weil alles Bewußtsein die Macht seines eigenen Wesens mit sich bringt und alle Wesensmacht selbst-schöpferisch ist und sich seiner Selbst-Hervorbringung erfreuen muß. Denn Schöpfung bedeutet nichts anderes als Selbst-Darstellung, und die Geburt der Seele im Körper ist nichts als eine Weise seiner Selbst-Darstellung. Deshalb sind alle Dinge hier Ausdruck, Form, Energie, Wirkung des Geistes. Materie ist nur Gestalt des Geistes, Leben nur eine Wesensmacht des Geistes, Mental nur das Ausarbeiten des Bewußtseins des Geistes. Die ganze Natur ist eine Entfaltung und ein Spiel Gottes, Macht, Wirken und Selbst-Hervorbringung des einen geistigen Wesens. Die Natur bietet sich dem Geist zugleich dar als die Kraft, das Werkzeug, der Vermittler, das Hindernis und das Ergebnis seiner Mächte, und dies alles, Hindernisse ebenso wie Werkzeug, sind die notwendigen Elemente einer fortschreitend sich entfaltenden Schöpfung.

Doch wenn der Geist seine zeitlose Größe im materiellen Universum involviert hat und dort seine Mächte entwickelt durch die Kraft einer geheimen Selbst-Erkenntnis, sie offenbart in einer grandiosen Aufeinanderfolge unter den selbst-auferlegten Schwierigkeiten materieller Daseinsgestalt, sie aus einer ersten verhüllenden Versunkenheit ins Unbewußte der Natur herauslöst, dann ist es keineswegs mehr schwierig zu glauben oder zu erkennen, daß diese Seele, die die Gestalt der Menschheit annahm, Wesen von jedem Wesen ist, daß auch sie sich erhoben hat aus materieller Involution durch zunehmende Selbst-Darstellung in einer Reihe von Hervorbringungen, deren Stufen jeweils einen neuen Grat beim Aufstieg bilden, der zu höheren Mächten des Geistes öffnet, und daß sie sich noch immer erhebt und nicht für immer begrenzt sein wird durch die gegenwärtigen Mauern ihrer Geburt, vielmehr, wenn wir das wollen, in ein göttliches Menschsein hineingeboren wird. Unser Menschsein ist der bewußte Treffpunkt des Endlichen mit dem Unendlichen, und es ist unser Vorrecht, jenem Unendlichen mehr und mehr entgegenzuwachsen, selbst in dieser körperlichen Geburt. Das Unendliche, dieser Geist, der in uns wohnt, aber nicht durch das Mental oder den Körper gebunden oder eingeschlossen ist, ist unser eigenes Selbst, und unser Selbst zu finden und zu sein, war – wie die alten Weisen wußten – stets das Ziel unseres menschlichen Strebens; denn es ist das Ziel des ganzen ungeheuren Wirkens der Natur. Aber die Natur weitet sich aus zu ihrer geistigen Wirklichkeit über Stufen der Selbst-Findung. Der Mensch an sich ist ein doppelt involviertes Wesen. Das meiste von ihm im Mental und darunter ist in einem unterschwelligen Bewußtsein oder einem Unbewußten involviert. Das meiste von ihm oberhalb des Mentals ist in einem geistigen Überbewußten involviert. Wenn er im Überbewußten bewußt wird, werden die Höhen und Tiefen seines Wesens erhellt durch ein weiteres tieferes Licht der Erkenntnis, als es die flackernde Lampe des Verstandes jetzt in einige wenige Bereiche werfen kann. Denn dann wird der Herr des Feldes dieses ganze wunderbare Feld seines Wesens ausleuchten, wie die Sonne das ganze System erhellt, das sie aus ihren Herrlichkeiten geschaffen hat. Erst dann kann er die Wahrheit auch seines Mentals, Lebens und Körpers kennenlernen. Das Mental wird in ein größeres Bewußtsein umgewandelt, sein Leben wird zu einer unmittelbaren Macht und einem Wirken der Göttlichkeit, sein Körper bleibt nicht mehr der erste große Klumpen atmenden Tones, sondern wird zu Abbild und Leib geistigen Seins. Diese Umgestaltung auf dem Gipfel des Berges, die göttliche Geburt, *divya janma,* ist das Ziel, zu dem hin alle diese Hervorbringungen eine lange Reihe mühevoller Schritte darstellen. Die Involution des Geistes in die Materie ist der Anfang, die geistige Aneignung göttlicher Geburt bildet die Fülle der Entwicklung.

Ost und West kennen zwei Wege der Lebensbetrachtung, die zwei Seiten derselben Wirklichkeit darstellen. Zwischen der pragmatischen Wahrheit, die das vitale Denken des modernen Europa, das fasziniert ist von der Lebenskraft und dem ganzen Tanz Gottes in der Natur, so leidenschaftlich und ausschließlich betont, und der zeitlosen unwandelbaren Wahrheit, der sich das indische Mental, das von Stille und Ausgeglichenheit fasziniert ist, mit der gleichen Leidenschaft für ungeteilte Erkenntnis zuzuwenden beliebt, besteht keineswegs solche Scheidung, solcher Streit, wie es jetzt vom parteiischen Mental, dem trennenden Verstand, jener verzehrenden Leidenschaft eines ausschließenden Erkenntniswillens, behauptet wird. Die eine zeitlose, unveränderliche Wahrheit ist der Geist, ohne ihn wäre die pragmatische Wahrheit eines sich selbst hervorbringenden Universums ohne Ursprung und Fundament. Sie wäre dürftig an Sinngehalt, ohne innere Orientierung, am Ende verloren, ein prunkvolles Feuerwerk, das in die Leere geschossen wird, nur um dahinzuschwinden und in der freien Luft unterzugehen. Aber ebensowenig ist die pragmatische Wahrheit nur der Traum von einem Nicht-Seienden, eine Illusion oder ein langes Abgleiten in vergebliches Phantasieren schöpferischer Vorstellungskraft; das hieße, den immerwährenden Geist zu einem Trinker oder Träumer zu machen, zum Narren seiner gigantischen Selbst-Halluzinationen. Die Wahrheiten des allumfassenden Seins sind von zweierlei Art: Es sind die Wahrheiten des Geistes, die ihrerseits ewig und unwandelbar sind, die großen Dinge, die sich hinauswerfen ins Werden und dort beständig ihre Mächte und Sinngehalte verwirklichen. Und es ist das Spiel des Bewußtseins mit jenen, sind die Mißklänge, die musikalischen Variationen, die Auslotungen der Möglichkeit, fortschreitende Aufzeichnungen, Umkehrungen, Entstellungen, aufsteigende Umwandlungen in eine größere Gestalt der Harmonie; aus alledem hat der Geist stets sein Universum gebildet und bildet es noch. Aber er formt sich selber in sich, er ist der Schöpfer und die Kraft zur Schöpfung, der Grund, die Methode und das Ergebnis des Wirkens, der Maschinist und die Maschine, die Musik und der Musiker, der Dichter und das Gedicht, das Supramental, das Mental, das Leben und die Materie, die Seele und die Natur.

Ein anfänglicher Fehler verfolgt uns bei der Lösung unseres Problems. Wir sind verblüfft durch das Auftreten einer Antinomie. Wir setzen die Seele gegen die Natur, den Geist gegen die schöpferische Energie. Aber Seele und Natur, Purusha und Prakriti, sind zwei zeitlos Liebende, die ihre immerwährende Einheit besitzen, sich ihres beständigen Unterschiedes erfreuen und in der Einheit reich sind an Leidenschaft für das vielfältige Spiel ihrer Unterschiedlichkeit und in jedem Schritt der Verschiedenheit reich sind in dem geheimen Gefühl oder offenen Bewußtsein ihrer Einheit. Die Natur nimmt die Seele in sich hinein, so daß die Seele in den ekstatischen Schlaf der Vereinigung mit der fesselnden Leidenschaft der Natur für Hervorbringung fällt, wobei auch die Natur dann im Wirbel ihrer schöpferischen Energie zu schlafen scheint. Dies ist die Involution in Materie. Weiter oben dürfte die Seele die Natur in sich hineinnehmen, so daß die Natur in den ekstatischen Schlaf des Einsseins mit dem fesselnden Selbst-Besitz des Geistes fällt, und auch die Seele scheint in der Tiefe ihres selbst-verschlossenen, unbeweglichen Wesens zu schlafen. Doch noch darüber und darunter und rundum und im Innern all dieses Trommelns und der Rhythmen währt die Ewigkeit des Geistes, der auf diese Weise sich in Seele und Natur dargestellt hat und mit vollkommenem Bewußtsein sich all dessen erfreut, was er in sich durch diese Involution und Evolution geschaffen hat. Die Seele vollendet sich in der Natur, sobald sie in ihr das Bewußtsein jener

Ewigkeit und ihrer Macht und Freude erlangt, und gestaltet den natürlichen Werdeprozeß um durch die Fülle geistigen Seins. Die beständige Selbst-Hervorbringung, die wir Geburt nennen, erfährt dabei die vollkommene Entwicklung all dessen, was sie in ihrer Art birgt, und offenbart ihre höchste Bedeutung. Die vollkommene Seele besitzt ihr ganzes Selbst und die gesamte Natur.

Deshalb stellt die ganze Evolution das Wachsen des Selbses in der materiellen Natur hin zum bewußten Besitz ihres geistigen Seins dar. Sie beginnt mit Form – offenbar einer Form von Kraft, in der der Geist wohnt und verborgen ist. Sie endet in einem Geist, der seine Kraft bewußt lenkt und seine Formen um der freien Freude seines Wesens in der Natur willen hervorbringt oder annimmt. Die Natur, die ihr Selbst, ihren Geist eingerollt und unterdrückt in sich birgt, einen gefangenen Herrn des Seins, der ihren Weisen der Hervorbringung und Handlung unterworfen ist – auch wenn diese Weisen die des Geistes und der Geist die Voraussetzung ihres Seins und das Gesetz ihres Wirkens ist –, beginnt mit der Evolution. Der Geist, der die Natur bewußt in sich bewahrt, vollkommen durch seine Vollkommenheit, befreit durch seine Befreiung, vollendet in seiner Vollendung, krönt die Evolution. Alle unsere Geburten sind Hervorbringungen des Geistes und Selbstes, das zur Seele in der Natur geworden ist oder sie hervorgebracht hat. Ziel und Zweck unserer Existenz ist zu sein – es gibt kein anderes Ziel, denn Bewußtsein und Wonne des Seins ist aller Anfang, die Mitte und das Ende, wie auch das, was ohne Anfang und Ende ist. Dies aber bedeutet, mit jedem Schritt der Evolution weiter zu wachsen, bis wir zur Fülle unseres Selbstes gelangen. Alles Hervorbringen ist fortschreitende Selbst-Findung, ein Mittel der Selbst-Verwirklichung. An Wissen, Macht, Freude, Liebe und Einssein zu wachsen, dem unendlichen Licht, der Fähigkeit und Wonne geistigen Seins entgegen, uns zu universalisieren, bis wir eins sind mit allem Seienden, und unser gegenwärtiges begrenztes Selbst auszuweiten, bis es sich gänzlich öffnet für die Transzendenz, in der das Allumfassende lebt, all unser Werden auf sie zu gründen, macht die ganze Evolution dessen aus, was jetzt dunkel verhüllt in der Natur liegt oder halb-entwickelt in ihr wirkt.

***

Weil dieser unendliche Geist und die ewige Göttlichkeit hier im Prozeß der materiellen Natur verborgen ist, ist die Entwicklung einer Macht jenseits des Mentals nicht nur möglich sondern auch unausweichlich. Wenn alles das Ergebnis eines kosmischen Zufalls wäre, gäbe es keine Notwendigkeit für sein

Erscheinen, wie es auch keine Notwendigkeit für das komplizierende Auftauchen eines stammelnden und strebenden vitalen Bewußtseins im mechanischen Wirbel der Natur gab; und wenn alles das Werk einer mechanischen Kraft wäre, dann hätte auch das Mental nicht unerwartet erscheinen müssen als ein höherer Mechanismus, der sich mit der gröberen ersten Maschine der Natur zu befassen müht. Das Supramental wäre dann noch überflüssiger, nichts als kluge Anmaßung; und wäre ein begrenzt experimentierender äußerer Schöpfer der Erfinder dieses Universums, wäre nicht einzusehen, warum er nicht plötzlich seiner Ansicht nach aufhören sollte, nachdem er mit seiner erfindungsreichen Arbeit zufrieden ist. Aber da die Göttlichkeit hier involviert und dabei ist emporzusteigen, ist es unausweichlich, daß alle ihre Mächte oder Stufen der Macht, eine nach der anderen, auftauchen, bis die ganze Herrlichkeit konkrete Form angenommen hat und sichtbar ist.

(XVII, S. 20)

Das siebenfache Geflecht des Seienden*

In der Unwissenheit meines Gemüts frage ich nach diesen Stufen der Götter, die im Inneren errichtet sind. Die allwissenden Götter haben das einjährige Kind genommen und sieben Garne um es gewoben, um dieses Gewebe zu machen.

Rig Veda, I.164.5

Bei unserer Erforschung der sieben großen Prinzipien des Seienden, die die Seher des Altertums als die Grundlage und siebenfältige Art alles kosmischen Daseins festlegten, haben wir jetzt die Stufenfolge von Evolution und Involution erkannt und sind bis zur Basis des Wissens gelangt, nach dem wir streben. Wir legten als Ursprung, Inhalt, anfängliche und letzte Wirklichkeit all dessen, was im Kosmos existiert, das dreieinige Prinzip von transzendentem und unendlichem Sein, Bewußtsein und Seligkeit dar, das die Art göttlichen Wesens ist. Bewußtsein hat zwei Aspekte: einen erleuchtenden und einen wirksamen, Zustand und Macht von Selbst-Erkenntnis und Zustand und Macht von Selbst-Kraft, wodurch sich das Seiende in seinem statischen Zustand wie in seiner dynamischen Bewegung selbst besitzt. Denn in seiner schöpferischen Aktion weiß es durch allmächtiges Selbst-Bewußtsein alles, was latent in seinem Inneren ist; es bringt das Universum seiner Macht-Möglichkeiten durch eine allwissende Selbst-Energie hervor und regiert es. Diese schöpferische Aktion des All-Seienden hat ihre Verknüpfung im vierten vermittelnden Zwischen-Prinzip des Supramentals oder der Real-Idee, worin ein mit Selbst-Sein und Selbst-Gewahren geeintes göttliches Wissen und ein in völligem Einklang mit diesem Wissen befindlicher substantieller Wille – denn er ist selbst in seiner Substanz und Natur jenes selbst-bewußte, in erleuchtetem Wirken dynamische Selbst-Sein – unfehlbar Bewegung, Form und Gesetz der Dinge in richtiger Übereinstimmung mit ihrer selbst-seienden Wahrheit und in Harmonie mit den Bedeutungen ihrer Manifestation entfalten.

Die Schöpfung hängt ab von dem zweieinigen Prinzip von Einheit und Vielfalt, sie bewegt sich zwischen beiden. Sie ist eine Vielfalt von Idee, Kraft und Form, die der Ausdruck ursprünglicher Einheit ist. Und sie ist ewige Einheit, die Grundlage und Wirklichkeit der vielfältigen Welten ist und ihr Spiel möglich macht. Das Supramental verwirklicht sich darum durch die doppelte Fä-

*Das göttliche Leben, Erstes Buch, S.298-306

higkeit: durch verstehende und wahrnehmende Erkenntnis. Fortschreitend von der wesenhaften Einheit zu der sich daraus ergebenden Vielfalt versteht es alle Dinge in sich als sich selbst, das Eine in seinen vielfältigen Aspekten. Und es nimmt alle Dinge gesondert wahr als Gegenstände seines Willens und Wissens. Zwar sind für sein ursprüngliches Selbst-Bewußtsein alle Dinge ein einziges Wesen, ein einziges Bewußtsein, ein einziger Wille, eine einzige Seligkeit im Selbst und die ganze Bewegung der Dinge ein einziger und unteilbarer Ablauf. In seiner Aktion schreitet aber das Supramental von der Einheit fort zur Vielfalt und wieder von der Vielfalt zur Einheit und erschafft so eine geordnete Beziehung zwischen ihnen sowie den äußeren Anschein, doch keine bindende Wirklichkeit, einer Zerteilung: eine subtile, nicht-zertrennende Teilung, eher eine Abgrenzung und Bestimmung innerhalb des Unteilbaren. Das Supramental ist die göttliche Gnosis, die die Welten erschafft, regiert und in ihrem Bestehen erhält: es ist die verborgene Weisheit, die sowohl unser Wissen wie unsere Unwissenheit trägt.

Wir haben auch entdeckt, daß Mental, Leben und Materie ein dreifacher Aspekt dieser höheren Prinzipien sind, die, soweit das unser Universum betrifft, dem Prinzip der Unwissenheit untergeordnet wirken, jener vordergründigen und scheinbaren Selbstvergessenheit des Einen in seinem Spiel der Teilung und Vielfalt. In Wirklichkeit sind diese drei Prinzipien nur untergeordnete Mächte der göttlichen Vierfaltigkeit: Das Mental ist eine untergeordnete Macht des Supramentals, das sich auf die Basis der Zerteilung stellt und hier tatsächlich die dahinterstehende Einheit vergißt, obwohl es fähig ist, durch Wiedererleuchtung vom Supramental her zu ihr zurückzukehren. In ähnlicher Weise ist Leben eine untergeordnete Macht des Energie-Aspekts von *saccidananda*. Es ist Kraft, die die Form und das Spiel bewußter Energie vom Standpunkt der vom Mental geschaffenen Zertrennung her ausarbeitet. Materie ist die Form der Substanz des Wesens, die das Sein von *saccidananda* annimmt, wenn es sich dieser Aktion seines eigenen Bewußtseins und seiner Kraft in der äußeren Erscheinungswelt unterwirft.

Hinzu kommt noch ein viertes Prinzip, das an der Verbindungsstelle von Mental, Leben und Körper in Erscheinung tritt. Wir nennen es die Seele. Sie erscheint uns aber in doppelter Weise: vordergründig als die Begehren-Seele, die nach Besitz und Genuß der Dinge strebt, und dahinter, weitgehend oder völlig durch die Begehren-Seele verborgen, die wahre seelische Wesenheit, der wirkliche Speicher für die Erfahrungen des Geistes. Wir sind zu dem Schluß gekommen, daß dieses vierte Prinzip im Menschen eine Projektion und Aktion des dritten göttlichen Prinzips unendlicher Seligkeit ist. Sein Wirken geschieht jedoch in den Begriffen unseres Bewußtseins und unter den Bedingungen der Seelen-Evolution in dieser Welt. Wie das Sein des Göttlichen Wesens seiner Natur nach unendliches Bewußtsein und die Selbst-Macht dieses Bewußtseins ist, so ist die Natur seines unendlichen Bewußtseins lautere unendliche Seligkeit. Besitz des Selbstes und Innesein des Selbstes sind das Wesen seiner Selbst-Seligkeit. Auch der Kosmos ist ein Spiel dieser göttlichen Selbst-Seligkeit, und die Seligkeit dieses Spiels gehört völlig dem Allumfassenden. Aber wegen des Wirkens von Unwissenheit und Zerteilung wird sie im einzelnen Menschen in dessen subliminalem und überbewußtem Wesen zurückbehalten. Sie fehlt in unserem vordergründigen Dasein. Wir müssen sie suchen, finden und in Besitz nehmen, indem wir das individuelle Bewußtsein zur Universalität und Transzendenz hin entwickeln.

Wir können also, wenn wir wollen, acht statt sieben Prinzipien aufstellen. (Die Seher des Veda sprechen von sieben Strahlen, aber auch von acht, neun, zehn oder zwölf.) Dann erkennen wir, daß unser Dasein eine Art Widerschein des göttlichen Seins ist, eine umgekehrte Ordnung von Auf- und Abstieg in folgender Reihenfolge:

Sein	Materie
Bewußtseins-Kraft	Leben
Seligkeit	Seele
Supramental	Mental

Das Göttliche Wesen kommt aus dem reinen Sein herab in das kosmische Wesen durch das Spiel von Bewußtseins-Kraft und Seligkeit sowie durch das schöpferische Medium Supramental. Wir steigen zum göttlichen Wesen empor von der Materie durch die Entwicklung von Leben, Seele und Mental sowie durch das erleuchtende Medium Supramental. Die Verknüpfung zwischen diesen beiden Hemisphären, der höheren und der niederen, *parārdha* und *aparārdha,* ist dort, wo Mental und Supramental zusammentreffen, mit einem Vorhang dazwischen. Bedingung für das göttliche Leben in der Menschheit ist, daß der Vorhang zerrissen wird. Denn das Mental kann sein göttliches Licht im all-umgreifenden Supramental wiedergewinnen, die Seele ihr göttliches Selbst im alles besitzenden, all-wonnevollen *ananda* verwirklichen, Leben seine göttliche Macht im Spiel einer allmächtigen, bewußten Kraft neu erwerben, Materie sich für ihre göttliche Freiheit als eine Form göttlichen Seins öffnen, wenn der Schleier zerrissen wird, das höhere Wesen erleuchtend in die Natur des niederen Wesens herabkommt und das niedere kraftvoll in die Art des höheren emporsteigt. Sollte es für die Evolution, die gegenwärtig ihre Krone und ihr Haupt hier im menschlichen Wesen findet, ein Ziel und nicht nur zweckloses Herumirren im Kreis und individuelle Flucht aus diesem Kreislauf geben und sollte die unendliche Machtmöglichkeit dieser menschlichen Kreatur, die allein hier zwischen Geist und Materie dasteht in der Vollmacht, zwischen beiden zu vermitteln, einen anderen Sinn haben, als zuletzt aus der Enttäuschung des Lebens aufgeweckt zu werden durch Verzweiflung und Abscheu vor dem kosmischen Bemühen und dann alles ganz abzulehnen, – muß gerade solch erleuchtende und machtvolle Umwandlung und das Hervortreten des Göttlichen Wesens in der menschlichen Kreatur jenes hoch-erhabene Ziel und jene höchste Sinnerfüllung sein.

Bevor wir uns aber den psychologischen und praktischen Bedingungen zuwenden können, unter denen eine solche verklärende Umgestaltung aus nur wesenhafter Möglichkeit zur dynamischen Macht der Verwirklichung werden kann, haben wir noch viel zu bedenken. Müssen wir doch nicht nur die wesentlichen Prinzipien der Herabkunft von *saccidananda* in das kosmische Dasein klar erkennen, was wir bereits getan haben, sondern auch den umfassenden Plan seiner hiesigen Ordnung und die Art und Aktion der manifestierten Macht von bewußter Kraft, die über den Bedingungen regiert, unter denen wir jetzt existieren. Zuerst müssen wir erkennen, daß die sieben oder acht von uns untersuchten Prinzipien für die gesamte kosmische Schöpfung wesentlich sind. Sie sind hier, manifestiert oder noch nicht manifestiert, in uns selbst, in diesem „einjährigen Kind", das wir noch sind, – denn wir sind noch weit davon entfernt, die Erwachsenen der evolutionären Natur zu sein. Die höhere Dreieinigkeit ist Ursprung und Basis allen Daseins und seines Spiels, und der gesamte Kosmos ist Ausdruck und Wirken ihrer wesenhaften Wirklichkeit. Kein Universum kann nur eine Form des Wesens sein, die absolutem Nicht-Sein entsprungen wäre, sich in einer absoluten Leere gestaltet hätte und nun dasteht vor dem Hintergrund einer nichtseienden Öde. Das Universum muß entweder selbst eine Gestalt des Seins sein innerhalb des unendlichen Seins, das jenseits aller Gestaltung ist, oder es ist notwendigerweise selbst das All-Sein. Wenn wir unser Selbst mit dem kosmischen Wesen einen, sehen wir, daß es in Wahrheit beides zugleich ist. Das heißt, es ist der All-Seiende, der Sich Selbst ausformt in eine unendliche Reihe von Rhythmen innerhalb Seiner eigenen, alles umgreifenden Ausdehnung Seiner Selbst als Zeit und Raum. Wir sehen darüber hinaus, daß diese oder jede kosmische Aktion unmöglich ohne das Spiel einer unendlichen Kraft des Seins geschehen kann, die alle diese Formen und Bewegungen hervorbringt und lenkt. Und diese Kraft setzt genauso die Aktion eines unendlichen Bewußtseins voraus oder ist selbst diese Aktion, denn sie ist ihrer Natur nach kosmischer Wille, der alle Beziehungen bestimmt und sie durch seine Art des Erkennens wahrnimmt. Er könnte sie aber nicht so bestimmen und wahrnehmen, wenn es nicht hinter dieser Art kosmischen Erkennens ein umgreifendes Bewußtsein gäbe, damit durch es die Beziehungen des Wesens in der sich entwickelnden Gestaltung oder im Werden seiner selbst, was wir das Universum nennen, verursacht, festgehalten, fixiert und reflektiert werden.

Schließlich muß eine unermeßliche Selbst-Seligkeit Ursache, Wesen und Ziel des kosmischen Daseins sein, da Bewußtsein auf diese Weise allwissend und allmächtig, in völlig erleuchtetem Besitz seiner selbst ist und ein so erleuchteter Besitz mit Notwendigkeit und seiner wahren Natur nach Seligkeit ist (es kann nichts anderes sein). Der Seher des Altertums sagt: „Gäbe es nicht diesen allumfassenden Äther von Seins-Seligkeit, in dem wir wohnen, und wäre diese Wonne nicht unser eigener Äther, könnte niemand atmen, niemand leben." Die Selbst-Seligkeit mag unterbewußt werden, scheinbar unserem äußeren Menschen verlorengehen, muß aber nicht nur dort an den Wurzeln unseres Wesens vorhanden, sondern alles Dasein muß dem Wesen nach das Suchen und Streben sein, diese Seligkeit zu entdecken und zu besitzen. In dem Maße, in dem sich die menschliche Kreatur im Kosmos selbst findet, muß sie zu einer Erfahrung dieser geheimen Ekstase erwachen: In Willen und Macht oder in Licht und Erkenntnis oder in Wesen und Weite oder in Liebe und Freude selbst. Freude des Wesens, Entzücken in der Realisation durch Erkenntnis, Wonne am Besitzen durch Wille und Macht oder durch schöpferische Kraft, Ekstase der Einung in Liebe und Freude, das sind die höchsten Begriffe sich ausbreitenden Lebens, denn sie sind das Wesen des Seins selbst in seinen verborgenen Wurzeln und auf seinen noch unsichtbaren Höhen. Überall, wo kosmisches Dasein sich manifestiert, müssen also diese drei hinter ihm und in ihm sein.

Aber unendliches Sein, Bewußtsein und Seligkeit brauchten überhaupt nicht in sichtbares Wesen herauszutreten; und wenn sie es tun, müßte es kein kosmisches Dasein, könnte es einfach eine Unendlichkeit von Gestaltungen sein ohne festgelegte Ordnung oder Beziehung, wenn sie nicht den vierten Begriff, das Supramental oder die göttliche Gnosis, in sich enthalten, entfalten und aus sich hervorbringen würden. In jedem Kosmos muß es eine Macht von Wissen und Willen geben, die aus einer unendlichen Potentialität feststehende Beziehungen fixiert, die Früchte aus den Saaten entfaltet, den mächtigen Rhythmus kosmischen Gesetzes ablaufen läßt und die Welten schaut und regiert als ihr unsterblicher und unendlicher Seher und Herrscher. („Der Seher, der Denker, Er, der überall im Werden hervortritt, der Selbst-Seiende." Isha Upanishad, 8) Diese Macht ist in Wirklichkeit nichts anderes als Er Selbst, *saccidananda.* Sie erschafft nichts, was nicht in ihrem Selbst-Sein enthalten ist. Aus diesem Grund ist alles kosmische und wirkliche Gesetz nichts von außen her Auferlegtes; es kommt vielmehr von innen. Alle Entwicklung ist Selbst-Entwicklung, alle Saat und ihre Früchte sind Saat einer Wahrheit der Dinge und

Früchte aus dieser Saat, bestimmt durch ihre potentiellen Kräfte. Aus demselben Grund ist kein Gesetz absolut, denn nur das Unendliche ist absolut, und alles enthält in sich endlose, weit über seine determinierte Form und den festgelegten Ablauf hinausgehende Entfaltungsmöglichkeiten, die nur durch eine Selbst-Begrenzung von seiten der Idee bestimmt werden, die aus unendlicher Freiheit im Inneren hervorgeht. Diese Macht der Selbst-Begrenzung wohnt notwendigerweise in dem Grenzenlosen All-Seienden. Das Unendliche wäre nicht das Unendliche, wenn es nicht eine vielfältige Endlichkeit annehmen könnte. Das Absolute wäre nicht das Absolute, wenn ihm in Wissen, Macht, Willen und Manifestation seines Wesens eine grenzenlose Fähigkeit zur Selbst-Bestimmung versagt wäre. Dieses Supramental ist also die Wahrheit oder Real-Idee, die in aller kosmischen Kraft und Existenz eingeboren ist. Sie ist notwendig, obwohl sie selbst unendlich bleibt, um Beziehung, Ordnung und die großen Linien der Manifestation festzulegen, zu kombinieren und aufrechtzuerhalten. In der Sprache der vedischen Rishis ist dieses Supramental, ebenso wie Unendliches Sein, Bewußtsein und Seligkeit die drei erhabensten und geheimen Namen des Namenlosen sind, der vierte Name: der vierte für Jenes in seinem Herabkommen, der vierte für uns in unserem Aufstieg *(turiyam svid,* „ein gewisses Viertes", auch *turiyam dhama* genannt, die vierte Station oder Balance der Kräfte des Seins).

Aber die niedere Trilogie, Mental, Leben und Materie, ist auch für alles kosmische Wesen unentbehrlich, zwar nicht unbedingt in der Form oder mit der Wirkensweise und unter den Bedingungen, die wir auf Erden oder in diesem materiellen Universum kennen, wohl aber in einer vielleicht erleuchteten, machtvollen, subtilen Art von Wirken. Denn das Mental ist im wesentlichen jene Fähigkeit des Supramentals, die mißt und begrenzt, ein besonderes Zentrum fixiert und von da aus die kosmische Bewegung und die gegenseitigen Einwirkungen darin beobachtet. Zugegeben, in einer bestimmten Welt, Ebene oder kosmischen Anordnung braucht das Mental nicht begrenzt zu sein, oder vielmehr brauchte der Mensch, der das Mental als untergeordnete Fähigkeit verwendet, nicht unfähig zu sein, die Dinge von anderen Mittelpunkten oder Standpunkten, ja vom wirklichen Zentrum des Alls her oder in der Unermeßlichkeit universaler Selbst-Ausstrahlung zu schauen. Wenn er sich aber normalerweise nicht für gewisse Zwecke göttlicher Aktivität fest auf seinen eigenen Standpunkt zu stellen vermag, wenn es nur die universale Selbst-Ausstrahlung oder unendliche Zentren ohne festlegende oder frei begrenzende Aktion für jeden einzelnen gäbe, käme kein Kosmos zustande, sondern nur ein Wesen, das in Sich Selbst, in seine Gedanken und Träume tief versunken ist, wie etwa ein schöpferischer Mensch oder ein Dichter in unbestimmter, freier, ungeformter Weise nachsinnt, bevor er an die entscheidende Arbeit der Schöpfung geht. Solch einen Zustand muß es auf der unendlichen Stufenleiter des Seins irgendwo geben, ist aber nicht das, was wir unter Kosmos verstehen. Welche Ordnung dort auch herrschen mag, es muß eine Art nicht festgelegter, nicht bindender Ordnung sein, wie sie etwa das Supramental entwickelt haben kann, bevor es sich zum Werk festgelegter Entwicklung, Abmessung und des gegenseitigen Einwirkens von Beziehungen aufmachte. Für ein solches Abmessen und gegenseitiges Einwirken ist das Mental notwendig, obwohl es dabei seiner selbst nur als einer untergeordneten Wirkungsweise des Supramentals bewußt werden mag und die gegenseitige Einwirkung von Beziehungen auf der Basis einer sich selbst einsperrenden Ichhaftigkeit entfaltet, wie wir sie in der irdischen Natur am Werke sehen.

Nachdem nun das Mental existiert, folgen Leben und Form von Substanz nach; denn Leben ist einfach die nähere Bestimmung von Kraft und Tätigkeit, von Beziehung und gegenseitiger Einwirkung der Energie aus vielen festliegenden Zentren des Bewußtseins, – festliegend, aber nicht unbedingt örtlich oder zeitlich, sondern als ständige Koexistenz von Wesen oder Seelen-Formen des Ewigen, der die kosmische Harmonie trägt und erhält. Dieses Leben mag sehr verschieden von dem Leben sein, wie wir es kennen oder begreifen. Im wesentlichen wäre aber dort dasselbe Prinzip, dem die Denker des indischen Altertums den Namen *vayu* oder *prana,* Lebens-Stoff, gaben, der substantielle Wille und die Energie im Kosmos, die sich in bestimmter Form, Aktion und bewußter Dynamik des Wesens auswirken. Auch Substanz kann sehr verschieden sein von unserer Anschauung und Empfindung eines materiellen Körpers, viel subtiler, viel weniger starr gebunden an ihr Gesetz von Selbst-Zerteilung und gegenseitigem Widerstand. Körper und Gestalt könnten Instrumente sein, kein Gefängnis. Doch wäre für das gegenseitige Einwirken im Kosmos eine gewisse Bestimmung von Form und Substanz immer notwendig, selbst wenn es nur ein mentaler Leib oder etwas noch Strahlenderes, Subtileres, noch machtvoller und freier Reagierendes wäre als der freieste mentale Körper.

Daraus ergibt sich: Wo immer Kosmos ist, kann solch ein Vordergrund, wie er vom Wesen herausgestellt wird, nur eine illusorische Verkleidung oder äußere Erscheinung seiner wirklichen Wahrheit sein, auch wenn anfangs nur eines der Prinzipien sichtbar hervortritt, und selbst wenn dieses zuerst das einzige Prinzip der Dinge zu sein scheint und alle übrigen Prinzipien, die später in der Welt hervortreten mögen, nichts anderes zu sein scheinen als dessen Form und Ergebnisse und nicht an sich selbst unentbehrlich für das kosmische Dasein. Wo auch nur ein Prinzip im Kosmos manifest ist, müssen alle übrigen nicht nur vorhanden und passiv verborgen sein, sondern insgeheim wirken. In einer gegebenen Welt mag die Stufenleiter und Harmonie des Seienden alle sieben Prinzipien in mehr oder weniger hohem Grad von Aktivität offen besitzen. In einer anderen Welt mögen sie alle in einem einzigen Prinzip involviert sein, das in dieser Welt zum primären oder fundamentalen Prinzip der Evolution wird, aber eine Evolution des Involvierten muß es dort geben. Die Evolution der siebenfältigen Macht des Wesens, die Realisation seines siebenfachen Namens, muß die Bestimmung jeglicher Welt sein, die offenkundig mit der Involution aller Mächte in eine einzige anfängt*. Darum war das materielle Universum der Natur der Dinge nach daran gebunden, aus seinem verborgenen Leben ein sichtbares Leben, aus seinem verborgenen Mental ein sichtbares Mental zu entwickeln. Es muß derselben Art der Dinge nach in der Evolution von seinem verborgenen Supramental zum sichtbaren Supramental und vom im Inneren verborgenen Geist zur dreieinigen Herrlichkeit von *saccidananda* fortschreiten. Die einzige Frage ist, ob die Erde der Schauplatz für dieses Hervortreten und das menschliche Geschöpf sein Instrument und Träger auf diesem oder einem anderen materiellen Schauplatz, in diesem oder einem anderen Zyklus des unermeßlichen Kreislaufs der Zeit sein soll. Die Seher des Altertums glaubten an die Möglichkeit für den Menschen und hielten das für seine göttliche Bestimmung. Der moderne Denker faßt nicht einmal diesen Gedanken, oder er negiert oder bezweifelt ihn, wenn er auftaucht. Hat er die Vision des Übermenschen, ist dieser nur Träger höherer Grade von Mentalität oder Vitalität. Er gibt nicht zu, daß ein anderer Typus auftauchen kann, schaut nicht über die jetzigen Prinzipien hinaus, denn diese haben uns bis jetzt Begrenzung und Kreislauf auferlegt. Es wohnt aber in dieser fortschreitenden Welt mit diesem menschlichen Geschöpf, in dem der göttliche Funke entzündet wurde, die wirkliche Weisheit wahrscheinlich eher bei dem höheren Streben als bei der Verneinung dieses Strebens und der Hoffnung, die sich selbst begrenzt und einschränkt innerhalb jener engen Mauern sichtbarer Möglichkeiten, die uns doch nur Zwischenstation, Heim für unsere Übung sind. In der spirituellen Ordnung der Dinge ist die Wahrheit, die auf uns herabzukommen bereit ist, um so größer, je höher wir unseren Blick und unser Streben richten, da diese Wahrheit schon hier in uns existiert und nach ihrer Befreiung aus der Umhüllung verlangt, die sie in der geoffenbarten Natur verborgen hält.

---

* In einer gegebenen Welt brauchte es keine Involution zu geben, sondern alle übrigen Prinzipien könnten einem einzigen untergeordnet oder in ihm enthalten sein. In einer solchen Weltordnung ist Evolution nicht notwendig.

Ziel des Yoga ist es, das Bewußtsein für das göttliche Wesen zu öffnen, mehr und mehr im inneren Bewußtsein zu leben und dabei gleichzeitig von diesem her auf das äußere Leben einzuwirken, die innerste Seele hervortreten zu lassen und durch die Kraft der Seele das Wesen zu läutern und zu wandeln, so daß es vorbereitet wird für die Transformation und in Einheit schwingt mit dem göttlichen Wissen, Willen und der göttlichen Liebe. Zweitens, das yogische Bewußtsein zu entwickeln, das heißt, das Wesen auf allen Ebenen allumfassend zu gestalten, sich des kosmischen Wesens und der kosmischen Kräfte bewußt zu werden und in Einung mit dem göttlichen Wesen auf allen Ebenen bis hinauf zum Übermental zu erwachen. Drittens, mit dem transzendenten göttlichen Wesen jenseits des Übermentals durch das supramentale Bewußtsein in Berührung zu kommen, Bewußtsein und Wesen zu supramentalisieren und sich zu einem Werkzeug der Verwirklichung der dynamischen göttlichen Wahrheit und ihrer umwandelnden Herabkunft in die Erdsphäre zu machen.

(XXIII, S. 509)

Die Philosophie der Wiedergeburt*

Ein Ende haben diese Leiber einer verkörperten Seele, die ewig ist ... Sie wird nicht geboren, und sie stirbt nicht. Auch ist es nicht so, daß sie, wenn sie einmal gewesen ist, nicht wieder sein wird. Sie ist ungeboren, uralt, ewig-dauernd. Sie wird nicht getötet, wenn der Körper getötet wird. Wie ein Mensch seine abgetragenen Kleider ablegt und neue anzieht, so legt auch das verkörperte Wesen seine Leiber ab und vereinigt sich wieder mit anderen, die neu sind. Der Tod dessen, das geboren ist, ist sicher, und sicher ist die Geburt dessen, das stirbt.

Gita, II.18, 20, 22, 27.

Es gibt eine Geburt und ein Wachsen des Selbsts. Je nach seinen Taten nimmt der verkörperte Mensch nacheinander Gestaltungen an vielen Orten an. Er nimmt viele grobe und feine Gestaltungen an durch die Kraft seiner natürlichen Eigenschaften.

Svetasvatara Upanishad, V.11, 12.

Geburt ist das erste spirituelle Geheimnis des physischen Universums, Tod das zweite. Er gibt dem Geheimnis der Geburt seine zweifache Rätselhaftigkeit. Denn das Leben, das sonst eine selbstverständliche Tatsache des Daseins wäre, wird nun selbst zu einem Geheimnis dank dieser beiden, die sein Anfang und sein Ende zu sein scheinen, sich aber auf tausend Arten als keines von beiden, vielmehr als Mittel-Stufen in einem geheimnisvollen Prozeß des Lebens erweisen. Auf den ersten Blick möchte es scheinen, als sei die Geburt ein ständiges Hervorbrechen von Leben in einem allgemeinen Tod, ein beharrlich fortdauernder Umstand in der universalen Leblosigkeit von Materie. Bei näherer Untersuchung wird es jedoch wahrscheinlicher, daß Leben etwas in die Materie Involviertes oder sogar eine der Energie, die Materie erschafft, innewohnende Macht ist. Sie kann aber nur dann in Erscheinung treten, wenn sie die notwendigen Voraussetzungen dazu bekommt, die für sie charakteristischen Phänomene sicher durchzusetzen und eine für sie geeignete Organisation zu erschaffen. Doch gibt es bei der Geburt des Lebens noch etwas mehr, das an seinem Hervortreten mitwirkt, ein Element, das nicht mehr materiell ist, das starke Hervorbrechen der Flamme einer Seele, eine erste sichtbare Schwingung des Geistes.

---

*Das göttliche Leben, Zweites Buch, Teil 2, S.133-159

Alle bekannten Umstände und Resultate der Geburt lassen uns ein Unbekanntes ahnen, das vor ihr ist. Und ebenso legt sich uns eine Universalität nahe, ein Wille zum dauernden Beharren des Lebens, ein Fehlen von Schlüssigkeit beim Tod, das auf etwas Unbekanntes danach hinzuweisen scheint. Was waren wir vor der Geburt, was sind wir nach dem Tod? Das sind die Fragen, deren Beantwortungen voneinander abhängen. Von Anfang an hat der Intellekt des Menschen sich diese Fragen gestellt, ohne daß er bis jetzt bei einer endgültigen Lösung zur Ruhe kommen kann. Tatsächlich kann der Intellekt kaum die endgültige Antwort geben. Denn diese muß ihrer Natur nach jenseits der Gegebenheiten des physischen Bewußtseins und Gedächtnisses sowohl der menschlichen Rasse wie des Individuums liegen. Und das sind doch die einzigen Gegebenheiten, die der Intellekt mit so etwas wie Vertrauen zu konsultieren gewöhnt ist. Bei diesem Mangel an Materialien und bei dieser Ungewißheit schweift er immer weiter von einer Hypothese zur anderen; jede nennt er der Reihe nach einen gültigen Schluß. Überdies hängt die Lösung von Natur, Ursprung und Ziel der kosmischen Bewegung ab. Je nachdem wir diese bestimmen, müssen wir auch unsere Schlüsse in bezug auf Geburt, Leben und Tod, auf das Vorher und das Nachher ziehen.

Die erste Frage ist, ob das Vorher und das Nachher etwas rein Physisches und Vitales oder in gewisser Beziehung, gar überwiegend, etwas Mentales und Spirituelles ist. Kein weiteres Fragen wäre möglich, wenn Materie das Prinzip des Universums wäre, wie der Materialist behauptet, wenn sich die Wahrheit der Dinge in jener ersten Formel finden ließe, zu der Bhrigu, der Sohn des Varuna, kam, als er über das ewige *brahman* meditierte: „Die Materie ist das Ewige, denn aus der Materie werden alle Wesen geboren, durch die Materie existieren alle Wesen, und zur Materie scheiden alle Wesen hin und kehren sie zurück." Das Vorher unserer Körper bestände dann im Einsammeln dessen, was sie aufbaut, aus den verschiedenen physischen Elementen durch Vermittlung des Samens und der Nahrung, vielleicht auch unter dem Einfluß verborgener, aber immer materieller Energien. Und das Vorher unseres bewußten Wesens wäre eine Vorbereitung durch Vererbung oder einen anderen physisch-vitalen oder physisch-mentalen Vorgang in der universalen Materie, die ihre Aktivität auf diesen einzelnen ausrichtet und ihn durch die Körper seiner Eltern, durch Samen, Gen und Chromosom aufbaut. Das Nachher des Körpers wäre dann seine Auflösung in die materiellen Elemente und das Nachher des bewußten Wesens ein Zurücksinken in die Materie, wobei vielleicht die Auswirkungen seiner Aktivität im allgemeinen Mental und Leben der Menschheit überleben würden. Dieses letztere, ziemlich illusorische Überleben würde unsere einzige Chance für die Unsterblichkeit sein. Da man aber nicht mehr die Universalität der Materie für eine ausreichende Erklärung der Existenz des Mentals halten kann und da tatsächlich auch Materie selbst nicht länger allein durch Materie erklärt werden kann, weil sie nicht selbst-existent zu sein scheint, werden wir von dieser leichten und naheliegenden Lösung auf andere Hypothesen zurückgeworfen.

Eine von diesen ist der alte religiöse Mythos und das dogmatische Mysterium von einem Gott, der ständig unsterbliche Seelen aus seinem Wesen, durch seinen „Atem" oder durch die Lebens-Macht erschafft. Sie gehen, wie man annimmt, in die materielle Natur oder vielmehr in die Körper ein, die er in ihr erschafft und die er in ihrem Innern durch sein spirituelles Prinzip verlebendigt. Man kann dies als Mysterium des Glaubens hochhalten und braucht es nicht weiter zu untersuchen. Ist es doch Absicht der Glaubens-Mysterien, jenseits von Frage und Erforschung zu stehen. Für die Vernunft und die Philosophie fehlt dem aber die Überzeugungskraft. Es paßt nicht in die bekannte Ordnung der Dinge. Denn es enthält zwei Paradoxa, die einer gründlicheren Rechtfertigung bedürfen, bevor man ihnen überhaupt Beachtung schenken kann. Das erste ist die stündliche Erschaffung von Wesen, die zwar einen Anfang, aber kein Ende in der Zeit haben und die überdies durch die Geburt aus dem Körper geboren werden, aber nicht durch den Tod des Körpers enden. Das zweite Paradoxon ist die Annahme einer fertigbereiteten Masse kombinierter Eigenschaften, von Tugenden und Lastern, Fähigkeiten und Mängeln, Vorzügen und Behinderungen durch Temperament und andere Umstände, die ganz und gar nicht von ihnen selbst durch ein Wachsen zustande gebracht, sondern für sie durch willkürliche Anordnung, wenn nicht durch ein Gesetz der Vererbung, geschaffen wurden, für die und für deren vollkommenen Gebrauch sie dennoch von ihrem Schöpfer verantwortlich gemacht werden. Wir können, wenigstens vorläufig, gewisse Dinge für legitime Mutmaßungen der philosophischen Vernunft halten und fairerweise die Beweislast hinsichtlich ihres Gegenteils denen auferlegen, die sie bestreiten. Zu diesen Postulaten gehört das Prinzip, daß das, was kein Ende hat, notwendigerweise auch ohne Anfang sein muß. Alles, was anfängt oder erschaffen ist, findet sein Ende: durch das Aufhören des Prozesses, der es erschuf oder im Dasein erhält, durch die Auflösung der Materialien, aus denen es zusammengesetzt ist, oder durch das Ende der Funktion, um deretwillen es ins Dasein kam. Wenn es für dieses Gesetz eine Ausnahme gibt, muß das durch das Herabkommen des Geistes in die Materie geschehen, der die Materie mit Göttlichkeit beseelt oder ihr seine eigene Unsterblichkeit verleiht. Aber der Geist, der so herniederkommt, ist unsterblich, nicht gemacht oder erschaffen. Wenn die Seele dazu geschaffen wurde, den Körper zu beseelen, wenn sie für ihren Eintritt ins Dasein vom Körper abhing, kann sie keinen Grund und keine Grundlage mehr für ihre Existenz haben, nachdem der Körper verschwunden ist. Es ist eine natürliche Annahme, daß der „Atem" oder die Macht, die dem Körper zu seiner Beseelung verliehen wurde, nach dessen endgültiger Auflösung wieder zu ihrem Schöpfer zurückkehrt. Wenn sie statt dessen als ein unsterbliches verkörpertes Wesen weiterbesteht, muß es einen subtilen oder psychischen Körper geben, in dem sie weiterexistiert. Dann ist ziemlich sicher, daß dieser psychische Körper und sein Bewohner vor dem materiellen Körper existent gewesen sein muß. Es ist irrational, anzunehmen, sie seien ursprünglich nur dazu geschaffen worden, diese kurzlebige, vergängliche Gestalt zu bewohnen. Ein unsterbliches Wesen kann nicht das Ergebnis eines so kurzlebigen Vorfalls in der Schöpfung sein. Wenn die Seele aber in einem körperlosen Zustand übrigbleibt, kann sie wegen ihres Daseins nicht ursprünglich von einem Körper abhängig gewesen sein. Sie muß vor der Geburt ebenso als ein nicht verkörperter Geist existiert haben, wie sie in ihrer körperlosen spirituellen Wesenheit nach dem Tod fortdauert.

Weiterhin können wir annehmen, daß dort, wo wir in der Zeit eine gewisse Entwicklungsstufe wahrnehmen, eine Vergangenheit dieser Entwicklung vorausgegangen sein muß. Wenn darum eine Seele in dieses Leben mit einer gewissen Entwicklung von Personalität eintritt, muß diese in anderen vorausgegangenen Leben hier oder anderswo vorbereitet worden sein. Wenn sie aber nur ein voraus gefertigtes Leben und eine Persönlichkeit annimmt, die nicht von ihr vorbereitet worden ist, die vielleicht durch eine körperliche, vitale oder mentale Vererbung vorbereitet wurde, muß sie selbst etwas von diesem Leben und dieser Persönlichkeit völlig Unabhängiges sein, etwas, das nur durch einen Zufall mit dem Mental und dem Körper verbunden ist. Sie kann darum nicht wirklich von dem beeinflußt werden, was in diesem mentalen und körperlichen Lebensablauf getan oder entwickelt wurde. Ist die Seele etwas Wirkliches, ist sie unsterblich, kein konstruiertes Wesen oder nur eine Erscheinung des Seienden, dann muß sie ebenso anfangslos in der Vergangenheit wie endlos in der Zukunft sein. Wenn sie aber ewig ist, muß sie entweder ein unwandelbares Selbst sein, das vom Leben und seinen Gesetzmäßigkeiten nicht beeinträchtigt wird, oder ein zeitloser *purusha,* eine ewige spirituelle Person, die in der Zeit einen Strom sich wandelnder Personalität offenbart oder hervorruft. Ist sie eine solche Person, kann sie diesen Strom von Personalität nur in einer Welt von Geburt und Tod dadurch manifestieren, daß sie aufeinanderfolgende Körper annimmt, – mit einem Wort: durch ständige Wiedergeburt in die Gestaltungen der Natur.

Aber die Unsterblichkeit oder Ewigkeit der Seele drängt sich uns auch dann nicht ohne weiteres als notwendig auf, wenn wir die Deutung ablehnen, alle

Dinge seien aus einer ewigen Materie entstanden. Denn wir haben da noch die Hypothese von der Erschaffung einer zeitweiligen Seele, die durch die Macht jener ursprünglichen Einheit in Erscheinung trat, aus der alle Dinge ihren Anfang nahmen, durch die sie leben und in die sie sich wieder auflösen. Einerseits können wir auf der Grundlage gewisser moderner Ideen oder Entdeckungen die Theorie von einem kosmischen Unbewußten aufstellen, das eine vergängliche Seele erschafft, ein Bewußtsein, das nach einem kurzen Spiel ausgelöscht wird und wieder ins Unbewußte zurückkehrt. Oder es könnte ein ewiges Werden geben, das sich in einer kosmischen Lebens-Kraft offenbart, wobei die Materie als das eine, objektive Ende ihrer Operationen, das Mental als das andere, subjektive Ende in Erscheinung tritt. Die Einwirkung dieser beiden Phänomene der Lebens-Kraft aufeinander erschafft unser menschliches Dasein. Andererseits haben wir die Theorie von einem allein existierenden Überbewußten, einem ewigen unveränderlichen Wesen, das durch Maya die Illusion eines individuellen Seelen-Lebens in dieser Welt von phänomenalem Mental und Materie zuläßt oder erschafft. Diese beiden seien letztlich unwirklich – selbst wenn sie eine kurzfristige und phänomenale Wirklichkeit besitzen oder annehmen –, da das eine unwandelbare und ewige Selbst oder der Geist die einzige Wirklichkeit sei. Oder wir haben die buddhistische Theorie von einem Nichts oder Nirvana und, diesem irgendwie aufgezwungen, ein ewiges Handeln oder eine Energie aufeinanderfolgenden Werdens, Karma, das die Illusion von einem fortdauernden Selbst oder einer Seele durch die Kontinuität von Verknüpfungen, Ideen, Erinnerungen, Empfindungen und Bildern erschafft. In ihrer Auswirkung auf das Lebens-Problem sind diese drei Erklärungen praktisch eine einzige. Denn auch das Überbewußte ist für die Zwecke des universalen Wirkens ein Äquivalent des Unbewußten. Es kann nur seines eigenen unwandelbaren Selbst-Seins inne werden. Die Erschaffung einer Welt von individuellen Wesen durch Maya ist etwas diesem Selbst-Sein Aufgezwungenes. Das findet statt vielleicht in einer Art Schlaf des Bewußtseins, das in das Selbst versunken ist, susupti*. Aus diesem treten dennoch alles aktive Bewußtsein und die Abwandlung des phänomenalen Werdens genauso hervor, wie in der modernen Theorie unser Bewußtsein eine vorübergehende Entfaltung aus dem Unbewußten ist. In allen drei Theorien ist die in Erscheinung tretende Seele oder spirituelle Individualität des Geschöpfes nicht unsterblich im Sinne von Ewigkeit. Vielmehr hat sie einen Anfang und ein Ende in der Zeit, ist eine Schöpfung von Maya oder von einer Natur-Kraft oder eine kosmische Aktion

*Prajna der Mandukya Upanishad: das Selbst, in einem tiefen Schlaf befangen, ist der Herr und Schöpfer aller Dinge.

aus dem Unbewußten oder Überbewußten. Darum ist sie in ihrem Dasein ohne Bestand. In allen drei Theorien ist Wiedergeburt entweder unnötig oder auch etwas Illusorisches. Sie ist entweder die Verlängerung einer Illusion durch deren Wiederholung, oder sie ist ein zusätzliches, sich immer weiter drehendes Rad unter den vielen Rädern des komplexen Werde-Mechanismus, oder sie ist deshalb ausgeschlossen, weil eine einzige Geburt alles ist, was ein bewußtes Wesen erlangen kann, das durch Zufall als Teil einer unbewußten Schöpfung entstanden ist.

Ob wir nun bei diesen Ansichten annehmen, das Eine Ewige Sein sei ein vitales Werden oder ein unveränderliches und unmodifizierbares spirituelles Wesen oder ein namenloses und formloses Nicht-Seiendes, hier kann das, was wir die Seele nennen, nur eine sich wandelnde Masse oder ein Strom von Bewußtseins-Phänomenen sein, der im Ozean eines wirklich illusorischen Werdens ins Dasein trat und hier auch zu existieren aufhören wird. Oder die Seele ist vielleicht ein vergängliches Substrat, ein bewußter Reflex des Überbewußten Ewigen, das durch seine Gegenwart die Masse der Phänomene unterstützt. Sie ist nicht ewig. Ihre Unsterblichkeit besteht nur daraus, daß sie längere oder kürzere Dauer im Werden besitzt. Sie ist keine wirkliche und immer seiende Person, die den Strom oder die Masse der Phänomene in Gang hält und ihre Erfahrung damit macht. Was diese in Gang hält, was wirklich und immer existiert, ist entweder das eine ewige Werden oder das eine ewige und apersonale Wesen oder der ständige Strom von Energie in seinen Wirkweisen.

Für eine Theorie dieser Art ist es entbehrlich, daß eine psychische Wesenheit, und zwar immer dieselbe, fortdauert und Körper um Körper, Gestalt um Gestalt annimmt, bis sie zuletzt durch irgendeinen Prozeß aufgelöst wird, der zugleich auch den ursprünglichen Anstoß annulliert, der diesen Zyklus in Gang gebracht hat. Es ist sehr wohl möglich, daß sich so, wie jede Gestaltung entwickelt worden ist, auch ein der Form entsprechendes Bewußtsein entwickelt. Wenn sich dann die Form auflöst, vergeht auch das entsprechende Bewußtsein mit ihr. Nur das Eine, das alles gestaltet, dauert für immer fort. Oder wie der Körper aus den allgemeinen Elementen der Materie zusammengewachsen ist und sein Leben mit der Geburt beginnt und mit dem Tod endet, kann sich auch das Bewußtsein aus den allgemeinen Elementen des Mentals entwickelt haben. Es mag ebenso mit der Geburt anfangen und mit dem Tod enden. Auch hier ist der Eine, der durch Maya oder auf andere Weise die Kraft liefert, die die Elemente erschafft, die einzige Wirklichkeit, die fortdauert. Bei keiner dieser Theorien des Seins ist die Wiedergeburt eine absolute Notwendigkeit oder ein unvermeidliches Ergebnis der

Theorie*. Tatsächlich erkennen wir jedoch einen großen Unterschied. Denn die alten Theorien bejahen die Wiedergeburt als einen Teil des universalen Prozesses, während die modernen sie verwerfen. Modernes Denken geht vom physischen Körper als der Basis unseres Daseins aus. Es erkennt nicht die Wirklichkeit einer anderen als der Welt dieses materiellen Universums an. Was es hier sieht, ist ein mentales Bewußtsein, das mit dem Leben des Körpers eng verbunden ist, das bei seiner Geburt kein Anzeichen eines vorhergehenden individuellen Daseins an sich trägt und das, wenn es den Körper mit seinem Ende verläßt, nichts andeutet von einem darauffolgenden individuellen Dasein. Was vor der Geburt war, sei die materielle Energie mit ihrem Lebens-Samen, bestenfalls die Energie einer Lebens-Kraft, die in dem Samen fortdauert und von den Eltern übertragen wird. Er präge durch seine geheimnisvolle Beimischung vergangener Entwicklungen diesem winzigen Träger, dem auf diese Weise wunderbar erschaffenen neuen individuellen Mental und Körper, einen eigenen mentalen und physischen Stempel auf.

Was nach dem Tod übrig bleibt, sei dieselbe materielle Energie und Lebenskraft, die in dem Samen weiterbesteht. Er wird an die Kinder weitergegeben und sorgt für die weitere Entwicklung des in ihm enthaltenen mentalen und physischen Lebens. Von uns bleibt nichts übrig als das, was wir auf diese Weise an andere weitergeben. Oder das wirkt fort, was die Energie, die das Individuum durch sein präexistentes Schaffen und die Umwelteinflüsse, durch Geburt und Umgebung, gestaltet hat, und nun als das Ergebnis des individuellen Lebens annehmen mag, um es in ihr darauffolgendes Wirken hineinzuarbeiten. Allein das könne ein Überleben haben, was durch Zufall oder durch ein physisches Gesetz dazu helfe, die mentalen und vitalen Bauelemente und die Umgebung anderer Individuen zu bilden. Hinter beiden, den mentalen und den physischen Phänomenen, gebe es vielleicht ein universales Leben, dessen Individualisierungen evolutionäre und phänomenale Werdeformen sind. Dieses universale Leben erschaffe zwar eine wirkliche Welt und wirkliche Wesen. Aber die bewußte Personalität in diesen Wesen sei nicht – oder brauche es zumindest nicht zu sein – das Zeichen oder die Form von Bewußtsein einer ewigen, ja nicht einmal einer fortdauernden Seele oder einer supraphysischen Person. In dieser Formel vom Sein findet sich nichts, was uns zwingt, an eine psychische Wesen-

---

*In der buddhistischen Theorie ist Wiedergeburt nur deshalb zwingend, weil das Karma sie erfordert. Nicht eine Seele, sondern das Karma ist das Verbindungsglied für ein dem Schein nach fortdauerndes Bewußtsein, denn das Bewußtsein ändert sich von Augenblick zu Augenblick: Es gibt diese scheinbare Kontinuität von Bewußtsein, aber es gibt keine wirkliche, unsterbliche Seele, die die Geburt auf sich nimmt und durch den Tod des Körpers hindurchgeht, um in einem anderen Körper wiedergeboren zu werden.

heit zu glauben, die den Tod des Körpers überdauert. Es gibt hier keinen Grund und auch nur wenig Raum für die Anerkennung der Wiedergeburt als eines Teils des Grundschemas der Dinge.

Wie aber, wenn wir mit der Erweiterung unserer Erkenntnis finden würden – wie gewisse Forschungen und Entdeckungen vorauszusagen scheinen –, daß die Abhängigkeit des mentalen Wesens oder der psychischen Entität in uns vom Körper nicht so vollständig ist, wie wir das natürlicherweise zuerst aus dem Studium allein der Gegebenheiten des physischen Daseins und des physischen Universums schließen? Wie, wenn man erkennen würde, daß die menschliche Personalität den Tod des Körpers überlebt und dann zwischen anderen Ebenen und diesem materiellen Universum hin- und hergeht? Dann müßte die vorherrschende moderne Vorstellung von einem nur zeitweiligen bewußten Dasein sich ausweiten und ein Leben anerkennen, das einen weiteren Bereich als das physische Universum umfaßt. Sie müßte auch eine personale Individualität zulassen, die nicht vom materiellen Körper abhängig ist. Sie könnte praktisch die antike Vorstellung von einer subtilen Gestalt oder von einem Körper wieder annehmen müssen, der von einer psychischen Entität bewohnt wird. Eine psychische oder seelische Wesenheit, die das mentale Bewußtsein in sich trägt, oder – falls es keine solche ursprüngliche Seele gibt – die entwickelte und fortdauernde mentale Einzelperson würde nach dem Tod weiterexistieren in dieser subtilen, fortdauernden Gestalt, die für sie entweder vor ihrer Geburt oder durch die Geburt selbst oder während des Lebens erschaffen worden sein muß. Denn entweder ist die psychische Entität in anderen Welten in subtiler Form präexistent und kommt mit dieser von dort hierher zu einem kurzen Aufenthalt auf der Erde, oder die Seele entwickelt sich hier in der materiellen Welt selbst, und mit ihr wird im weiteren Verlauf der Natur ein psychischer Körper gebildet, der nach dem Tod in anderen Welten fortbesteht oder hier durch Wiedergeburt weiter existiert. Das wären die beiden möglichen Alternativen.

Ein universales Leben könnte in seiner Evolution auf der Erde die wachsende Personalität entfaltet haben, die jetzt zu unserem Ich geworden ist, bevor sie überhaupt in einen menschlichen Körper einging. Die Seele, die jetzt in uns ist, könnte sich in niederen Lebens-Gestaltungen entwickelt haben, bevor der Mensch erschaffen wurde. In diesem Fall hätte unsere Personalität früher Tier-Formen bewohnt. Der subtile Körper wäre ein plastisches Gebilde, das von Geburt zu Geburt übertragen wurde, sich aber jeder physischen Gestaltung anpaßte, die die Seele bewohnte. Oder das sich entwickelnde Leben könnte fähig sein, eine zum Überleben geeignete Persönlichkeit aufzubauen, dies jedoch nur in der menschlichen Gestalt, sobald diese erschaffen war. Das würde durch die Kraft des plötzlichen Wachstums eines mentalen Bewußtseins geschehen, und gleichzeitig könnte sich eine Hülle von subtiler Mental-Substanz entwickeln und helfen, dieses mentale Bewußtsein zu individualisieren. Sie würde ebenso als innerer Körper funktionieren, wie die grob-physische Gestalt durch ihre Organisation Tier-Mental und Tier-Leben zugleich individualisiert und beherbergt. Aufgrund der früheren Annahme müßten wir zugeben, daß auch das Tier die Auflösung des physischen Körpers überlebt und eine Art Seelen-Formation besitzt, die nach dem Tod andere Tierformen auf der Erde und schließlich einen menschlichen Körper in Besitz nimmt. Denn es besteht nur geringe Wahrscheinlichkeit, daß die Tier-Seele über die Erde hinauskommt und auf andere als die physischen Lebens-Ebenen übergeht, um ständig hierher zurückzukehren, bis sie für die menschliche Inkarnation bereit ist. Die bewußte Individualisierung des Tieres scheint nicht weit genug zu gehen, um einen solchen Übergang tragen zu können oder um sich an ein Dasein in anderen Welten anzupassen. Bei der zweiten Annahme würde die Macht, auf diese Weise den Tod des physischen Körpers in anderen Seins-Zuständen zu überleben, erst auf der menschlichen Stufe der Evolution auftreten. Wäre die Seele tatsächlich nicht eine so konstruierte Personalität, die vom Leben entwickelt wird, sondern eine fortdauernde, sich nicht entwickelnde Wirklichkeit mit einem irdischen Leben und Körper als ihrem notwendigen Feld, dann würde man der Theorie von der Wiedergeburt im Sinne der Seelenwanderung des Pythagoras zustimmen müssen. Ist sie aber eine fortdauernde, sich entwickelnde Wesenheit und fähig, über die irdische Stufe hinauszukommen, dann wäre die indische Vorstellung von einem Weitergehen in andere Welten und einer Rückkehr zur Geburt auf der Erde möglich und höchst wahrscheinlich. Sie wäre aber noch nicht unausweichlich. Denn man könnte vermuten, daß die menschliche Personalität, wenn sie einmal so hoch entwickelt ist, daß sie andere Ebenen erreichen kann, von diesen nicht mehr zurückzukehren brauchte. Es wäre nur natürlich, wenn sie, falls kein stärkerer, zwingender Grund vorliegt, ihr Dasein auf der höheren Ebene, zu der sie emporgekommen ist, fortsetzen würde. Sie hätte dann ihre Lebens-Entwicklung auf der Erde zu Ende gebracht. Eine umfassendere Voraussetzung wäre nur dann zwingend und eine wiederholte Wiedergeburt in menschlichen Gestaltungen unvermeidlich, wenn eine Konfrontation mit einem wirklich zwingenden Beweis für die Notwendigkeit einer Rückkehr auf die Erde besteht.

Aber selbst dann brauchte die vitalistische Entwicklungs-Theorie sich nicht zu spiritualisieren. Sie müßte nicht das wirkliche Dasein einer Seele, deren Unsterblichkeit oder Ewigkeit zugeben. Sie könnte die Personalität immer noch betrachten als eine phänomenale Schöpfung des universalen Lebens durch das

Aufeinanderwirken von Lebens-Bewußtsein und physischer Form und Kraft, beide aber mit einer ausgedehnteren, variableren und subtileren gegenseitigen Einwirkung und mit einer anderen Geschichte, als man sie bisher für möglich hielt. Sie mag dann zu einer Art von vitalistischem Buddhismus kommen, der das Karma anerkennt, es aber nur als das Wirken einer universalen Lebens-Kraft zuläßt. Als eines der Ergebnisse würde sie die Kontinuität des Stroms der Personalität in der Wiedergeburt durch eine mentale Verknüpfung zugeben, aber jedes wirkliche Selbst des Individuums oder irgendein ewiges Wesen bestreiten, das etwas anderes wäre als dieses immer aktive vitale Werden. Andererseits könnte sie, einer Gedankenrichtung folgend, die jetzt etwas an Kraft gewinnt, ein universales Selbst oder einen kosmischen Geist als die uranfängliche Wirklichkeit und das Leben als seine Macht oder seinen Agenten annehmen. Sie könnte so zu einer Form von spiritualisiertem vitalen Monismus kommen. Auch in dieser Theorie wäre ein Gesetz von Wiedergeburt möglich, wenn auch nicht zwingend. Sie könnte eine phänomenale Tatsache sein, ein aktuelles Gesetz des Lebens. Sie wäre aber kein logisches Ergebnis der Theorie vom Seienden, nicht deren unvermeidliche Konsequenz.

Die Anhänger des Advaita des Mayavada gingen, wie der Buddhismus, von der schon akzeptierten Überzeugung – als einem Teil des überkommenen Schatzes an antikem Wissen – aus, daß es supraphysische Ebenen und Welt sowie einen Verkehr zwischen diesen und unserer Welt gibt, der einen Übergang von der Erde und – obwohl das eine weniger ursprüngliche Entdeckung gewesen zu sein scheint – eine Rückkehr zur Erde in die menschliche Personalität zuläßt. Immerhin hatte ihr Denken eine alte Auffassung und sogar Erfahrung hinter sich, zumindest eine uralte Tradition von einem Vorher und Nachher für die Personalität, und war nicht auf das physische Universum begrenzt. Denn es gründete sich auf eine Betrachtung von Selbst und Welt, die schon ein supraphysisches Bewußtsein als das primäre Phänomen ansah und das physische Wesen nur als ein sekundäres und abhängiges Phänomen. Mit diesen Fakten als Mitte hatten sie die Natur der ewigen Wirklichkeit und den Ursprung des phänomenalen Werdens zu bestimmen. Darum erkannten sie den Übergang der Personalität von dieser zu anderen Welten und ihre Rückkehr in die Form und das Leben auf Erden an. Die so akzeptierte Wiedergeburt war aber, im Sinne des Buddhismus, nicht eine wirkliche Wiedergeburt einer wirklichen spirituellen Person in die Formen des materiellen Daseins. Im späteren Advaita war die Anschauung von der spirituellen Wirklichkeit vorhanden, aber die in Erscheinung tretende Individualität und darum auch ihre Geburt und Wiedergeburt waren ein Teil der kosmischen Illusion, eine trügerische, wenn auch wirksame Konstruktion der universalen Maya.

Im buddhistischen Denken wurde das Sein des Selbstes bestritten. Wiedergeburt konnte nur eine Kontinuität von Ideen, Empfindungen und Handlungen bedeuten, die ein fiktives Individuum aufbauen, das sich zwischen verschiedenen Welten – sagen wir zwischen verschiedentlich organisierten Ebenen von Idee und Empfindung – bewegt. Denn tatsächlich erschafft nur die bewußte Kontinuität des Strömens ein Phänomen von Selbst und ein Phänomen von Personalität. Im Advaita des Mayavada erkannte man einen *jivātman,* ein individuelles Selbst und sogar ein wirkliches Selbst des Individuums an*. Aber diese Konzession an unsere normale Sprache und unsere Vorstellungen ist schließlich doch nur scheinbar. Denn es stellt sich heraus, daß es kein wirkliches und ewiges Individuum, kein „Ich" und „Du" gibt. Darum kann es auch kein wirkliches Selbst des Individuums, nicht einmal ein wahres universales Selbst geben, sondern nur ein vom Universum gesondertes Selbst, immer ungeboren, immer unveränderlich, niemals beeinträchtigt durch die Mutation der Phänomene. Letzten Endes werden Geburt, Leben, Tod, die ganze Masse der individuellen und kosmischen Erfahrung, nichts anderes als eine Illusion oder ein zeitlich vorübergehendes Phänomen. Auch Gebundenheit und Befreiung können nur solch eine Illusion, nur ein Teil vergänglicher Phänomene sein: Sie stellen nur die bewußte Kontinuität der illusorischen Erfahrungen des Ichs dar, das selbst eine Schöpfung der großen Illusion ist. Die Kontinuität und das Bewußtsein hören schließlich auf bei ihrem Eingehen in das Überbewußtsein dessen, das allein war, ist und immer sein wird, oder besser: das nichts zu tun hat mit der Zeit, sondern auf ewig ungeboren, zeitlos und unaussprechlich ist.

Während es also in der vitalistischen Betrachtung der Dinge ein wirkliches Universum und ein wirkliches, wenn auch kurzes, vergängliches Werden von individuellem Leben gibt, das, auch wenn kein immerdauernder *purusha* existiert, dennoch unserer individuellen Erfahrung und unserem Handeln beträchtliche Bedeutung beimißt – denn diese sind im wirklichen Werden wahrhaft wirksam –, so haben in der Theorie des Mayavadins diese Dinge keine wirkliche Bedeutung oder wahre Wirkung. Sie sind nur so etwas wie die Konsequenz eines Traums. Denn sogar die Befreiung findet nur im kosmischen Traum oder in einer Halluzination statt, durch die Anerkennung der Illusion und durch das Aufhören des individualisierten Mentals und Körpers. In Wirklichkeit gibt es niemanden, der gebunden, und niemanden, der befreit ist. Denn das al-

*In dieser Anschauung ist das Selbst Eines; es kann nicht viele sein oder sich vervielfältigen. Darum kann es auch kein wahres Individuum geben, sondern höchstens das eine Selbst, das allgegenwärtig ist und jedes Mental und jeden Körper mit der Idee des „Ich" beseelt.

lein-existierende Selbst wird von dieser Illusion des Ichs nicht berührt. Um aus dieser alles zerstörenden Unfruchtbarkeit, die das logische Resultat sein würde, herauszukommen, müssen wir dieser Traum-Konsequenz eine praktische Bedeutung verleihen, wie falsch sie schließlich auch sein mag, und auf unsere Gebundenheit und individuelle Befreiung immenses Gewicht legen, auch wenn das Leben des Individuums nur phänomenal ist und wenn für das Eine Wirkliche Selbst sowohl die Gebundenheit wie die Befreiung nur etwas Nicht-Seiendes sind und nichts anderes sein können. Bei dieser erzwungenen Konzession an die tyrannische Nicht-Wirklichkeit von Maya muß die einzig wahre Bedeutung von Leben und Erfahrung in dem Maße liegen, in dem sie auf die Verneinung des Lebens vorbereiten, auf die Selbst-Eliminierung des Individuums und auf das Ende der kosmischen Illusion.

Das ist aber eine extreme Anschauung und Konsequenz der monistischen These. Die ältere Advaita-Vedanta-Lehre, die von den Upanishaden ausgeht, zieht nicht diese extremen Konsequenzen. Sie erkennt ein aktuelles Werden des Ewigen in der Zeit, darum auch ein reales Universum an. Auch dem Individuum wird eine ausreichende Wirklichkeit zugebilligt, denn jedes Individuum ist an sich *Der Ewige,* der Namen und Gestalt angenommen hat und durch sich selbst die Erfahrungen des Lebens fördert, indem er an einem immer kreisenden Rad der Geburten in der Manifestation dreht. Das Rad wird durch das Begehren des Individuums in Gang gehalten – das wird zur wirksamen Ursache der Wiedergeburt – und weil sich das Mental von der Erkenntnis des ewigen Selbstes hinwendet zu einem ausschließlichen Interesse am zeitlichen Werden. Mit dem Aufhören des Begehrens und dieser Unwissenheit zieht sich das Ewige im Individuum von den Mutationen der individuellen Personalität und Erfahrung zurück in sein zeitloses, apersonales und unveränderliches Wesen.

Aber diese Wirklichkeit des Individuums ist etwas recht Vergängliches. Es hat keine dauerhafte Grundlage, nicht einmal die ständige Wiederkehr in der Zeit. Wiedergeburt ist, obwohl sie bei einer solchen Auffassung des Universums von großer Aktualität ist, keine unvermeidliche Folge aus der Beziehung zwischen der Individualität und dem Zweck der Manifestation. Denn die Manifestation scheint keinen anderen Zweck zu haben als den Willen des Ewigen zur Weltschöpfung. Sie kann nur dadurch enden, daß dieser Wille sich zurückzieht. Dieser kosmische Wille könnte sich aber ohne jeden Mechanismus der Wiedergeburt und ohne das Begehren des Individuums, das diese fortdauern läßt, auswirken. Denn das Begehren des Menschen kann nur eine Feder im Mechanismus des kosmischen Daseins, nie dessen Ursache oder notwendige Voraussetzung sein, da das Individuum selbst in dieser Betrachtung ein Ergebnis der Schöpfung ist und nicht vor dem Werden existiert hat. Der Wille zur

Schöpfung könnte sich selbst dadurch vollziehen, daß er vorübergehend in jedem Namen und in jeder Gestalt Individualität annimmt, ein einzelnes Leben in vielen nicht fortdauernden Individuen. Das eine Bewußtsein würde sich entsprechend dem Typus jedes erschaffenen Wesens selbst gestalten, aber es könnte sehr wohl in jedem individuellen Körper mit dem Erscheinen der physischen Gestalt anfangen und mit deren Aufhören enden. Individuum würde auf Individuum folgen, wie eine Woge auf die andere folgt; aber das Meer bliebe immer dasselbe*. Jede Gestaltung des bewußten Wesens steige aus dem Universum auf, rolle eine bestimmte Zeit weiter und sinke dann in das Schweigen zurück. Es gibt bei dieser Auffassung keinen ersichtlichen Grund für die Annahme, zu diesem Zweck sei ein individualisiertes Bewußtsein notwendig, das kontinuierlich fortdauert, Namen um Namen, Gestalt um Gestalt annimmt und sich zwischen verschiedenen Ebenen hin- und herbewegt. Und selbst als eine Möglichkeit drängt sich dies nicht stark genug auf. Noch weniger gibt es hier Raum für einen evolutionären Fortschritt, der unvermeidlich beim Weitergehen von der einen Gestalt zu einer höheren Gestalt geleistet werden muß, wie man das bei jener Theorie von der Wiedergeburt annimmt, die die Involution und Evolution des Geistes in der Materie als die bedeutungsvolle Formel für unser irdisches Dasein behauptet.

Es ist vorstellbar, der Ewige habe sich tatsächlich dafür entschieden, sich auf diese Weise im Körper zu offenbaren oder vielmehr sich in ihm zu verbergen. Es mag sein Wille gewesen sein, ein Individuum zu werden oder als ein solches zu erscheinen, das einen Zyklus von ständigem und wiederkehrendem Dasein als Mensch und Tier von Geburt zum Tod und vom Tod zu einem neuen Dasein durchschreitet. Das *Eine Wesen* würde personalisiert verschiedene Gestaltungen des Werdens, nach Laune oder aufgrund irgendeines Gesetzes der Konsequenzen des Handelns, durchwandern, bis durch Erleuchtung das Ende gekommen ist, eine Rückkehr zum Einssein. Der Einzige und Identische zieht sich dann wieder aus der besonderen Individualisierung zurück. Ein solcher Zyklus besäße aber keine ursprüngliche oder endgültige, ihn bestimmende

---

*Dr. Schweitzer behauptet in seinem Buch über das Denken Indiens, daß dies der wirkliche Sinn der Lehre der Upanishaden gewesen und daß Wiedergeburt eine spätere Erfindung sei. Aber es gibt zahllose wichtige Stellen in fast allen Upanishaden, die positiv die Wiedergeburt behaupten. Und auf alle Fälle erkennen die Upanishaden das Überleben der Personalität nach dem Tod und ihren Übergang in andere Welten an, was mit jener Interpretation nicht vereinbar wäre. Wenn es ein Überleben in anderen Welten und auch eine endgültige Bestimmung zur Befreiung in das brahman für die hier verkörperten Seelen gibt, dann zwingt sich die Wiedergeburt von selbst auf. Es gibt keinen Grund für die Annahme, das sei eine spätere Theorie. Der Schreiber war offensichtlich durch Anknüpfung an westliche Philosophie geneigt, in den eher subtilen und komplexen Gedanken des alten Vedanta einen rein pantheistischen Sinn hineinzulesen.

Wahrheit, die ihm Bedeutung verleihen würde. Es gibt nichts, um dessentwillen er notwendig wäre. Er wäre lediglich ein Spiel, *lila.* Sobald man aber zugibt, der Geist habe sich der Unbewußtheit involviert und manifestiere sich durch evolutionäre Stufenfolge im individuellen Wesen, gewinnt der ganze Vorgang Sinn und Folgerichtigkeit. Der progressive Aufstieg des Individuums wird zum Schlüsselbegriff für diese kosmische Bedeutung. Die Wiedergeburt der Seele im Körper wird zu einer natürlichen und unvermeidbaren Konsequenz der Wahrheit des Werdens und zu dem ihm innewohnenden Gesetz. Wiedergeburt ist ein unentbehrlicher Mechanismus für das Auswirken einer spirituellen Evolution. Sie ist die einzig mögliche effektive Bedingung, der einleuchtende dynamische Prozeß einer solchen Manifestation im materiellen Universum.

Unsere Erklärung der Evolution in der Materie geht dahin: Das Universum ist der selbst-schöpferische Prozeß einer höchsten Wirklichkeit, deren Gegenwart den Geist zur Substanz der Dinge macht, – alle Dinge sind hier Mächte, Mittel und Formen des Geistes zu seiner Manifestation. Unendliches Sein, unendliches Bewußtsein, unendliche Kraft, unendlicher Wille, unendliche Seins-Seligkeit sind die insgeheim hinter den Erscheinungen des Universums stehende Wirklichkeit. Ihr göttliches Supramental, ihre Gnosis, hat die kosmische Ordnung geschaffen. Es hat diese aber mittelbar durch die drei untergeordneten und begrenzenden Begriffe organisiert, deren wir hier bewußt sind: Mental, Leben und Materie. Das materielle Universum ist die niederste Stufe eines Sprunges der Manifestation in die Tiefe, eine Involution des manifestierten Wesens dieser dreieinigen Wirklichkeit in eine scheinbare Nicht-Bewußtheit ihrer selbst, in das, was wir jetzt die Unbewußtheit nennen. Die Evolution dieses geoffenbarten Wesens aus der Nichtbewußtheit in ein wiedergewonnenes Selbst-Innesein war vom ersten Anfang an unvermeidlich. Das war deshalb unerläßlich, weil das, was involviert ist, sich wieder evolvieren muß. Denn es existiert dort nicht nur als ein Sein, sondern als eine in ihrem scheinbaren Gegenteil verborgene Kraft. Jede solche Kraft muß in ihrer innersten Natur dazu gedrängt sein, ihr Selbst zu finden, ihr Selbst zu realisieren, sich in das Kräftespiel freizusetzen. Sie muß die Wirklichkeit dessen, was die Nichtbewußtheit verbirgt, das Selbst, das sie verloren hat, suchen und wiedergewinnen; das muß die ganze verborgene Bedeutung und der ständige Drang ihres Wirkens sein. Durch das bewußte individuelle Wesen wird diese Wiedergewinnung möglich. In ihm wird das sich entwickelnde Bewußtsein organisiert und dazu fähig, zu seiner eigenen Wirklichkeit zu erwachen. Die außerordentliche Bedeutung des individuellen Menschen, die immer weiter zunimmt, je weiter er auf der Stufenleiter emporkommt, ist die auffallendste und wichtigste Tatsache eines Universums, das ohne Bewußtsein und Individualität in undifferenzierter Nichtbewußtheit begann. Diese Bedeutung kann nur gerechtfertigt sein, wenn das Selbst als das Individuum ebenso wirklich ist wie das Selbst als das Kosmische Wesen oder als der Geist und wenn beides die Mächte des Ewigen sind. Nur so kann man erklären, daß das Wachsen des Individuums und seine Entdeckung seines Selbstes notwendige Voraussetzung ist für die Entdeckung des kosmischen Selbstes, des kosmischen Bewußtseins und der höchsten Wirklichkeit. Wenn wir diese Lösung anerkennen, ist ihr erstes Ergebnis die Wirklichkeit des fortdauernden Individuums. Aus dieser ersten Konsequenz folgt aber das andere Ergebnis, daß die Wiedergeburt, wie sie auch geartet ist, nicht mehr nur ein möglicher Mechanismus ist, den man akzeptieren mag oder nicht. Sie wird vielmehr zu einer Notwendigkeit, zu etwas Unvermeidlichem, das sich aus der Grundnatur unseres Seins ergibt.

Nun genügt es nicht mehr, ein nur illusorisches oder vergängliches Individuum anzunehmen, das in jeder Gestalt durch ein Spiel von Bewußtsein neu erschaffen wird. Individualität muß man nicht mehr nur als eine Begleiterscheinung des Bewußtseins in einer Körpergestalt auffassen, die diese Gestalt überleben mag oder nicht, welche die falsche Kontinuität ihres Selbstes von Gestalt zu Gestalt, von Leben zu Leben fortsetzen mag oder nicht, die das aber gewiß nicht tun muß. Was wir in dieser Welt zunächst zu sehen scheinen, ist, daß ein Individuum ohne jede Kontinuität das andere ersetzt, daß die Gestalt sich auflöst und zugleich mit ihr auch die falsche oder vorübergehende Individualität vergeht, während die universale Energie oder ein universales Wesen allein für immer übrigbleibt. Das könnte sehr wohl das ganze Prinzip der kosmischen Manifestation sein. Ist aber das Individuum eine beharrende Wirklichkeit, ein ewiger Teil oder eine Macht des Ewigen und ist die Entwicklung seines Bewußtseins das Mittel, durch das der Geist in den Dingen sein Wesen enthüllt, dann offenbart sich der Kosmos als eine hierdurch bedingte Manifestation des Spiels des *Ewigen Einen* mit den *Ewigen Vielen* im Wesen von *saccidananda.* Dann muß eine wahre Person ganz sicher hinter all den Wandlungen unserer Personalität vorhanden sein, die den Strom ihrer Veränderungen lebendig erhält, ein wirkliches spirituelles Individuum, ein wahrer *purusha.* Der Eine, der sich in die Universalität ausweitet, existiert in jedem Wesen und bestätigt sich in dieser Individualität. Im individuellen Menschen enthüllt er sein totales Sein durch das Einssein mit allen in der Universalität. Im individuellen Menschen enthüllt er außerdem seine Transzendenz als *Der Ewige,* auf den die gesamte universale Einheit gegründet ist. Diese Trinität der Selbst-Manifestation, dieses unermeßliche *lila* der vielfältigen Identität, diese Magie der *maya* oder das proteisch-vielgestaltige Wunder der bewußten Wahrheit des Wesens des Unendlichen ist die lichtvolle Offenbarung, die durch eine langsame Evolution aus der ursprünglichen Unbewußtheit hervortritt.

Gäbe es nicht diese Notwendigkeit, das Selbst zu finden, sondern nur ein ewiges Genießen dieses Spiels im Wesen von *saccidananda* solch ewiges Genießen ist die Art gewisser höchster Zustände bewußten Seins –, dann hätten Evolution und Wiedergeburt nicht in Gang gebracht werden zu brauchen. Es hat aber eine Involution der Einheit in das zerteilte Mental stattgefunden, ein Sprung hinab in die Selbst-Vergessenheit, durch den das immer gegenwärtige Empfinden für die vollständige Einheit verloren gegangen ist. Nun kommt das Spiel der trennenden Verschiedenheit – nur phänomenal, da die wirkende Einheit in der Verschiedenheit uneingeschränkt im Hintergrund verbleibt als beherrschende Wirklichkeit in den Vordergrund. Dieses Spiel der Verschiedenheit hat dadurch seinen äußersten Begriff der Empfindung von Zerteilung gefunden, daß sich das zerteilende Mental in eine Körpergestaltung hinabstürzte, in der es seiner selbst als eines gesonderten Ichs bewußt wird. So ist durch Involution der aktiven Selbst-Bewußtheit von *saccidananda* in eine phänomenale Nichtbewußtheit eine feste, solide Grundlage für dieses Spiel der Zerteilung in einer Welt getrennter Formen von Materie geschaffen worden. Die Fundierung in der Nichtbewußtheit macht die Zertrennung zu etwas Gesichertem, denn sie widersetzt sich mit aller Macht der Rückkehr in das Bewußtsein der Einheit. Die Zertrennung ist aber, obwohl sie effektiv Zerstörung ausübt, nur phänomenal und kann beendet werden, da in ihr, über ihr, als tragende Stütze der allbewußte Geist ist. Deshalb stellt sich die scheinbare Nichtbewußtheit nur als eine Konzentration, eine ausschließende Aktion von Bewußtsein heraus, das sich durch einen Sprung in den tiefen Abgrund einer Trance der Selbst-Vergessenheit völlig von dem formativen und kreativen materiellen Prozeß aufzehren ließ. In einem so erschaffenen phänomenalen Universum wird die trennende Gestalt zur Grundlage und zum Ausgangspunkt für all seine Lebens-Aktion. Darum muß sich der individuelle *purusha,* wenn er in dieser physischen Welt seine kosmischen Beziehungen zu dem Einen ausarbeiten will, auf die Form gründen und einen Körper annehmen. Es ist der Körper, den er zu seiner eigenen Grundlage und zum Ausgangspunkt für die Entwicklung seines Lebens, Mentals und Geistes im physischen Dasein machen muß. Dieses Annehmen des Körpers nennen wir Geburt. Nur in ihm kann hier die Entwicklung des Selbstes und das Spiel der Beziehungen zwischen dem Individuum und dem Universum sowie zu allen anderen Individuen stattfinden. Nur in ihm kann es die progressive Entwicklung unseres bewußten Wesens zu einer erhabenen Wiedergewinnung der Einheit mit Gott und mit allen Wesen in Gott geben. Die Summe dessen, was wir Leben in der physischen Welt nennen, ist eine fortschreitende Entwicklung der Seele. Sie geht durch Geburt in den Körper ein und hat diesen als ihre Stütze, als die Grundbedingung für ihr Wirken und als die Voraussetzung dafür, daß sie in der Evolution fortbesteht.

Geburt ist also notwendig für die Manifestation des *purusha* auf der physischen Ebene. Seine menschliche oder irgendeine andere Geburt kann aber in dieser Welt-Ordnung nicht ein isoliertes Ereignis oder der plötzliche Ausflug einer Seele in die Körperlichkeit sein, ohne daß sie in einer Vergangenheit dafür vorbereitet ist oder nach einer solchen Erfüllung findet. In einer Welt der Involution und Evolution, nicht nur einer physischen Form, sondern eines bewußten Wesens über Leben und Mental hin zum Geist, könnte solch eine isolierte Annahme von Leben in einem menschlichen Körper nicht das Gesetz für das Dasein der individuellen Seele sein. Das wäre eine völlig sinnlose und inkonsequente Einrichtung, eine Laune, für die es in der Natur und im System der Dinge keinen Raum gibt. Das wäre ein gewaltsamer störender Eingriff, der den Rhythmus der Selbst-Offenbarung des Geistes durchbrechen würde. Das Eindringen solch einer Form für das individuelle Seelen-Leben in die evolutionäre spirituelle Progression würde aus dieser einen Wirkung ohne Ursache und eine Ursache ohne Wirkung machen. Das Leben des individuellen Menschen wäre der Torso einer Gegenwart ohne eine Vergangenheit oder Zukunft. Es muß aber den gleichen bedeutungsvollen Rhythmus, dasselbe Progressions-Gesetz haben wie das kosmische Leben. Sein Ort in diesem Rhythmus kann nicht ein zufälliges sinnloses Auftreten, es muß eine bleibende Instrumentation für die Verwirklichung des kosmischen Zieles sein. In solcher Ordnung können wir auch nicht eine isolierte Herabkunft der Seele in den menschlichen Körper, nur eine einzige Geburt als ihre erste und letzte Erfahrung dieser Art, dadurch erklären, daß sie vorher in anderen Welten existierte und dann eine Zukunft in noch anderen Bereichen der Erfahrung vor sich hat. Denn das Leben hier auf Erden, das Leben im physischen Universum, ist nicht nur eine gelegentliche Herberge für die Wanderungen der Seele von einer Welt zur anderen und kann das nicht sein. Es ist eine große, langsame Entwicklung, die, wie wir jetzt wissen, unberechenbare Strekken von Zeit für seine Evolution benötigt. Menschliches Leben ist nur ein Begriff in einer Stufenfolge, durch die der im Universum insgeheim wirkende Geist in Graden seine Absicht entfaltet und diese schließlich ausarbeitet, indem sich das individuelle Seelen-Bewußtsein im Körper ausweitet und nach oben verstärkt. Dieser Aufstieg kann sich nur durch Wiedergeburt innerhalb der nach oben fortschreitenden Ordnung vollziehen. Ein individueller Besuch, der diese Ordnung hier durchkreuzt, um dann anderswohin weiterzugehen, könnte nicht in das System des evolutionären Seins hineinpassen.

Auch ist die menschliche Seele, der invidiuelle Mensch, kein freier Wanderer, der nach seinen Launen oder leichtsinnig von einem Bereich zum anderen eilen könnte, nach unbeschränkter Wahl oder ungebundenem spontan veränderlichen Handeln und nach dem Ergebnis seines Handelns. Das ist die glänzende Vorstellung von einer reinen spirituellen Freiheit, die auf jenseitigen Ebenen oder in einer schließlich erlangten Erlösung ihre Wahrheit haben mag. Sie ist aber vorerst im Erdenleben, dem Leben im physischen Universum, nicht wahr. Das Hineingeborenwerden des Menschen in diese Welt ist nach seiner spirituellen Seite ein Komplex von zwei Elementen: einer spirituellen Person und einer Seele der Personalität. Die spirituelle Person ist des Menschen ewiges Wesen; die Seele der Personalität ist sein kosmisches und veränderliches Wesen. Als spirituelle und apersonale Person ist der Mensch in seiner Natur und in seinem Wesen eins mit der Freiheit von *saccidananda*. Er hat hier als solcher seine Involution in die Nichtbewußtheit einer Reihe von Seelenerfahrungen wegen zugestimmt oder diese gewollt, die auf andere Weise nicht möglich ist, und lenkt so insgeheim seine Evolution. Als Seele der Personalität ist er selbst ein Teil dieser langen Entwicklung der Seelen-Erfahrung in den Gestaltungen der Natur. Seine eigene Evolution muß den Gesetzen und Grundlinien der universalen Evolution folgen. Als Geist ist er eins mit der Transzendenz, die der Welt immanent ist und diese umgreift. Als Seele ist er zugleich eins mit und Teil der in der Welt selbst ausgedrückten Universalität von *saccidananda*: Sein Selbst-Ausdruck muß durch die Stufen des kosmischen Ausdrucks hindurchgehen, seine Seelen-Erfahrung muß den Umdrehungen des Rades von Brahman im Universum folgen.

Der in die Dinge, in die Nichtbewußtheit des physischen Universums involvierte universale Geist leistet die Evolution des Selbsts seiner Natur in einer Aufeinanderfolge von physischen Gestaltungen bis hin zu den abgestuften Reihen von Materie, Leben, Mental und Geist. Das Selbst taucht zuerst als eine geheime Seele in materiellen Gestaltungen auf, nach außen völlig der Nichtbewußtheit unterworfen. Es entwickelt sich als eine Seele, die noch verborgen, aber im Begriff ist, in vitalen Gestaltungen hervorzutreten, die an der Grenze zwischen Nichtbewußtheit und dem partiellen Licht von Bewußtsein stehen, das unsere Unwissenheit ist. Es entwickelt sich noch weiter als die noch primitive bewußte Seele im Tier-Mental und tritt schließlich als die mehr nach außen bewußte, aber noch nicht voll bewußte Seele im Menschen hervor: Das Bewußtsein befindet sich hier durchweg in den verborgenen Teilen unseres Wesens. Seine Entwicklung geschieht in der sich manifestierenden Natur. Diese evolutionäre Entwicklung hat sowohl einen universalen wie einen individuellen Aspekt: Das Universale entwickelt die Grade seines Wesens und die geordnete Variation der Universalität seiner selbst in der Reihe der evolvierten Formen seines Wesens. Die individuelle Seele folgt der Linie dieser kosmischen Reihe und manifestiert das, was in der Universalität des Geistes vorbereitet ist. Der universale Mensch, der kosmische *purusha* in der Menschheit, ist am Werk, in der menschlichen Rasse jene Macht zu entfalten, die aus den Graden unterhalb der Menschheit in diese emporgewachsen ist und noch weiter wachsen soll bis zum Supramental und zum Geist. Sie soll zur Göttlichkeit in dem Menschen werden, der seines wahren und integralen Selbstes und der göttlichen Universalität seiner Natur bewußt ist. Der individuelle Mensch muß bisher dieser Entwicklungslinie gefolgt sein. Er muß über einer Seelen-Erfahrung in den niedrigeren Formen des Lebens gewaltet haben, bevor er die menschliche Evolution auf sich genommen hat. So wie das Eine fähig war, in seiner Universalität diese niedrigeren Formen von Pflanze und Tier aufsichzunehmen. Nun tritt er als eine menschliche Seele in Erscheinung. Der Geist nimmt die innere und äußere Form des Menschseins an. Er ist aber durch diese Gestalt ebensowenig begrenzt, wie er durch die früher von ihm angenommenen Formen von Pflanze und Tier begrenzt gewesen ist. Er kann von ihr aus weitergehen, um sein Selbst auf einer höheren Stufe der Natur zum Ausdruck zu bringen.

Bei andersartiger Auffassung müßte man annehmen, der Geist, der jetzt über der menschlichen Seelen-Erfahrung waltet, sei ursprünglich durch eine menschliche Mentalität und den menschlichen Körper gebildet worden, existiere durch diesen, könne nicht getrennt von diesem sein und niemals unter diesen hinabsinken oder über diesen hinauskommen. Tatsächlich wäre es dann vernünftig, anzunehmen, daß er nicht unsterblich ist, vielmehr erst durch das Erscheinen des menschlichen Mentals und Körpers in der Evolution ins Dasein eingetreten sei und durch deren Verschwinden auch vergehen würde. Aber Körper und Mental sind nicht die Schöpfer des Geistes. Der Geist ist der Schöpfer von Mental und Körper. Er entwickelt diese Prinzipien aus seinem Wesen. Er wird nicht aus ihnen ins Dasein entwickelt. Er ist keine Zusammensetzung aus ihren Elementen und durch kein Ereignis ihres Zusammentreffens. Wenn es so aussieht, als entwickle er sich aus Mental und Körper, so deshalb, weil er sich stufenweise in ihnen offenbart, nicht aber, weil er von ihnen erschaffen würde oder durch sie existiere. Wenn er sich manifestiert, werden sie als untergeordnete Begriffe seines Wesens offenbar und müssen schließlich aus ihrer gegenwärtigen Unvollkommenheit herausgeholt und in sichtbare Formen und Werkzeuge des Geistes umgewandelt werden. Nach unserer Auffassung ist Geist etwas, das nicht durch Namen und Form konstituiert wird, sondern verschiedene Formen von Körper und Mental annimmt, im Einklang mit den verschiedenen Manifestationen seines Seelen-Wesens. Das tut er hier durch die aufeinanderfolgenden Stufen der Evolution. Nacheinander entwikkelt er eine Folge von Formen und übereinanderliegende Schichten des Bewußtseins. Denn er ist nicht daran gebunden, stets nur dieselbe Gestalt anzunehmen oder nur eine Art von Mentalität zu besitzen, die seine einzig mögliche subjektive Offenbarung wäre. Die Seele ist nicht durch die Formel eines mentalen Menschen-Typus gebunden. Sie fing nicht mit diesem an und wird nicht bei diesem enden. Sie besaß eine vormenschliche Vergangenheit, sie hat eine übermenschliche Zukunft.

Was wir von der Natur sehen und von der menschlichen Natur wissen, rechtfertigt die Anschauung, daß die individuelle Seele von einer Gestalt zur anderen geboren wurde, bis sie die menschliche Ebene des offenbarten Bewußtseins erreicht hat. Diese ist nun ihr Werkzeug, um zu noch höheren Ebenen emporzukommen. Wir sehen, daß sich die Natur von einer Stufe zur anderen entwickelt. Sie nimmt in jede neue Stufe ihre Vergangenheit mit empor und wandelt diese in den Stoff zu einer neuen Entwicklung um. Wir sehen auch, daß die menschliche Natur von derselben Beschaffenheit ist. Die ganze Erden-Vergangenheit ist in ihr gegenwärtig: Sie besitzt ein vom Leben emporgenommenes Element von Materie, ein vom Mental emporgenommenes Element von Leben und ein vom Geist emporgenommenes Element von Mental: Das Tier ist noch im Typus Mensch gegenwärtig. Die eigentliche Natur des menschlichen Wesens setzt eine materielle und eine vitale Stufe voraus, die sein Emportauchen in das Mental vorbereiten; ebenso auch eine Tier-Vergangenheit, die ein erstes Element seines komplexen Menschenwesens formte. Wir wollen uns aber hüten, zu sagen, das sei so, weil die materielle Natur durch Evolution sein Leben, seinen Körper, sein Tier-Mental entwickelt; erst dann sei eine Seele in die so erschaffene Form herabgestiegen. Zwar steht eine gewisse Wahrheit hinter dieser Vorstellung, jedoch nicht die Wahrheit, die diese Formel uns nahelegen möchte. Denn das würde eine Kluft zwischen Seele und Körper, zwischen Seele und Leben, zwischen Seele und Mental voraussetzen, die tatsächlich nicht existiert. Es gibt keinen Körper ohne Seele, keinen Körper, der nicht selbst eine Form von Seele wäre. Materie selbst ist Substanz und Macht von Geist und könnte nicht existieren, wenn sie etwas anderes wäre. Denn nichts kann existieren, das nicht Substanz und Macht von Brahman ist. Und wenn Materie das ist, müssen umso sicherer Leben und Mental das sein und beseelt werden durch die Gegenwart des Geistes. Wären Materie und Leben nicht bereits beseelt gewesen, der Mensch hätte nicht erscheinen können. Oder er wäre nur eine Zwischen-Erscheinung gewesen oder ein Zufall, nicht aber ein Teil der evolutionären Ordnung.

So kommen wir notwendig zu dem Schluß, daß die Geburt des Menschen ein Ausdruck ist, zu dem die Seele in einer langen Aufeinanderfolge von Wiedergeburten gekommen sein muß, und daß sie als ihre vorhergehenden und vorbereitenden Begriffe in der Aufeinanderfolge die niederen Formen des Lebens auf der Erde gehabt haben muß. Sie ist durch die ganze Kette hindurchgegangen, die das Leben im physischen Universum auf der Grundlage des Körpers, des physischen Prinzips, aneinandergereiht hat. Dann erhebt sich die weitere Frage, ob diese Aufeinanderfolge von Wiedergeburten noch weitergeht, wenn das Menschsein einmal erreicht worden ist, und, wenn das so ist, in welcher Abfolge oder durch welche Abwandlungen das geschieht. Zuerst müssen wir fragen, ob die Seele, wenn sie einmal das Menschsein erlangt hat, wieder zum Tierleben und Tierkörper zurückkehren kann. Das ist ein Rückschritt, den die alten populären Theorien der Seelenwanderung für eine gewöhnliche Bewegung gehalten haben. Es erscheint unmöglich, daß die Seele in ihrer Ganzheit so zurückfallen könnte. Der Grund ist, daß der Übergang vom Tier zum menschlichen Leben eine entscheidende Bewußtseins-Umwandlung bedeutet, die genau so einschneidend ist wie die Umwandlung des vitalen Bewußtseins der Pflanze in das mentale Bewußtsein des Tieres. Es ist gewiß unmöglich, daß eine von der Natur vollzogene, so entscheidende Umwandlung durch die Seele wieder rückgängig gemacht werden könnte und daß die Entscheidung des Geistes in ihrem Innern sozusagen nichtig würde. Das könnte, vorausgesetzt daß so etwas angeht, nur solchen menschlichen Seelen möglich sein, in denen die Umwandlung nicht entscheidend gewesen ist. Das wären Seelen, die sich zwar weit genug entwickelt haben, um einen menschlichen Körper zu bilden, ihn innezuhaben oder anzunehmen, die aber nicht weit genug gekommen sind, um die Annahme dieses Körpers sicher durchzuhalten, damit sie in dem, was sie erlangt haben, auf die Dauer beharren und dem menschlichen Typus des Bewußtseins treu bleiben konnten. Vorausgesetzt daß gewisse Tierneigungen heftig genug sind, um eine gesonderte Befriedigung ihrer völlig eigenen Art zu erfordern, könnte es höchstens zu einer teilweisen Wiedergeburt kommen. Eine menschliche Seele würde noch lose an einer Tierform festhalten, von der sie aber danach sofort wieder zu ihrer normalen Progression zurückkehren würde. Der Gang der Natur ist immer komplex genug, so daß wir eine solche Entwicklung nicht dogmatisch ausschließen dürfen. Sollte das eine Tatsache sein, so könnte dieses Minimum an Wahrscheinlichkeit hinter der populären übertriebenen Überzeugung stehen, die annimmt, eine Wiedergeburt der Seele, die einmal im Menschen beheimatet gewesen ist, in einem Tier sei etwas genauso Normales und Mögliches wie eine Wiedergeburt im Menschen. Einerlei aber, ob die Rückkehr in das Tier-Leben möglich ist oder nicht, das normale Gesetz für die Seele, die einmal zum Menschen fähig gewesen ist, muß die Wiederholung der Geburt in neuen menschlichen Gestaltungen sein.

Warum gibt es aber eine Aufeinanderfolge von menschlichen Geburten und nicht nur eine einzige? Aus demselben Grund, der die Geburt als Mensch an sich zu einem Höhepunkt der vergangenen Aufeinanderfolge, der früheren aufsteigenden Reihe, gemacht hat; aufgrund der einen Notwendigkeit der spirituellen Evolution muß das auch weitergehen. Denn die Seele hat das, was sie zu tun hat, noch nicht dadurch vollendet, daß sie sich nur bis in das Menschsein entwickelte. Sie muß dieses Menschenwesen noch in seinen höheren Möglichkeiten weiterentwickeln. Offensichtlich hat die Seele, die in einem karibischen Eingeborenen, in einem ungebildeten Primitiven, in einem Apachen von Paris oder in einem amerikanischen Gangster wohnt, noch nicht die Notwendigkeiten erschöpft, aus denen sie als Mensch geboren wurde. Sie hat noch nicht ihre umfassende Potentialität oder die ganze Bedeutung des Menschseins entfaltet. Sie hat noch nicht den umgreifenden Sinn von *saccidananda* im universalen Menschen herausgearbeitet. Das hat aber auch die Seele nicht fertig gebracht, die in einem vitalistischen Europäer wohnt, der völlig aufgeht in der dynamischen Produktion oder in seinem vitalen Vergnügen. Ebensowenig hat das die Seele in einem Bauern Asiens getan, der völlig eingefangen ist in den Rundlauf seines häuslichen und wirtschaftlichen Lebens. Vernünftigerweise können wir selbst daran zweifeln, ob ein Platon oder Shankara die Krönung und deshalb das Ende des Aufblühens des Geistes im Menschen darstellen. Wir sind zu der Annahme geneigt, diese könnten die oberste Grenze sein, weil sie und ihresgleichen uns als der Höhepunkt erscheinen, den Mental und Seele des Menschen erreichen können. Das kann aber eine Illusion der gegenwärtig von uns erreichten Möglichkeit sein. Es mag eine höhere, zumindest eine umfassendere Möglichkeit geben, die das Göttliche Wesen noch im Menschen zu verwirklichen beabsichtigt. Ist das aber so, dann waren die durch diese höchsten Seelen erbauten Stufen nötig, um den Weg zu diesem Ziel zu bahnen und die Tore dorthin zu öffnen. Auf jeden Fall muß dieser gegenwärtig höchste Punkt zumindest erreicht werden, bevor wir unter die Wiederkehr der menschlichen Geburt für das Individuum das „Ende“ schreiben können. Der Mensch ist hier, damit er aus der Unwissenheit und jenem kleinen Leben, das er in Mental und Körper lebt, voranschreitet zum Wissen und zu dem hohen göttlichen Leben, das er durch die Entfaltung des Geistes ergreifen kann. Zumindest soll erreicht werden, daß sich der Geist in ihm öffnet, daß er sein wirkliches Selbst erkennt, daß er das spirituelle Leben führt, bevor er endgültig und für immer woandershin weitergehen darf. Jenseits von diesen ersten Höhepunkten mag es noch ein größeres Aufblühen des Geistes im menschlichen Leben geben, von dem wir jetzt nur die ersten Ahnungen haben. Die Unvollkommenheit des Menschen ist nicht das letzte Wort der Natur. Aber seine Vervollkommnung ist auch nicht die letzte Gipfelhöhe des Geistes.

Diese Möglichkeit wird zu einer Gewißheit, wenn das gegenwärtig führende Prinzip des Mentals, soweit der Mensch es entwickelt hat, der Intellekt, nicht sein höchstes Prinzip ist. Wenn es im Mental selbst noch andere als die jetzt nur unvollkommen von den höchsten Typen des menschlichen Individuums repräsentierten gibt, ist es unvermeidlich, daß die Linie der Evolution, und folgerichtig auch die aufsteigende Linie der Wiedergeburt, verlängert wird, um diese zu verkörpern. Wenn das Supramental auch eine hier noch in der Evolution verborgene Bewußtseins-Macht ist, darf die Linie der Wiedergeburt vor ihr nicht Halt machen. Sie kann mit ihrem Aufstieg erst dann aufhören, wenn die mentale Natur durch die supramentale ersetzt und wenn ein verkörpertes supramentales Wesen zum Lenker des Daseins auf Erden geworden ist.

Dies ist also die rationale und philosophische Begründung für die Überzeugung von der Wiedergeburt. Sie ist eine unausweichliche logische Schlußfolgerung, wenn in der Natur der Erde gleichzeitig ein evolutionäres Prinzip und die Wirklichkeit einer individuellen Seele besteht, die in die evolutionäre Natur hineingeboren wurde. Gibt es keine Seele, dann kann es eine mechanische Evolution ohne Notwendigkeit oder Bedeutung geben. Die Geburt ist dann nur ein Teil dieses eigenartigen, aber sinnlosen Mechanismus. Wenn das Individuum nur eine vorübergehende Gestaltung ist, die mit dem Körper anfängt und mit ihm endet, kann die Evolution ein Spiel der All-Seele oder des Kosmischen Seins sein, die durch eine Progression von höheren zu immer höheren Arten bis zu ihrer äußersten Möglichkeit in diesem Werden oder bis zu ihrem höchsten bewußten Prinzip emporsteigt. Eine Wiedergeburt existiert dann nicht und ist auch als Mechanismus dieser Evolution nicht erforderlich. Oder wenn sich das All-Sein in einer fortdauernden, jedoch illusorischen Individualität ausdrückt, wird die Wiedergeburt zu einer Möglichkeit oder zu einem illusorischen Faktum. Sie ist aber nicht evolutionär notwendig und kein spirituelles Bedürfnis, nur ein Mittel, um die Illusion zu betonen und bis zu ihrer äußersten Zeit-Grenze weiterzuführen. Gibt es eine individuelle Seele, einen *purusha,* der nicht vom Körper abhängig ist, sondern ihn nur für seinen Zweck bewohnt und verwendet, dann fängt Wiedergeburt an, etwas Mögliches zu werden. Sie ist aber keine Notwendigkeit, wenn es keine Evolution der Seele in der Natur gibt. Die Gegenwart einer individuellen Seele in einem individuellen Körper könnte ein vorübergehendes Phänomen sein, eine vereinzelte Erfahrung, ohne hier eine Vergangenheit oder eine Zukunft zu haben. Ihre Vergangenheit und ihre Zukunft könnten sonstwo sein. Gibt es aber eine Evolution des Bewußtseins in einem evolutionären Körper und eine Seele, die diesen Körper bewohnt, also ein wirkliches und bewußtes Individuum, dann ist evident, daß die progressive Erfahrung dieser Seele in der Natur die Form dieser Evolution des Bewußtseins verwendet: Wiedergeburt ist dann selbstverständlich und ein notwendiger Teil, der einzig mögliche Mechanismus einer solchen Evolution. Sie ist ebenso notwendig wie die Geburt selbst. Denn ohne sie wäre die Geburt ein anfänglicher Schritt, ohne daß eine Konsequenz auf ihn folgt. Sie wäre das Antreten einer Reise, ohne daß man sie fortsetzt und ohne daß man am Ziel ankommt. Die Wiedergeburt gibt der Geburt eines unvollkommenen Wesens in einem Körper ihre Verheißung, daß es zu seiner vollkommenen Erfüllung gelangt und seine spirituelle Bedeutung verwirklicht.

Teil II

Integraler Yoga

Einführung

Über die Gita

Auslegungen der achtzehn Kapitel, jener Neunzig-Seiten-Antwort von Krishna, dem Gott-Menschen-Wagenlenker, an Arjuna, den heimgesuchten Krieger des alten Indien, enthüllen häufig mehr über den Interpreten als über die Gita selbst. Sri Aurobindos Essays über die Gita folgen wortgetreu dem Text und der Absicht der Gita. Damit verwandeln sie ebenso wie die Gita selber ein ethisches Problem durch eine spirituelle Lösung.

Unter „Das Wesen des Karma-Yoga" erklärt Sri Aurobindo in den Essays über die Gita, daß deren erste sechs Kapitel eine Theorie des Karma-Yoga als Lösung für das Problem des Handelns auf sittlichem Niveau anbieten, daß aber die Lösung des größeren Problems von Gott und Mensch nur gewonnen werden kann durch die Offenbarung Krishnas in den verbleibenden Kapiteln. Deshalb erfordert ein wirkliches Verstehen des Karma-Yoga das Überschreiten der sittlichen Ebene auf die spirituelle Ebene des Seins. Letzten Endes setzt der Yoga des göttlichen Wirkens den Yoga der göttlichen Liebe voraus.

So verlangt die Botschaft der Gita nach Sri Aurobindo weder simple Bejahung noch Ablehnung sozialer und politischer Handlungsweise, vielmehr die Umwandlung allen Handelns durch Anheimgabe an die Notwendigkeiten des göttlichen Wirkens in der Schöpfung. Aufgrund seines eigenen politischen Engagements und seiner Studien über die geschichtliche Entwicklung war Sri Aurobindo davon überzeugt, daß in der gegenwärtigen Phase der Evolution weder der einzelne noch die Geschichte jenem Dilemma entgehen können, dem sich Arjuna im ersten Kapitel der Gita konfrontiert sah. Sri Aurobindo erklärt, die Gita fasse mit vollem Recht den Wert von ahimsā (Nicht-Gewalt) „als Teil des sittlich-geistigen Ideals" auf. Sie erkenne auch „die asketische Entsagung als einen Weg zur spirituellen Erlösung" an. Aber nach Sri Aurobindos Auslegung geht sie über Gandhis Ideal von ahimsā und das überkommene Ideal der Entsagung hinaus. In dieser Beziehung stimmt Sri Aurobindos Auslegung der Gita mit seinem System des Integralen Yoga überein, wie sie es andererseits auch gestalten half.

Integraler Yoga

Offenkundig akzeptiert Sri Aurobindo in seinen *Essays über die Gita* wie in *Die Synthese des Yoga* die vier Yoga-Wege, die in der Gita miteinander im Wettstreit liegen. Jnāna (Wissen), Karma (Handeln), Bhakti (Verehrung oder Liebe) und Dhyāna (Kontemplation), aber er beharrt darauf, daß diese Yoga-Wege, sowohl individuell wie kollektiv, es versäumen, sich mit den natürlichen und den historischen Vorgängen wirksam zu befassen. Während die traditionellen Yoga-Wege zur persönlichen Befreiung führen, bindet Sri Aurobindos Integraler Yoga den Vorgang der persönlichen Befreiung in die umfassenderen Anforderungen der Zeit ein. In diesem Sinne kann Dharma (Pflicht) nicht auf ewig festgelegt, muß er vielmehr ständig verwandelt werden durch Avatare wie Rama, Krishna und Buddha. Übereinstimmend mit der Überzeugung, daß sich der Mensch gegenwärtig in einer radikalen Übergangsperiode befindet – von der mentalen zur supramentalen Existenz – darf der Sinn der Gita nicht auf die spirituellen Bedürfnisse des einzelnen beschränkt werden. Mit seiner Deutung der Gita im Licht seines Integralen Yoga hebt Sri Aurobindo hervor, geistiges Streben heiße, die spirituellen, mentalen, vitalen und physischen Ordnungen des Seins zu transformieren. In einem Brief an einen Schüler umreißt er in kraftvoller Zusammenfassung seine Position wie folgt:

„Unter Arbeit verstehe ich nicht jenes Handeln, das ichhaft und in Unwissenheit geschieht, zur Befriedigung des Ichs und in der Bewegung rajasischen Begehrens. Es kann keinen Karma-Yoga geben ohne den Willen, frei zu werden vom Ich, von rajas, *vom Verlangen, den Siegeln der Unwissenheit.*

Ich verstehe darunter auch nicht Philanthropie oder Dienst an der Menschheit, auch nicht die übrigen moralischen und idealistischen Inhalte, die dem Mental des Menschen als Ersatz für die tiefere Wahrheit von Arbeit dienen.

Ich verstehe unter Arbeit jenes Handeln, das um des göttlichen Wesens willen und mehr und mehr in Einung mit ihm geschieht – allein für das göttliche Wesen und für sonst nichts.

Natürlich ist es am Anfang nicht leicht, noch weniger leicht als tiefe Meditation und leuchtendes Wissen oder auch wahre Liebe und bhakti. *Aber wie diese muß es im rechten Geist und in der rechten Haltung aufgenommen werden, mit dem rechten Willen in dir, dann wird alles übrige von selbst kommen.*

Werke, die in diesem Geiste vollbracht werden, sind ebenso wirksam wie bhakti *oder Kontemplation. Durch die Zurückweisung von Verlangen,* rajas *und Ego gelangt man zu Stille und Reinheit, in die unsäglicher Friede herabkommen kann. Durch Hingabe seines Willens an das göttliche Wesen, durch Aufgehen des eigenen Willens im Göttlichen Willen erreicht man den Tod des Egos und die Ausweitung ins kosmische Bewußtsein oder sogar die Erhebung in das, was sich über dem kosmischen befindet. Man erfährt die Trennung des* purusha *von der* prakriti *und wird von den Fesseln der äußeren Natur befreit. Man wird sich des eigenen inneren Wesens bewußt und erkennt das äußere als ein Werkzeug. Man fühlt, daß die eigenen Werke durch die universale Kraft verrichtet werden und wie das Selbst, der* purusha, *als freier Beobachter oder Zeuge dabei ist. Man fühlt, wie alles eigene Wirken von einem genommen und von der universalen oder erhabenen Mutter oder der göttlichen Macht geleistet wird, die von ihrem Sitz hinter dem Herzen aus herrscht und handelt. Indem man all sein Wollen und Wirken auf das göttliche Wesen bezieht, nehmen Liebe und Anbetung zu, tritt das psychische Wesen hervor. Durch die Bezugnahme auf die Macht darüber gelingt es uns, sie zu fühlen und ihre Herabkunft und das Sich-Öffnen für ein erweitertes Bewußtsein und Wissen zu empfinden. Schließlich vereinigen sich Werke,* bhakti *und Wissen, und Selbstvollendung wird möglich – das, was wir die Umwandlung unseres Wesens nennen.*

Sicherlich treten diese Ergebnisse nicht allesamt auf einmal ein. Sie kommen mehr oder weniger langsam, mehr oder weniger vollständig, der Verfassung und dem Wachstum des Wesens entsprechend. Es gibt keinen Königsweg zur göttlichen Verwirklichung.

Das ist der Karma-Yoga, wie er in der Gita dargelegt und von mir weiterentwikkelt worden ist für das vollständige geistige Leben. Er ist nicht auf Spekulation und Beweisführung gegründet sondern auf Erfahrung. Er schließt Meditation keineswegs aus und ebensowenig bhakti, *denn die Selbst-Darbringung, die Hingabe des ganzen Selbstes an das göttliche Wesen, die das Wesentliche des Karma-Yoga ausmacht, sind im Grunde eine Entwicklung von* bhakti. *Er verneint lediglich eine das Leben fliehende ausschließliche Meditation und ein emotionales* bhakti, *das in seinem eigenen inneren Traum gefangen ist, den es für die ganze Bewegung des Yoga hält. Man mag Stunden reiner, tiefster Meditation und innerer regungsloser Anbetung und Verzückung erleben, doch dies ist nicht das Ganze des Integralen Yoga.“*

(Letters on Yoga, XXIII, S. 528 f.)

Das Wesentliche des Karma-Yoga*

Die ersten sechs Kapitel der Gita bilden gleichsam einen einleitenden Block, ein Vorwort der Lehre. Alles übrige, die anderen zwölf Kapitel, dient der Ausarbeitung gewisser noch unvollendeter Figuren an diesem Block. Bisher haben wir diese nur andeutungsweise hinter dem großen Format der Darstellung der Haupt-Motive gesehen. Sie sind aber, für sich genommen, von entscheidender Bedeutung. Darum sind sie zurückgestellt, um noch ausführlicher in den beiden anderen Teilen des Werks behandelt zu werden. Wäre die Gita nicht eine große Schrift, deren Thema bis zu seinem Ende durchgeführt werden muß; wäre sie nur eine Unterredung zwischen einem lebhaften Lehrer und seinem Schüler, die bei günstiger Gelegenheit fortgesetzt werden könnte, wenn der Schüler für eine weitere Belehrung in der Wahrheit gereift ist, könnte man begreifen, wenn der Lehrer hier am Ende des sechsten Kapitels anhalten und sagen würde: „Arbeite das zuerst aus! Hier gibt es viel für dich, was du verwirklichen sollst. Dafür hast du hier die breitestmögliche Grundlage. Sollten Schwierigkeiten auftreten, so werden sich diese später von selbst lösen, oder ich werde sie für dich lösen. Zunächst sollst du das ausleben, was ich dir gesagt habe. Wirke in diesem Geist!" Es ist wahr, hier gibt es viele Dinge, die eigentlich erst in jenem Licht verstanden werden können, das auf sie fällt von dem, was später kommt. Um unmittelbare Schwierigkeiten aufzuklären und mögliche Mißverständnisse zu beseitigen, mußte die Gita einen guten Teil vorwegnehmen. So mußte sie zum Beispiel wiederholt die Idee des Purushottama vorbringen. Denn ohne diese wäre es unmöglich gewesen, gewisse Unklarheiten über das Selbst, das Wirken und den Herrn des Wirkens aufzuhellen, die die Gita zunächst absichtlich akzeptiert, um nicht die Sicherheit der ersten Schritte zu stören, falls zu frühzeitig Dinge behandelt werden, die für das Mental des menschlichen Schülers jetzt noch zu groß sind.

Würde der Lehrer hier seine Belehrung abbrechen, könnte Arjuna wohl einwenden: „Du hast viel von der Beseitigung des Begehrens und der Verhaftung gesprochen, von der Gelassenheit, vom Sieg über die Sinne, vom Stillegen des Mentals, vom leidenschaftslosen und apersonalen Handeln, vom Opfern der Werke, von der inneren Entsagung, die der äußeren vorzuziehen ist. Diese Dinge verstehe ich intellektuell, so schwierig sie mir auch in der Praxis erschei-

*Essays über die Gita, S. 245-256.

nen mögen. Du hast auch davon gesprochen, daß wir über die drei Gunas emporkommen müssen, obwohl wir weiter im Wirken verharren. Du hast mir aber nicht gesagt, wie die Gunas wirken. Wenn ich das nicht weiß, wird es für mich schwer sein, sie zu entdecken und mich über sie zu erheben. Außerdem sprachst du von Bhakti als dem größten Element im Yoga. Du hast zwar viel vom Wirken und von der Erkenntnis gesagt, jedoch sehr wenig oder gar nichts von Bhakti. Wem soll ich Bhakti, diese höchste Sache, darbringen? Doch sicherlich nicht dem stillen apersonalen Selbst, sondern vielmehr Dir, dem Herrn. Sage mir also, was und wer du bist! Da Bhakti noch größer ist als die Erkenntnis des Selbstes, noch größer als das unwandelbare Selbst, das doch größer ist als die wandelbare Natur und als die Welt des Wirkens – wie die Erkenntnis größer ist als das Wirken – so sage mir nun: Welches ist die Beziehung zwischen diesen drei Dingen, zwischen dem Wirken, der Erkenntnis und der göttlichen Liebe, zwischen der Seele in der Natur und dem unwandelbaren Selbst, zwischen dem, der zugleich das unwandelbare Selbst aller und der Herr über Erkenntnis, Liebe und Wirken ist, das erhabene Göttliche Wesen, der in dieser großen Schlacht, in diesem Massaker, hier bei mir ist, mein Wagenlenker im Streitwagen bei dieser wilden, schrecklichen Aktion?“ Um auf diese Fragen zu antworten, wurde der Rest der Gita geschrieben. Und zu einer vollständigen intellektuellen Lösung müssen sie gewiß unverzüglich aufgenommen und beantwortet werden. Aber im wirklichen *sadhana* müssen wir von Stufe zu Stufe vorangehen. Vielen Dingen, vielleicht den größten, müssen wir es überlassen, daß sie nacheinander hervortreten und sich von selbst im Licht des Fortschritts völlig lösen, den wir in der spirituellen Erfahrung gemacht haben. Die Gita folgt bis zu einem gewissen Grad dieser Kurve der Erfahrung und legt zuerst eine Art vorläufiges Fundament von Wirken und Erkenntnis, das ein Element enthält, welches hinaufführt zu Bhakti und zu einer höheren Erkenntnis, die noch nicht völlig hervortritt. So liefern uns die ersten sechs Kapitel die Basis für das Folgende.

Wir können also hier innehalten und abwägen, inwieweit sie die Lösung des ursprünglichen Problems gebracht haben, von dem die Gita ausging. Das Problem an sich – und es mag nützlich sein, das nochmals zu bemerken – hätte nicht unbedingt zur ganzen Frage nach dem Wesen des Seins und der Ablösung des gewöhnlichen Lebens durch das spirituelle führen müssen. Man hätte es auf einer pragmatischen oder ethischen Basis behandeln können, von einem intellektuellen oder idealistischen Standpunkt aus oder durch eine Betrachtung all dieser Einstellungen zusammen. Das wäre in der Tat unsere moderne Methode gewesen, mit dieser Schwierigkeit fertig zu werden. An sich gibt das Problem in erster Linie gerade diese Frage auf: Soll sich Arjuna durch sein sittliches Empfinden leiten lassen, daß er durch das Töten in der Schlacht eine persönliche Sünde begeht; oder durch die in gleicher Weise ethische Erwägung seiner öffentlichen und sozialen Verpflichtung, das Recht zu verteidigen, sich den bewaffneten Kräften des Unrechts und der Vergewaltigung zu widersetzen, wie es das Gewissen von allen edlen Naturen verlangt? Diese Frage ist auch in unserer Zeit und zur gegenwärtigen Stunde erhoben worden. Sie kann nur beantwortet werden, wenn wir sie, wie es jetzt geschieht, durch die eine oder andere der sehr unterschiedlichen Lösungen entscheiden, die jedoch alle vom Standpunkt unseres normalen Lebens und Standpunkt unseres normalen menschlichen Mentals bestimmt sind. Das Problem kann unterschiedlich gelöst werden: als eine Alternative zwischen dem persönlichen Gewissen und unserer Pflicht der Gesellschaft und dem Staat gegenüber; zwischen einem Ideal und einer praktischen Moral; zwischen „Seelen-Kraft" und der Anerkennung der bedauerlichen Tatsache, daß das Leben bis jetzt noch nicht im mindesten völlig von der Seele bestimmt wird, und daß es zu manchen Zeiten unverständlich ist, in einem physischen Kampf für das Recht zu den Waffen zu greifen. Alle diese Lösungen kommen aber aus dem Intellekt, aus dem Temperament, aus den Gefühlen. Sie hängen vom individuellen Standpunkt ab und sind bestenfalls die uns angemessene Art, der vor uns stehenden Schwierigkeit zu begegnen. Diese Lösung ist unsere eigene, weil sie unserer Natur und der Stufe unserer ethischen und intellektuellen Entwicklung entspricht. Sie ist die beste, die wir mit dem Licht, das wir haben, erkennen und vollziehen können. Das führt aber zu keiner endgültigen Lösung. Denn all das kommt aus dem normalen Mental, das stets ein Gewirr unterschiedlicher Tendenzen unseres Wesens ist. Es kann nur zu einer Auswahl zwischen ihnen oder zu einer gegenseitigen Anpassung gelangen: zwischen unserer Vernunft, unserem sittlichen Wesen, unseren dynamischen Bedürfnissen, unseren Lebensinstinkten, unserem Gefühlswesen einerseits und jenen selteneren Regungen andererseits, die wir vielleicht Instinkt unserer Seele oder Vorliebe unserer Psyche nennen könnten. Die Gita erkennt, daß von einem solchen Standpunkt aus keine absolute, sondern nur eine unmittelbare praktische Lösung zustande kommen kann. Darum geht sie, nachdem sie Arjuna gerade solch eine praktische Lösung aufgrund der höchsten Ideale seiner Zeit angeboten hat, die anzunehmen er nicht willens ist und die er offenbar auch gar nicht annehmen soll, zu einem völlig anderen Standpunkt und zu einer ganz anderen Antwort über.

Die Lösung der Gita lautet: Wir sollen über unser natürliches Wesen und über unser gewöhnliches Mental, über unsere intellektuellen und ethischen Skrupel hinauskommen in ein anderes Bewußtsein mit einem anderen Wesens-Gesetz, und darum auch zu einem anderen Standpunkt für unser Handeln. Dort lenken es nicht mehr unser persönliches Begehren und unsere persönlichen Gefühle. Dort fallen die Gegensätzlichkeiten weg. Dort ist unser Wirken nicht mehr uns eigen, und dort sind wir deshalb über das Empfinden von persönlicher Tugend und persönlicher Sünde hinausgekommen. Dort drückt der universale, apersonale, göttliche Geist durch uns seine Absicht in der Welt aus. Dort sind wir selbst durch eine neue, göttliche Geburt umgewandelt in ein Wesen von jenem Wesen, ein Bewußtsein von jenem Bewußtsein, eine Macht von jener Macht, eine Seligkeit von jener Seligkeit. Dort leben wir nicht mehr in unserer niederen Art, haben wir unsere Handlungen nicht mehr aus unserem eigenen Willen zu tun und kein persönliches Ziel aus unseren eigenen Absichten zu verfolgen, vielmehr – wenn wir überhaupt Handlungen begehen –, und das ist das einzig wirkliche Problem und die einzige Schwierigkeit, die übrigblieb – nur die göttlichen Werke, und zwar in der Weise, daß unsere äußere Natur nur ein passives Instrument für sie, nicht mehr ihre Ursache ist. Sie liefert nicht mehr deren Motiv; denn die Motiv-Macht liegt über uns in dem Willen des Gebieters unseres Wirkens. Das alles wird uns als die wahre Lösung dargestellt, weil sie auf die wirkliche Wahrheit unseres Wesens zurückgeht. Und das ist offensichtlich die höchste und die völlig wahre Lösung des Problems unseres Daseins, daß wir im Einklang mit der wirklichen Wahrheit unseres Wesens leben. Unsere mentale und vitale Persönlichkeit ist eine Wahrheit unserer naturhaften Existenz, aber eine Wahrheit der Unwissenheit. Und alles, was sich mit ihr verbindet, ist ebenso eine Wahrheit von jener Ordnung, die praktisch für die Werke der Unwissenheit gültig ist, jedoch keine weitere Geltung mehr besitzt, wenn wir zur wirklichen Wahrheit unseres Wesens zurückgehen. Wie können wir aber tatsächlich dessen gewiß sein, daß dies die Wahrheit ist? Wir können es so lange nicht, als wir uns mit unserer gewöhnlichen mentalen Erfahrung zufriedengeben. Denn unsere gewöhnliche mentale Erfahrung ist gänzlich diejenige der niederen Art, die voller Unwissenheit ist. Die höhere Wahrheit können wir nur erkennen, wenn wir sie leben, das heißt, wenn wir durch Yoga über die mentale Erfahrung emporkommen in die spirituelle Erfahrung. Denn das ist es schließlich, was wir unter Yoga verstehen, daß wir so lange aus der spirituellen Erfahrung leben müssen, bis wir aufhören, mental zu sein, und Geist werden; bis wir, befreit von den Unvollkommenheiten unserer gegenwärtigen Art, dazu fähig sind, völlig in unserem wahren göttlichen Wesen zu leben.

Das Wesentliche des Karma-Yoga der Gita ist: Wir sollen die Mitte unseres Wesens nach oben verlegen. Daraus folgt eine Transformation unseres ganzen Seins und Bewußtseins. Das führt zu einer völligen Umwandlung von Geist und Beweggrund unseres Wirkens. Dabei bleibt das Handeln oft in allen äußeren Erscheinungsformen genau das gleiche. Man kann auch sagen, das Herz ihrer Botschaft ist: Wandelt euer Wesen um, werdet wiedergeboren in den Geist, schreitet fort mit dieser neuen Geburt durch euer Wirken, zu dem euch der Geist in eurem Innern berufen hat! Man kann es auch, tiefer und in eher spirituellem Sinn, so ausdrücken: Macht das Werk, das ihr hier zu verrichten habt, zu einem Mittel eurer inneren spirituellen Wiedergeburt, einer göttlichen Geburt. Und wenn ihr so göttlich geworden seid, tut weiter göttliche Werke als Werkzeuge des Göttlichen Wesens, um die Völker zu lenken! Darum gibt es hier zwei Dinge, die wir eindeutig festzuhalten und klar zu verstehen haben: den Weg zu dieser Umwandlung, zu dieser Verlegung unserer Mitte nach oben, zu dieser neuen Geburt, – und die Art und Weise des Wirkens oder vielmehr des Geistes, in dem wir wirken sollen, da sich die äußere Form des Handelns überhaupt nicht zu verändern braucht, obwohl in Wirklichkeit Ziel und Zweck unseres Wirkens ganz verändert werden. Diese beiden Dinge sind aber praktisch dasselbe. Denn die Aufhellung des einen wirft ihr Licht auf das andere. Der Geist unseres Wirkens geht aus der Art unseres Wesens und der inneren Grundlage hervor, die es gewonnen hat. Diese Natur wird aber ihrerseits wieder beeinflußt von dem Gang und der spirituellen Auswirkung unseres Handelns. Eine sehr große Umwandlung im Geist unseres Wirkens ändert auch die Art unseres Wesens und die Grundlage, die es gewonnen hat. Sie verlegt die Mitte der bewußten Kraft, aus der wir handeln. Wären Leben und Handeln wirklich ganz und gar eine Illusion, wofür sie manche halten, und hätte der Geist nichts mit Wirken und Leben zu tun, dann wäre das anders. Aber die Seele in uns entwickelt sich durch Leben und Wirken. Und in Wirklichkeit bestimmt nicht so sehr das Wirken als solches, sondern die Art der inneren Wirkkraft unserer Seele ihre Beziehungen zum Geist. Das ist in der Tat die Rechtfertigung des Karma-Yoga als eines praktischen Mittels der höheren Selbst-Verwirklichung.

Wir gehen von der Grundlage aus, daß das gegenwärtige innere Leben des Menschen, das fast völlig von seinem vitalen und physischen Wesen abhängig ist und nur durch ein begrenztes Spiel mentaler Energie ein wenig darüber hinausgehoben wird, nicht das Ganze seines möglichen Seins, nicht einmal das Ganze seines gegenwärtigen wirklichen Seins darstellt. In seinem Innern ist ein verborgenes Selbst, von dem seine gegenwärtige Natur entweder nur eine äußere Erscheinungsform oder ein partielles dynamisches Ergebnis ist. Die Gita behauptet offenbar überall die dynamische Wirklichkeit dieser Natur und vertritt nicht den rigorosen Gesichtspunkt der extremen Vedantisten, sie sei nur eine äußere Erscheinung, eine Anschauung, die allem Wirken und Handeln seine wahren Wurzeln abtrennt. Die Art der Gita, dieses Element ihres philosophischen Denkens zu formulieren – man könnte das auch auf andere Art tun –, besteht darin, daß sie die Sankhya-Unterscheidung zwischen Seele und Natur anerkennt, also die eine Macht, die weiß, fördert und gestaltet, und jene andere Macht, die wirkt, handelt und alle die Verschiedenheiten von Instrument, Medium und Verfahren zur Verfügung stellt. Nur nimmt die Gita die freie und unveränderliche Seele der Sankhyas, nennt sie in der vedantischen Sprache das eine, unwandelbare, allgegenwärtige Selbst oder Brahman und unterscheidet davon die andere, der Natur involvierten Seele, die unser veränderliches Wesen, die vielfältige Seele der Dinge, die Grundlage von Variation und Personalität ist. Worin besteht nun dieses Wirken der Natur?

Es besteht aus einer Macht des Verfahrens, Prakriti, die das Zusammenspiel der drei fundamentalen Erscheinungsweisen ihres Wirkens, der drei Qualitäten, Gunas, ist. Und was ist das Medium? Es ist das komplexe System einer durch die gradweise Evolution der Instrumente von Prakriti erschaffenen Existenz. Wir können die Instrumente so, wie sie hier in der Seelen-Erfahrung ihrer Wirkweisen reflektiert werden, der Reihe nach aufzählen: die Vernunft und das Ich, das Mental und die Sinne, sowie die Elemente der materiellen Energie, die die Basis ihrer Gestaltungen bilden. Diese sind alle mechanisch, ein komplexer Mechanismus der Natur, *yantra*. Von unserem modernen Standpunkt aus können wir sagen, sie alle sind materieller Energie involviert und manifestieren sich in ihr, sobald die Seele in der Natur durch eine nach oben gerichtete Entwicklung jedes Instruments ihrer selbst inne wird. Jedoch geschieht das im Vergleich zur eben dargelegten Anordnung in umgekehrter Reihenfolge: zuerst Materie, dann Empfindung, dann Mental, danach Vernunft, zuletzt das spirituelle Bewußtsein. Die Vernunft, die zunächst allein mit den Wirkweisen der Natur befaßt ist, mag später deren eigentlichen Charakter erkennen und sie nur als ein Spiel der drei Gunas sehen, in das die Seele verwickelt ist. Sie kann nun zwischen der Seele und diesen Wirkweisen unterscheiden. Dadurch bekommt die Seele die Möglichkeit, sich aus diesen Wirkweisen herauszulösen und zu ihrer ursprünglichen Freiheit und ihrem unveränderlichen Sein zurückzukehren. In der vedantischen Sprache: Sie sieht den Geist und das Wesen. Sie hört auf, sich mit den Instrumenten und Wirkweisen der Natur, mit ihren Werdeformen, zu identifizieren. Sie identifiziert sich mit ihrem wahren Selbst und Wesen. Sie gewinnt ihr unwandelbares spirituelles Selbst-Sein wieder. Aus diesem spirituellen Selbst-Sein kann sie, nach der Gita, in freier Weise und als Herr ihres Wesens, als der Ishvara, die Aktion ihres Werdens fördern.

Wir können sagen, wenn wir nur auf die psychischen Tatsachen sehen, auf die diese philosophischen Unterscheidungen gegründet sind (Philosophie ist nur eine Methode, uns selbst gegenüber, intellektuell die psychischen und physischen Fakten des Daseins und ihre Beziehung zu einer letzten Wirklichkeit, die existieren mag, in ihrer wesenhaften Bedeutung zu formulieren): Es gibt zwei Arten von Leben, das wir führen können. Die eine ist das Leben der Seele, die ganz in den Wirkweisen ihrer aktiven Art aufgegangen ist, die sich mit ihren psychischen und physischen Instrumenten identifiziert, die durch sie eingeschränkt wird, durch ihre Persönlichkeit gebunden und der Natur unterworfen ist. Die andere ist das Leben des Geistes. Es ist diesen Dingen übergeordnet, umfassend weit, apersonal, universal und frei, uneingeschränkt und transzendent; es trägt und fördert mit unendlichem Gleichmut sein natürliches Wesen und Wirken, aber es überragt beides durch seine Freiheit und Unendlichkeit. Wir können in dem leben, was jetzt unser natürliches Wesen ist. Wir können aber auch in unserem größeren, spirituellen Wesen leben. Das ist die erste große Unterscheidung, auf die der Karma-Yoga der Gita gegründet ist.

So gipfelt also die ganze Frage und die ganze Methode darin, daß die Seele aus den Einschränkungen durch unser gegenwärtiges natürliches Wesen befreit wird. In unserem natürlichen Leben ist die erste dominierende Tatsache die, daß wir den Formen der materiellen Natur, den von außen kommenden Einwirkungen der Dinge, unterworfen sind. Diese stellen sich unserem Leben durch die Sinne dar. Und das Leben projiziert sie durch die Sinne unmittelbar wieder auf diese Gegenstände zurück, um sich so ihrer zu bemächtigen und mit ihnen umzugehen: Es begehrt sie, es bindet sich an sie, es sucht ihre Ergebnisse zu besitzen. Das Mental gehorcht dieser Aktion der Sinne in all seinen inneren Empfindungen, Reaktionen, Gefühlen, gewohnten Weisen seiner Wahrnehmung, seines Denkens und Fühlens. Auch die Vernunft wird vom Mental mitgerissen und verliert sich an dieses Leben der Sinne, an ein Leben, in dem das innere Wesen der äußeren Macht der Dinge unterworfen ist. Es kann sich auch nicht für einen Augenblick über den Kreis ihrer Einwirkung auf uns und deren psychische Ergebnisse und Reaktionen in unserem Innern wirklich erheben oder sich außerhalb ihrer stellen. Es vermag deshalb nicht, über sie hinauszukommen, weil das Prinzip des Ichs herrscht, durch das die Vernunft die Summe der Einwirkungen der Natur auf unser Mental, unseren Willen, unser Empfinden und unseren Körper von ihrer Einwirkung auf Mental, Willen, nervlichen Organismus und Körper anderer Menschen unterscheidet. Leben bedeutet für uns nur die Art, wie die Natur unser Ich beeinflußt, und die Art, wie unser Ich auf ihre Einwirkungen reagiert. Wir kennen nichts anderes, scheinen nichts anderes zu sein. Die Seele selbst erscheint uns als eine abgesonderte Masse von Mental, Willen, emotionalen und nervlichen Sensationen des Empfangens und Reagierens. Wir mögen unser Ich ausweiten. Wir mögen uns mit der Familie, der Sippe, der Klasse, dem Land, der Nation, sogar mit der

Menschheit identifizieren. Dennoch bleibt in all diesen Verkleidungen das Ich die Wurzel unserer Handlungen. Nur findet es eine umfassendere Befriedigung seines abgesonderten Wesens durch diese erweiterten Arten des Umgangs mit äußeren Dingen.

Was in uns wirkt, ist immer noch der Wille des natürlichen Wesens, das sich der Einwirkungen der äußeren Welt bemächtigt, um damit die verschiedenen Phasen seiner Persönlichkeit zu befriedigen. Und der Wille bei dieser Bemächtigung ist immer ein Wille voll Begehren und Leidenschaft, mit einem Hang zum eigenen Wirken und seinen Resultaten: das ist der Wille der Natur in uns. Wir nennen ihn unseren persönlichen Willen: Unsere Ich-Persönlichkeit ist aber ein Geschöpf der Natur. Sie ist nicht unser freies Selbst, unser unabhängiges Wesen, und sie kann das auch nicht sein. Das Ganze ist das Wirken der Erscheinungsweisen der Natur. Das kann ein Wirken von *tamas* sein. Dann sind wir eine träge Persönlichkeit, die dem mechanischen Ablauf aller Dinge unterworfen und damit zufrieden ist. Sie ist unfähig zu starkem Bemühen um freieres Handeln und Herrschaft. Es kann auch die Aktion von *rajas* sein. Dann sind wir jene ruhelose aktive Persönlichkeit, die sich auf die Natur stützt und versucht, sie zum Diener ihrer Bedürfnisse und Begierden zu machen. Sie erkennt aber nicht, daß diese scheinbare Herrschaft Knechtschaft ist, da ihre Bedürfnisse und Begierden die der Natur sind: Solange wir ihnen untertan sind, kann es für uns keine Freiheit geben. Schließlich kann es die Aktion von *sattva* sein. Dann sind wir jene erleuchtete Persönlichkeit, die versucht, gemäß der Vernunft zu leben oder ein Lieblingsideal des Guten, Wahren oder Schönen zu verwirklichen. Diese Vernunft ist aber immer noch den äußeren Erscheinungen der Natur unterworfen. Die Ideale sind nur wechselnde Phasen unserer Persönlichkeit, in denen wir zuletzt doch keine sicheren Richtlinien, keine dauernde Befriedigung finden. Wir werden immer noch auf dem Rad der Veränderung herumgedreht. Wir gehorchen bei unseren Umdrehungen durch das Ich einer gewissen Macht in uns und in all diesem. Wir sind aber nicht selbst diese Macht, befinden uns nicht in Einklang oder in enger Gemeinschaft mit ihr. So besteht immer noch keine Freiheit, keine wirkliche Herrschaft.

Dennoch ist Freiheit möglich. Um sie zu erlangen, müssen wir zuerst wegkommen von der Einwirkung der äußeren Welt auf unsere Sinne, in unser eigenes Inneres hineingehen. Das bedeutet, wir müssen nach innen leben und fähig werden, die Sinne davon abzuhalten, ihrer Natur gemäß den äußeren Gegenständen nachzujagen. Die erste Bedingung für ein wahres Leben der Seele ist, daß wir Herrschaft über die Sinne erlangen; daß wir es fertigbringen, auf all das zu verzichten, wonach sie so stark verlangen. Nur so können wir immer besser fühlen, daß in unserem Innern eine Seele ist, etwas anderes als die Wandlung des Mentals, das sich bei seiner Annahme äußerer Einwirkungen dauernd verändert. Wir entdecken die Seele, die in ihren Tiefen auf etwas zurückgeht, das aus dem Selbst ist, unveränderlich, ruhig, im Besitz des Selbstes, großmütig, heiter und erhaben, Herr seiner selbst, unbeeinflußt vom eifrigen Herumschwirren unserer äußeren Art. Das kann aber so lange nicht verwirklicht werden, als wir noch dem Begehren unterworfen sind. Denn das Begehren ist das Prinzip unseres ganzen oberflächlichen Lebens. Es ist zufrieden mit dem Leben der Sinne und profitiert vom Spiel der Leidenschaften. Wir müssen dieses Begehren loswerden. Wenn diese Sucht unseres natürlichen Wesens ausgemerzt ist, werden die Leidenschaften, die ihr Ergebnis in unserer Gefühlswelt sind, stille werden. Denn Freude und Kummer über Besitz und Verlust, über angenehme und unangenehme Einwirkungen, die sie lebendig erhalten, werden aus unserer Seele gewichen sein. Dann haben wir Gleichmut und Gelassenheit gewonnen. Da wir aber noch in der Welt weiterwirken und weiterleben müssen und unsere Art im Wirken die Früchte des Wirkens suchen muß, müssen wir diese Art verändern. Wir müssen das Wirken leisten, ohne seinen Früchten verhaftet zu sein. Sonst wird das Begehren mit all seinen Ergebnissen weiterbleiben. Wie können wir aber diese Art des Täters der Werke in uns umwandeln? Indem wir unser Wirken lösen von unserem Ich und unserer Persönlichkeit. Indem wir durch unsere Vernunft einsehen, daß all das nur ein Spiel der Gunas der Natur ist. Indem wir unsere Seele von diesem Spiel trennen und sie allererst zum Beobachter der Wirkweisen der Natur machen. Indem wir dieses Wirken jener Macht überlassen, die in Wirklichkeit hinter ihnen steht, jenem Etwas in der Natur, das größer ist als wir selbst; das nicht unsere Persönlichkeit ist sondern der Gebieter des Weltalls. Das Mental will aber dies alles nicht erlauben. Seine Art ist es, nach draußen den Sinnen nachzulaufen und Vernunft und Willen mit sich fortzureißen. Darum müssen wir lernen, das Mental zu besänftigen. Wir müssen zu jenem absoluten Frieden und zu jener Ruhe kommen, in der wir das stille, bewegungslose, selige Selbst in uns gewahren, das immer unverwirrt und unbeeinträchtigt von den Einwirkungen der Dinge bleibt, das sich gegenüber selbst-genug ist und so allein seine dauernde Zufriedenheit findet.

Dieses Selbst ist unser selbstseiendes Wesen. Es wird nicht durch unsere persönliche Existenz eingeschränkt. Es ist dasselbe in allem Seienden. Es durchdringt alle Dinge. Es ist ihnen allen gegenüber gleichmütig. Es fördert und erhält die ganze Aktivität des Weltalls mit seiner Unendlichkeit. Doch bleibt es uneingeschränkt durch alles, was endlich ist. Es wird nicht durch die Veränderungen von Natur und Persönlichkeit gewandelt. Wenn dieses Selbst in unserem Innern offenbar wird, wenn wir seinen Frieden und seine Stille fühlen, können wir in es hineinwachsen. Wir können unsere Seele aus dem Zustand ihrer Versunkenheit in die niedere Natur emporheben und in das Selbst zurückholen. Wir können das durch die Kraft dessen, was wir erlangt haben: Ruhe, Gelassenheit, leidenschaftslose Apersonalität. Denn in dem Maße, in dem wir in diesen wachsen, sie zu ihrer Fülle erheben und unsere ganze Art untertan machen, wachsen wir in dieses stille, gleichmütige, leidenschaftslose, apersonale, alles durchdringende Selbst. Unsere Sinne verfallen in diese Stille und empfangen die Einwirkungen der Welt auf uns mit erhabener Ruhe. Unser Mental versinkt in Stille und wird zum ruhigen universalen Beobachter. Unser Ich löst sich auf in dieses apersonale Sein. Wir schauen alle Dinge in diesem Selbst, zu dem wir in uns geworden sind. Und wir schauen dieses Selbst in allen: wir werden zu einem einzigen Wesen mit allen Wesen auf dem spirituellen Grund ihres Seins. Wenn wir so in dieser ichfreien Ruhe und Apersonalität wirken, hören unsere Werke auf, die unsrigen zu sein. Sie hören auf, uns zu binden oder mit ihren Reaktionen zu beunruhigen. Die Natur und ihre Gunas weben weiter am Gewebe ihres Wirkens. Aber sie beeinträchtigen nicht unsere vom Kummer freie, selbstseiende Ruhe. Alles ist aufgegeben in jenes eine gleichmütige und allumfassende Brahman. Hier verbleiben uns aber noch zwei Schwierigkeiten. Erstens scheint da eine Antinomie zwischen dem ruhigen, unveränderlichen Selbst und dem Wirken der Natur zu bestehen. Inwiefern existiert diese Aktivität überhaupt, wie kann sie fortdauern, sobald wir in das unwandelbare Selbst-Sein eingegangen sind? Wo ist darin der Wille zum Wirken, der das Wirken unserer Art ermöglichen würde? Wenn wir mit dem Sankhya sagen, der Wille existiere nur in der Natur und nicht im Selbst, so muß doch in der Natur ein Motiv und die Macht bestehen, die Seele durch Interesse, Ich und Neigung in ihr Wirken hineinzuziehen. Und wenn diese aufhören, sich im Seelen-Bewußtsein widerzuspiegeln, muß doch auch ihre Macht aufhören und das Motiv zum Wirken mit ihr zu Ende gehen. Die Gita akzeptiert jedoch diese Anschauung nicht, die in der Tat die Existenz von vielen Purushas, nicht nur von einem allumfassenden Purusha, erfordert. Andernfalls wären die gesonderte Erfahrung der Seele und ihre gesonderte Befreiung nicht verständlich, während doch Millionen anderer Seelen immer noch involviert bleiben. Natur ist kein gesondertes Prinzip, sie ist die Macht des Erhabenen, die von ihm ausgeht zu kosmischer Schöpfung. Wäre aber der Erhabene nur dieses unwandelbare Selbst und das Individuum nur etwas, das von ihm in der Macht weggegangen ist, dann müßte in dem Augenblick, da es zurückkehrt und seinen Stand im Selbst einnimmt, alles außer der höchsten Einheit und erhabenen Ruhe aufhören. Zweitens könnte doch – selbst wenn auf irgendeine geheimnisvolle Weise das Wirken noch weitergeht, da das Selbst allen Dingen gegenüber gleich eingestellt ist – nicht wichtig sein, ob Werke überhaupt getan werden und, falls sie getan werden, was für ein Werk getan wird. Warum dann hier dies Bestehen auf der gewalttätigsten und unheilvollsten Form des Handelns? Warum dieser Kampfwagen, diese Schlacht, dieser Krieger, dieser göttliche Wagenlenker?

Die Gita antwortet, indem sie den Erhabenen darstellt als Etwas, das noch größer ist als das unwandelbare Selbst, als etwas viel Umfassenderes, als den Einen, der sowohl dieses Selbst als auch Herr ist über das Wirken in der Natur. Er lenkt aber die Aktivitäten der Natur mit der ewigen Ruhe, mit Gelassenheit, mit jener Erhabenheit über Wirken und Persönlichkeit, die Unwandelbaren eigen sind. Das ist, so könnten wir sagen, die ausgewogene Haltung des Seins, von dem aus er Werden und Wirken lenkt. Wenn wir dorthin emporwachsen, wachsen wir in sein Wesen und in die Ausgeglichenheit göttlichen Wirkens. Aus diesem tritt er hervor als der Wille und die Macht seines Wesens in der Natur. Er manifestiert sich in allem Seienden. Er wird als Mensch in die Welt hinein geboren. Er ist hier im Herzen aller Menschen. Er offenbart sich als der Avatar, als die göttliche Geburt im Menschen. Wenn der Mensch so in sein Wesen hineinwächst, wächst er in die göttliche Geburt hinein. Unsere Werke müssen diesem Herrn unseres Wirkens als Opfer dargebracht werden. Indem wir in das Selbst hineinwachsen, müssen wir unser Einssein mit ihm in unserem Wesen verwirklichen. Wir müssen unsere Persönlichkeit als seine teilweise Offenbarung in der Natur ansehen. So werden wir eins mit ihm im Wesen und auch eins mit allen Wesen im Weltall; so verrichten wir göttliche Werke, aber nicht als unser, sondern als sein Wirken durch uns hindurch zur Erhaltung und Lenkung der Völker.

Das ist das Wesentliche, das getan werden muß. Sobald dies getan ist, werden die Schwierigkeiten, die sich vor Arjuna auftürmen, verschwinden. Das Problem ist nicht mehr eines unseres persönlichen Handelns. Denn das, was unsere Persönlichkeit ausmacht, wird zu etwas in der Zeit Vergänglichem und Untergeordnetem. Die Frage ist dann nur noch: Wie wirkt der göttliche Wille durch uns im Universum? Um das zu verstehen, müssen wir wissen, was das erhabene Wesen an sich selbst und was es in der Natur ist, was das Wirken der Natur ist, zu welchem Ziel es hinführt und in welch inniger Beziehung die Seele in der Natur zu dieser erhabenen Seele steht, deren Grundlage das Bhakti zusammen mit der Erkenntnis ist. Einer Erhellung dieser Fragen dienen die übrigen Kapitel der Gita.

Die innerste Absicht der Gita

Was ist also die Botschaft der Gita? Was ist ihr Arbeitswert und ihr spiritueller Nutzen für das Mental des heutigen Menschen nach den langen Zeiten, die vergangen sind, seit sie geschrieben ward, und nach den folgenden großen Veränderungen im Denken und in der Erfahrung?

Das Mental des Menschen ist stets in einer Vorwärts-Bewegung. Es ändert seine Gesichtspunkte und weitet die Substanz seines Denkens aus. Die Auswirkung dieser Wandlungen ist, daß frühere Denksysteme veralten oder, wenn man sie bewahrt, ihren Wert ausdehnen, umgestalten, subtil oder sichtbar verändern. Die Vitalität einer alten Lehre zeigt sich in dem Ausmaß, in dem sie sich natürlicherweise für solche Behandlung eignet. Denn das bedeutet: Was auch in der Form ihres Denkens begrenzt und veraltet sein mag, die Wahrheit ihres Gehalts, die Wahrheit der lebendigen Schau und Erfahrung, auf der ihr System aufgebaut war, ist noch gesund und behält ihre volle Geltung und ihren tieferen Sinn. Die Gita ist ein Buch, das sich außerordentlich gut gehalten hat und fast noch so frisch, in seinem wahren Gehalt noch ebenso neu ist, da sie in der Erfahrung stets erneuerungsfähig war, wie damals, als sie zuerst im Mahabharata erschien oder in dessen Rahmen eingefügt wurde. In Indien wird sie immer noch als eines der großen Lehrsysteme anerkannt, die höchst autoritativ das religiöse Denken beherrschen; und ihre Lehre wird als äußerst wertvoll anerkannt, wenn nicht vollständig von den Religionen und der religiösen Anschauung fast aller Schattierungen akzeptiert. Ihr Einfluß ist nicht nur philosophisch oder akademisch, sondern unmittelbar und lebendig, ein Einfluß sowohl auf das Denken wie auf das Handeln. Ihre Ideen sind tatsächlich noch wirksam als ein machtvoll gestaltender Faktor beim Erwachen zu neuem Leben und bei der Wiedergeburt der Nation und Kultur. Erst kürzlich hat eine bedeutende Stimme gesagt, daß alles, was wir an spiritueller Wahrheit für ein spirituelles Leben nötig haben, sich in der Gita finde. Würde man eine solche Äußerung allzu wörtlich nehmen, ermutigte man den Aberglauben an das Buch. Die Wahrheit des Geistes ist unendlich und darf nicht auf diese Weise eingegrenzt werden. Dennoch darf man sagen, hier finden sich die meisten der wichtigen Hinweise, und wir können nach allen späteren Entwicklungen der spirituellen Erfahrung und Entdeckung immer noch wegen weiterer Inspiration und Führung zu ihr zurückkehren. Auch außerhalb Indiens wird die Gita als eine der großen Heiligen Schriften der Welt anerkannt, wenn auch ihr Denken in Europa besser verstanden wird als ihr Geheimnis spiritueller Praxis. Was gibt also dem Denken und der Wahrheit der Gita diese Vitalität?

Das zentrale Interesse der Gita in ihrer Philosophie und in ihrem Yoga, ihre Grundidee, mit der sie beginnt, fortfährt und endet, ist ihr Versuch, eine Versöhnung, sogar eine Art von Einheit herzustellen zwischen der inneren spirituellen Wahrheit in ihrer absoluten und integralen Verwirklichung und den äußeren Wirklichkeiten im Leben und Handeln des Menschen. Ein Kompromiß zwischen den beiden kommt häufig genug vor. Das kann aber nie eine endgültige und befriedigende Lösung sein. Auch das ist verbreitet, daß man die Spiritualität ins Ethische überträgt; und es hat seinen Wert als Gesetz des Verhaltens. Es ist aber eine mentale Lösung, die nicht zur vollständigen praktischen Aussöhnung zwischen der ganzen Wahrheit des Geistes und der ganzen Wahrheit des Lebens führt. Sie wirft ebensoviele Probleme auf, wie sie löst. Eines von diesen ist in der Tat der Ausgangspunkt der Gita. Sie beginnt mit einem ethischen Problem, das aus einem Konflikt entstand: Auf der einen Seite haben wir das Dharma des handelnden Menschen, eines Fürsten und Kriegers und Führers von Menschen, des Helden der großen Krise, im Kampf auf der physischen Ebene, der Ebene des wirklichen Lebens, zwischen den Mächten des Rechts und der Gerechtigkeit, den Mächten des Unrechts und der Ungerechtigkeit, unter den Forderungen des Schicksals des Volkes an ihn, daß er Widerstand leisten, die Schlacht auskämpfen, eine neue Ära und Herrschaft der Wahrheit, des Rechts und der Gerechtigkeit aufrichten soll, auch wenn das nur durch furchtbaren physischen Kampf und eine gigantische Schlacht geschehen kann. Auf der anderen Seite verurteilt der ethische Sinn die Mittel und die ganze Aktion als Sünde, schreckt er vor dem Preis individuellen Leidens und kollektiven Streits, vor Unordnung und Umwälzung zurück und sieht im Verzicht auf Gewalt und Schlacht den einzigen Weg und die einzig richtige moralische Haltung. Eine spiritualisierte Ethik besteht auf Ahimsa, nicht zu verletzen und nicht zu töten, als dem höchsten Gebot spirituellen Verhaltens. Wenn die Schlacht überhaupt ausgefochten werden muß, soll sie auf der spirituellen Ebene ausgekämpft werden: durch eine Art Verzicht auf Widerstand oder durch die Weigerung, daran teilzunehmen, oder allein durch den Widerstand der Seele. Und wenn das auf der äußeren Ebene nicht zum Erfolg führt und die Gewalt des Unrechts siegt, wird der einzelne immer noch seine Tugend gewahrt und durch sein Vorbild sein höchstes Ideal gerechtfertigt haben. Andererseits neigt eine extreme spirituelle Richtung, die sich abseits stellt vom Streit zwischen gesellschaftlicher Pflicht und einem absoluten ethischen Ideal, dazu, die asketische Richtung einzuschlagen und fern vom Leben mit all seinen Zielen und Normen für das Handeln einen anderen himmlischen oder suprakosmischen Zustand anzustreben, in dem es allein eine reine spirituelle Existenz geben kann, jenseits der verwirrenden Eitelkeit und Illusion von Geburt, Leben und Tod des Menschen. Die Gita weist nichts von diesen Dingen zurück, beläßt aber jedes an seinem Ort: denn sie besteht darauf, daß der Mensch seine gesellschaftliche Pflicht erfüllt, daß er seinem Dharma folgt, daß er seinen Anteil am gemeinen Handeln zu leisten hat. Sie akzeptiert Ahimsa als Teil des höchsten spirituell-ethischen Ideals und erkennt die Entsagung des Asketen als einen Weg zur spirituellen Erlösung an. Und doch geht sie über alle widerstreitenden Haltungen hinaus. Mit großer Kühnheit rechtfertigt sie alles Leben zum Geiste als eine bedeutsame Manifestation des einen Göttlichen Wesens und behauptet entschieden, vollkommenes menschliches Handeln und vollkommenes spirituelles Leben in Einung mit dem Unendlichen seien miteinander vereinbar. Es steht im Einklang mit dem höchsten Selbst und bringe die vollkommene Göttlichkeit zum Ausdruck.

Alle Probleme des menschlichen Lebens entstehen aus der Kompliziertheit unserer Existenz, aus der Unerkennbarkeit ihrer wesentlichen Prinzipien und aus der Verborgenheit jener innersten Macht, die über ihren Bestimmungen waltet und ihr Ziel und ihre Vorgänge lenkt. Wäre unser Sein eindeutig, wäre es nur materiell-vital oder lediglich mental oder nur spirituell oder wären diese Bestimmungen völlig oder hauptsächlich einer von ihnen involviert oder wären sie ganz in unseren unbewußten oder überbewußten Wesensseiten verborgen, dann gäbe es nichts, das uns in Verwirrung bringen könnte. Dann wäre das materielle und vitale Gesetz vorherrschend. Oder das mentale Gesetz wäre dem eigenen reinen und unwidersprochenen Prinzip gegenüber klar. Oder das spirituelle Gesetz wäre für den Geist selbst-seiend und selbst-genügsam. Die Tiere stehen vor keinerlei Problemen. Ein mentaler Gott in einer Welt reiner Mentalität würde kein Problem anerkennen oder alle Probleme durch die Reinheit einer mentalen Regelung oder die Genugtuung einer rationalen Harmonie lösen. Ein reiner Geist stünde über allen Problemen und wäre sich selbst genug im Unendlichen. Die Existenz des Menschen aber ist ein dreifaches Gewebe, etwas zugleich mysteriös Physisch-Vitales, Mentales und Spirituelles. Er weiß nicht, welches deren wahre Beziehungen und die wahre Realität seines Lebens und seiner Natur sind, wohin sein Schicksal ihn zieht und wo die Sphäre seiner Vollkommenheit liegt.

Materie und Leben sind eine aktuelle Basis, das, von dem er seinen Ausgang nimmt, der Boden, auf dem er steht, dessen Erfordernis und Gesetz er zu befriedigen hat, wenn er überhaupt auf der Erde und im Körper existieren will. Das materielle und vitale Gesetz ist eine sein Überleben bestimmende Ordnung von Existenzkampf, Begehren und Besitzen, von Selbstbehauptung und Befriedigung des Körpers, des Lebens und des Ichs. Keine Macht der intellektuellen Vernunft in der Welt, kein ethischer Idealismus und kein spiritueller Absolutismus, zu denen die höheren Talente des Menschen reichen, können die Wirklichkeit und den Anspruch unserer materiellen und vitalen Basis beseitigen oder das Menschengeschlecht daran hindern, unter dem gebieterischen Zwang der Natur ihren Zielen und der Befriedigung ihrer Bedürfnisse zu folgen oder ihre bedeutenden Probleme zu einem wichtigen und legitimen Teil des menschlichen Schicksals, Interesses und Bemühens zu machen. Und die Intelligenz des Menschen wendet sich, gerade wenn sie vergeblich eine Stütze in spirituellen oder idealen Lösungen suchte, die alles, nur nicht die uns bedrängenden Probleme des aktuellen menschlichen Lebens lösen, oft ganz von diesen ab, um nun ausschließlich das vitale und materielle Dasein zu akzeptieren und vernunftgetrieben oder instinktiv höchstmögliche Leistung, Wohlfahrt und organisierte Lebensbefriedigung zu erstreben. Ein Evangelium des Willens zum Leben oder des Willens zur Macht rational erklärter, vitaler und materieller Vollkommenheit wird dann zum anerkannten Dharma der menschlichen Rasse. Alles Übrige gilt als anspruchsvolle Täuschung oder als etwas völlig Untergeordnetes, als abseitige Bestrebung von geringer und untergeordneter Konsequenz.

Materie und Leben sind jedoch trotz ihrer Beharrlichkeit und großen Bedeutung nicht alles, was der Mensch ist. Auch kann der Mensch sein Mental nicht als bloßer Diener des Lebens und Körpers auffassen, dem, als eine Art Lohn für seinen Dienst, nur gewisse eigene Freuden zugebilligt werden, oder als nichts anderes denn eine Ausdehnung und Blüte des vitalen Drangs, als einen idealen Luxus, der abhängig ist von der Befriedigung des materiellen Lebens. Das Mental stellt den Menschen in viel höherem Maße dar als Körper und Leben. Je mehr sich das Mental entfaltet, desto mehr drängt es danach, den Körper und das Leben als Instrumente zu verwenden, als unentbehrliches Werkzeug, das aber auch ein beträchtliches Hindernis ist – andernfalls gäbe es hier kein Problem – für die ihm eigentümlichen Befriedigungen und seine Selbstverwirklichung. Das Mental des Menschen ist nicht nur eine vitale und physische, sondern auch eine intellektuelle, ästhetische, ethische, psychische, emotionale und dynamische Intelligenz. In jeder dieser seiner Tendenzen ist es seine höchste und stärkste Art, sich nach einem Absoluten der jeweiligen Tendenz auszustrecken, das ganz zu erfassen, zu verkörpern und hier völlig zu verwirklichen aber der Rahmen des Lebens nicht zulassen will. Was wir mental als Absolutes erstreben, bleibt als nur teilweise erfaßtes, leuchtendes oder feuriges Ideal, das sich das Mental zwar innerlich sehr nahebringen und für sein Bemühen unumgänglich machen kann, was ihm sogar teilweise gelingt. Es kann aber nicht alle Tatsachen des Lebens in sein Vorstellungsbild hineinzwingen. Es gibt etwas Absolutes, einen hohen Imperativ von intellektueller Wahrheit und Vernunft, nach dem unser intellektuelles Leben sucht. Es gibt etwas Absolutes, einen Imperativ von Recht und Verhalten, nach dem das ethische Gewissen strebt. Es gibt etwas Absolutes, einen Imperativ von Seligkeit und Schönheit, für das unsere ästhetische Seele erzittert. Es gibt etwas Absolutes, einen Imperativ von innerer Selbst-Herrschaft und Beherrschung des Lebens, um das der dynamische Wille ringt. Alle diese Tendenzen sind hier vereint und wirken zusammen auf das Absolute, auf die Forderung nach Besitz, Genuß und gesicherter verkörperter Existenz, auf denen das vitale und physische Mental beharrt. Und da die menschliche Intelligenz nicht fähig ist, etwas davon – geschweige denn alles – vollständig zu verwirklichen, errichtet sie in jeder Sphäre zahlreiche Maßstäbe und Dharmas, Maßstäbe von Wahrheit und Vernunft, von Recht und Verhalten, von Seligkeit und Schönheit, von Liebe, Mitgefühl und Einssein, von Selbstbeherrschung und Kontrolle, von Selbsterhaltung und Besitz, von vitaler Tüchtigkeit und Freude und versucht, diese dem Leben aufzuerlegen. Die absoluten, leuchtenden Ideale stehen aber weit über und jenseits unserer Fähigkeit, sie zu verwirklichen. Nur selten kommen einzelne ihnen nahe, so gut sie können. Die Masse befolgt oder beteuert, sie befolge eine weniger großartige Norm, einen anerkannten, möglichen und relativen Maßstab. Das menschliche Leben als ganzes läßt die Anziehungskraft dieses Ideals auf sich wirken und weist es dennoch zurück. In der Kraft irgendeines dunklen Unendlichen aus seinem eigenen Bereich, leistet das Leben jeder errichteten mentalen oder moralischen Ordnung Widerstand und nützt sie ab oder zerbricht sie. Das muß so sein, entweder weil diese beiden ganz verschiedene und entgegengesetzte Prinzipien sind, auch wenn sie zusammentreffen und aufeinander einwirken, oder weil das Mental nicht den Schlüssel zur Lösung des Rätsels der ganzen Wirklichkeit des Lebens besitzt. Diesen Schlüssel müssen wir in etwas Größerem, in einem unbekannten Etwas über der Mentalität und Moralität der menschlichen Kreatur suchen.

Das Mental selbst hat ein vages Empfinden von einem übergeordneten Faktor dieser Art, und wenn es seinen absoluten Idealen nachgeht, stößt es regelmäßig auf diesen. Es erblickt flüchtig einen Zustand, eine Macht, eine Gegenwart, die ihm nahe, die in seinem Innern, die für es etwas Innerstes und doch unermeßlich Größeres und ungemein Entferntes über ihm ist. Es hat eine Schau von etwas, das wesenhafter, unbedingter ist als seine eigenen Absolutheiten: etwas Vertrautes, Unendliches, Eines. Es ist das, was wir Gott, Selbst oder Geist nennen. Das also versucht das Mental zu erkennen, zu betreten, zu berühren, ganz zu ergreifen. Es versucht, ihm nahezukommen oder zu ihm zu werden, zu irgendeiner Art von Einheit mit ihm zu gelangen oder sich selbst in völliger Identität in dieses Mysterium zu verlieren, *ascaryam*. Die Schwierigkeit ist aber, daß dieser Geist in seiner Reinheit etwas zu sein scheint, das von den Aktualitäten des Lebens noch viel weiter entfernt ist als die mentalen Absolutheiten; etwas, das das Mental nicht in seine eigenen Begriffe und noch viel weniger in die des Lebens und Handelns übersetzen kann. Darum gibt es die kompromißlosen Absolutisten des Geistes, die das Mental ablehnen, das materielle Wesen verdammen und sich nach einem reinen spirituellen Sein sehnen, nach einem Glück, das sie nur durch die Auflösung alles dessen erkaufen können, was wir im Leben und im Mental sind, durch ein Nirvana. Was an spirituellem Bemühen für die Fanatiker des Absoluten noch übrigbleibt, ist eine mentale Vorbereitung oder ein Kompromiß, die Spiritualisierung von Leben und Mental soweit wie möglich. Und weil die Schwierigkeit, die am beharrlichsten die Mentalität des Menschen bedrängt, in der Praxis das ist, was von seinem Vitalwesen, vom Leben, vom Verhalten im Handeln beansprucht wird, zielt das vorbereitende Bemühen hauptsächlich darauf ab, das ethische, vom Psychischen unterstütze Mental zu spiritualisieren oder vielmehr: dieses zieht die spirituelle Macht und Reinheit hinzu, damit sie dem ethischen und psychischen Mental helfen, ihren absoluten Anspruch durchzusetzen, dem ethischen Ideal von Recht und Wahrheit oder dem psychischen Ideal von Liebe, Sympathie und Einssein mehr Autorität zu verleihen, als das Leben ihm erlaubt. Diesen Dingen wird zu höchstem Ausdruck verholfen und die breiteste Grundlage dadurch gegeben, daß Vernunft und Wille der zugrundeliegenden Wahrheit, absoluter Einheit des Geistes und daher wesenhaften Einsseins aller lebendigen Geschöpfe zustimmen. Diese Art von Spiritualität, die irgendwie mit den Forderungen des gewöhnlichen Mentals des Menschen verknüpft ist, der dazu überredet wird, die nützliche gesellschaftliche Pflicht und das geltende Gesetz des sozialen Verhaltens anzunehmen, wie sie durch Kultus, Zeremonien und Bilder dem Volk nahegebracht werden, bildet die äußere Form der größeren Weltreligionen. Diese Religionen haben ihre individuellen Erfolge. Sie rufen den Strahl eines höheren Lichts herbei. Sie legen den Schatten eines höheren spirituellen oder halb-spirituellen Gesetzes auf die Menschen. Aber sie können keinen vollständigen Sieg erringen und enden glatt mit einem Kompromiß. In dem Akt des Kompromisses werden sie vom Leben besiegt. Die Probleme des Lebens bleiben bestehen und kehren sogar in ihren heftigsten Formen wieder zurück, – eben wie das schreckliche Problem von Kurukshetra. Der idealisierende Intellekt und das ethische Mental hoffen stets darauf, sie ausschalten zu können, eine geeignete Methode, aus ihrer Sehnsucht geboren und wirksam gemacht durch ihre eigene gebieterische Beharrlichkeit, zu finden, die diesen niederen unerfreulichen Aspekt des Lebens beseitigt. Das Problem dauert aber fort, es wird nicht ausgemerzt. Andererseits bietet die spiritualisierte Intelligenz tatsächlich durch die Stimme der Religion die Verheißung an, daß nach dieser Zeit ein siegreiches Tausendjähriges Reich kommen wird. In der Zwischenzeit erklärt sie aber, halb überzeugt von ihrer irdischen Machtlosigkeit und von der Seele als einem Fremdling und Eindringling auf der Erde, daß schließlich nicht hier im Leben des Körpers oder im kollektiven Leben des sterblichen Menschen, sondern in irgendeinem unsterblichen Jenseits der Himmel oder das Nirvana liege, in dem allein das wahre spirituelle Dasein gegründet werden soll.

Hier greift die Gita ein und stellt noch einmal die Wahrheit des Geistes, des Selbstes, Gottes, der Welt und der Natur fest. Sie weitet die Wahrheit, die sich durch späteres Nachdenken aus den alten Upanishaden entwickelt hatte, aus und gestaltet sie um. Sie wagt sich mit sicheren Schritten an den kühnen Versuch, ihre Macht zur Lösung des Problems von Leben und Handeln einzusetzen. Die von der Gita angebotene Lösung entwirrt nicht das ganze Problem, wie es sich der modernen Menschheit darbietet. Da hier die Wahrheit einer älteren Mentalität dargeboten wird, wird sie nicht dem ständigen Bestehen des Mentals des gegenwärtigen Menschen auf kollektiven Fortschritt gerecht. Sie antwortet nicht auf dessen Verlangen nach einem kollektiven Leben, das schließlich ein höheres rationales, ethisches und, wenn möglich, sogar dynamisches spirituelles Ideal verkörpern soll. Der Ruf der Gita ergeht an den einzelnen, der zu einem vollendeten spirituellen Dasein fähig geworden ist. Der übrigen Menschheit schreibt sie jedoch nur stufenweisen Fortschritt vor, der dadurch weise bewirkt wird, daß die Menschen mit immer umfassenderer Intelligenz und moralischen Zielen und schließlicher Hinwendung zur Spiritualität das Gesetz ihrer Art getreulich befolgen. Ihre Botschaft berührt zwar die anderen kleineren Lösungen, aber wenn sie diese auch zum Teil annimmt, verweist sie sie doch über sich hinaus auf ein höheres und vollständigeres Geheimnis, in das einzudringen bisher nur einige wenige einzelne geeignet gewesen sind.

Die Botschaft der Gita an das Mental, das dem vitalen und materiellen Leben dient, lautet: Alles Leben ist eine Manifestation der universalen Macht im einzelnen, eine Ableitung aus dem Selbst, ein Strahl aus dem Göttlichen Wesen. In der aktuellen Gestaltung zeigt es aber das Selbst und das Göttliche Wesen verhüllt durch eine entstellende Maya. Wenn man das niedere Leben um seiner selbst willen leben will, verharrt man auf einem Irrweg und setzt die unerhellte Unwissenheit auf den Thron. Man kann dann unter keinen Umständen die ganze Wahrheit und das vollständige Gesetz des Daseins finden. Das

Evangelium des Willens zum Leben, des Willens zur Macht, der Befriedigung des Begehrens, der Verherrlichung der bloßen Kraft und Stärke, der Anbetung des Ichs und seines heftigen habsüchtigen Eigenwillens sowie des unermüdlichen, den Ich-Interessen dienenden Intellekts ist das Evangelium des Asura. Es kann nur zu einem gigantischen Ruin und ins Verderben führen. Um es beherrschen zu können, muß der vitale und materialistische Mensch ein religiöses, soziales und ideales Dharma annehmen, durch das er, während er sein Begehren und seine Interessen unter gewissen Einschränkungen befriedigt, seine niedere Persönlichkeit erziehen, untertan machen und gewissenhaft in Harmonie bringen kann mit einem höheren Gesetz sowohl des persönlichen wie des gemeinschaftlichen Lebens.

Die Botschaft der Gita an das Mental, das mit dem Befolgen intellektueller, ethischer und sozialer Normen beschäftigt ist, das darauf besteht, das Heil durch Befolgen anerkannter Dharmas, des moralischen Gesetzes, der gesellschaftlichen Pflicht und Tätigkeit oder von Lösungen der befreiten Intelligenz zu finden, lautet: Dies ist tatsächlich eine sehr notwendige Stufe. Das Dharma muß in der Tat befolgt werden. Auf rechte Weise befolgt, kann es das Format des Geistes heben, das spirituelle Leben vorbereiten und ihm dienen. Doch das ist noch nicht die vollständige und letzte Wahrheit des Seins. Die Seele des Menschen muß über all das hinaus zu dem absoluten Dharma seiner spirituellen und unsterblichen Natur aufsteigen. Das kann nur dadurch geschehen, daß wir die unwissenden Formulierungen der niederen mentalen Elemente überwinden und die falsche ichhafte Persönlichkeit ablegen. Wir sollen das Handeln der Intelligenz und des Willens apersonal gestalten. Wir sollen in der Identität des einen Selbstes in allen leben. Wir sollen aus allen Ich-Formen ausbrechen in den apersonalen Geist. Das Mental bewegt sich unter dem einengenden Zwang der dreifachen niederen Natur. Es errichtet seine Maßstäbe im Gehorsam gegen die Eigenschaften des *tamas,* des *rajas* oder der höchsten Stufe, des *sattva.* Die Seele ist aber zu einer eher göttlichen Vollkommenheit und Befreiung bestimmt. Diese kann nur dadurch gefunden werden, daß wir durch ihre umfassende Apersonalität und Universalität hindurchgehen, über das Mental hinaus ins integrale Licht der unermeßlichen Gottheit und des höchsten Unendlichen, das jenseits ist von allen Dharmas.

Die Botschaft der Gita an jene, die die Suche nach dem Unendlichen verabsolutieren, die Apersonalität auf die höchste Spitze treiben, unduldsam-leidenschaftlich für das Erlöschen von Leben und Handeln eintreten, die nichts anerkennen wollen als das eine letzte Ziel und Ideal, daß alles individuelle Sein im reinen Schweigen des erhabenen Geistes aufhört, lautet: Das ist gewiß der eine Pfad auf der Reise zum Eingehen in das Unendliche. Aber es ist der schwierigste Pfad. Das Ideal des Nichthandelns ist eine gefährliche Sache, wenn man es als Vorschrift und Beispiel der Welt auferlegt. Dieser Weg ist, obwohl großartig, doch nicht der beste Weg für den Menschen. Die Erkenntnis ist zwar zutreffend, aber nicht vollständig. Der Erhabene, das allbewußte Selbst, die Gottheit, der Unendliche ist nicht allein ein spirituelles Sein, entfernt von uns und erhaben. Hier ist er im Universum, zugleich verborgen und zum Ausdruck gebracht durch den Menschen, durch die Götter und durch alle Wesen. Und er ist in allem, was ist. Der Mensch kann zugleich sein inneres Rätsel von Selbst und Gott sowie das äußere Problem seiner aktiven menschlichen Existenz lösen, indem er ihn nicht nur im unwandelbaren Schweigen, sondern in der Welt und ihren Wesen, in allem Selbst und in aller Natur findet und alle Aktivitäten seiner Intelligenz, seines Herzens und seines Willens und Lebens zur integralen ebenso wie zur höchsten Geeintheit mit ihm erhebt. So wird er gottebenbildlich, Gott selbst, kann er sich am unendlichen Atem eines höchsten spirituellen Bewußtseins erfreuen, das er durch das Wirken nicht weniger erreichen kann als durch Liebe und Erkenntnis. Unsterblich und frei, kann er sein menschliches Wirken von jener höchsten Ebene aus fortsetzen und in eine höchste, alles umfassende göttliche Aktivität verwandeln. Das ist in der Tat die Krönung und der tiefste Sinn von allem Wirken und Leben hier, vom Opfern und Ringen der Welt.

Diese höchste Botschaft richtet sich zunächst an die Menschen, die die Kraft haben, ihr nachzufolgen; an die Herren-Menschen, die großen Geister, an die Gott-Erkennenden, die Gott-Täter, die Gott-Liebenden, die in Gott und für Gott leben, die ihr Werk voll Freude für ihn in der Welt tun, die ein göttliches Werk leisten, das erhaben ist über die ruhelose Finsternis des menschlichen Mentals und über die falschen Beschränkungen durch das Ich. Zugleich erklärt die Gita, daß alle Menschen – und hier leuchtet vor uns die Verheißung auf, die wir sogar zur Hoffnung auf eine kollektive Hinwendung zur Vollkommenheit ausdehnen können; denn wenn es eine Hoffnung für den einzelnen Menschen gibt, warum sollte es keine Hoffnung für die Menschheit geben – wenn sie wollen, den Pfad dieses Yoga betreten können, sogar die niedrigsten und sündigsten unter ihnen. Und wenn die Selbst-Überantwortung wahr und der Glaube an die innewohnende Göttlichkeit absolut unegoistisch ist, dann ist der Erfolg auf diesem Pfad gewiß. Diese entschlossene Wendung ist notwendig: die gläubige Hingabe an den Geist muß vollständig und dauerhaft, der Wille, im Göttlichen Wesen zu leben, aufrichtig und beharrlich sein. In unserem Selbst sollen wir geeint sein mit ihm und in der Natur – da wir auch in ihr ein ewiger Teil seines Wesens sind. Wir sollen eins sein mit seiner höchsten spirituellen Art, ganz im Besitz Gottes in allen unseren Organen und Gott gleich.

Bei der Entwicklung ihres Gedankens stellt uns die Gita vor viele Probleme: wie den Determinismus der Natur, die Bedeutung der universalen Manifestation, den endgültigen Zustand der befreiten Seele des Menschen. Das sind Fragen, die Gegenstand einer unendlichen Debatte waren, die zu keinem Schluß gekommen ist. Es ist nicht nötig, daß wir uns in der Reihe unseres Essays tiefer in diese Diskussion einlassen oder darüber Betrachtungen anstellen, wo wir etwa von ihrem Standpunkt und ihren Ergebnissen abweichen, daß wir irgendwelche Vorbehalte bei unserer Zustimmung haben oder sogar, durch spätere Erfahrungen veranlaßt, über die metaphysischen Lehre der Gita oder über ihren Yoga hinausgehen. Gegenstand dieser Abhandlungen ist eine Untersuchung und positive Bestätigung des wesentlichen Inhalts der Gita. Wir wollten herausarbeiten, was sie zum bleibenden spirituellen Denken der Menschheit beigetragen hat, sowie ihr Wesen lebendiger Praxisbezogenheit. Es mag genügen, daß wir mit einer Formulierung der lebendigen Botschaft abschließen, die sie heute noch dem Menschen, als dem ewigen Sucher und Entdecker, bringt, um ihn über seine gegenwärtigen Umwege und den möglicherweise noch steileren Aufstieg seines Lebens emporzuführen zu den lichten Höhen seines Geistes.

Es stimmt nicht, daß die Gita die ganze Grundlage für die Botschaft Sri Aurobindos liefert. Denn die Gita läßt anscheinend die Beendigung des Geborenwerdens in der Welt als äußerstes Ziel, zumindest als Höhepunkt des Yoga gelten. Den Gedanken einer geistigen Entwicklung begünstigt sie ebenso wenig wie die Vorstellung der höheren Ebenen, die Idee des supramentalen Wahrheitsbewußtseins oder der Herabkunft dieses Bewußtseins als des Mittels einer vollständigen Umwandlung irdischen Lebens.

(XXII, S. 69)

Die vier Hilfen

Yoga-siddhi, die Vollkommenheit, die man durch die Ausübung des Yoga erlangt, kann am besten durch das kombinierte Wirken von vier großen Instrumenten erreicht werden. Das ist in erster Linie das Wissen der Wahrheiten, der Prinzipien, Mächte und Prozesse, welche die Verwirklichung lenken, *shastra*. Dann kommt ein geduldiges und beharrliches Handeln nach diesen Grundlinien, das durch das Wissen und die Kraft unseres persönlichen Bemühens bestimmt ist, *utsaha*. Hier greift drittens die direkte Anregung, das Vorbild und der Einfluß des Lehrers, Guru, ein, der unser Wissen und Bemühen in den Bereich der spirituellen Erfahrung emporhebt. Zuletzt kommt die Funktion der Zeit, kāla; denn in allen Dingen herrscht ein Zyklus ihrer Aktion und ein periodischer Ablauf der göttlichen Bewegung.

Das höchste *shastra* des Integralen Yoga ist der ewige Veda, der im Herzen jedes denkenden Wesens verborgen ist. Der Lotos ewigen Wissens und ewiger Vollkommenheit ist eine Knospe in uns. Sie öffnet sich rasch oder allmählich, ein Blütenblatt nach dem anderen, durch eine Aufeinanderfolge von Realisationen, sobald sich das Mental des Menschen dem Ewigen zuzuwenden beginnt und sein Herz, nun nicht mehr durch sein Haften an den endlichen Erscheinungen zusammengepreßt und eingeengt, von einer wachsenden Liebe zu dem Unendlichen glüht. Von nun an werden das ganze Leben, alles Denken, jede kräftige Entfaltung der Befähigungen, alle aktiven oder passiven Erfahrungen zu so vielen Schockwirkungen, wodurch die Umhüllungen der Seele zerrissen und die Hindernisse gegen ihr unvermeidliches Aufblühen beseitigt werden. Wer den Unendlichen erwählt, ist selbst vom Unendlichen erwählt worden. Er ist von Gott angerührt worden. Ohne das gibt es für ihn kein Erwachen und kein Sichöffnen des Geistes. Wer aber einmal von Gott erfaßt wurde, ist auch dessen sicher, daß er zu Gott gelangt, ob nun rasch im Verlauf eines einzigen menschlichen Lebens oder geduldig durch viele Stadien des Kreislaufs der Existenz im manifestierten Universum.

Man kann das Mental nichts lehren, was nicht bereits als potentielles Wissen in der sich entfaltenden Seele des Geschöpfes enthalten ist. So ist auch die Vollkommenheit, deren der äußere Mensch fähig ist, nur eine Verwirklichung der ewigen Vollkommenheit des Geistes in seinem Innern. Wir erkennen das Göttliche Wesen und werden zum Göttlichen Wesen, weil wir dieses bereits in unserer geheimen Natur sind. Alles Belehren ist ein Enthüllen, alles Werden ist ein

Entfalten. Das Geheimnis liegt darin, wie man zum Selbst gelangt. Die Mittel und der Vorgang dabei sind das Wissen vom Selbst und ein ständig wachsendes Bewußtwerden.

Gewöhnlich wird diese Enthüllung durch das Wort bewirkt, das man hört, sruta. Das Wort kann zu uns aus dem Innern kommen; es mag auch von außen her zu uns gelangen. In beiden Fällen ist es nur ein Vermittler, um das verborgene Wissen zur Auswirkung zu bringen. Das Wort im Innern kann die Äußerung der innersten Seele in uns sein, die immer für das Göttliche Wesen geöffnet ist. Es mag auch das Wort des geheimen universalen Lehrers sein, der in den Herzen aller seinen Sitz hat. Es gibt seltene Fälle, in denen man niemand anderen benötigt, da alles übrige im Yoga dann Entfaltung unter dieser ständigen Einwirkung und Lenkung ist. Der Lotos des Wissens erschließt sich selbst von innen her durch die Macht der ihn bestrahlenden Lichtwirkungen, die von dem ausgehen, der im Lotos des Herzens wohnt. Wahrhaftig Große, aber wenige sind es, denen das Wissen aus dem Selbst im Innern in dieser Weise ausreicht und die nicht den beherrschenden Einfluß eines geschriebenen Buches oder lebenden Lehrers auf sich wirken zu lassen brauchen.

Gewöhnlich benötigt man das Wort von außen her als den Repräsentanten des Göttlichen Wesens, damit es bei dem Werk der Selbstentfaltung mithilft. Das mag entweder ein Wort aus der Vergangenheit oder das machtvollere Wort des lebenden Guru sein. In manchen Fällen dient dieses repräsentative Wort als Hilfsmittel für die innere Macht, um sie aufzuwecken und zu offenbaren. Das ist dann eine Art Konzession des allmächtigen und allwissenden Göttlichen Wesens an die allgemeine Gültigkeit eines Gesetzes, das die Natur beherrscht. So heißt es in den Upanishaden von Krishna, dem Sohn der Devaki, daß er ein Wort des Rishi Ghora empfing und nun das Wissen besaß. So nahm Ramakrishna, nachdem er durch sein eigenes inneres Bemühen die zentrale Erleuchtung empfangen hatte, mehrere Lehrer der verschiedenen Yoga-Pfade an, zeigte diesen aber jeweils in der Art und Raschheit seiner Realisation, daß er sie nur als ein Zugeständnis an die allgemeine Regel akzeptiert hatte, nach der man ein effektives Wissen nur als ein Schüler von einem Guru erlangen kann.

Gewöhnlich aber nimmt der repräsentative Einfluß einen viel größeren Raum im Leben des Sadhaka ein. Wenn der Yoga durch ein empfangenes geschriebenes *shastra* (ein Wort aus der Vergangenheit, das die Erfahrung früherer Yogis verkörpert) gelenkt wird, kann dieses entweder durch eigenes persönliches Bemühen allein oder mit Hilfe eines Guru praktiziert werden. Dann wird das spirituelle Wissen durch Meditation über die gelehrten Wahrheiten gewonnen und durch ihre Realisation in der persönlichen Erfahrung lebendig und bewußt gemacht. Der Yoga schreitet durch die Ergebnisse vorgeschriebener Methoden fort, die in einer Schrift oder in einer mündlichen Tradition gelehrt und durch die Instruktionen des Meisters bestärkt und erhellt werden. Das ist eine engere Praxis; sie ist aber sicher und innerhalb ihrer Grenzen effektiv, da sie einem wohlbekannten Weg zu einem lange vertrauten Ziel folgt.

Der Sadhaka des Integralen Yoga soll sich daran erinnern, daß kein geschriebenes *shastra* mehr sein kann als ein nur teilweiser Ausdruck des ewigen Wissens, wenn auch seine Autorität noch so groß und sein Geist noch so umfassend ist. Er wird es also verwenden; er wird sich aber an keine, auch nicht an die höchste Schrift binden. Wo die Schrift tief, weit und umfassend ist, kann sie auf ihn Einfluß zum höchsten Guten ausüben und von unberechenbarer Wichtigkeit sein. Sie mag sich in seiner Erfahrung mit seinem eigenen Erwachen zu überragenden Wahrheiten und mit seiner Realisation der höchsten Erlebnisse vereinigen. Sein Yoga kann lange Zeit hindurch von einer einzelnen oder von mehreren Schriften nacheinander bestimmt werden. Wenn der Yoga der Linie der großen Hindu-Tradition folgt, kann das etwa durch die Gita, die Upanishaden oder den Veda geschehen. Ein großer Teil der Entwicklung des Yogi kann in seinem Material auch eine reich variierte Erfahrung der Wahrheiten vieler Schriften umfassen; so kann er seine Zukunft durch all das bereichern, was das Beste in der Vergangenheit ist. Schließlich muß er aber doch seinen eigenen Standpunkt einnehmen; oder besser: er soll, wenn er es vermag, immer und von Anfang an unabhängig von der geschriebenen Wahrheit in seiner eigenen Seele leben, über allem stehend, was er je hörte und noch zu hören bekommt. Denn er ist nicht der Sadhaka eines Buches oder vieler Bücher; er ist der Sadhaka des Unendlichen.

Eine andere Art *shastra* ist nicht eine Schrift sondern eine Darstellung der Wissenschaft des Yoga, seiner Methoden, seiner wirksamen Prinzipien und der Art, wie der Pfad verläuft, den zu befolgen der Sadhaka wählte. Jeder Pfad hat sein *shastra,* das entweder geschrieben oder mündlich überliefert ist und durch eine lange Reihe von Lehrern von Mund zu Mund weiterging. In Indien wird gewöhnlich der geschriebenen Lehre und der mündlichen Tradition eine große Autorität zugeschrieben und sogar eine hohe Verehrung entgegengebracht. Dabei wird angenommen, daß alle Linien des betreffenden Yoga festgelegt sind. Der Lehrer, der das *shastra* duch die Tradition empfing und es in der Praxis realisiert, führt den Schüler auf den unvordenklich alten Weg. Oft hört man sogar die Einwendung gegen eine neue Praxis, eine neue Yoga-Lehre und die Annahme einer neuen Formel: „Das steht nicht im Einklang mit dem *shastra.*" Aber es herrscht weder tatsächlich noch in der aktuellen Praxis der Yogins wirklich eine so völlige Starrheit, als ob vor einer neuen Wahrheit, einer neuen Offenbarung und einer erweiterten Erfahrung ein eisernes Tor verschlossen wäre. Die schriftlich niedergelegte oder durch mündliche Tradition weitergegebene Lehre drückt das Wissen und die Erfahrungen vieler Jahrhunderte aus, die für den Anfänger systematisiert, geordnet und zugänglich gemacht wurden. Darum ist ihre Bedeutung und ihr Nutzen außerordentlich groß. In der Praxis ist aber immer eine große Freiheit der Variation und Entwicklung erlaubt. Selbst ein so hochwissenschaftliches System wie der Raja-Yoga kann auch nach anderen Methoden als den von Patanjali verfaßten praktiziert werden. Jeder der Pfade des Dreifachen Wegs (Yoga des Wissens, der frommen Hingabe und der Werke) zerteilt sich in viele Seitenwege, die sich am Ziel wieder miteinander vereinigen. Das allgemeine Wissen, von dem der Yoga abhängt, ist zwar festgelegt; aber für die Ordnung, Aufeinanderfolge, die einzelnen Maßnahmen und Formen muß eine Variation zugelassen sein. Denn die Bedürfnisse und besonderen Antriebskräfte der individuellen Natur müssen befriedigt werden, wenn auch die allgemeinen Wahrheiten fest und konstant bleiben.

Gerade ein integraler, synthetischer Yoga soll nicht durch irgendein geschriebenes oder mündliches *shastra* gebunden sein. Denn wenn er auch das aus der Vergangenheit empfangene Wissen gern annimmt, so sucht er es doch für die Gegenwart und Zukunft neu zu gestalten. Darum ist es Bedingung für die eigene Selbst-Verwirklichung, daß man absolut frei ist in der Erfahrung und in der Formulierung der Erkenntnis in neuen Begriffen und neuen Kombinationen. Da er in sich das ganze Leben zu umfassen sucht, gleicht der Yogin nicht einem Pilgrim, der, an die Landstraße gebunden, zu seinem Ziele wandert, sondern er ist in gewissem Sinne wie ein Pfadfinder, der sich seinen Weg durch einen Urwald bahnt. Denn der Yoga hat sich längst vom Leben gelöst, und die alten Systeme, wie die unserer vedischen Vorfahren, die so sehr das Leben umfaßten, sind weit hinter uns geblieben. Sie sind in Begriffen ausgedrückt, die uns nicht mehr zugänglich, und in Formen geprägt, die für uns nicht mehr verwendbar sind. Seit damals hat sich die Menschheit auf dem Strom der ewigen Zeit vorwärtsbewegt. Darum muß man an dasselbe Problem heute von einem anderen Ausgangspunkt herantreten.

Durch diesen Yoga suchen wir nicht nur das Unendliche, sondern wir rufen das Unendliche zu uns herbei, damit es sich im menschlichen Leben entfaltet. Darum muß das *shastra* unseres Yoga in der empfänglichen menschlichen Seele für eine unendliche Freiheit sorgen. Die richtige Voraussetzung für das volle geistige Leben im Menschen ist, das Universale und Transzendente so in sich aufzunehmen, daß es sich frei an die Art und den Typus des einzelnen Menschen anpassen kann. Vivekananda wies darauf hin, daß sich die Einheit aller Religionen notwendigerweise in einem wachsenden Reichtum ihrer Formen ausdrücken müsse. Darum sagte er einmal, der vollkommene Zustand jener wesenhaften Einheit trete dann ein, wenn jeder Mensch seine eigene Religion besitze und, ungebunden durch die besondere Religionsform oder ihre Traditionen, dem folge, wie sich seine Natur selbst frei in ihren Beziehungen zum Höchsten Wesen entfaltet. Man kann also auch sagen, daß die Vollkommenheit des Integralen Yoga dann eintreten wird, wenn der Mensch dazu fähig ist, seinem eigenen Pfad zu folgen und dabei die Entwicklung seiner eigenen Natur in dem zu fördern, was in ihr zum Transzendenten jenseits seiner Natur emporstrebt. Denn das endgültige Gesetz und die letzte Gipfelhöhe ist die Freiheit. Bis es so weit ist, müssen gewisse allgemeine Grundlinien formuliert werden, die dazu helfen mögen, das Denken und die Praxis des Sadhaka zu lenken. Diese müssen aber so viel wie möglich die Form allgemeiner Wahrheiten, allgemeiner Prinziperklärungen und breitester, machtvoller Lenkungen des Bemühens und der Entwicklung annehmen; sie dürfen kein festgelegtes System sein, dem man wie einer Routine folgen muß. Jedes *shastra* ist das Ergebnis von Erfahrungen in der Vergangenheit und eine Hilfe für zukünftige Erfahrungen. Es ist ein Beistand und ein Führer mit einer Teilfunktion. Es stellt Wegweiser auf, benennt die Hauptwege und die bereits erforschten Richtungen, so daß der Wanderer wissen kann, wohin und auf welchen Pfaden er vorwärtsgehen soll. Alles übrige hängt vom persönlichen Bemühen, von der Erfahrung und von der Macht des Lenkers ab.

Für den raschen Erfolg, die Weite, Intensität und Macht ihrer Ergebnisse wird die Entfaltung der Erfahrung zunächst, am Anfang des Weges und noch lange danach, von der Aspiration und dem persönlichen Bemühen des Sadhaka bestimmt. Der Prozeß des Yoga besteht darin, daß sich die menschliche Seele von dem ichhaften Zustand des Bewußtseins, das von den äußeren Erscheinungen und der Anziehungskraft der Dinge gefangen genommen wird, loslöst und einem höheren Zustand zukehrt, wo dann das Transzendente und Universale sich selbst in die individuelle Gestaltung ergießen und sie umformen kann. Das erste bestimmende Element der *siddhi* ist darum die Intensität der Umkehrung, also die Kraft, welche die Seele nach innen lenkt. Der Maßstab für diese Intensität sind die Macht der Aspiration des Herzens, die Kraft des Willens, die Konzentration des Mentals sowie die Ausdauer und Entschlossenheit der eingesetzten Energie. Der ideale Sadhaka sollte mit dem Bibelwort sagen können: „Mein Eifer für den Herrn hat mich verzehrt." Dieser Eifer für den Herrn, *utsaha,* das eifrige Ringen der ganzen Natur, um zu ihrer göttlichen Vervollkommnung, *vyakulata,* zu kommen, und das unablässige Begehren des Herzens, zu Gott zu gelangen, zehrt das Ego auf und zerbricht die Begrenzungen seiner kleinlich engen Form. So wird es erfüllt, weit und aufnahmefähig für das, was es sucht. Es geht, weil es universal ist, selbst über das umfassendste und höchste individuelle Ich und dessen Natur hinaus und läßt sie, da es selbst transzendent ist, hinter sich zurück.

Das ist aber nur die eine Seite der Kraft, die für die Vollkommenheit wirkt. Der Prozeß des Integralen Yoga hat drei Stufen, die zwar nicht scharf voneinander geschieden oder abgesondert sind, die aber doch in einem bestimmten Maß aufeinanderfolgen. Zuerst soll ein Bemühen da sein, das eine anfängliche wirksame Transzendierung des Ichs und den Kontakt mit dem Göttlichen Wesen erlangen will. Dann soll das, was jenseits des Ichs liegt und mit dem wir in Kommunion gekommen sind, in uns selbst aufgenommen werden, damit wir unser ganzes bewußtes Wesen transformieren. Schließlich soll unser so umgewandeltes menschliches Dasein als ein göttliches Zentrum in der Welt verwendbar werden. Solange der Kontakt mit dem Göttlichen Wesen noch nicht in ausreichender Festigkeit hergestellt ist und solange man sich noch nicht genügend und anhaltend mit dem Göttlichen identifizieren kann, *sayujya*, muß natürlich das Element des persönlichen Bemühens vorherrschen. Je mehr sich aber dieser Kontakt festigt, soll der Sadhaka sich dessen bewußt werden, daß eine Kraft, die anders ist als seine eigene und über sein ichhaftes Bemühen und dessen Befähigungen hinausgeht, in ihm am Werk ist. Er lernt, sich fortschreitend dieser Macht zu unterwerfen und ihr die Verantwortung für seinen Yoga zu übertragen. Schließlich werden sein eigener Wille und seine Kraft eins mit der Höheren Macht. Er läßt sie in den Göttlichen Willen und in dessen transzendente und universale Kraft eingehen. Er entdeckt dann, daß diese von nun an die notwendige Transformation seines mentalen, vitalen und physischen Wesens mit unparteiischer Weisheit und vorausschauender Wirkungskraft lenkt, deren das übereifrige und nur an sich selbst interessierte Ich nicht fähig ist. Wenn diese Identifikation mit Gott und dieses Selbst-Eingehen in Ihn vollkommen sind, ist das göttliche Zentrum in der Welt fertig. Geläutert, befreit, formbar und erleuchtet, kann es nun anfangen, als ein Mittel zur direkten Aktion einer Höchsten Macht in dem umfassenderen Yoga der Menschheit oder der Über-Menschheit zum spirituellen Fortschritt der Erde und zu ihrer Transformation zu dienen.

Tatsächlich ist es immer die Höhere Macht, die handelt. Unser Empfinden von persönlichem Bemühen und eigener Aspiration rührt von dem Versuch des ichhaften Mentals her, sich selbst in einer falschen und unvollkommenen Art mit den Wirkweisen der Göttlichen Kraft zu identifizieren. Es besteht darauf, die gewöhnlichen Begriffe unserer Mentalität, die es für die normalen Erfahrungen in der Welt verwendet, auf Erfahrungen in einer übernormalen Ebene zu übertragen. In der Welt handeln wir mit unserem Ich-Sinn. Wir beanspruchen die universalen Kräfte, die in uns wirken, als unser Eigentum. Wir schreiben uns die auswählende, gestaltende und progressive Aktion des Transzendenten in unserer Menschengestalt von Mental, Vital und Körper als das Ergebnis unseres persönlichen Willens, unserer Weisheit, Kraft und Tugend gut. Erleuchtung führt uns zu der Erkenntnis, daß dieses Ich nur ein Instrument ist. Wir nehmen immer mehr wahr und fühlen immer deutlicher, die Dinge sind nur in dem Sinn unser Eigentum, daß sie unserem höchsten integralen Selbst angehören, das eins mit dem Transzendenten ist, und nicht dem instrumentalen Ich. Was an uns begrenzt und entstellt ist, trägt unser Ich zu jenem Wirken hinzu. Die wahre Macht unseres Ichs gehört Gott. Wenn das menschliche Ich einsieht, daß sein Wille ein Werkzeug, seine Weisheit eine Unwissenheit und kindische Unerfahrenheit, seine Macht das tastende Suchen eines kleinen Kindes, seine Tugend nur anmaßende Unlauterkeit ist, und wenn das Ich dann lernt, sich ganz dem anzuvertrauen, was jenseits von ihm liegt: dann ist das seine Rettung. Die scheinbare Freiheit und Selbstbehauptung unseres personalen Wesens, an der wir mit einer so tiefen Bindung hängen, verbirgt ein höchst bedauerliches Unterworfensein unter tausend Suggestionen, Impulse und Kräfte, die wir unserer kleinen Person gegenüber zu etwas außerhalb Befindlichem gemacht haben. Unser Ich, das sich so sehr seiner Freiheit rühmt, ist in jedem Augenblick der Sklave, das Spielzeug und die Marionette zahlloser Wesen, Mächte, Kräfte und Einflüsse aus der universalen Natur. Wenn sich das Ich völlig negiert und im Göttlichen Wesen aufgeht, bedeutet das seine Selbst-Erfüllung. Seine Unterwerfung unter das, was ihm transzendent ist, wird zu seiner Befreiung von Gebundenheit und Begrenzung und zu seiner vollkommenen Unabhängigkeit.

In der praktischen Entwicklung besitzt jedoch jede der drei Stufen noch ihre Notwendigkeit und hat dort ihren Nutzen. Darum soll man auch jeder ihre Zeit oder ihren Platz gewähren. Es ist nicht angängig (und es kann auch nicht sicher und effektiv sein), wenn man mit der letzten und höchsten Stufe allein beginnt. Es wäre auch nicht der richtige Ablauf, vorzeitig von der einen auf die andere hinüberzuspringen. Denn selbst wenn wir von Anfang an in unserem Mental und Herzen den Höchsten erkennen, gibt es doch Elemente unserer Natur, die auf lange Zeit hinaus verhindern, daß diese Anerkennung auch zu einer Verwirklichung wird. Ohne eine Realisation kann aber unser mentales Fürwahrhalten nicht zu einer dynamischen Realität werden. Es bleibt immer noch eine Erkenntnisform und ist noch keine lebendige Wahrheit; es ist nur eine Idee und noch keine Macht. Selbst wenn dic Realisation angefangen hat, mag es gefährlich sein, sich einzubilden oder zu früh anzunehmen, wir seien nun völlig in der Hand des Höchsten Wesens oder seien als dessen Instrument aktiv. Diese Annahme kann eine unheilvolle Verfälschung einleiten. Sie kann eine passive Trägheit bewirken; sie kann aber auch die Regungen des Ichs mit dem göttlichen Namen verstärken und in verhängnisvoller Weise den ganzen Verlauf des Yoga entstellen und ruinieren. Es gibt eine mehr oder minder ausgedehnte Periode inneren Ringens und Kämpfens, wobei der individuelle Wille die Verdunklung und Entstellung durch die niedere Natur zurückweisen und sich entschlossen und kraftvoll entschieden auf die Seite des göttlichen Lichtes stellen muß. Er soll die mentalen Energien, die Gefühle des Herzens, das vitale Begehren und das ganze physische Wesen zur richtigen Haltung zwingen oder sie so trainieren, daß sie die richtigen Einflüsse eindringen lassen und ihnen zustimmen. Nur wenn das in Wahrheit getan worden ist, kann die Unterwerfung des Niederen unter das Höhere bewirkt werden, da dann das Opfer Gott wohlgefällig würde.

Zuerst soll der personale Wille des Sadhaka die ichhaften Energien fest in seinen Griff bekommen und sie dem Licht und dem Richtigen zuwenden. Sind sie dorthin eingestellt, dann soll er sie weiter dazu trainieren, daß sie das immer anerkennen, akzeptieren und ihm stets folgen. Bei weiterem Fortschritt lernt er zwar, immer noch seinen personalen Willen, sein personales Bemühen und seine personalen Energien zu gebrauchen, er verwendet sie nun aber als die Repräsentanten der Höheren Macht und im bewußten Gehorsam gegen den Einfluß von oben her. Schreitet er noch weiter vorwärts, dann bleiben sein Wille, sein Bemühen und seine Energie nicht länger etwas Personales und Abgesondertes. Vielmehr werden sie zu Aktivitäten jener Höheren Macht und jenes Einflusses, die sich im Individuum auswirken. Doch besteht noch immer eine Kluft und Distanz; daraus kommt mit Notwendigkeit ein unklarer Ablauf, weil nicht immer eine genaue, oft sogar eine entstellende Übermittlung zwischen dem Göttlichen Ursprung und den aus dem Menschen hervorbrechenden Kraftströmen geschieht. Am Ende der weiteren Entwicklung wird auch mit dem progressiven Verschwinden der Ichhaftigkeit, Ungeläutertheit und Unwissenheit diese letzte Absonderung beseitigt. Dann wird alles im individuellen Menschen zu einer Auswirkung des Göttlichen Wesens.

Ist das höchste *shastra* des Integralen Yoga der ewige Veda, Gottes Wort im geheimen Grund des Herzens, so ist sein höchster Leiter und Lehrer der innere Lenker, der Welt-Lehrer, *jagad-guru,* verborgen in unserem Inneren. Er vertreibt unsere Finsternis durch das strahlende Licht seines Wissens. Dieses Licht wird in unserem Innern zur immer größeren Herrlichkeit seiner eigenen Selbst-Offenbarung. Er enthüllt in uns immer mehr seine eigene Natur von Freiheit, Seligkeit, Liebe, Macht und unsterblichem Wesen. Er stellt als unser Ideal sein göttliches Vorbild über uns und verwandelt die niedere Existenz in einen Widerschein von dem, was sie in ihrer Kontemplation betrachtet. Indem er seinen eigenen Einfluß und seine Gegenwart in uns einströmen läßt, befähigt er unser individuelles Wesen dazu, daß es die Identität mit dem universalen und transzendenten Wesen erlangt.

Was ist nun seine Methode und sein System? Er hat keine und doch jede Methode. Sein System ist eine natürliche Organisation der höchsten Prozesse und Abläufe, deren die Natur fähig ist. Da diese bei den scheinbar geringfügigsten Einzelheiten und bedeutungslosesten Aktionen ebenso wie bei den größten mit derselben Sorgfalt und Gründlichkeit angewandt werden, heben sie schließlich alle in das Licht empor und transformieren alles. Denn ihm ist in seinem Yoga nichts zu klein, um noch verwendet, und nichts zu groß, um versucht zu werden. So wie der Diener und Schüler des Meisters keinen Stolz und keine Ichsucht aufkommen lassen darf, da ja alles für ihn von oben her getan wird, so hat er auch kein Recht, niedergeschlagen zu sein über seine persönlichen Mängel und die strauchelnden Fortschritte seiner Natur. Denn die Kraft, die in ihm wirkt, ist unpersönlich (oder überpersönlich) und unendlich.

Auf dem Pfad der integralen Vervollkommnung ist es von äußerster Wichtigkeit, daß wir diesen inneren Lenker, den Meister unseres Yoga, den Herrn, das Licht und Ihn, den Empfänger und das Ziel allen Opfers und Bemühens, völlig anerkennen. Es ist sachlich bedeutungslos, ob man ihn in erster Linie als eine unpersönliche Weisheit, Liebe und Macht hinter allen Dingen schaut; oder als ein Absolutes, das sich im Relativen manifestiert und dieses zu sich hinzieht; oder als das eigene höchste Selbst und das höchste Selbst aller; oder als eine Göttliche Person in unserem Inneren und in der Welt, in einer seiner (oder ihrer) zahlreichen Gestaltungen und Namen; oder als das Ideal, das unser Mental begreift. Schließlich werden wir dessen gewahr, daß er alles ist und mehr als all dieses zusammen. Der Zugang des Mentals, ihn zu begreifen, wird je nach unserer vergangenen Evolution und gegenwärtigen Natur verschieden sein.

Dieser innere Lenker ist anfänglich oft gerade durch die Intensität unseres persönlichen Bemühens und dadurch verhüllt, daß das Ich so sehr mit sich selbst und seinen Zielen beschäftigt ist. Sobald wir an Klarheit zunehmen und der Wirrwarr unserer ichhaften Bemühungen einer ruhigeren Selbsterkenntnis weicht, erkennen wir den Ursprung des in uns wachsenden Lichts. Wenn wir einsehen, wie alle unsere dunklen und widersprüchlichen Lebenswege auf ein einziges Ziel hin determiniert gewesen sind, ein Ziel, das wir jetzt erst wahrzunehmen beginnen, verstehen wir im Rückblick, daß unser Leben schon, bevor wir den Pfad des Yoga betraten, planmäßig zu seinem Wendepunkt hingelenkt worden ist. Denn jetzt erst geht uns immer mehr das Verständnis für den Sinn unserer Kämpfe und Mühen, unserer Erfolge und Fehlschläge auf. Schließlich können wir dessen innewerden, welche Bedeutung unsere Prüfungen und Leiden hatten. Wir werden für die Hilfe dankbar, die uns durch all das zuteil wurde, was uns weh tat und Widerstand leistete. Wir erkennen auch den Nutzen gerade unseres Fallens und Strauchelns. Diese göttliche Lenkung verstehen wir nachträglich, nicht durch eine rückblickende Betrachtung, sondern unmittelbar darin, wie unsere Gedanken durch einen transzendenten Seher geformt, wie unser Wille und unsere Handlungen durch eine allumfassende Macht gelenkt und wie unser Gefühlsleben von einer Seligkeit und Liebe erfüllt wurden, die alles zu sich hinzog und sich anglich. Wir gewahren diese Führung auch in einer immer persönlicher werdenden Beziehung, die uns zuerst leise anrührte und schließlich völlig in ihren Besitz nahm. Wir fühlen die ewige Gegenwart eines höchsten Meisters, Freundes, Liebenden und Lehrers. Wir erkennen sie im Wesenskern unseres Daseins, das sich immer mehr in das Ebenbild und Einssein mit einer größeren und weiteren Existenz entfaltet. Denn wir nehmen wahr, daß diese wunderbare Entwicklung nicht das Ergebnis unserer eigenen Bemühungen ist. Vielmehr gestaltet uns eine ewige Vollkommenheit in ihr eigenes Ebenbild um. Das ist der Meister unseres Yoga: der Eine, der Herr oder *ishvara* der Yoga-Philosophien, der Lenker in unserem bewußten Wesen, *caitya guru* oder *antaryamin,* das Absolute des Denkers, das Unerkennbare des Agnostikers, die universale Kraft des Materialisten, die erhabene Seele und erhabene *shakti,* der Eine, den die Religiösen unter verschiedenen Namen und Bildern verehren.

Diesen Einen in unserem inneren Selbst und in unserer ganzen äußeren Natur zu schauen, zu erkennen, zur Erfüllung zu bringen und Er zu werden, war immer das geheime Ziel und wird jetzt zum bewußten Zweck unseres Daseins im Körper. Seiner in allen Schichten unseres Wesens und gleichermaßen in allem bewußt zu werden, was das zerteilende Mental als außerhalb unseres Wesens sieht, ist die höchste Höhe des individuellen Bewußtseins. Ganz ihm zu eigen zu sein und ihn in uns selbst und in allen Dingen zu besitzen, ist der Inbegriff aller Herrschaft und Meisterschaft. Ihn in jeder Erfahrung der Passivität und Aktivität zu genießen, im Erlebnis des Friedens und der Macht, der Einheit und Verschiedenheit, ist das Glück, das der *jiva* (die in der Welt manifestierte individuelle Seele) insgeheim sucht. Das ist die vollständige Definition des Ziels des Integralen Yoga. Das ist in persönlicher Erfahrung die Darstellung der Wahrheit, welche die universale Natur in sich selbst verborgen hält und um deren Enthüllung willen sie in Wehen liegt. Das ist die Verwandlung der menschlichen Seele in die göttliche Seele und des natürlichen Lebens in die dem Göttlichen Wesen entsprechende Art zu leben.

Der sicherste Weg zu dieser integralen Erfüllung besteht darin, den Meister des Geheimnisses zu finden, der in unserem Inneren wohnt, und uns ständig für die göttliche Macht zu öffnen, die auch die göttliche Weisheit und Liebe ist. Auf sie müssen wir unser Vertrauen setzen, damit sie unsere Umwandlung bewirkt. Für das ichhafte Bewußtsein ist es besonders am Anfang schwer, das überhaupt zu tun. Und wenn es schließlich getan wird, ist es immer noch schwierig, es vollkommen und mit jeder Faser unserer Natur zu tun. Das ist am Anfang darum so schwierig, weil unsere ichhaften Gewohnheiten im Denken, Empfinden und Fühlen die Zugänge blockieren, durch die wir zur Wahrnehmung dessen, was nottut, gelangen können. Später ist es dann deshalb schwer, weil die vom Ich umwölkte Seele den auf diesem Pfad erforderlichen Glauben, die absolute Hingabe und den Mut nicht leicht aufbringen kann. Das dem Göttlichen Wesen entsprechende Wirken ist nicht jenes Handeln, das vom ichhaften Mental begehrt oder gebilligt wird. Denn dieses verwendet den Irrtum, um zur Wahrheit zu gelangen, das Leiden, um die Seligkeit zu erreichen, Unvollkommenheit, um die Vollkommenheit zu gewinnen. Das Ich kann nicht sehen, wohin es geführt wird. Darum lehnt es sich gegen die Führung auf, verliert das Vertrauen und läßt den Mut sinken. Diese Schwächen würden nichts schaden, denn der göttliche Lenker im Innern wird durch unsere Revolte nicht beleidigt, durch unseren Mangel an Glauben nicht mutlos und durch unsere Schwäche nicht zurückgestoßen. Er besitzt die vollkommene Liebe der Mutter und die völlige Geduld des Lehrers. Wenn wir aber seiner Führung unsere Zustimmung entziehen, verlieren wir selbst das Bewußtsein von deren Wert für uns, – wenn uns auch nicht die ganze aktuelle, keinesfalls die eventuelle Wirkung entzogen wird. Wir aber wollen deshalb nicht in die Führung einwilligen, weil wir von dem niederen Ich unser höheres Selbst nicht zu unterscheiden vermögen, durch das der Lenker seine Selbstoffenbarung vorbereitet. So wenig wie in der Welt können wir Gott, wegen seiner eigentümlichen Wirkensweisen, in uns selbst schauen, besonders weil er in uns durch unsere Natur und nicht durch eine Aufeinanderfolge von willkürlichen Mirakeln wirkt. Der Mensch will Wunder haben, damit er glauben kann; er will geblendet sein, damit er zu sehen vermag. Diese Ungeduld und Unwissenheit kann zu einer großen Gefahr und zu einem Verhängnis werden, wenn wir in unserer Revolte gegen die göttliche Lenkung eine andere entstellende Kraft, die unsere Impulse und unsere Begehren mehr zufriedenstellt, herbeirufen und bitten, daß sie uns führt, und der wir dann den göttlichen Namen beilegen.

So schwierig es aber für den Menschen ist, an etwas zu glauben, das er in seinem eigenen Innern nicht schauen kann, so leicht ist es für ihn, sein Vertrauen auf etwas zu setzen, das er sich als außerhalb von ihm existierend vorzustellen vermag. Der spirituelle Fortschritt verlangt bei den meisten Menschen eine Stütze von außen her, ein außerhalb von uns befindliches Objekt, an das man glaubt. Er braucht ein äußeres Ebenbild Gottes, oder er benötigt einen menschlichen Repräsentanten, eine Inkarnation Gottes, einen Propheten oder Guru. Wenn er nach beiden verlangt, erhält er sie auch. Denn das Göttliche Wesen manifestiert sich im Einklang mit den Bedürfnissen der menschlichen Seele als das Göttliche, als das Menschlich-Göttliche oder in einfacher Menschlichkeit. Es benutzt diese dichte Verhüllung, die seine Göttlichkeit so völlig verbirgt, als ein Mittel, um seine Lenkung dadurch zu unterstützen.

Die Hindu-Disziplin der spirituellen Vervollkommnung erfüllte dieses Bedürfnis der Seele, indem sie die geistigen Begriffe des *ishta devata,* des Avatars und des Guru schuf. Unter *ishta devata,* der erwählten Gottheit, versteht man nicht irgendeine untergeordnete Macht, sondern einen Namen und eine Gestalt der transzendenten und universalen Gottheit. Fast alle Religionen haben irgendeinen solchen Namen oder eine Gestalt des Göttlichen Wesens als ihren tragenden Grund oder verwenden ihn. Seine Notwendigkeit für die menschliche Seele ist augenscheinlich. Gott ist das All und mehr als das All. Wie soll aber der Mensch das, was mehr ist als das All, begreifen? Selbst das All ist am Anfang für ihn zu schwer faßbar. Denn er selbst ist in seinem aktiven Bewußtsein eine begrenzte und darum auswählende Gestalt. Er kann sich nur für das öffnen, was mit seiner beschränkten Natur in Harmonie ist. Es gibt im All Dinge, die für sein Begreifen zu schwierig sind oder seinen empfindsamen Gefühlen oder seinen feige zurückschreckenden Sinnen als zu schrecklich erscheinen. Er kann einfach etwas, das allzu sehr außerhalb des Kreises seiner Unwissenheit oder seines nur teilweisen Begreifens liegt, nicht als das Göttliche Wesen verstehen; er kann sich ihm nicht nahen, ohne es anzuerkennen. Für ihn ist es nötig, daß er Gott nach seinem Ebenbild oder in einer solchen Gestalt erfaßt, die zwar jenseits von ihm, aber doch in Einklang steht mit seinen höchsten Tendenzen und für seine Gefühle oder seine Intelligenz begreifbar ist. Andernfalls wäre es für ihn zu schwierig, mit dem Göttlichen Wesen in Kontakt oder in eine Kommunion zu gelangen.

Gerade darum verlangt die Natur des Menschen nach einem menschlichen Mittler, damit er das Göttliche Wesen in einer Gestalt fühlen kann, die seiner eigenen Menschlichkeit ganz nahe steht und in einem menschlichen Einfluß und Beispiel fühlbar ist. Die Gottheit erfüllt diesen Ruf und manifestiert sich in einer menschlichen Erscheinung, in der Inkarnation (Menschwerdung Gottes), im Avatar, in Krishna, Christus, Buddha. Wenn aber auch das für den Menschen zu schwer faßlich ist, repräsentiert sich Gott ihm gegenüber durch einen weniger wunderbaren Vermittler, einen Propheten oder Lehrer. Denn viele, die den Göttlichen Menschen nicht begreifen können oder nicht willens sind, ihn anzunehmen, sind dazu bereit, sich dem hervorragendsten Menschen gegenüber zu öffnen, den sie dann nicht Inkarnation, sondern Welt-Lehrer oder Repräsentanten Gottes nennen.

Oft reicht auch das nicht aus. Man benötigt einen lebendigen Einfluß, ein lebendiges Vorbild, eine unmittelbar gegenwärtige Belehrung. Denn nur wenige können einen Lehrer der Vergangenheit mit seiner Belehrung oder eine Inkarnation früherer Zeiten mit ihrem Vorbild und Einfluß in ihrem Leben zu einer wirksamen Kraft machen. Für dieses Bedürfnis des Menschen sorgt die Hindu-Lehre durch die Beziehung des Guru zu seinem Schüler. Der Guru mag manchmal die Inkarnation oder der Welt-Lehrer sein. Aber es genügt, daß er seinem Jünger die göttliche Weisheit verkörpert, daß er ihm etwas vom göttlichen Ideal nahebringt oder ihn die verwirklichte Beziehung zwischen der menschlichen Seele und dem Ewigen fühlen läßt.

Der Sadhaka des Integralen Yoga wird im Einklang mit seiner Natur alle diese Hilfen benutzen. Es ist aber nötig, daß er ihre Begrenzungen von sich weist und jene exklusive Tendenz des egoistischen Mentals aus sich vertreibt, die „mein eigener Gott, meine Inkarnation, mein Prophet, mein Guru“ betont und diese in einem sektiererischen, fanatischen Geist allen anderen Repräsentationen Gottes entgegenstellt. Alles Sektenhafte und Fanatische muß völlig ausgeschlossen bleiben, denn es ist unvereinbar mit der uneingeschränkten Ganzheit der göttlichen Realisation.

Im Gegenteil wird der Sadhaka des Integralen Yoga nicht zufrieden sein, ehe er nicht alle anderen Namen und Gestalten der Gottheit in seine eigene Auffassung einbezog, seine eigene *ishta devata* in allen anderen schaute, alle Avatare in dem Einen Sein dessen vereinte, der in seinem Avatar herniederkommt und die in allen Lehren enthaltene Wahrheit in die Harmonie der Ewigen Weisheit zusammenschweißte. Er sollte aber dabei nie den Zweck dieser von außen her wirkenden Hilfen vergessen, der darin besteht, seine Seele in seinem Innern für das Gewahrwerden des Göttlichen Wesens zu erwecken. Nichts ist in ihm endgültig zur Vollendung gebracht worden, wenn dieses nicht zustandekam. Es ist ja nicht genug, daß man Krishna, Christus oder Buddha von außen her verehrt, wenn es nicht dazu kommt, daß sich Buddha, Christus oder Krishna in uns selbst offenbaren und in uns Gestalt gewinnen. Auch alle anderen Hilfen haben nur diesen einen Zweck. Jede ist eine Brücke zwischen dem noch unverwandelten Zustand des Menschen und der Offenbarung des Göttlichen Wesens in seinem Innern.

Der Lehrer des Integralen Yoga wird, soweit er es vermag, die Methode des

Lehrers in unserem Innern befolgen. Er wird den Schüler durch die Natur des Schülers lenken. Lehren, Vorbild und Einfluß sind die drei Instrumente des Guru. Der weise Lehrer wird aber nicht versuchen, sich selbst oder seine eigenen Auffassungen dem aufnahmebereiten Mental zur passiven Annahme aufzuzwingen. Er wird als eine Saat nur so viel hineinstreuen, als fruchtbringend und gewiß ist und unter der göttlichen Pflege im Innern wachsen wird. Er wird weit mehr versuchen, zu erwecken als zu belehren. Er wird nach Wachstum der Eigenschaften und Erfahrungen durch einen natürlichen Prozeß und freie Entfaltung streben. Er wird eine Methode als eine Hilfe und verwendbare Technik geben, nicht als zwingende Formel oder festgelegte Routine. Er wird auch sehr auf der Hut davor sein, daß diese Mittel nicht zu einer Beschränkung führen und daß der Ablauf des Yoga nicht mechanisiert wird. Seine ganze Aufgabe ist es, das göttliche Licht zu erwecken und die göttliche Kraft wirksam zu machen, für die er selbst nur ein Mittel, eine Hilfe, eine Verkörperung und eine Überleitung ist.

Das Vorbild ist machtvoller als die Belehrung. Von entscheidender Bedeutung ist aber nicht das Beispiel der äußeren Handlungen oder der persönliche Charakter. Diese haben ihren Platz und ihren Nutzen. Am meisten wird jedoch die zentrale Tatsache der göttlichen Realisation im eigenen Innern die Aspiration in anderen Menschen anregen, wenn diese Verwirklichung sein ganzes Leben, seinen inneren Zustand und alle seine Handlungen regiert. Das ist das wesentliche, universale Element. Alles übrige gehört der individuellen Person und den Umständen an. Der Sadhaka soll die dynamische Realisation fühlen und diese in sich selbst wieder in Einklang mit seiner eigenen Natur hervorbringen. Er braucht nicht danach zu streben, den Lehrer äußerlich nachzuahmen, da hierdurch sein Yoga eher unfruchtbar wird, als daß er die richtigen natürlichen Früchte hervorbringt.

Das geistige Einströmenlassen (influence) ist wichtiger als das Vorbild. Dieser „Einfluß“ ist nicht die äußere Autorität des Lehrers gegenüber seinem Schüler, sondern die Macht seines Kontakts, seiner Gegenwart und die Nähe seiner Seele zur Seele eines anderen, wodurch er in diese, auch im Schweigen, das einströmen läßt, was er selbst ist und besitzt. Das ist das höchste Zeichen dafür, daß jemand ein Meister ist. Denn der größte Meister ist viel weniger ein Lehrer als eine Gegenwart, die das göttliche Bewußtsein in alle, die in seiner Umgebung dafür empfänglich sind, mit dem es konstituierenden Licht, seiner Macht, Reinheit und Seligkeit einströmen läßt.

Auch das soll Kennzeichen für den Lehrer des Integralen Yoga sein, daß er nicht für sich in einem menschlich eitlen und sein Ich hervorhebenden Sinn den Anspruch erhebt, ein Guru zu sein. Wenn er sein Werk zu leisten hat, ist es ihm von oben her anvertraut. Er selbst ist dessen Kanal, sein Träger oder Repräsentant. Er ist ein Mensch, der seinen Brüdern hilft; ein Kind, das Kinder anleitet; ein Licht, das andere Lichter anzündet; eine erwachte Seele, die andere Seelen erweckt; im besten Falle ist er eine Macht oder Gegenwart Gottes, der andere Mächte Göttlichen Wesens zu diesem beruft.

Der Sadhaka, der alle diese Hilfen empfängt, ist seines Zieles sicher. Selbst ein Fallen wird für ihn nur ein Mittel sein, wieder aufzustehen; der Tod wird ein Übergang zu weiterer Erfüllung werden. Denn wenn er einmal auf diesem Pfad geht, sind Geburt und Tod für ihn nur Prozesse zur Entfaltung seines Wesens und Stationen auf seiner Reise.

Die noch übrig bleibende Hilfe, damit der Prozeß wirksam werden kann, ist die Zeit. Dem menschlichen Bemühen tritt die Zeit entweder als Feind oder als Freund, als Widerstand, als Hilfsmittel oder als Instrument gegenüber. In Wirklichkeit ist sie aber immer ein Instrument der Seele.

Zeit ist ein Feld der Umstände und Kräfte, die sich begegnen und einen hieraus entstehenden Fortschritt ausarbeiten, dessen Verlauf die Zeit bemißt. Für das Ich ist sie ein Tyrann oder ein Widerstand; für Gott ist sie ein Instrument. Solange unser Bemühen noch personalen Charakter trägt, erscheint die Zeit als ein Widerstand, denn sie stellt uns Kräfte entgegen, die mit unseren eigenen in Konflikt stehen. Wenn aber das göttliche und das personale Wirken in unserem Bewußtsein kombiniert sind, erscheint uns die Zeit als Mittel und Voraussetzung. Wenn die beiden eins geworden sind, erscheint sie als Diener und Instrument.

Die ideale Haltung des Sadhaka der Zeit gegenüber ist die, daß er eine so unendliche Geduld aufbringt, als ob ihm eine ganze Ewigkeit für seine Entfaltung zur Verfügung stünde, und daß er trotzdem die Energie entwickelt, die mit einer immer wacher werdenden Meisterschaft und dem Druck der Beschleunigung das Ziel im Augenblick verwirklichen will, bis sie die wunderbare Augenblicklichkeit der höchsten göttlichen Transformation erlangt.

Es gibt viele Wege, auf denen man sich diesem Göttlichen Bewußtsein öffnen oder in es eintreten kann. Mein Weg, den ich anderen durch ständige Praxis zeige, besteht darin: in sich zu gehen, sich strebend dem Göttlichen Wesen zu öffnen und, sobald man seiner und dessen Handelns bewußt ist, sich ihm ganz und gar darzubringen. Diese Anheimgabe des Selbstes bedeutet, um nichts anderes zu bitten als um die beständige Berührung oder Vereinigung mit dem Göttlichen Bewußtsein, nach seinem Frieden, seiner Macht, seinem Licht und seinem Segen zu trachten, aber nichts anderes zu erbitten und in Leben und Handeln nur sein Werkzeug zu sein, welche Aufgabe es einem auch immer in dieser Welt aufträgt. Kann man sich erst einmal öffnen und spüren, wie die Göttliche Kraft, die Macht des Geistes, in Mental, Herz und Körper wirkt, ist alles übrige nur eine Sache der Beständigkeit im Glauben an es, des ständigen Rufens nach ihm, der Erlaubnis, sein Werk zu tun, wann immer es kommt, und der Zurückweisung jeder anderen untergeordneten Kraft, die zum niederen Bewußtsein und zur niederen Natur gehört.

(XXVII, S. 416)

Das Prinzip des Integralen Yoga*

Es ist das Prinzip des Yoga, die Kräfte der menschlichen Existenz in ein Mittel zum Erlangen des Göttlichen Wesens zu verwandeln. Im gewöhnlichen Yoga wird die hauptsächliche Macht des Wesens oder eine Gruppe von Kräften als dieses Mittel, dieser Träger oder Pfad verwendet. In einem synthetischen Yoga werden alle Mächte miteinander kombiniert und in die umgestaltende Instrumentation einbezogen.

Im Hatha-Yoga sind Körper und Leben die Instrumente. Die Macht des Körpes wird durch Asanas und andere körperliche Übungen bis an ihre äußerste Grenze, ja über alle Grenzen hinaus stillgelegt, gesammelt, geläutert, erhöht und konzentriert. In ähnlicher Weise wird die Kraft des Lebens durch Asanas und Pranayama geläutert, erhöht und konzentriert. Dann wird die Konzentration der Kräfte zu jenem physischen Zentrum gelenkt, in dem, im menschlichen Körper verborgen, das göttliche Bewußtsein seinen Sitz hat. Dort erwacht die Macht des Lebens, die Macht der Natur, die mit ihren geheimen Kräften im niedersten Nervenplexus des irdischen Wesens zusammengerollt schläft. In unser normales Wirken tritt nur so viel dieser Kraft ein, als für den begrenzten Gebrauch des menschlichen Lebens ausreicht. Nun steigt sie durch ein Zentrum nach dem anderen empor und weckt bei ihrem Aufstieg und Durchgang die Kräfte eines jeden der aufeinanderfolgenden „Verknotungen" unseres Wesens: das nervliche Leben, das Herz der Empfindungen und die gewöhnliche Mentalität, Rede, Sehen, Wollen und höheres Wissen. Schließlich dringt sie durch das Gehirn, trifft oberhalb davon mit dem göttlichen Bewußtsein zusammen und wird eins mit ihm.

Beim Raja-Yoga ist das Mental das erwählte Instrument. Zuerst werden unsere gewöhnlichen mentalen Funktionen diszipliniert, geläutert und auf das Göttliche Wesen hingelenkt. Dann wird durch summarische Übung von Asanas und Pranayama die körperliche Kraft unseres Wesens stillgelegt und konzentriert. Die Lebenskraft wird in rhythmische Bewegung umgesetzt, die aufhören kann, um sich in einer höheren Macht ihres nach oben strebenden Wirkens zu konzentrieren. Das Mental, das durch dieses höhere Wirken und die Konzentration von Körper und Leben, auf denen es ruht, getragen und gestärkt wird, reinigt sich nun seinerseits von Unruhe, Gemütsregungen und ge-

*Die Synthese des Yoga, S. 619-625

wohnheitsmäßigen Gedankenwellen. Es wird von seiner Zerstreuung und Zersplitterung befreit. Es erlangt höchste Konzentration und tiefste Selbstversenkung. Durch diese Disziplin werden zwei Ziele erreicht, ein zeitliches und ein ewiges. Die Mentalkraft entfaltet in einer veränderten konzentrierten Wirksamkeit abnorme Fähigkeiten des Wissens und wirksamen Willens, ein tiefes Licht der Wahrnehmung und ein machtvolles Licht der Gedankenausstrahlung. Diese Fähigkeiten liegen jenseits des engen Bereichs unserer normalen Mentalität. Schließlich erlangt sie die Yoga-Macht oder die okkulten Kräfte, um die eine so große, völlig überflüssige, aber vielleicht heilsame Geheimnistuerei gewoben worden ist. Ziel und allein wichtiger Gewinn ist jedoch, daß das Mental, wenn es stillgelegt und konzentriert entrückt ist, sich in das göttliche Bewußtsein verliert und die Seele zur Einung mit dem Göttlichen Wesen befreit werden kann.

Der Dreifache Pfad benutzt als seine erwählten Instrumente die drei Hauptkräfte des mentalen Seelen-Lebens. Das Wissen wählt Vernunft und mentale Betrachtung; es macht sie durch Läuterung, Konzentration und eine gewisse Disziplin gottwärts gerichteten Suchens zu seinen Mitteln, das höchste Wissen von Gott und die tiefste Schau Gottes zu erlangen. Sein Ziel ist, das Göttliche Wesen zu suchen, zu erkennen und zu sein. Das Wirken wählt als Instrument den Willen dessen, der die Werke vollzieht. Es macht aus dem Leben die Darbringung eines Opfers an die Gottheit. Durch Läuterung, Konzentration und eine gewisse Disziplin der Unterwerfung unter den göttlichen Willen wird es zum Mittel der menschlichen Seele, mit dem Göttlichen Meister des Universums in Verbindung und immer tiefere Einung zu gelangen. Die Hingabe erwählt die Seelenmächte des Gemüts und der Ästhetik und richtet diese auf Gott. In vollkommener Reinheit, Intensität und unendlicher Leidenschaft des Suchens macht sie aus ihnen das Mittel, Gott in einer oder mehrfacher Hinsicht des Einswerdens mit dem Göttlichen Wesen zu besitzen. Alle drei Wege streben jeweils mit ihrer Methode nach der Einheit der menschlichen Seele mit dem Höchsten Geist.

In seinen praktischen Methoden richtet sich jeder Yoga nach dem Charakter des Instruments, das er verwendet. So ist der Prozeß beim Hatha-Yoga psychophysisch, beim Raja-Yoga mental und psychisch, der Pfad des Wissens ist spirituell und auf Erkenntnis gerichtet, der Pfad der Hingabe ist spirituell, emotional und ästhetisch, der Pfad des Wirkens spirituell und dynamisch. Jedes Verfahren wird durch die Methoden der für es charakteristischen Macht gelenkt. Aber letzten Endes ist jede Macht die Entfaltung der einen Macht. Jegliche Macht ist in Wirklichkeit Seelen-Macht. Im gewöhnlichen Funktionsablauf von Leben, Körper und Mental ist diese Wahrheit durch das zerstreuende und aufteilende Wirken der Natur verdunkelt, obwohl sie auch hier letztlich evident wird. Alle materielle Energie enthält in sich verborgen die vitale, mentale, psychische und spirituelle Energie. Sie muß schließlich die Erscheinungsformen der einen *shakti* hervortreten lassen: Die vitale Energie birgt alle anderen Formen in sich und setzt sie frei für die Aktion. Die mentale Energie, die sich auf das Leben und den Körper mit ihren Mächten und Funktionen stützt, enthält, noch nicht oder nur teilweise entfaltet, die psychische und die spirituelle Macht des Seins. Wenn nun durch den Yoga eine dieser Mächte aus der zerstreuten und aufteilenden Wirkensweise der Natur herausgenommen, zu ihrem Gipfel gebracht und dort konzentriert wird, manifestiert sie sich als Seelen-Kraft. Sie offenbart so die wesenhafte Einheit. Deshalb führt auch der Hatha-Yoga zu einem rein psychischen und spirituellen Ergebnis. Der Raja-Yoga gelangt durch psychische Mittel zu seinem spirituellen Höhepunkt. Es mag so aussehen, als sei der Dreifache Weg in seiner Methode des Suchens und in seinen Zielen ausschließlich mental und spirituell. Es können sich aber bei ihm Ergebnisse einstellen, die eher für die anderen Pfade charakteristisch sind. Sie bieten sich im spontanen, unwillkürlichen Aufblühen dar, und zwar aus demselben Grund. Seelen-Kraft ist All-Kraft. Wo sie auf dem Weg zur Höhe gelangt, treten auch ihre anderen Möglichkeiten immer mehr hervor, entweder tatsächlich oder am Anfang der Entfaltung ihres Potentials. Gerade dieses Einssein aller Mächte weist auf die Möglichkeit eines Synthetischen Yoga hin.

Die Disziplin des Tantra-Yoga ist ihrer Natur nach Synthese. Sie hat die umfassende universale Wahrheit ergriffen, daß es zwei Pole des Seins gibt, deren wesenhafte Einheit das Geheimnis der Existenz darstellt: Brahman und Shakti, Geist und Natur. Natur ist Macht des Geistes oder vielmehr Geist als Macht. Die Tantra-Methode will die menschliche Natur in die manifestierte Macht des Geistes erheben. Dabei faßt sie die gesamte Natur zu einer spirituellen Umwandlung zusammen. In ihr System schließt sie die Instrumentation des kraftvollen Prozesses des Hatha-Yoga ein. Vor allem will sie die Nervenzentren öffnen und die erweckte Shakti auf ihrem Weg zur Einung mit dem Brahman durch diese hindurchgehen lassen. Ferner übernimmt sie den subtilen Nachdruck des Raja-Yoga auf Läuterung, Meditation und Konzentration, die Hebelkraft des Willens, die Motivkraft der Hingabe und die Schlüsselenergie des Wissens. Sie bleibt aber nicht dabei stehen, die verschiedenen Mächte dieser spezifischen Yoga-Arten in wirkungsvolle Weise zusammenzufassen. Vielmehr erweitert sie durch ihren synthetischen Charakter die Yoga-Methoden nach zwei Richtungen. Zunächst legt sie ihre Hand auf die Hauptantriebe des Menschen, sein Begehren und sein Wirken. Diese unterwirft sie gründlicher Disziplinierung, wobei die Meisterschaft der Seele über jene Motive erstes

Ziel, ihr Emporheben auf eine göttliche, spirituelle Ebene definitiver Nutzeffekt ist. Jedoch zielt ihr Yoga nicht nur auf Befreiung, *mukti,* das einzige, alles beherrschende Anliegen der spezifischen Systeme. Vielmehr sucht sie kosmische Freude, *bhukti,* an der Macht des Geistes. Die anderen Disziplinen mögen diese Freude gelegentlich, als etwas Partielles und Zufälliges, auf ihrem Wege mitnehmen. Sie vermeiden es aber, sie zum Motiv oder Ziel zu machen. Das System des Tantra-Yoga ist kühner und umfassender.

Bei der Methode der Synthese, der wir gefolgt sind, wurde ein anderes Schlüsselprinzip befolgt, das sich aus einer anderen Betrachtung der Möglichkeiten des Yoga ableiten läßt. Es geht von der Methode des Vedanta aus, um zum Ziel des Tantra zu gelangen. Bei der Methode des Tantra ist Shakti beherrschend wichtig. Sie wird zum Schlüssel, um den Geist zu finden. In unserer Synthese ist der Geist, die Seele von überragender Bedeutung; dort liegt das Geheimnis, wie man Shakti realisieren kann. Die Methode des Tantra fängt unten an und steigt bis zum Gipfel. Darum liegt ihr anfänglicher Nachdruck darauf, die erweckte Shakti im Nervensystem des Körpers und in seinen Zentren wirksam zu machen. Indem man ihr die sechs Lotose öffnet, gewinnt man Zugang zu den entsprechenden Bereichen der Macht des Geistes. Unsere Synthese erfaßt den Menschen eher als im Mental, nicht so sehr als im Körper befindlichen Geist. Sie setzt beim Menschen die Fähigkeit voraus, auf dieser Ebene zu beginnen, sein Wesen mit Hilfe der Macht der im Mental wohnenden Seele zu spiritualisieren und sich selbst für die höhere Kraft und das höhere Wesen des Geistes zu öffnen. Er soll seine Natur durch die höhere Kraft vervollkommnen, die er in Besitz genommen und aktiviert hat. Aus diesem Grunde liegt bei uns der Nachdruck von Anfang an auf der Verwendung der im Mental existierenden Seelenkräfte. Durch sie soll mit dem dreifachen Schlüssel von Wissen, Wirken und Liebe das Schloß des Geistes geöffnet werden. Dabei kann man auf die Methoden des Hatha-Yoga verzichten, wenn auch gegen deren partielle Benutzung nichts einzuwenden ist. Die Methode des Raja-Yoga wird nur als zwanglos angewandtes Element in Betracht kommen. Das uns inspirierende Motiv ist: auf dem kürzesten Weg zur umfassendsten Entfaltung spiritueller Macht und spirituellen Wesens zu gelangen und dadurch die befreite Natur im Bereich des menschlichen Lebens zum göttlichen Wesen zu erheben.

Hierbei haben wir das Prinzip der Selbst-Unterwerfung im Auge: man gibt das menschliche Wesen hin an das Göttliche, an dessen Bewußtsein, Macht und Seligkeit. An allen Punkten, wo die Seele des Menschen, des mentalen Wesens, mit dem Höchsten Wesen zusammentrifft, gelangt man zur Einung, zur Kommunion. Dadurch wird das Göttliche Wesen unmittelbar und ohne Verhüllung zum Meister und Besitzer des Instruments. Durch das Licht seiner Gegenwart und Führung wird es das menschliche Wesen hinsichtlich seiner Naturkräfte vollkommen machen für ein Leben göttlichen Wesens. Hier gelangen wir zu einer noch größeren Ausweitung der Yoga-Ziele. Der ursprüngliche Zweck eines jeden Yoga ist die Befreiung der Seele des Menschen aus ihrer gegenwärtigen naturhaften Unwissenheit und Begrenztheit. Sie soll in das spirituelle Wesen freigelassen und eins werden mit dem höchsten Selbst und dem Göttlichen Wesen. Gewöhnlich wird aber daraus nicht nur der Anfangszweck sondern das Endziel gemacht. Gewiß kommt man dabei zum glücklichen Besitz spirituellen Wesens. Das geschieht jedoch entweder durch Auflösung des Menschlichen, Individuellen im Schweigen des Selbst-Seins oder, auf höherer Ebene, in einer anderen Existenz. Das System des Tantra macht die Befreiung zum endgültigen, aber nicht zum einzigen Ziel. Es bringt auf seinem Wege auch weitgehende Vervollkommnung und frohen Besitz der Macht, des Lichts und der Seligkeit des Geistes für die menschliche Existenz. Es hat Ahnung davon, daß die Befreiung, das kosmische Wirken und der Besitz der kosmischen Existenz im endgültigen Sieg über alle Widerstände und Dissonanzen miteinander geeint werden. Wir fangen bei dieser umfassenden Schau unserer spirituellen Möglichkeiten an. Wir legen dabei Nachdruck auf etwas noch Bedeutsameres. Wir fassen den Geist im Menschen nicht nur als individuelles Wesen auf, das den Weg zur transzendenten Einung mit dem Göttlichen Wesen nimmt. Vielmehr sehen wir in ihm ein universales Wesen, das zum Einswerden mit dem Göttlichen Wesen in allen Seelen und in aller Natur befähigt ist. Aus dieser viel umfassenderen Betrachtung ziehen wir die praktische Konsequenz. Es muß zwar immer erstes Ziel des Yoga sein, die menschliche Seele individuell zu befreien, damit sie in ihrem spirituellen Sein, Bewußtsein und in ihrer Seligkeit zur Einung mit dem Göttlichen Wesen gelangt. Sein zweites Ziel ist die Teilnahme des Menschen in freier Weise am kosmischen Sein des Göttlichen Wesens. Daraus ergibt sich ein drittes Ziel: Der Mensch soll die Bedeutung der göttlichen Einheit mit allen Wesen dadurch wirksam machen, daß er mitfühlend und aktiv an der geistigen Absicht teilnimmt, die das Göttliche Wesen mit der Menschheit hat. So tritt der individuelle Yoga aus seiner Abgeschiedenheit hervor und wird zu einem Teil des kollektiven Yoga der Göttlichen Natur im Menschen. In seinem natürlichen Wesen wird nun der individuelle Mensch, dessen Selbst und Geist in Gott geeint ist, zu einem sich immer weiter vervollkommnenden Instrument für das Aufblühen des Göttlichen Wesens in der Menschheit.

Dieses Aufblühen wird durch zwei Erscheinungen bestimmt: zuerst wächst das gesonderte menschliche Ich in die Einheit des Geistes. Dann nimmt das Selbst die göttliche Natur in ihren höheren Formen in Besitz. Bisher trug es nur die niederen Formen des mentalen Wesens, die eine verstümmelte Übertragung, nicht der authentische Text ursprünglicher Niederschrift der Göttlichen Natur im kosmischen Individuum sind. Mit anderen Worten: unser Ziel muß eine Vollkommenheit sein, die dazu führt, daß die mentale Natur in die spirituelle und supramentale Natur emporgehoben wird. Darum muß der Integrale Yoga des Wissens, Liebens und Wirkens zu einem Yoga spiritueller und gnostischer Selbstvervollkommnung ausgeweitet werden. Da Wissen, Wille und *ananda* auf der gnostischen Stufe eine direkte Instrumentation des Geistes sind und nur dadurch gewonnen werden können, daß wir in den Geist, in das Göttliche Wesen hineinwachsen, muß dieses Wachsen das erste Ziel unseres Yoga sein. Das mentale Wesen muß sich in das Einssein mit dem Göttlichen Wesen ausweiten, bevor Gott in der individuellen Seele ihr gnostisches Aufblühen vollenden kann. Deshalb wird der dreifache Pfad von Wissen, Wirken und Hingabe zum Grundton unseres Yoga. Dieser Weg ist das Mittel, durch das die im Mental wohnende Seele zur höchsten Höhe emporsteigen kann, von der aus sie in die Einheit mit Gott weitergeht. Eben darum muß der Yoga integral sein. Wäre ein Hineinsinken in das Unendliche oder eine unmittelbare Einung mit dem Göttlichen Wesen unser ganzes Ziel, wäre der Integrale Yoga überflüssig. Das würde nur zu jener höheren Befriedigung des menschlichen Wesens führen, die wir erlangen, wenn es durch das Selbst in seinem Ursprung erhoben wird. Wenn das unser wesentliches Ziel wäre, bedürfte es dazu keines Integralen Yoga. Wir können durch jede einzelne Macht der Seelen-Natur dem Göttlichen Wesen begegnen. Auf ihrer höchsten Stufe steigt jede in das Unendliche und Absolute empor. Darum bietet auch jede einen ausreichenden Weg, um zum Ziel zu gelangen, die hundert gesonderten Pfade treffen sich im Ewigen. Das gnostische Wesen bringt den vollen Genuß und Besitz der göttlichen und spirituellen Natur. In ihm wird die menschliche Natur in die Macht göttlichen und spirituellen Seins eingewiesen. Das Integral wird so zu einer wesentlichen Bedingung des Yoga.

Zugleich sehen wir, daß jeder der drei Pfade, sobald er mit einer erweiterten Einstellung begangen wird, am Ende die Macht der anderen Pfade in sich aufnehmen und zur Erfüllung bringen kann. Darum genügt es, wenn man bei einem von ihnen anfängt und den Punkt herausfindet, an dem er die anderen, die zunächst parallel verliefen, trifft und schließlich mit ihnen dadurch verschmilzt, daß er selbst immer umfassender wird. Der Prozeß wäre dann wohl schwieriger und komplexer, zugleich aber vollständiger und machtvoller, wenn man auf den drei Pfaden gleichzeitig beginnen könnte wie auf einem dreifachen Rad der Seelen-Macht. Diese Möglichkeit zu erwägen, muß auf später verschoben werden, bis wir gesehen haben, welches die Voraussetzungen und Mittel für einen Yoga der Selbst-Vervollkommnung sind. Denn wir werden sehen, daß auch dieser Prozeß nicht ganz verschoben werden muß. Eine gewisse Vorbereitung auf ihn ist ein Teil davon, und die Einweihung in ihn nimmt zu mit dem Wachsen des göttlichen Wirkens, der Liebe und dem Wissen.

Das ganze Leben ist das Spiel universaler Kräfte. Der einzelne bildet aus diesen universalen Kräften eine persönliche Form. Doch kann er wählen, ob er auf das Wirken einer bestimmten Kraft reagieren soll oder nicht. Nur wählen die meisten Menschen nicht wirklich, sie lassen das Spiel der Kräfte gewähren. Deine Krankheiten, deine Depressionen usw. sind das wiederholte Spiel solcher Kräfte. Nur wenn man sich von ihnen freimachen kann, vermag man die wahre Person zu sein und ein wahres Leben zu führen. Aber wirklich frei kann man nur sein, wenn man im Göttlichen Wesen lebt.

(XXII, S. 318)

Die integrale Vollendung*

Unser Ziel ist göttliche Vollkommenheit des menschlichen Wesens. Wir müssen zunächst wissen, welche wesentlichen Elemente eine totale Vollkommenheit des Menschen ausmachen. Ferner müssen wir uns klar machen, was wir unter göttlicher im Unterschied zur menschlichen Vollkommenheit verstehen. Wenn sich auch nur eine Minderheit der Menschen mit dieser Möglichkeit, die das wichtigste Ziel unseres Lebens sein soll, befaßt, so wird doch von der gesamten denkenden Menschheit grundsätzlich anerkannt, daß der Mensch seinem Wesen nach dazu befähigt ist, sich selbst zu entwickeln und an einen Stand der Vollkommenheit heranzukommen, den sein Mental begreifen, den es sich vornehmen und nach dem es streben kann. Manche fassen dieses Ideal als weltliche Umwandlung auf, während es für andere religiöse Umkehr bedeutet.

Oft begreift man die weltliche Vollkommenheit als etwas Äußeres, Soziales. Sie wird dann zur Sache einer Aktion: Wir sollen vernünftiger mit unseren Mitmenschen und unserer Umgebung umgehen, bessere und tüchtigere Bürger sein und unsere Pflichten genauer erfüllen. Die Lebensformen sollen bereichert, freundlicher und glücklicher gestaltet werden. Die Gesellschaft soll die Möglichkeiten der Existenz gerechter und harmonischer gestalten. Andere bevorzugen ein inneres und subjektives Ideal: Intelligenz, Wille und Vernunft sollen aufgeklärt, auf eine höhere Stufe gehoben werden. Man soll Macht und Fähigkeit der menschlichen Natur erhöhen und besser ordnen. Das sittliche Leben soll edler, das ästhetische reicher, das Gefühlsleben mehr verfeinert werden. Das vitale und körperliche Wesen soll gesünder und besser unter Kontrolle gehalten werden. Manchmal wird ein einzelnes Element bis fast zum Ausschluß der übrigen hervorgehoben. Oft sehen weitblickende, ausgeglichene Menschen die Vollkommenheit in völliger Harmonie. Das äußere hierfür angewandte Mittel ist eine Veränderung in der Erziehung und in den sozialen Institutionen. Oder man bevorzugt innere Bildung und Selbst-Entfaltung als wahre Hilfsmittel. Diese beiden Ziele können auch miteinander vereinigt werden: Vervollkommnung des inneren individuellen Wesens und Vervollkommnung des äußeren Lebens.

Das weltliche Ziel verwendet das gegenwärtige Leben und seine Möglich-

---

*Die Synthese des Yoga, S. 626-632

keiten als Betätigungsfeld. Im Gegensatz dazu ist das religiöse Ziel: Vorbereitung auf die Existenz nach dem Tode. Das allgemeine Ideal der Religion ist eine Art Heiligkeit. Ihr Mittel ist Bekehrung des unvollkommenen sündigen menschlichen Wesens durch die göttliche Gnade oder durch Gehorsam gegenüber dem Gesetz, das in einer Heiligen Schrift niedergelegt oder durch einen Religionsstifter gegeben wurde. Das Ziel der Religion mag gesellschaftliche Umwandlung einschließen. Diese Umwandlung geschieht meist durch die Annahme eines gemeinsamen religiösen Ideals und die Methode eines gottgeweihten Lebens, durch eine brüderliche Gemeinschaft der Heiligen, eine Theokratie oder ein Reich Gottes, das auf Erden das Himmelreich widerspiegelt.

Das Ziel unseres synthetischen Yoga muß in dieser Beziehung wie in anderen Teilen umfassender sein. Er soll alle Elemente oder Tendenzen eines stärkeren Impulses zur Selbstvervollkommnung enthalten; er soll sie in Einklang miteinander, ja zur Einheit bringen. Damit er das mit Erfolg tun kann, muß er eine Wahrheit zugrundelegen, die weiter als das gewöhnliche religiöse und höher als das weltliche Prinzip ist. Alles Leben ist ein geheimer Yoga, ein geheimes Wachsen der Natur zur Entdeckung und Erfüllung des göttlichen Prinzips, das in ihr verborgen liegt. Das wird im menschlichen Wesen, je weiter dieses Wachsen fortschreitet, mehr und mehr offenbar, bewußt und lichtvoll. Je mehr sich alle Organe des Wissens, Wollens, Handelns und Lebens dem Geist öffnen, der im Menschen und in der Welt ist, desto stärker bekommt das Selbst dieses göttliche Prinzip in seinen Besitz. Mental, Vital und Körper sowie alle Gestaltungen unserer Natur sind die Mittel für dieses Wachsen. Ihre höchste Vervollkommnung finden sie aber nur dann, wenn die Natur sich öffnet für etwas, das jenseits von ihr ist. Denn dieser gesamte Organismus ist nicht das Ganze, das der Mensch eigentlich ist. Jenes aber, das er eigentlich ist, ist der Schlüssel zu seinem vollständigen Wesen; es bringt ihm ein Licht, das ihm die hohe, weite, volle Wirklichkeit seines Wesens offenbart.

Das Mental kommt durch größeres Wissen zu seiner Erfüllung; es ist jetzt erst im Dämmerlicht. Das Leben entdeckt seine Bedeutung in größerer Macht und in stärkerem Willen, aus denen es jetzt noch verdunkelt nach außen wirkt. Der Körper findet seine höchste Verwendung darin, Instrument einer Seins-Macht zu sein, für die er die physische Stütze und den materiellen Ausgangspunkt bildet. Sie alle müssen sich zuerst selbst entfalten und ihre gewöhnlichen Wirkensmöglichkeiten entdecken. Unser normales Leben ist ein Ausprobieren dieser Möglichkeiten und eine Gelegenheit zum vorbereitenden, versuchsweisen Selbst-Training. Jedoch kann das Leben erst dann zur vollkommenen Selbst-Erfüllung gelangen, wenn es sich für jene größere Wirklichkeit des Seins öffnet, für die es dann ein wohlbereitetes Wirkungsfeld ist, deren reichere

Macht es entfaltet, vernünftiger verwendet und deren Leistungsfähigkeit es steigert.

Darum sind Ausbildung und bessere Anwendung des Intellekts, des Willens, der Sittlichkeit, des Gefühls- und ästhetischen Lebens sowie des Körpers sehr nützlich, doch nur eine konstante Kreisbewegung ohne befreiendes und erleuchtetes Endziel, falls sie nicht dahin gelangen, daß sie sich für die Macht und Gegenwart des Geistes öffnen und dessen direkte Einwirkung zulassen. Dieses unmittelbare Einwirken führt zur Umkehr des Wesens, der unentbehrlichen Vorstufe unserer Vervollkommnung. Darum ist es Prinzip und Ziel eines Integralen Yoga der Selbst-Vervollkommnung, daß wir in die Wahrheit und Macht des Geistes hineinwachsen und durch das direkte Wirken dieser Macht zu einem brauchbaren Träger werden, durch den das Selbst sich so zum Ausdruck bringen kann, daß der Mensch im Göttlichen Wesen und der Geist auf göttliche Weise in der Menschheit leben.

Gerade weil persönliche Anstrengung dazu notwendig ist, muß es, bei dem Prozeß dieser Umwandlung, zwei Stufen geben. Zunächst muß das menschliche Wesen seine persönlichen Kräfte einsetzen, sobald es durch Seele, Mental, Herz dieser göttlichen Möglichkeit innewird und sich ihr als wahrem Lebensziel zuwendet, um sich dafür vorzubereiten und all das loszuwerden, was niedrigem Wirken zugehört. Es muß sich von allem befreien, was dem entgegensteht, um sich für die Wahrheit und Macht des Geistes zu öffnen, mit der Befreiung sein spirituelles Wesen in Besitz zu nehmen und alle natürlichen Regungen in Mittel umzuwandeln, durch die sich das Selbst frei zum Ausdruck bringt. Mit dieser Umkehr beginnt der des Selbst bewußte Yoga, der sich über seine Ziele klar ist. Es kommt zu einem neuen Erwachen des Lebens-Motivs und zu dessen Umkehr und Hinwendung nach oben. Wir befinden uns solange in dem geheimen, noch unerleuchteten, vorbereitenden Yoga der Natur, als wir uns nur intellektuell, ethisch oder anders für die jetzigen normalen Ziele des Lebens üben, was kaum über den gewöhnlichen Wirkenskreis des Mentals, des Vitals und des Körpers hinausgeht. Wir verfolgen dabei allein das Ziel gewöhnlicher menschlicher Vollkommenheit. Das effektive Zeichen dieser Umwandlung und der vorläufigen Macht einer großen integralen Umkehr unseres Wesens und Lebens ist das spirituelle Verlangen nach dem Göttlichen Wesen und einer göttlichen Vollkommenheit, nach Einung mit ihm in unserem Wesen und nach spiritueller Vervollkommnung unserer Natur.

Durch diese persönliche Anstrengung kann nur vorläufige Umwandlung, anfängliche Umkehr bewirkt werden. Sie besteht darin, daß unsere mentalen Motive, unser Charakter und Temperament mehr oder minder spiritualisiert werden. Das vitale und physische Leben wird bemeistert, zur Ruhe oder zu verändertem Wirken gebracht. Die umgewandelte subjektive Wesensart kann zur Grundlage für eine Kommunion oder Einung der im Mental wohnenden Seele mit dem Göttlichen Wesen werden. Nun kann sich die göttliche Natur in der Mentalität des menschlichen Wesens teilweise widerspiegeln. Bis zu dieser Grenze kann der Mensch mit seiner nicht oder nur indirekt unterstützten Anstrengung gehen. Denn das ist ein Ringen des Mentals, und das Mental kommt auf die Dauer nicht über sich hinaus. Das Höchste, zu dem es sich erheben kann, ist eine spiritualisierte und idealisierte Mentalität. Wenn es über diese Grenze hinausgeht, verliert es den Halt an sich selbst und den Halt am Leben. Es gerät dann entweder in einen Trancezustand, der es völlig absorbiert, oder in Passivität. Zur höheren Vollkommenheit kann man nur dann gelangen, wenn eine höhere Macht das gesamte Wirken des Wesens durchdringt und zu sich emporhebt. Darum ist es die zweite Stufe dieses Yoga, beharrlich alles Wirken der Natur in die Hand dieser Höheren Macht zu legen. Wir ersetzen so das persönliche Ringen durch deren Einfluß und Herrschaft über uns und ihr Wirken in und durch uns. Schließlich wird das Göttliche Wesen, nach dem wir trachten, zum unmittelbaren Meister des Yoga und bewirkt unsere volle spirituelle und ideelle Umkehrung.

Der Doppelcharakter unseres Yoga hebt ihn über das weltliche Vollkommenheitsideal hinaus. Er strebt zugleich höher als die himmelstürmende, intensivere, aber viel engere religiöse Formel. Das weltliche Ideal sieht im Menschen immer ein mentales, vitales und physisches Wesen. Sein Ziel ist menschliche Vollkommenheit innerhalb dieser Grenzen: Vervollkommnung des Mentals, des Vitals und des Leibes, Ausdehnung und Verfeinerung des Intellekts und des Wissens. Ausweitung der Kräfte des Willens und der Macht, Steigerung des sittlichen Charakters, des Lebenszieles und des Verhaltens, höhere ästhetische Empfindsamkeit und Schöpferkraft, Ausgeglichenheit der Gefühle und Lebensfreuden, Gesundheit von Vital und Körper, wohlgeordnetes Handeln und Rechtschaffenheit. Das ist ein weites, großes Ziel. Es ist aber nicht groß und weit genug, da jenes höhere Element unseres Wesens unbeachtet bleibt, das unser Mental nur unbestimmt als das spirituelle Element erfassen kann. Dieses läßt es unentwickelt, es leistet ihm nur unzureichend Genüge als einer hohen, doch nur gelegentlichen, zusätzlichen, abgeleiteten Erfahrung, die als Ausnahmeerscheinung der Aktivität des Mentals entstammt oder des Mentals bedarf, um überhaupt dasein und dauern zu können. Wenn das Ideal der Vollkommenheit die himmelstrebenden, umfassenden Bereiche unserer Mentalität zu entfalten sucht, kann es zwar zu einem hohen Ziel werden, aber nicht hoch genug, um seine Aspirationen über das Mental hinaus auf das zu richten, von dem unsere reine Vernunft, unsere hellste mentale Intuition, unser tiefstes mentales Empfinden und Fühlen, unsere stärkste mentale Willenskraft und Macht oder das ideale Ziel und die Absichten des Mentals nur blasse Ausstrahlungen sein können. Auch ist das Ziel dieses weltlichen Ideals nur auf die irdische Vervollkommnung des normalen menschlichen Lebens gerichtet.

Der Yoga der integralen Vervollkommnung sieht im Menschen ein göttliches, spirituelles Wesen, das in Mental, Vital und Körper involviert ist. Sein Ziel ist deshalb Befreiung und Vervollkommnung seiner göttlichen Natur. Er strebt danach, das innere Leben im voll entfalteten spirituellen Wesen zum ständigen, eigentlichen Leben des Menschen zu machen. Die spiritualisierte Aktion von Mental, Vital und Körper soll nur der menschliche Ausdruck des Geistes sein. Dieser Yoga sucht, über das Mental hinaus zum supramentalen Wissen, Wollen, Empfinden, Fühlen, zur supramentalen Intuition und dynamischen Antriebskraft des vitalen und physischen Handelns vorzudringen, zu allem, was das ursprüngliche Wirken des spirituellen Wesens ausmacht. Das geschieht, damit das spirituelle Wesen nichts Vages, Undefinierbares oder etwa unvollkommen Realisiertes bleibe, das auf die mentale Stütze angewiesen ist und mentalen Beschränkungen unterliegt. Darum nimmt dieser Yoga zwar das menschliche Leben an, trägt aber der weiten überirdischen Aktion hinter dem irdischen materiellen Leben Rechnung. Er vereinigt sich mit dem Göttlichen Wesen, aus dem alle partiellen, niederen Zustände als aus ihrem höchsten Ursprung hervortreten. So wird alles Leben seiner göttlichen Quelle bewußt und fühlt jedesmal, wenn Wissen, Wollen, Fühlen, Empfinden und Körper aktiv werden, den alles verursachenden göttlichen Impuls. Dieser Yoga weist nichts zurück, was in der weltlichen Zielsetzung wesentlich ist. Vielmehr weitet er diese aus, findet ihre höhere, wahre Bedeutung, die dem weltlichen Ziel verborgen ist, und lebt darin. So gestaltet er es um aus etwas Begrenztem, Irdischem, Sterblichem in eine Form von unendlichem, göttlichem und unsterblichem Wert.

Der Integrale Yoga trifft sich mit dem religiösen Ideal in mehreren Punkten, geht aber gemäß seiner größeren Weite darüber hinaus. Das religiöse Ideal richtet seinen Blick nicht nur auf diese Erde, sondern auch von ihr weg auf einen Himmel, ja über alle Himmel hinaus auf ein Nirvana. Sein Vollkommenheitsideal ist auf jede Art innerer oder äußerer Wandlung gerichtet, die letztlich der Abwendung der Seele vom menschlichen Leben und Hinwendung zum Jenseits dient. Seine übliche Idee von Vollkommenheit meint religiös-sittliche Wandlung und drastische Läuterung des Handelns und Fühlens, die dort, wo sie ihr höchstes Ziel erlangt, oft in asketischer Entsagung und Zurückweisung der vitalen Impulse gipfelt. Jedenfalls liegen Motiv und Lohn oder Ertrag eines Lebens der Frömmigkeit und richtigen Verhaltens im Überirdischen. Sofern das religiöse Ideal Wandlung von Wissen, Wollen und Empfinden zuläßt, werden diese anderen Zwecken als denen des menschlichen Lebens zugewandt. Das führt schließlich zum Verzicht auf alle irdischen Inhalte des Empfindens des Schönen, Wollens und Wissens. Anders als die Methode weltlicher Vervollkommnung kennt die religiöse Methode keine Entwicklung, statt dessen Umkehr, einerlei, ob dabei Nachdruck auf persönliches Bemühen oder göttlichen Einfluß, auf unser Wirken und Erkennen oder die Gnade gelegt wird. Letzten Endes beabsichtigt sie nicht, unsere mentale und physische Natur zu wandeln. Vielmehr will sie statt ihrer eine rein spirituelle Natur und deren Wesen annehmen. Da das auf Erden nicht möglich ist, möchte das religiöse Ideal zu seiner höchsten Erfüllung die gesamte kosmische Existenz in eine andere Welt versetzen oder völlig abschütteln.

Der Integrale Yoga gründet sich jedoch auf die Auffassung, daß das spirituelle Wesen allgegenwärtig ist. Seine Fülle wird ihrem Wesen nach nicht realisiert, indem wir uns in andere Welten versetzen oder die eigene kosmische Existenz auslöschen, vielmehr wenn wir aus dem, was wir jetzt unserer äußeren Erscheinung nach sind, herauswachsen und in das Bewußtsein allgegenwärtiger Wirklichkeit eingehen, die wir im Wesenhaften unseres Seins immer sind. Der Integrale Yoga ersetzt demnach die Form der religiösen Frömmigkeit durch sein vollständigeres spirituelles Suchen nach Einung mit dem Höchsten Wesen. Er geht vom persönlichen Bemühen aus und beschleunigt unsere Umkehr, indem er das Göttliche Wesen in uns einströmen und von uns Besitz ergreifen läßt. Die göttliche Gnade (wenn wir es so nennen dürfen) ist aber nicht einfach ein geheimnisvolles Einströmen oder eine Hand, die von oben her berührt. Vielmehr ist sie das alles durchdringende Handeln der Gegenwart Gottes, die wir immer mehr als die in unserem Innern wirkende Macht des Höchsten Selbst und des Meisters unseres Wesens erkennen, die in unsere Seele eingeht und sie so in Besitz nimmt, daß wir fühlen, wie sie uns nahe ist und auf unsere sterbliche Natur Druck ausübt. Wir leben in ihrem Gesetz, kennen und besitzen sie als unsere spirituelle Kraft. Bekehrung, die sie zustandebringt, ist integrale Umwandlung: unser sittliches Wesen gelangt in die Wahrheit und in das Recht der göttlichen Natur, unser Intellekt empfängt die Erleuchtung des göttlichen Wissens, unsere Empfindungen werden in die göttliche Liebe und das Einssein mit Gott erhoben, unsere Kräfte und unser Wille werden zum Ausdruck des Wirkens göttlicher Macht, unser sinnliches Wesen empfängt die Fülle der göttlichen Schönheit und genießt sie im schöpferischen Tun; schließlich ist göttliche Umwandlung des vitalen und körperlichen Wesens nicht ausgeschlossen. Der Integrale Yoga sieht im vorausgegangenen Leben unwillkürliche, unbewußte oder halbbewußte Vorbereitung dieses Wandels. Yoga ist gewollte und bewußte Wandlung. Durch ihn wird der Zweck der menschlichen Existenz im Prozeß ihrer Umgestaltung in all ihren Schichten voll erfüllt. Der Integrale Yoga erkennt die suprakosmische Wahrheit und ein Leben in jenseitigen Welten an. Aber er sieht auch, daß die irdische Existenz ein in diese Welt ausgedehnter Zustand des einen Seins ist. Darum ist Wandlung des einzelnen Menschen wie der Menschheit eine Form göttlicher Sinnerfüllung des Seins.

Wesentliche Voraussetzung für integrale Vervollkommnung ist, daß wir uns für das suprakosmische Göttliche Wesen öffnen. Die andere Bedingung ist, daß wir uns mit dem universalen Göttlichen Wesen einen. Hier fällt der Yoga der Selbst-Vervollkommnung zusammen mit dem Yoga des Wissens, des Wirkens und der Hingabe. Denn es ist unmöglich, die menschliche Natur in die göttliche umzuwandeln, sie zum Instrument des göttlichen Wissens und Willens und der göttlichen Daseinsfreude zu machen, solange es keine Einheit mit dem Höchsten Sein, Bewußtsein und *ananda,* mit seinem universalen Selbst in allen Dingen und Wesen gibt. Der individuelle Mensch kann die göttliche Natur nicht völlig getrennt besitzen, indem er sich in sie zurückzieht und ganz in ihr aufgeht. Solange das Leben als trennendes Dasein in Mental, Vital und Körper dauert, wird diese Einheit keine zuinnerst spirituelle sein. Vollkommenheit besteht darin, daß es durch Einung im Geist auch Einung mit dem universalen Mental, Vital und Körper erlangt, mit diesen anderen Konstanten des kosmischen Seins. Da überdies das Leben als Ausdruck des im Menschen verwirklichten Göttlichen Wesens aufzufassen ist, muß es ein Wirken der göttlichen Natur in unserem Leben geben. Daraus folgt notwendig die supramentale Umwandlung, die das unvollkommene Wirken der Oberflächen-Natur durch das ursprüngliche Wirken des spirituellen Wesens ersetzt und die mentalen, vitalen und physischen Seiten der äußeren Natur durch die Ideenkraft des Geistes spiritualisiert und umgestaltet. Diese drei Elemente bilden den Inbegriff integraler göttlicher Vollkommenheit des Menschen: Einswerden mit dem göttlichen Wesen, Einswerden mit dem universalen Selbst und supramentale Lebens-Aktion aus dem transzendenten Ursprung und durch die Universalität, wobei der individuelle Mensch durch seine Seele als Träger und natürliches Instrument fungiert.

Teil III

Auf dem Weg in ein spirituelles Zeitalter

Einführung

Ideale und Fortschritt

Wie Tagore, Radhakrishnan, Gandhi und Nehru verbindet Sri Aurobindo die vorherrschenden Veranlagungen Indiens und des Westens miteinander und strebt eine umfassende Integration von indischer und westlicher Kultur an. Unglücklicherweise erliegt er aber dem typischen Versäumnis Indiens und erkennt nicht die Bedeutung Ostasiens an. (Tagore bildet die einzige Ausnahme von der indischen Gewohnheit, nach Westen zu blicken und sich auf Indien als „den Osten“ schlechthin zu beziehen). Die Vorwürfe der Lethargie und des Konservatismus, die Sri Aurobindo gegen Indien erhebt, könnten untermauert werden durch Vergleiche mit China und Japan ebenso wie mit dem modernen Westen. Aber Sri Aurobindo glaubt, daß die beiden wesentlichen Elemente der künftigen Entwicklung des Menschen indische Spiritualität und westliche Intellektualität heißen. Wenn die Entwicklung des historischen Menschen ganz gewiß auch andere bedeutsame Elemente enthalten wird – z. B. aus Ländern wie China und Japan –, so kann doch das Muster solcher Wechselwirkungen dem entsprechen, was in den folgenden Abschnitten über Ideale und Fortschritt entwickelt wird.

Das spirituelle Zeitalter und das Supramental

Sri Aurobindo läßt kaum einen Zweifel daran, daß er unsere Gegenwart als eine Zeit radikalen Übergangs betrachtet, wie er sie in *The Hour of God* beschreibt. Die indische Unabhängigkeit 1947, sein Tod 1950, die Herabkunft des Supramentals 1956 und die Entstehung von Auroville 1968 gehören zu jenen Ereignissen, von denen er sagen würde, sie hätten bedeutenden Einfluß auf den schließlichen Übergang von der mentalen zur supramentalen Existenz. Die Herabkunft des Supramentals 1956, von der man annimmt, sie sei die vereinte Wirkung von Sri Aurobindo und der Mutter, und ihre Konkretisierung in Auroville leiten eine Ära ein, in der „der Geist sich unter den Menschen bewegt“. Entsprechend handelt es sich um ein neues Zeitalter und eine neue Etappe der Evolution.

The Human Cycle (deutsch: Der Zyklus der menschlichen Entwicklung) benutzt ein psychologisches Modell und umreißt die Geschichte der menschlichen Kultur in fünf Abschnitten: zuerst die Symbolische Phase, verkörpert durch die vedische Periode in Indien, in der der Mensch seinen Begriff der Welt in Mythos, Dichtung und Kunst ausdrückt. Zweitens die Gruppen-Phase, für die das indische Varna- oder Kasten-System beispielhaft und die vorwiegend psychologisch und ethisch orientiert ist. Drittens die Konventionelle Phase, wie sie das europäische Mittelalter darstellt, in dem zur Regel gewordene Aufgaben von Stand und Klasse festgelegt wurden entsprechend äußerer Standards und nicht gemäß individuellem Verdienst. Viertens die Individualistische Phase, wie sie vom modernen Westen verkörpert wird, wo Vernunft, Aufstand, Fortschritt und Freiheit dominieren. Fünftens die Subjektive Phase, die im gegenwärtigen Jahrhundert zum Vorschein gekommen ist. Die sechste Phase, die Supramentale, war in *The Human Cycle* nicht einbezogen (der Text blieb unverändert so, wie er 1918 abgefaßt worden war), wird jedoch in *Das Göttliche Leben, Die Synthese des Yoga* und *Savitri* ebenso beschrieben wie in *The Mind of Light,* der kurzen Zusammenfassung seiner evolutionären Schau, die er 1949 schrieb, kurz bevor er starb.

In „Das Supramental in der Evolution" aus *The Mind of Light* legt Sri Aurobindo dar, daß die Herabkunft des Supramentals, von der er annahm, sie stehe unmittelbar bevor, offenbaren werde, das Universum stelle in seinen unbedingten wie fortschreitenden Phasen und auf allen Ebenen den göttlichen „Aufstieg von der Materie zum höchsten Geist" dar.

Savitri

Sri Aurobindo begann 1898 in Baroda, Savitri – Legende und Sinnbild zu schreiben und setzte die Arbeit daran fort bis kurz vor seinem Tod am 5. Dezember 1950. Mehr als alle anderen Werkteile zeigt Savitri die erfahrungsgemäße Grundlage von Sri Aurobindos spiritueller Entwicklung und seinem Yoga.

In den Versen, die hier nachfolgend zitiert werden, beschreibt Aswapati das Dilemma, das mit Erreichen des übermentalen Bewußtseins entsteht – nämlich die Aufgabe, die geistigen und physischen Ebenen des Seins miteinander zu verbinden. Aswapati erfreut sich der Schau des Göttlichen Wirkens im historischen Ablauf der Dinge, bleibt aber auf der mentalen Ebene. Sri Aurobindo und die Mutter, versinnbildlicht durch Satyam und Savitri, verleihen der supramentalen Ebene des Göttlichen Wesens Ausdruck. In Reaktion auf die Ausrede Aswapatis stimmt das Göttliche Wesen zu, sich in einem supramentalen Avatar zu verkörpern:

O starker Vorläufer, ich habe deinen Ruf vernommen.
Es soll ein Mensch herniederkommen und das eiserne Gesetz zerbrechen
Und das Verhängnis der Natur allein mit seines Geistes Macht verwandeln.

Durch das ganze epische Gedicht hindurch wie in seiner Sādhanā rang Sri Aurobindo darum, „das Verhängnis der Natur zu wandeln“. In Savitri verkörpert die Mutter = Savitri wie in seinem Leben und Vermächtnis das Gefäß des Unendlichen und den Sieg über den Tod. Sri Aurobindo und die Mutter sind folglich als der zweieinige Avatar des Supramentals zu betrachten – Sri Aurobindo als der Bote und die Mutter als die Offenbarung des Göttlichen Wesens in der körperlichen Welt.

Ideale und Fortschritt

Unser Ideal*

Wir glauben an den beständigen Fortschritt der Menschheit, und wir halten fest, daß dieser Fortschritt das Ergebnis eines Gedankens im Leben ist, der sich manchmal an der Oberfläche manifestiert, manchmal nach unten absinkt und hinter der Maske äußerer Kräfte und Interessen wirkt. Wenn dieses Hinabgleiten unter die Oberfläche stattfindet, erlebt die Menschheit eine Periode offenbaren Rückschritts oder langsamer Entwicklung, ihre langen Stunden der Finsternis oder des Zwielichts, in denen der geheime Gedanke im Hintergrund eine seiner Phasen ausarbeitet, unter Druck vorwiegend wirtschaftlicher, politischer und persönlicher Interessen, die nichts von einer tieferen Absicht drinnen wissen. Wenn der Gedanke an die Oberfläche zurückkehrt, erlebt die Menschheit eine Periode des Lichtes und der raschen Blüte, ihre Morgenröten und herrlichen Frühlingszeiten. Der Tiefe, Vitalität, Wahrheit und selbstwirksamen Kraft der Gestalt jenes Gedankens, der auftaucht, entspricht die Bedeutung des Fortschritts, den die Menschheit während dieser Stunden Gottes in unserer irdischen Manifestation vollzieht.

Es gibt keinen größeren Irrtum als die Annahme, wie sie der „praktische" Mensch gewöhnlich hegt, daß Denken nur eine schöne Blüte und einen feinen Schmuck des Lebens darstellt, und politische, wirtschaftliche und persönliche Interessen die bedeutenden und wirksamen Bewegkräfte menschlichen Handelns sind. Wir erkennen an, daß dies eine Welt des Lebens und Handelns und sich entwickelnder Organismen ist. Aber Leben, das sich nur durch vitale und materielle Kräfte zu führen sucht, ist langsames, dunkles und stümperhaftes Wachstum. Es stellt den Versuch dar, den Menschen der Weise vegetabilen und animalischen Seins anzupassen. Die Erde ist eine Welt des Lebens und der Materie, aber der Mensch ist weder Pflanze noch Tier. Er ist ein geistiges und denkendes Wesen, das hier ausgesetzt ist, um die animalische Gestalt für höhere Zwecke, durch höhere Motive, mit einem eher göttlichen Werkzeugcharakter zu bilden und zu benutzen.

Deshalb dient er durch seine besondere Art dem Wirken eines Gedankens in ihm auch dann, wenn er in seinem Oberflächen-Selbst nichts von ihm weiß.

*The Supramental Manifestation, S. 308-315

Der praktische Mensch, der das tiefere Leben der Idee nicht kennt oder geringschätzt, dient dennoch jenem, das er nicht kennt oder gar verachtet. Karl der Große, der einem chaotischen Europa mit seinem Schwert Gestalt verlieh, bereitete die Herrschaft der feudalen katholischen Interpretation des menschlichen Lebens vor mit allem, was die große, wenn auch dunkle Periode der Menschheit für das Denken und die geistige Entwicklung der Menschheit bedeutete. Doch wenn das Denken auftaucht und das Leben leitet, wächst der Mensch zu seinem vollen Menschsein heran, schreitet er auf seinem Weg vorwärts und fängt an, die Entwicklung der Natur seiner Bestimmung gemäß zu beherrschen oder zumindest als bewußtes Mental und bewußter Geist mit Jenem zusammenzuarbeiten, das sie beherrscht und ausrichtet.

Der Fortschritt der Menschheit war eine ständige Revolution, mit deren rhythmischer Aufeinanderfolge von Finsternis und Licht. Aber sowohl der Tag als auch die Nacht haben mitgeholfen, das zu begünstigen, was evolviert. Die Zeitabschnitte waren nicht für alle Gegenden der Erde gleich. In den historischen Zeiten des gegenwärtigen Kulturzyklus war die bewegende Aktivität weitgehend in Asien und Europa zentriert. Hier hat man immer wieder beobachten können, daß Europa eine Epoche der Finsternis durchschritt, wenn sich Asien im Licht bewegte, und umgekehrt, daß Asiens Schweigen oder Stagnation mit einer Zeit mentaler Kraftentfaltung und vitaler Aktivität in Europa einherging.

Aber der grundlegende Unterschied bestand darin, daß Asien vorwiegend (nicht ausschließlich) als Versuchsfeld für die geistige Erfahrung und den geistigen Fortschritt des Menschen diente. Europa war eher eine Werkstatt für seine mentalen und vitalen Betätigungen. Mit fortschreitendem Zeitablauf hat sich der östliche Erdteil mehr und mehr in ein Lagerhaus für geistige Kraft verwandelt, die manchmal aktiv wirkte und zu neuer Entwicklung voranführte, manchmal konservativ und bewegungslos blieb. Ein Strom dieser Kraft hat sich drei- oder viermal über Europa ergossen, aber jedesmal hat Europa die spirituelle Substanz der Eingebung ganz oder teilweise zurückgewiesen und sie eher als Antrieb zu neuer intellektueller und materieller Aktivität und den entsprechenden Fortschritt verwendet.

Der erste Versuch bestand im Einsickern ägyptischer, chaldäischer und indischer Weisheit auf dem Weg über das Denken der griechischen Philosophen von Pythagoras bis zu Platon und den Neuplatonikern. Im Ergebnis kam es zu den intellektuell brillanten aber unspirituellen Kulturen der Griechen und Römer. Das bereitete jedoch den Weg für den zweiten Versuch, bei dem Buddhismus und Vishnuismus, gereinigt durch semitische Gemütsart, in Gestalt des Christentums in Europa Eingang fanden. Das Christentum hätte beinahe das europäische Mental spiritualisiert und sogar enthaltsam gemacht. Es war behindert durch seine eigene theoretische Verunstaltung im Mental der griechischen Kirchenväter und durch die plötzliche Überschwemmung Europas mit einer germanischen Unkultur, deren Gemütsart in ihren Verdiensten nicht weniger als in ihren Mängeln den Antityp sowohl zum christlichen Geist als auch zum griechisch-römischen Intellekt bildete.

Das Eindringen des Islam in Spanien und an der Südküste des Mittelmeeres mag als ein dritter Versuch gewertet werden. Er blieb das einzige bemerkenswerte Beispiel, bei dem sich die asiatische Kultur der europäischen Methode gewaltsamen materiellen und politischen Eindringens statt friedlicher Invasion durch Ideen bediente. Ergebnis ihres Zusammentreffens mit dem graezisierten Christentum waren die Wiedererweckung des europäischen Mentals im feudalen katholischen Europa und die dunklen Anfänge des modernen Denkens und der modernen Naturwissenschaft.

Den vierten und letzten Versuch, der bislang erst in seiner Anfangsphase steckt, bildet das stille Eindringen östlichen und hauptsächlich indischen Denkens nach Europa, wobei es zunächst den Schleier der deutschen Metaphysik durchdringt, neuerdings durch seinen subtilen Einfluß, mit dem es Idealismus, Mystik und Religion der Kelten, Skandinavier und Slawen wiedererweckt, und das unmittelbare und offene Vordringen von Buddhismus, Theosophie, Vedanta, Bahai-Religion und anderer orientalischer Einflüsse in Europa und Amerika.

Andererseits gibt es zwei Rückwirkungen Europas auf Asien. Zunächst die Invasion Alexanders und des aggressiven Hellenismus, der zeitweilig Westasien überzog, der in Indien Widerhall und Reaktionen auslöste und über die islamische Kultur auf das mittelalterliche Europa zurückwirkte. Sodann den modernen Ansturm des kommerziellen, politischen und wissenschaftlichen Europa auf die moralischen, künstlerischen und spirituellen Kulturen des Ostens.

Die Grundzüge dieser neuen gegenseitigen Durchdringung liegen erstens darin, daß die beiden Angriffe gleichzeitig stattfinden; und zweitens darin, daß sie in jedem Fall mit der extremen Übertreibung ihrer Gegner zusammentreffen. Das intellektuelle und materialistische Europa traf auf ein Indien, das Herz Asiens, das Zentrum des spirituellen Lebens der Welt, das gerade die letzten großen Anstrengungen bei einem ungeheueren Experiment unternahm, wobei sich das Denken einer ganzen Nation für Jahrhunderte auf das reine geistige Sein konzentrierte unter Ausschluß von allem wirklichen Fortschritt im praktischen und im mentalen Leben der Menschheit. Der eintretende Strom östlichen Denkens fiel in Europa mit dem Anfang einer Ära zusammen, in der Religion, Philosophie und Psychologie – Religion als eine emotionale Einbildung, Philosophie, die reine Essenz des Mentals, als unfruchtbares Gedanken-Weben – zurückgewiesen wurden und man beschloß, alle intellektuelle Kraft der Erforschung der Gesetze der materiellen Natur und des körperlichen, gesellschaftlichen, wirtschaftlichen und politischen Daseins des Menschen zu widmen und darauf eine überlegene Zivilisation aufzubauen.

Diese erstaunliche Anstrengung ist vorüber. Sie hat ihren Bankrott noch nicht offen erklärt, aber sie ist bankrott. Sie ist dabei, in einer Sintflut unterzugehen, die ebenso gigantisch und widernatürlich ist wie der Versuch, der sie hervorbrachte. Andererseits hat auch die übertriebene Spiritualität des indischen Großversuchs Schiffbruch erlitten. Wir haben gesehen, wie hoch sich einzelne durch ihn emporheben können, aber wir haben auch gesehen, wie tief eine Gesellschaft fallen kann, die in ihrem Eifer, nach Gott zu suchen, sich über dessen Absicht mit der Menschheit ignorant hinwegsetzt. Beide Versuche, der europäische wie der indische, waren bewunderungswürdig, der indische wegen seiner unbedingten geistigen Aufrichtigkeit, der europäische wegen seiner schonungslosen intellektuellen Rechtschaffenheit und Begeisterung für die Wahrheit. Beide haben Wunder vollbracht. Am Ende aber waren Gott und Natur zu stark für das Titanentum des menschlichen Geistes und das Titanentum des menschlichen Intellekts.

Das Heil für die Menschheit liegt in einer eher gesunden, integralen Entwicklung ihrer Möglichkeiten im einzelnen und in der Gesellschaft. Die Sicherheit Europas muß in der Anerkennung des geistigen Ziels der menschlichen Existenz gesucht weden, andernfalls wird Europa vom Gewicht seines unerleuchteten Wissens und seiner seelenlosen Organisation erdrückt. Die Sicherheit Asiens liegt in der materiellen Form und den mentalen Bedingungen, unter denen jenes Ziel erarbeitet werden muß, andernfalls wird Asien tiefer in den Sumpf der Verzweiflung sinken, in den Sumpf einer mentalen und physischen Unfähigkeit, mit den Tatsachen des Lebens und den Erschütterungen der raschen, wechselvollen Entwicklung fertig zu werden. Nicht das Auswechseln von Formen ist gefragt, sondern der Austausch erneuernder Antriebe und glückhafte Verschmelzung und Harmonisierung.

Die Gleichzeitigkeit und gegenseitige Durchdringung der beiden großen Strömungen menschlichen Bemühens in dieser Krise der Geschichte der Menschheit ist vielversprechend für deren Zukunft, aber auch voller Gefahren. Hoffnungsvoll ist das Emporkommen eines neuen und besseren menschlichen Lebens, das auf mehr Wissen beruht, eines Strebens neuer Talente und Möglichkeiten, die sich uns eröffnen, und einer gerechten Betrachtung der Probleme, die es für den einzelnen, die Gesellschaft und die Menschheit als

Ganzes zu lösen gilt. Die Menschheit ist näher zusammengerückt dank der Entwicklung der materiellen Wissenschaft, und ihre äußere Zukunft ist wohl oder übel seitdem eine gemeinsame. Ihre verschiedenen Zweige entwickeln sich nicht mehr getrennt und unabhängig voneinander. Gleichzeitig weitet sich die Möglichkeit aus, die Menschheit wahrhaft zu einen durch die Entwicklung und Praxis der Wissenschaft und des Seelenlebens sowie durch innerliche Vereinigung. Der Gedanke, von dem die Aufklärung Europas beherrscht war, ist die Leidenschaft für die Entdeckung von Wahrheit und Gesetz des Daseins und des Weltprozesses, ist der Versuch, das Leben und die Fähigkeiten des Menschen, seine Ideale, seine Einrichtungen und seine Organisation durch das Wissen um diese Wahrheit und dieses Gesetz zu entwickeln, in dem Vertrauen, daß entlang dieser Linie die Straße zum menschlichen Fortschritt und zur menschlichen Vollkommenheit führt.

Dieser Gedanke ist unbedingt richtig, wir akzeptieren ihn ganz und gar. Doch seine Anwendung war falsch. Denn das Gesetz und die Wahrheit, die entdeckt werden müssen, sind nicht die der materiellen Welt, auch wenn diese gefragt sind. Es sind auch nicht die der mentalen und der körperlichen Welt, auch wenn diese unerläßlich sind. Es sind Gesetz und Wahrheit des Geistes, von denen alles andere abhängt. Denn es ist die Macht des Selbstes der Dinge, das sich in deren Formen und Vorgängen ausdrückt.

Die Botschaft des Ostens an den Westen ist eine Botschaft: „Ein Mensch kann nur gerettet werden, wenn er sich selbst findet“ und „was nützte es dem Menschen, wenn er die ganze Welt gewönne und nähme doch Schaden an seiner Seele“. Der Westen hat die Botschaft gehört und sucht nach dem Gesetz und der Wahrheit der Seele und den Zeugnissen einer inneren Wirklichkeit, die größer ist als die materielle. Mit seiner Leidenschaft für die mechanistische Auffassung von der Entstehung der Natur und seiner übertriebenen Intellektualität kann er sich in einen innerlichen und falschen Glauben an übersinnliche Kräfte hineinmanövrieren, wie wir ihn in England und Amerika, der Heimat des mechanistischen Genius, sich ausbreiten sehen, oder in intellektuelle, unspirituelle und deshalb irrige Theorien des Absoluten, wie sie im kritischen und metaphysischen Deutschland im Umlauf sind.

Der Gedanke, von dem die Aufklärung Asiens beherrscht war, ist das sichere Wissen, daß die Wahrheit des Geistes die einzig wirkliche Wahrheit ist, ist die Überzeugung, daß das seelische Leben des Menschen Werkzeug zur Erlangung der Wahrheit des Geistes ist, dessen Gesetze erkannt und praktisch angewandt werden müssen, mit dem übergeordneten Ziel und dem Versuch, das äußere Leben des Menschen und die Institutionen der Gesellschaft in eine für das höhere Streben geeignete Form zu gestalten.

Auch dieser Gedanke ist richtig, und wir akzeptieren ihn ganz und gar. Doch bei seiner Anwendung, vor allem in Indien, ist man abgeglitten in eine Trennung zwischen dem Geist und seinen Werkzeugen, in Geringschätzung und Verengung des mentalen und des äußeren Lebens der Menschen. Aber das vollkommene und unbedingte Erlangen spirituellen Lebens kann nur auf der weitesten und reichsten Blüte des instrumentellen Lebens sicher begründet sein. Die Altvorderen des Ostens besaßen dieses Wissen und setzten es praktisch um. Bei ihren Nachkommen verblaßte dieses Wissen und ging in der Praxis verloren.

Die Botschaft, die der Westen dem Osten überbringt, ist eine wahre Botschaft. Auch der Mensch ist Gott, und durch Entwicklung seines Menschentums nähert er sich der Gottheit. Auch das Leben ist Göttliches Wesen, seine fortschreitende Ausweitung ist Selbst-Ausdruck des Brahman, und das Leben zu leugnen heißt, die Gottheit in uns herabzuwürdigen. Dies ist die Wahrheit, die vom Westen zum Osten zurückkehrt, nachdem sie in die Sprache der höheren Wahrheit übersetzt worden ist, die der Osten bereits beherrscht. Es ist ein uraltes Wissen. Auch der Osten erwacht zu dieser Botschaft. Die Gefahr liegt darin, daß Asien sie in der europäischen Form akzeptieren könnte, zeitweilig sein eigenes Gesetz und Wesen vergißt und entweder blind den Westen kopiert oder das, was es in den minderwertigsten Formen hat, und den Unfertigkeiten, die in es eindringen, eine verhängnisvolle Mischung bereitet.

Das Problem des Denkens besteht deshalb darin, die rechte Idee und den rechten Weg zur Harmonie ausfindig zu machen, die uralte und ewige geistige Wahrheit des Selbstes neu zu formulieren, so daß sie das mentale und physische Leben sich wieder zu eigen macht, durchdringt, beherrscht und umgestaltet; die tiefgründigsten und vitalsten Wege psychologischer Selbst-Disziplin und Selbst-Entfaltung zu entwickeln, damit das mentale und psychische Leben des Menschen das geistige Leben durch die höchst mögliche Ausweitung seiner Reichtümer, Macht und Komplexität ausdrücken kann; die Mittel und Beweggründe zu suchen, durch die das äußere Leben des Menschen, seine Gesellschaft und seine Institutionen sich fortschreitend in die Wahrheit des Geistes und zu äußerst möglicher Harmonie, individueller Freiheit und sozialer Einheit umgestalten können.

Dies ist unser Ideal und dem gilt unser Suchen. Überall in der Welt gibt es so viele Bewegungen, die von derselben treibenden Kraft inspiriert sind, aber es gibt Veranlassung zu einer Anstrengung des Denkens, damit das Problem in seiner vollständigen Komplexität offen anerkannt wird und seine Erforschung nicht der nötigen Flexibilität ermangelt, weil sie einem Kult, einem Glaubensbekenntnis oder einem vorhandenen philosophischen System verhaftet ist.

Die erforderliche Anstrengung schließt das Trachten nach jener Wahrheit ein, die dem Sein und dem fundamentalen Gesetz seines Selbstausdrucks im Universum unterliegt – eine Arbeit des metaphysischen Philosophierens und religiösen Denkens. Sie umfaßt weiter das Ausloten und Harmonisieren der psychologischen Wege und Disziplinen, durch die der Mensch sich läutert und vervollkommnet – eine Arbeit der Psychologie, aber nicht, wie sie in Europa verstanden wird, sondern der tieferen praktischen Psychologie, die in Indien Yoga genannt wird. Und sie umfaßt schließlich die Anwendung unserer Ideen zu den Problemen des gesellschaftlichen und gemeinsamen Lebens der Menschen.

Philosophie und religiöses Denken, die in spiritueller Erfahrung gründen, stehen am Anfang und bilden die Grundlage eines solchen Versuchs. Denn sie allein blicken hinter die Erscheinungen und Vorgänge auf die Wahrheit der Dinge. Der Versuch, von ihrem Vorrang frei zu werden, muß stets vergeblich bleiben. Der Mensch wird immer denken, verallgemeinern und versuchen, die offenkundigen Tatsachen zu durchdringen, das ist nun einmal das imperative Gesetz seines erwachenden Bewußtseins. Der Mensch wird stets seine Verallgemeinerungen in eine Religion verwandeln, auch wenn es nur eine Religion des Positivismus oder des materiellen Gesetzes ist. Philosophie ist die intellektuelle Suche nach der grundlegenden Wahrheit der Dinge. Religion ist der Versuch, die Wahrheit in der menschlichen Seele ihre Kraft entfalten zu lassen. Beide sind füreinander wichtig. Religion, die nicht Ausdruck philosophischer Wahrheit ist, verkümmert zu Aberglauben und Obskurantismus, und Philosophie, die sich nicht in religiösem Geiste kraftvoll gestaltet, ist nur ein schwaches Licht, denn sie kann nicht praktiziert werden. Doch wiederum wird keine von beiden ihren höchsten Wert erreichen, wenn sie nicht in den Geist erhoben und ins Leben übertragen wird.

Was soll also unser Ideal sein? Eine Menschheit, die durch inneres Einssein und nicht nur durch äußere Verbindung von Interessen geeint ist. Die Auferstehung des Menschen aus dem bloß animalischen oder bloß intellektuellen und ästhetischen Leben zu den Herrlichkeiten geistigen Seins. Das Ausgießen der Macht des Geistes in die körperliche Gestalt und das mentale Werkzeug, so daß der Mensch sein Menschsein zum wahren Übermenschentum entwickeln kann, das unseren gegenwärtigen Zustand ebenso übersteigt, wie dieser über den animalischen hinausgeht, von dem die Wissenschaft uns berichtet, daß wir aus ihm hervorgegangen sind. Diese drei sind eines. Denn die Einung des Menschen und seine Selbst-Transzendenz kann nur eintreten durch das Leben im Geiste.

Ein spirituelles Ideal war stets charakteristisch für das Denken und Streben Indiens. Aber der Lauf der Zeit und das dringende Bedürfnis der Menschheit erfordern eine Neuorientierung und eine andere Form dieses Ideals. Die alten Formen und Methoden genügen nicht mehr für den Zweck des Zeit-Geistes. Indien kann sich nicht mehr selbst vollenden auf Wegen, die zu eng sind für die großen Schritte, die es in Zukunft zu unternehmen hat. Auch meinen wir nicht die Spiritualität eines Lebens, das betagt, der Welt überdrüssig und belastet ist durch das Gefühl, die ganze machtvolle Schöpfung Gottes sei eine Illusion und von erbärmlicher Untauglichkeit. Unser Ideal ist keine Spiritualität, die sich vom Leben zurückzieht, vielmehr die Eroberung des Lebens durch die Macht des Geistes. Das bedeutet, die Welt als eine Leistung der Offenbarung des Göttlichen Wesens anzunehmen, aber auch Menschsein zu transformieren durch eine noch größere Leistung der Offenbarung, als sie bisher vollbracht worden ist, eine Leistung, durch die der Vorhang zwischen Mensch und Gott beseitigt werden soll, das göttliche Menschsein, dessen wir fähig sind, sich ereignet und unser Leben in der Wahrheit, im Licht und in der Macht des Geistes umgestaltet wird. Aus all unserem Handeln soll eine Darbringung an den Herrn unseres Handelns, ein Ausdruck des größeren Selbstes im Menschen und aus allem Leben ein Yoga werden.

(XVI, S. 329)

Das konservative Mental und östlicher Fortschritt*

Das Aufkommen einer neuen radikalen Idee im Mental der Menschen ist Zeichen eines bevorstehenden Wandels im Leben des einzelnen und in der Gesellschaft. Sie mag bekämpft werden, die Reaktion der alten Idee mag eine Zeitlang erfolgreich sein, doch das Ringen läßt weder die Gedanken und Gefühle noch die Gewohnheiten und Institutionen der Gesellschaft so bestehen, wie sie bei Beginn dieses Ringens waren. Ob man es weiß oder nicht, man ist vorangeschritten, und der Wandel ist unumkehrbar. Entweder ersetzen neue Formen die alten Institutionen, oder die alten haben sich tiefgreifend gewandelt, während sie im Außenaspekt Kontinuität aufrechterhalten. Oder die alten erhalten sich in einer Periode größerer Unbeweglichkeit, zunehmender Verfälschung, fortschreitender Entartung des Geistes und des Schwindens wirklicher Kraft, was ihnen in der Zukunft nur eine umso größere Katastrophe und unbedingtes Verschwinden garantiert. Die Vergangenheit kann höchstens ein partielles Überleben oder einen sanften Tod erreichen, vorausgesetzt, sie versteht es, aufgeschlossen mit der Zukunft Übereinkunft zu erzielen.

Das konservative Mental ist nicht willens, dieses Gesetz anzuerkennen, obwohl es durch die Geschichte der Menschheit hindurch zu beobachten ist und man Beispiele in Hülle und Fülle aus allen Zeiten und Gegenden anführen kann. Bei seiner Weigerung wird das Mental unterstützt durch die Tatsache, daß rasante Revolutionen und bedeutende umstürzende Veränderungen vergleichsweise selten vorkamen. Es wird geblendet durch den Schleier, den die Natur so häufig über ihre Wandlungsvorgänge ausbreitet. Betrachten wir in diesem Licht beispielsweise die europäische Geschichte, so fesseln unsere Aufmerksamkeit nur wenige hervorragende Wendepunkte: die Entwicklung und das Ende der Demokratie im alten Athen, der Übergang von der römischen Republik zum römischen Kaiserreich, das Auftauchen des feudalen Europas aus den Ruinen Roms, die Christianisierung Europas, Reformation und Renaissance, die zusammen eine neue Gesellschaft vorbereiteten, die Französische Revolution, die gegenwärtig rasche Entwicklung auf einen sozialistischen Staat hin und der Ersatz der Konkurrenz durch organisierte Kooperation. Weil unser Hinblick auf die europäische Geschichte hauptsächlich poli-

*The Supramental Manifestation, S. 322-328

tisch gefärbt ist, sehen wir nicht, daß sich ebenso Gesellschaft und Denken ständig verändern. Aber es lassen sich zwei große Veränderungszyklen ausmachen. Der eine führt von den alten Rassen der Vorzeit zur kultivierten Gesellschaft der griechisch-römischen Welt, der andere von dem halb-barbarischen feudalen Christentum zur intellektuellen, materialistischen, zivilisierten Gesellschaft der Neuzeit.

Im Gegensatz dazu waren die großen Revolutionen im Osten geistig und kulturell. Die politischen und gesellschaftlichen Veränderungen treten hier zurück und sind leicht zu übersehen, obwohl sie tatsächlich stattfanden und verblüffend waren, wenn auch weniger tiefgreifend als in Europa. Ihre Unauffälligkeit wird außerdem noch betont durch ihren Mangel an Profil, die Langsamkeit und Feinheit ihres Ablaufs und die instinktive Beharrlichkeit und Ehrerbietung, mit der alte Namen und Formeln bewahrt worden sind, während die Sache selbst wesentlich modifiziert wurde, bis ihr ursprünglicher Sinn nur noch als fromme Fiktion erhalten blieb. So benutzte Japan seinen unantastbaren Mikado als Deckmantel für den Wechsel zu einer aristokratischen, feudalen Regierung und holte ihn in neuerer Zeit wieder hervor, um den Übergang von der mittelalterlichen Gesellschaft in den breiten Strom der Moderne zu überdecken und nicht allzu ernste Erschütterungen zu erfahren. In Indien wird an der Fiktion der alten viergliedrigen Gesellschaftsordnung festgehalten, die in spirituellem Idealismus, sozialer Gruppenzugehörigkeit, ethischer Disziplin und wirtschaftlicher Funktion gründet, um die ganz andere, komplexe, chaotische Kasten-Ordnung zu verdecken und zu rechtfertigen, die in Wahrheit auf Geburt, Vorrecht, örtlicher Sitte und religiösem Formalismus beruht, auch wenn sie noch einige Bruchstücke der alten Beweggründe erhält und damit durcheinanderbringt. Die Entwicklung der Gesellschaft von einem Typus zum anderen, in den psychischen Motiven und tatsächlichen Institutionen so entgegengesetzt und ohne offenkundigen Wechsel der Formen, bleibt eines der seltsamsten Phänomene in der Sozialgeschichte der Menschheit und bedarf noch gründlicher Erforschung.

Unser Mental ist geneigt, die Dinge zu nehmen, wie sie sind, und nur das zu schätzen, was in klaren äußeren Umständen hervortritt. Wir beherrschen nicht das Gesetz der Feinheit und Verstellung der Natur. Wir vermögen die Motive, Notwendigkeiten, großen revolutionären Vorgänge und auffälligen Veränderungen zu erkennen und bis zu einem gewissen Grade zu ergründen, wir können die kurzen Reaktionen betrachten und richtig einordnen, welche die äußere Verwirklichung neuer Ideen zwar nicht verhindern, aber mindestens modifizieren. Wir können zum Beispiel erkennen, daß die Restauration der römischen Oligarchie durch Sulla, die Restauration in England durch die Stuarts oder die kurze Rückkehr der Monarchie in Frankreich durch die Bourbonen keine wirklichen Restaurationen darstellen, sondern ein vorübergehendes Eindämmen der Flut, begleitet von unzureichenden Konzessionen und erzwungenen Entwicklungen, die nicht Rückkehr zur Vergangenheit bedeuteten, sondern Form und Tempo der unausweichlichen Revolution bestimmten. Schwieriger ist es, wenngleich nicht unmöglich, das Wirken einer Idee gegen alle Widerstände durch viele Jahrhunderte richtig einzuschätzen. Wir können heute zum Beispiel begreifen, daß wir die Anfänge der Französischen Revolution nicht bei Rousseau oder Mirabeau oder dem unbesonnen handelnden Ludwig XVI. suchen müssen, vielmehr in den Bewegungen, die zurückdatieren bis zu den Capets und den Valois, während die Niederlage der Calvinistischen Reformation in Frankreich und der absolute Triumph des monarchistischen Systems über den Adel und das Bürgertum unter der Herrschaft von Ludwig XIII. und Ludwig XIV. genau genommen das war, was ihren ungeheuren Ausbruch und Sieg vorbereitete und ihren Ablauf vorherbestimmte. Ein Doppelsieg entschied über den Zerfall der Monarchie in Frankreich: der Niedergang der Kirche und das Verschwinden der Aristokratie, nachdem der Adel darin gescheitert war, die liberale Sache sowohl bezüglich der Religion wie hinsichtlich der Politik gewissenhaft in die Hand zu nehmen.

Aber die Natur hält noch mehr subtile und verborgene Entwicklungen in ihrem Umgang mit dem Menschen bereit, durch die sie die Menschen zum Wandel führt, ohne daß sie es wissen. Weil sie diese Methoden hauptsächlich bei den riesigen Massen des Ostens angewandt hat, ist die konservative Einstellung des Mentals hier so viel stärker als im Westen. Sie vermag die Illusion zu nähren, daß es sich nicht verändert hat, daß es den Ideen der entrückten Altvorderen, ihrer Religion, ihren Überlieferungen, ihren Institutionen, ihren gesellschaftlichen Idealen unverrückbar treu verbunden ist, daß es eine göttliche oder eine animalische Unbeweglichkeit sowohl im Denken wie in der Lebensroutine bewahrt hat und frei gewesen ist vom Gesetz menschlicher Veränderung, auf Grund dessen der Mensch und seine gesellschaftlichen Organisationen entweder voranschreiten oder degenerieren müssen, aber in keinem Falle unverändert gegenüber den Angriffen der Zeit sich erhalten können. Der Buddhismus kam und ging, und der Hindu bekennt noch immer, zur vedischen Religion zu gehören, die von seinen arischen Vorfahren hochgehalten und praktiziert worden ist, und nennt sein Glaubensbekenntnis Arischen Dharma, die ewige Religion. Erst wenn wir näher hinsehen, erkennen wir den ganzen Umfang der Selbsttäuschung. Buddha ist in der Tat aus Indien weggegangen, doch der Buddhismus blieb zurück. Er hat sich in riesigem Umfang dem Geist der nationalen Religion aufgeprägt und Formen hinterlassen, die durch den Tantrismus bestimmt werden sollten, mit dem er eine Allianz und in seiner mittleren Periode eine Art Fusion eingegangen war. Was er zerstörte, konnte niemand wiederherstellen, was er hinterließ, konnte niemand zerstören. Der zweifache Zyklus, den Indien von der frühen vedischen Zeit bis zum Indien Buddhas und den Philosophen und dann von Buddha bis zum Hereinbrechen der Europäer durchlebte, bedeutete auf seine Art eine ebenso ungeheuere Umwandlung auf religiösem, gesellschaftlichem, kulturellem, ja sogar auf politischem und administrativem Gebiet wie der Doppel-Zyklus in Europa. Aber weil er an alten Namen für neue Dinge festhielt, alte Formeln für neue Methoden und alte Hüllen für neue Institutionen verwendete und weil der Wechsel stets innerlich vollzogen, aber äußerlich leise und unaufdringlich gestaltet wurde, waren wir in der Lage, die Fiktion von einem unveränderlichen Osten in die Welt zu setzen und aufrechtzuerhalten. Man kommt noch zu einem weiteren Ergebnis: Während der europäische Konservative das Gesetz des Wandels in der menschlichen Gesellschaft begriffen hat und weiß, daß er sich bewegen muß und mit den Fortschrittlichen lediglich über die rechte Geschwindigkeit und die genaue Richtung des Wandels auseinanderzusetzen hat, bildet sich der östliche oder besser der indische Konservative noch immer ein, das wahre Gesetz des sterblichen Wesens heiße Stabilität. Er praktiziert eine Art *yoga āsana* auf dem Strom der Zeit, und weil er sich selbst nicht bewegt, glaubt er – denn er hält seine Augen geschlossen und beobachtet gewöhnlich nicht die Ufer –, er könne auch den Strom an der Bewegung hindern.

Das konservative Prinzip hat ebenso seinen Vorteil, wie ein rascher Fortschritt seine Auswüchse und Gefahren birgt. Er unterstützt die Erhaltung grundlegender Kontinuität, was der Langlebigkeit von Kulturen und der Dauerhaftigkeit dessen dient, was wertvoll war in der Vergangenheit des Menschengeschlechtes. So blieb in Indien der religiöse Geist wahrhaft zeitlos, auch wenn die Religion ihre Gestalt und ihr Naturell erheblich veränderte. Das Grundgesetz geistiger Disziplin ist dasselbe wie in der Anfangszeit, die grundlegenden Wahrheiten sind bewahrt, in ihren Inhalten sogar angereichert worden, und ihre Ausgestaltungen können durch die verschiedenen Wandlungen sämtlichst zurückverfolgt werden bis zu ihrer Herkunft aus dem Veda. Andererseits führt diese mentale Gewohnheit zur Anhäufung einer großen Menge von Zusätzen, die einst wertvoll waren, aber ihre Wirkung verloren haben, und zur Anhäufung von abgestorbenen Formen und Losungsworten, die keiner lebendigen Wahrheit mehr entsprechen und keine verständliche, hilfreiche Bedeutung mehr haben. Der ganze verwesende Abfall der Vergangenheit wird als zu heilig festgehalten, um von irgendeiner weltlichen Hand angetastet zu werden, und doch verstopft er nur die Ströme nationalen Lebens oder verdirbt ihre Gewässer. Wenn kein erfolgreicher Reinigungsprozeß stattfindet, tritt plötzlich der Zustand allgemeiner Unpäßlichkeit im Sozialkörper auf, wobei der Grundsatz der Erhaltung zur Ursache der Auflösung wird.

Das gegenwärtige Welt-Zeitalter stellt eine Phase ungeheurer Umwandlungen dar. Nicht eine sondern viele radikale Ideen beschäftigen das Mental der Menschheit und beunruhigen ihr Leben durch vehementes Suchen und Bemühen um Veränderung. Obwohl das Zentrum der Unruhe im fortschrittlichen Europa liegt, wird doch der Osten rasch in dieses aufgewühlte Meer des Denkens, in diesen Zusammenbruch alter Ideen und Institutionen hineingezogen. Keine Nation oder Gemeinschaft kann noch länger psychisch zurückgezogen und fern der Einung der modernen Welt bleiben. Es darf sogar behauptet werden, daß die Zukunft der Menschheit hauptsächlich von der Antwort abhängt, die auf das moderne Rätsel der Sphinx durch den Osten und vor allem durch Indien, den altehrwürdigen Wächter der asiatischen Idee und seiner tiefgreifenden spirituellen Geheimnisse, erteilt wird. Denn die lebensentscheidende Frage des Zeitalters zielt darauf ab, ob der künftige Fortschritt der Menschheit durch das moderne wirtschaftliche, materialistische Mental des Westens bestimmt werden soll oder durch einen edleren Pragmatismus, der geleitet, emporgehoben und erleuchtet wird durch geistige Kultur und spirituelles Wissen. Der Westen war niemals darin erfolgreich, sich wahrhaftig zu spiritualisieren, und blieb letzten Endes fast ausschließlich auf ein Handeln im Äußeren festgelegt, das durch politische und wirtschaftliche Ideale und Notwendigkeiten bestimmt war. Trotz der Wiedererweckung des religiösen Mentals und der Zunahme einer weitverbreiteten, doch noch keineswegs tiefschürfenden oder gar erleuchtenden spirituellen und psychischen Neugierde und Suche, muß er immer nur in den weltlichen Dingen herumrühren und seine Probleme als denkendes politisches und wirtschaftliches Tier durch mechanische Methoden lösen, weil er einfach keinen anderen Standpunkt kennt und an keine andere Methode gewöhnt ist. Auf der anderen Seite war der Osten stets offen für tiefgreifende Erweckungen und hielt seine spirituelle Begabung intakt, auch wenn sie zur Zeit träge und unschöpferisch ist, und er seiner Spiritualität gestattet hat, zu sehr in toten Formen dahinzudösen. Daher liegt die Hoffnung der Welt im Wiedererwachen der alten spirituellen Praxis und tiefen Schau und Ausgestaltungsmacht im Osten im beharrlichen Kontakt mit dem Westen und bei Ausgießen des Lichtes von Asien über den Okzident, aber nicht in den jetzigen statischen, kraftlosen, unanwendbaren Formen, sondern in neuer, bewegter, dynamischer und wirksamer Gestalt.

Indien, das Herz des Orients, muß sich wandeln, wie sich der gesamte Westen und der ganze Osten wandeln muß, und es kann nicht einem Wandel im

Sinne jener Probleme ausweichen, die ihm von Europa aufgezwungen werden. Der neue Orient wird notwendigerweise das Ergebnis von Ausgleich und gegenseitiger Durchdringung oder von einem heißen Ringen zwischen progressiven und konservativen Idealen und Tendenzen sein. Deshalb wird die sich ergebende Kultur, die aus einem auferstandenen Indien geboren wird, sehr wohl eine tiefgreifende Veränderung in der künftigen Weltzivilisation hervorrufen, falls das konservative Mental in diesem Land sich für die notwendige Transformation genügend öffnet. Wenn es jedoch in seinen toten Fiktionen abgeschottet verharrt oder versucht, den neuen Erfordernissen mit dem Mental des Schulmeisters und Sophisten zu begegnen, die lieber mit luftigen Worten und Gedanken hantieren als mit wirklichen Tatsachen, Wahrheiten und Möglichkeiten, oder wenn es darum kämpft, auch nur ein klägliches Mindestmaß an Wandel zu vermeiden, dann wird das künftige Indien in die unfertige Gestalt der verwestlichten sozialen und politischen Reformer gepreßt, deren Mental, arm an originellem Denken und unerleuchtet von lebendiger Erfahrung, nichts anderes vermag, als die Formen und Vorstellungen Europas zu reproduzieren, um uns alle in hinkende Affen des Westens zu verwandeln, – denn die neuen Ideen können nicht daran gehindert werden, sich zu verwirklichen. Vielleicht wäre noch das beste, was passieren könnte, daß sich ein neues geistiges Erwachen aus den Tiefen des unermeßlichen Lebens regt, das diesmal die großen Probleme des irdischen Lebens ebenso wie die der Seele und ihrer jenseitigen Bestimmung erfolgreicher in seine Horizonte einbezieht, ein Erwachen, das sich eng verbündet mit dem wiedererstehenden geistigen Suchen des Westens und seinem Streben nach Vollkommenheit der menschlichen Rasse. Diese dritte und bis jetzt unbekannte Größe ist in der Tat die Kraft, die durchweg im Osten gebraucht wird. Denn gegenwärtig haben wir lediglich die zwei Extreme in Gestalt einer konservativen Unbeweglichkeit und einer fortschrittlichen Kraft, die kaum weniger blind und unwirksam ist, weil sie aus zweiter Hand stammt und bloß das Europa des 19. Jahrhunderts imitiert, und dazwischen eine vage fließende Menge an Ungewißheit. Daraus ergibt sich ein unaufhörliches Fiasko und die Unfähigkeit, etwas Weites, Machtvolles, Sicheres und Lebensnotwendiges zu entwickeln – ein Dahintreiben im Strom der Umstände, ein beständiges Greifen nach Einzelheiten und Unwesentlichem und das Scheitern bei dem Versuch, die Lebensprobleme, die uns das Zeitalter aufgibt, zu lösen. Es wird etwas benötigt, das versucht, hervorgebracht zu werden. Doch bis jetzt, so kann man mit dem Veda sagen, macht sich die Mutter klein und dünn, verbirgt sie die künftige Geburt in ihrem Wesen und will sie dem Vater nicht verraten. Erst wenn sie in Antrieb und Idee groß wird, werden wir seine Geburt erleben.

Wenn wir gründlich nachdenken, werden wir erkennen, daß die Vergangenheit in der Tat eine gewaltige Macht der Bewahrung darstellt, aber einer Bewahrung, die nicht unbeweglich ist, die im Gegenteil sich selbst als Material für Wandel und neue Verwirklichung anbietet. Wir erkennen, daß die Gegenwart beständigen Wechsel und neuerliche aktuelle Verwirklichung bedeutet, wie sie die Vergangenheit ersehnt und erzwingt, und daß die Zukunft jene Kraft neuer Verwirklichung bildet, die noch nicht aktuell ist, auf die die Vergangenheit sich hinbewegte und um deretwillen sie lebte. Wir begreifen dann, daß es keinen wirklichen Gegensatz zwischen diesen dreien gibt. Wir erkennen, daß sie Teil einer einzigen Bewegung sind, eine Art Trinität von Vishnu-Brahma-Maheshwara, die in untrennbarer Aktion die eine Gottheit vollenden. Doch das menschliche Mental in seinem Besessensein von Teilung und Entgegensetzung versucht, sie in Streit zu sehen, und teilt die Menschheit ein in verschiedene Lager, in die Parteigänger der Vergangenheit, der Gegenwart und der Zukunft, sowie in die Parteigänger aller Arten von Kompromiß zwischen jenen drei Kräften. Die Natur macht lebhaft Gebrauch von der Auseinandersetzung zwischen diesen Parteigängern, und ihre Verfahrensart ist in unserem gegenwärtigen Zustand leidenschaftlicher Unwissenheit und ichhafter Halsstarrigkeit notwendig. Trotzdem handelt es sich vom Standpunkt höherer Erkenntnis aus um eine bedauernswerte, törichte Auseinandersetzung.

(XVI, S. 319)

Das spirituelle Zeitalter und das Supramental

Die Stunde Gottes*

Es gibt Augenblicke, in denen der Geist unter den Menschen wandelt und der Atem des Herrn weit verbreitet ist über den Wassern unseres Seins. Es gibt auch andere Augenblicke, in denen er sich zurückzieht und die Menschen sich selbst überlassen sind, um mit der Stärke oder Schwäche ihrer Selbstsucht zu handeln. Das erste sind Zeiten, in denen selbst geringste Anstrengung zu großen Ergebnissen führt und das Schicksal wandelt. Das andere sind Zeiträume, in denen viel Mühe nur geringe Ergebnisse hervorbringt. Es ist wahr, letztere können die ersten vorbereiten, vielleicht auch das bißchen Opferrauch sein, das zum Himmel steigt und den Reigen der göttlichen Mildtätigkeit herabruft.

Unselig sind der Mensch und die Nation, die – wenn der göttliche Augenblick eintritt – schlafend vorgefunden werden oder unvorbereitet, ihn zu nutzen, weil die Lampen für die Begrüßung nicht in Ordnung gehalten und die Ohren gegenüber dem Anruf verschlossen waren. Aber dreimal Wehe denen, die stark und bereit sind, aber die Kraft verschwenden oder den Augenblick mißbrauchen. Sie erleiden nicht wiedergutzumachenden Verlust oder eine große Verheerung.

In der Stunde Gottes reinige deine Seele von allem Selbstbetrug, von Scheinheiligkeit und eitler Selbstgefälligkeit, so daß du deinem Geist geradezu ins Auge blicken und vernehmen kannst, zu was du berufen bist. Alle Falschheit in deinem Wesen, die einstmals dein Verteidigungsmittel gegenüber dem Auge des Herrn und dem Licht des Ideals war, wird jetzt zum Spalt in deiner Rüstung und lädt zum Schlag ein. Selbst wenn du für einen Augenblick siegreich bist, umso schlimmer für dich, denn der Schlag wird später erfolgen und dich auf der Höhe deines Triumphes zu Boden werfen. Doch wenn du geläutert bist, laß alle Furcht beiseite! Denn die Stunde ist oft von Schrecken erfüllt, ein Feuer, ein Wirbelwind, ein Sturm, ein Zerstampfen in Gottes Kelter des Zorns. Nur der, der sich in ihr auf der Wahrheit seines Vorhabens aufrichten

* The Hour of God, S.1

kann, soll stehen; und selbst wenn er fällt, wird er sich wieder erheben; und selbst wenn er scheinbar auf den Schwingen des Sturmes hinweggetragen wird, soll er zurückkehren. Und laß nicht weltliche Klugheit dir zu dicht ins Ohr flüstern! Denn es ist die Stunde des Unerwarteten.

Voraussetzungen für den Eintritt eines spirituellen Zeitalters*

Eine solche Veränderung, der Wandel von der mentalen und vitalen zur spirituellen Lebensordnung hin, muß notwendigerweise im einzelnen und in einer großen Anzahl einzelner vollzogen sein, bevor er in der Gemeinschaft erfolgreich zum Tragen kommen kann. Der Geist in der Menschheit enthüllt, entwickelt und gestaltet sich im einzelnen Menschen. Durch Fortschritt und Form im Individuum liefert er sich aus und bietet dem Mental der Menschheit die Gelegenheit, sich selbst neu zu erschaffen. Denn das gemeinsame Mental hält die Dinge zunächst im Unterbewußten fest oder, wenn bewußt, dann auf eine verworrene, chaotische Art. Erst durch das Mental des einzelnen vermag die Masse zu klarer Erkenntnis und zur Schöpfung dessen zu gelangen, was sie in ihrem unterbewußten Selbst bewahrte. Denker, Historiker, Soziologen, die den einzelnen gering schätzen und ihn gern in der Masse untergehen lassen oder ihn vorwiegend als eine Zelle, ein Atom betrachten, haben nur die dunklere Seite des wahren Wirkens der Natur in der Menschheit erfaßt. Da der Mensch weder den materiellen Formationen der Natur noch dem Tier gleicht, weil die Natur in ihm eine immer bewußtere Entfaltung anstrebt, ist die Individualität so stark in ihm entwickelt und so unbedingt wichtig und unerläßlich. Kein Zweifel, was im einzelnen hervortritt und später die Masse bewegt, muß schon im universalen Mental vorhanden gewesen sein, und der einzelne ist nur das Werkzeug zu seiner Offenbarung, Entdeckung, Entwicklung. Aber er ist ein unerläßliches Werkzeug und Instrument nicht nur der unterbewußten Natur, nicht nur eines instinktiven Dranges, der die Masse bewegt, sondern unmittelbares Werkzeug des Geistes, für dessen Schöpfungen die Natur selbst Instrument und Grundsubstanz bildet. Daher finden alle großen Wandlungen ihre erste klare und wirksame Macht und ihre unmittelbar formgebende Kraft in Mental und Geist des einzelnen oder einer begrenzten Anzahl einzelner. Die Masse folgt, doch unglücklicherweise sehr unvollkommen und verwirrt, was häufig oder eben gewöhnlich in dem Versagen oder der Entstellung des Hervorgebrachten endet. Wenn dem nicht so wäre, könnte die Menschheit rasch und erfolgreich auf ihrem Wege vorangekommen sein, statt so schwerfällig,

*Social und Political Thought, S. 231-245; The Human Cycle (1962), S. 330-349.

mit Verzögerungen und in rasch erschöpften Anläufen, die anscheinend das einzige sind, zu dem sie bislang fähig war. Wenn die geistige Verwandlung, von der wir sprachen, vorangehen soll, muß sie daher – auch wenn das schwierig ist – zwei Bedingungen, die gleichzeitig erfüllt werden müssen, miteinander verbinden. Es muß den einzelnen bzw. die einzelnen geben, die in der Lage sind, sich im Ebenbild des Geistes zu erkennen, zu entwickeln, neu hervorzubringen und sowohl ihre Vorstellung als auch seine Macht den Massen zu vermitteln. Gleichzeitig muß es eine Masse geben, eine Gesellschaft, ein überindividuelles Mental oder zumindest die Bestandteile eines Gruppenkörpers, die Möglichkeit einer Gruppenseele, die fähig ist, zu empfangen und sich wirksam anzuverwandeln, die bereit ist, zu folgen und erfolgreich anzukommen, die nicht durch die ihr innewohnenden Schwächen und ihren Mangel an Vorbereitung gezwungen ist, auf ihrem Weg innezuhalten oder gar zurückzufallen, bevor der entscheidende Wandel geleistet ist. Eine solche Gleichzeitigkeit hat es noch nie gegeben, obgleich man im Eifer des Augenblicks mitunter diesen Eindruck hatte. Ganz sicher wird es diese Verbindung eines Tages geben, aber niemand kann sagen, wie viele Versuche unternommen werden müssen und wie viel an geistiger Erfahrung angesammelt und in der unterbewußten Mentalität des menschlichen Gemeinschaftswesens abgelagert sein muß, bevor der Boden dafür bereitet ist. Denn bei einer schwierigen Aufwärtsbemühung, die an die Wurzeln unserer Art geht, sind die Erfolgschancen stets geringer als die Möglichkeiten des Scheiterns. Wer damit anfängt, könnte selbst unvollkommen sein, nicht lange genug gewartet haben, um ganz zu dem zu werden, was er erkannt hat. Auch die wenigen, die das Amt des Glaubensboten übernommen haben, könnten sich nur unvollkommen anverwandelt, sich nicht ihm gemäß ausgestaltet haben und die Macht des Geistes womöglich noch weiter verkleinert den vielen weiterreichen, die nach ihnen kommen. Die Gesellschaft könnte intellektuell, vital, moralisch und temperamentsmäßig unfertig sein, so daß die endgültige Annahme der geistigen Idee durch die Gesellschaft zugleich den Anfang ihres Verfalls und ihrer Verzerrung und folgerichtig Aufgabe oder Verminderung des Geistes bedeutet. Das eine oder andere hiervon kann stattfinden und, wie so oft in der Vergangenheit, mit der Folge, daß der entscheidende Wandel trotz einiger Fortschritte und einer wichtigen Veränderung nicht erzielt wurde, jener Wandel, durch den allein die Menschheit in einer mehr göttlichen Erscheinungsform neugeschaffen wird.

Welche Art Zustand der Gesellschaft ist für den Wandel am günstigsten, welcher Art Bereitschaft bedarf das gemeine Mental des Menschen, um dem Wandel, auch wenn er nicht auf einmal eintreten kann, besser den Weg zu bahnen, als es bisher möglich war? Das dürfte das wichtigste Problem sein, denn das Nicht-vorbereitet-Sein, die Untauglichkeit der Gesellschaft oder des gemeinen Mentals des Menschen war stets das Hauptthemmnis. Die Bereitschaft des gemeinen Mentals ist von höchster Bedeutung. Denn wenn auch die Lage der Gesellschaft und die sie beherrschenden Grundregeln dem geistigen Wandel entgegenstehen, wenn sie auch fast gänzlich der vitalen, äußeren, wirtschaftlichen oder mechanischen Ordnung zugehören, wie es gegenwärtig gewiß bei den Massen der Fall ist, besteht doch Hoffnung auf Fortschritt in nicht allzu ferner Zukunft, falls das gemeine menschliche Mental damit beginnt, die Ideen einer höheren Ordnung, die als Ziel angestrebt wird, anzunehmen, und falls das Herz des Menschen anfängt, von dem aus diesen Ideen geborenen Streben beflügelt zu werden. Das erste Anzeichen ist hier ein Wachsen der subjektiven Idee des Lebens – die Idee der Seele, des inneren Wesens, seiner Kräfte, seiner Möglichkeiten, seines Wachstums, seines Ausdrucks und die Gestaltung einer wahren, schönen und hilfreichen Umwelt für diese Wesenheit. Dies ist ein Ziel von erstrangiger und höchster Bedeutung. Diese notwendigen Signale sind die Vorboten eines subjektiven Zeitalters des menschlichen Denkens und des sozialen Bemühens der Menschheit.

Diese Ideen werden sich wahrscheinlich zuerst in der Philosophie ausdrükken, im psychologischen Denken, in den Künsten, in Malerei, Bildhauerei und Musik, in den Hauptgedanken der Ethik, bei der Anwendung subjektiver Prinzipien der Denker auf gesellschaftliche Fragen, vielleicht auch, selbst wenn es gefährlich ist, auf Politik und Wirtschaft, auf jenes harte, widerspenstige Erdmaterial, das meistens allem außer einer groben und rein zweckhaften Behandlung widersteht. Es wird zu neuen, unerwarteten Aufbrüchen der Wissenschaft oder zumindest der Forschung kommen, weil die Orthodoxen einer solchen Wende in ihren meist versprechenden Untersuchungen den Namen Wissenschaft noch verweigern. Es wird zu Entdeckungen kommen, die die Mauern zwischen Seele und Materie verdünnen helfen. Man wird versuchen, die exakte Wissenschaft in die psychologischen und seelischen Bereiche auszuweiten, aus der wahren Erkenntnis, daß diese Bereiche ihre eigenen Gesetze haben, zwar nicht die physikalischen, aber nichtsdestoweniger Gesetze, wenn sich dieselben auch den äußeren Sinnen entziehen und unendlich formbar und subtil sind. Es wird zu einem Bemühen der Religion kommen, sich von dem bisherigen Gewicht an toter Materie zu befreien und ihre Kräfte an den Quellen des Geistes zu regenerieren. Das alles sind sichere Anzeichen dessen, was sein wird, zumindest seiner großen Wahrscheinlichkeit, Zeichen eines Bemühens, das fraglos unternommen wird, einer weiteren Anstrengung von größerer Reichweite und mit besser ausgestatteter Intelligenz, die in die Lage versetzt, die Wahrheit, die vernommen werden soll, nicht nur zu fühlen, sondern auch zu verstehen. Einige dieser Zeichen können wir heute schon erkennen, obwohl sie nur zusammenhanglos und sporadisch erscheinen und nicht weit genug gehen, um Gewißheit zu gewähren. Erst wenn nach diesen tastenden Anfängen das Ziel des Suchens gefunden worden ist, kann das Leben erfolgreich umgestaltet werden. Bis dahin wird wahrscheinlich nicht mehr erreicht als innere Vorbereitung und im übrigen ein radikales oder umwälzendes Experimentieren zweifelhafter Art mit den Nebenumständen jenes umfangreichen, schwerfälligen Mechanismus, unter dem das Leben sich heute abmüht und stöhnt.

Ein subjektives Zeitalter kann lange vor Erreichen der Spiritualität innehalten, denn die subjektive Wende ist lediglich eine erste Bedingung, weder die Sache selbst noch das Ziel der Sache. Die Suche nach der Wirklichkeit, dem wahren Selbst des Menschen, kann sehr leicht beharrlich der natürlichen Ordnung folgen, wie sie in der Upanishad in jenem tiefgründigen Gleichnis vom Suchen des Bhrigu, des Sohnes von Varuna, beschrieben worden ist. Der Sucher fand zunächst, daß die grundlegende Wirklichkeit Materie sei und das körperliche, das materielle Wesen, der äußere Mensch gleichbedeutend mit unserem einzigen Selbst und Geist ist. Danach legte er sich fest auf das Leben als die Wirklichkeit und auf das vitale Wesen als das Selbst und den Geist, im dritten Versuch auf das Mental und das mentale Wesen, und erst danach konnte er über das oberflächliche Subjektive hinaus durch das supramentale Wahrheits-Bewußtsein zur ewigen, wonnevollen, stets schöpferischen Wirklichkeit gelangen, die durch die vorgenannten Wirklichkeiten verhüllt wird. Aber die Menschheit muß nicht so ausdauernd oder flexibel wie der Sohn Varunas sein, die Suche kann irgendwo aufhören. Nur wenn man beabsichtigt, daß der Geist jetzt endlich ankommen und enthüllen soll, wird er jede unzureichende Formel zerbrechen, sobald sie sich gebildet hat, und das Denken des Menschen drängen, zu einer höheren und schließlich zur höchsten, leuchtenden Erkenntnis vorzupreschen. Etwas dieser Art hat sich ereignet, wenn auch sehr äußerlich und oberflächlich. Nachdem die materielle Formel, die als Richtschnur den größten Teil des 19. Jahrhunderts bestimmte, dem Menschen den bislang schwersten Dienst im mechanischen Ablauf des äußeren materiellen Lebens aufgebürdet hatte, den er jemals tragen mußte, führte der erste Versuch, auszubrechen und wegzukommen von der mechanistischen Vorstellung von Leben, Lebensart und Gesellschaft, hin zur lebendigen Wirklichkeit der Dinge, zu jenem oberflächlichen Vitalismus, der das Denken bereits zu beherrschen begann, noch ehe die beiden unlösbar miteinander verbundenen Formeln gemeinsam den Scheiterhaufen des Weltkrieges entfacht hatten. Der elan vital brachte uns keine Befreiung, sondern benutzte nur den bereits geschaffenen

Mechanismus mit größerer, fieberhafter Intensität bei dem heftigen Versuch, schneller und intensiver zu leben, mit dem untergeordneten Willen, zu handeln und erfolgreich zu sein, die bloße Lebenskraft zu steigern und eine gewaltige Lebensleistung zu vollbringen. Es wäre nicht viel anders gekommen, wenn der Vitalismus weniger oberflächlich und äußerlich und stattdessen wahrhaft subjektiv gewesen wäre. Leben, handeln, wachsen, die Lebenskraft steigern, den intuitiven Lebensantrieb verstehen, nützen und vollenden, dies alles ist in sich nicht von Übel, eher ausgezeichnet, solange es in rechter Weise getan und angewendet wird, d. h. auf etwas jenseits nur vitalistischer Antriebe gerichtet ist und bestimmt wird durch jenes im Innern, das höher ist als das Leben. Die Lebens-Macht ist ein Werkzeug, nicht das Ziel. Sie ist auf der Stufenleiter nach oben das erste bedeutende subjektive, supraphysische Werkzeug des Geistes und die Grundlage aller Handlungen und Bemühungen. Aber eine Lebensmacht, die nichts über sich hinaus erkennt, nichts anderes, dem sie zu dienen hat als ihre eigenen organisierten Forderungen und Antriebe, wird sehr bald der Dampfkraft gleichen, die eine führerlose Maschine antreibt, oder einer Maschine, deren Dampfkraft den Führer zu ihrem Diener statt zu ihrem Beherrscher gemacht hat. Sie kann den Naturkräften der materiellen Welt lediglich den unkontrollierten Antrieb eines hochstrebenden oder breit angelegten Titanentums hinzufügen, oder auch einen niederen flammenden Dämonismus, dem der Intellekt dient, einen Antrieb von maßloser, rastloser Schaffenskraft, Besitzgier und Ausweitung, der in etwas Gewaltsamem, Riesigem, „Kollossalem" endet, das schon zu Übermaß und Zerfall vorverurteilt ist, da es weder Licht in sich trägt noch die Wahrheit der Seele noch die Heiligung durch die Götter und ihren ruhigen ewigen Willen und ihr Wissen.

Aber jenseits des vitalen Selbstes besteht die Möglichkeit eines mentalen und auch eines psychischen Subjektivismus, der sich zunächst vielleicht an die bereits verwirklichte Idee von der Seele als Leben im Handeln anlehnt, die er korrigiert, und als ein stark mentalisierter Pragmatismus erscheint, der sich jedoch später zu der höheren Idee des Menschen als einer Seele erheben kann, die sich individuell wie kollektiv in Leben und Körper durch das Spiel eines sich ständig ausweitenden mentalen Seins entfaltet. Diese höhere Idee trägt der Tatsache Rechnung, daß der Aufstieg menschlichen Seins nicht allein durch materielle Tüchtigkeit oder durch das zusammengesetzte Spiel seiner vitalen und dynamischen Mächte geschieht, die mit Hilfe des Verstandes die Energien der physischen Natur zur Befriedigung der Lebensinstinkte meistern, was lediglich eine Intensivierung seiner gegenwärtigen Seinsweise bedeuten kann, sondern durch die Größe seines mentalen und psychischen Wesens und die Erkenntnis, die eine Organisation seines subliminalen Wesens und dessen Kräften begünstigt. Sie betrachtet das Leben als eine Gelegenheit zu Freude und Macht des Wissens, zu Freude und Macht der Schönheit, zu Freude und Macht des menschlichen Willens, der nicht nur die physische Natur sondern auch das vitale und das mentale Wesen beherrscht. Sie dürfte das bisher noch ungeahnte Geheimnis der Mental- und Lebens-Mächte entdecken und diese zu einer Befreiung des Menschen von den Eingrenzungen und Fesseln seines körperlichen Lebens verwenden. Sie dürfte zu neuen psychischen Beziehungen gelangen, einer mehr souveränen Macht der Idee, um sich selbst im Handeln zu erkennen, zu inneren Möglichkeiten der Überwindung von Hindernissen wie Abstand und Teilung, die selbst die letzten wunderbaren Errungenschaften der materiellen Wissenschaft ins Bedeutungslose verweisen würden. Eine solche Entwicklung ist weit entfernt von den Träumen der Masse der Menschen, doch es gibt gewisse schwache Anzeichen und Vorhersagen einer solchen Möglichkeit. Dahingehende Ideen werden bereits von einer großen Zahl von Menschen vertreten, die vielleicht diesbezüglich die noch unerkannte Vorhut der Menschheit darstellen. Es ist nicht ausgeschlossen, daß hinter den verwirrten Morgen-Stimmen der Stunde ein Licht dieser Art, vorerst noch unter dem Horizont, darauf wartet, mit seinen Herrlichkeiten aufzugehen.

Würde eine solche Wende im menschlichen Denken, im Bemühen und in den Lebensvorstellungen im kollektiven Mental stattfinden, so führte sie zweifellos zu einer Revolution im ganzen Bereich des Menschseins. Sie würde diesem von Anfang an eine neue Färbung und Atmosphäre, einen edleren Geist, einen weiteren Horizont und ein höheres Ziel geben. Leicht könnte sie sich eine Wissenschaft entwickeln lassen, die die Mächte der physischen Welt in ein tatsächliches, nicht nur eventuelles und mechanisches Abhängigkeitsverhältnis bringt und vielleicht die Tore zu anderen Welten eröffnet. In Kunst und Schönheit würde eine Stufe erreicht, auf der die Größe der Vergangenheit vergleichsweise geringfügig wäre und die Welt von der erstaunlich weitgehenden Herrschaft zweckmäßiger Häßlichkeit befreit würde. Die Wende würde einen engeren und freieren mentalen Austausch unter den Menschen auslösen und hoffentlich auch einen freien Austausch, was Herz und Leben betrifft. Damit muß es noch nicht sein Bewenden haben, die Errungenschaften können weitere, größere Dinge umfassen, von denen das Erreichte nur ein Anfang ist. Mit dem mentalen und psychischen Subjektivismus würden auch Gefahren einhergehen, größere sogar als die mit dem vitalen Subjektivismus verbundenen, weil die Mächte seiner Aktion gewaltiger sind. Aber er hätte auch den Vorteil klärender Unterscheidung, starker Schutzvorrichtungen und ein machtvolles befreiendes Licht, was der vitale Subjektivismus nicht hat und auch nicht leicht haben kann.

Sich mit Schwierigkeiten von der Materie aufwärts zum Geist zu bewegen, ist vielleicht eine notwendige Stufe in der Entwicklung des Menschen. Einer der Hauptgründe für das Scheitern bei den vergangenen Versuchen, die Menschheit zu spiritualisieren, lag darin, daß man mit ihnen bemüht war, den materiellen Menschen durch eine Art plötzlichen Wunders unmittelbar zu vergeistigen. Obwohl dies möglich ist, so ist das Wunder doch wahrscheinlich nicht von Dauer, wenn es Stufen des Aufstiegs überspringt und Zwischenebenen unbetreten und daher ungemeistert ausläßt. Solches Bemühen mag für einzelne erfolgreich sein – das indische Denken würde sagen: für jene, die sich in früheren Leben dafür bereitet haben. Bei der Masse aber muß es scheitern. Das machtvolle Wunder des Geistes erschlafft, wenn es über einige wenige hinausgeht. Die neue Religion ist nicht in der Lage, durch innere Kraft zu transformieren, und sucht ihr Heil im Mechanischen, verfängt sich in den mechanischen Wendungen ihrer Werkzeuge, verliert den Geist aus dem Auge und geht mehr oder weniger schnell zugrunde. Das ist das Schicksal, das alle Versuche vitalen, intellektuellen, mentalen und geistigen Bemühens ereilt, sich mit dem materiellen Menschen hauptsächlich oder ausschließlich durch sein körperliches Mental auseinanderzusetzen. Das Bemühen wird überwältigt durch den Mechanismus, den es erzeugt, und wird zum Sklaven und Opfer der Maschine. Es ist die Rache unserer materiellen Natur, die ihrerseits mechanisch ist, gegenüber solchen gewaltsamen Anstrengungen. Sie wartet nur darauf, sie zu beherrschen durch deren Zugeständnisse gegenüber ihrer Gesetzlichkeit. Soll die Menschheit spiritualisiert werden, muß sie zunächst erst einmal in der Masse aufhören, materieller oder vitaler Mensch zu sein, und zum psychischen und wahren mentalen Wesen werden. Man mag darüber streiten, ob solch ein Fortschritt oder eine Umkehr der Masse möglich ist. Doch ist das nicht der Fall, gerät die Vergeistigung der Menschheit als Ganzes zum Trugbild.

Von daher gesehen ist es eine ausgezeichnete Sache, das Zeichen einer großen Verheißung, daß das Rad der Zivilisation bei seiner bisherigen und seiner gegenwärtigen Aufwärtsbewegung, von solidem physikalischen Wissen ausgehend, dem sukzessiven Ausloten immer höherer Mächte gefolgt ist, die zwischen Materie und Geist liegen. In neuerer Zeit wurde dabei zuerst der menschliche Intellekt veranlaßt, die Möglichkeiten des Materialismus durch grenzenlosen Umgang mit Leben und Welt auf der Grundlage der Materie als der einzigen Wirklichkeit, als dem Ewigen, als dem Brahman, *annam brahma,* auszuschöpfen. Später wandte er sich dem Gedanken vom Sein als der weiten Schwingung eines großen sich entwickelnden Lebens zu, dem Schöpfer der Materie, die es ihm ermöglicht, mit unserem Sein auf der Grundlage von Leben als der ursprünglichen Wirklichkeit, als dem großen Ewigen, *prāno brahma,* zu verkehren.

Heute hat der Intellekt schon keimhaft, in Vorbereitung, eine dritte Konzeption: die Entdeckung eines großen, sich selbst ausdrückenden und sich selbst erkennenden inneren Mentals, das sich als Herrschafts-Macht des Seins von unserer Oberflächen-Mentalität unterscheidet. Das führt zu dem umfassenden Versuch des Umgangs mit den Möglichkeiten und Methoden unseres Lebens auf der Grundlage des Mentals als der ursprünglichen Wirklichkeit, dem großen Ewigen, *mano brahma.* Verheißungsvoll ist auch, wenn diese Konzepte rasch einander folgen und dabei ausführlich und doch schnell die Möglichkeiten einer jeden Ebene zur Entfaltung bringen. Denn das beweist, daß es in unserer unterbewußten Natur eine Bereitschaft gibt, und wir uns nicht auf jeder Stufe jahrhundertelang aufhalten müssen.

Indessen dürfte ein subjektives Zeitalter der Menschheit noch ein Abenteuer voller Gefahren und Ungewißheiten sein, wie dies bei allen Abenteuern der Menschheit der Fall war. Sie kann lange unterwegs sein, bis sie sich selbst findet, und vielleicht findet sie sich überhaupt nicht und schwingt wieder zurück in eine Wiederholung des Zyklus.

Das wahre Geheimnis kann erst aufgedeckt werden, wenn auf der dritten Stufe, im Zeitalter des mentalen Subjektivismus, sich die Erkenntnis durchsetzt, daß das Mental an sich nicht mehr ist als eine zweitrangige Macht im Wirken des Geistes, und zwar des Geistes als des großen Ewigen, jener ursprünglichen und trotz vieler teils offener, teils verborgener Ausgestaltungen einzigen Wirklichkeit, *ayam ātmā brahma.* Dann erst beginnt das wahre, das entscheidende Bemühen, und werden Leben und Welt ergründet, erkannt, wird sich mit beiden in allen Richtungen als der Selbsterkenntnis und dem Selbstausdruck des Geistes auseinandergesetzt. Dann erst ist ein spirituelles Zeitalter der Menschheit möglich. Der Versuch, angemessen zu diskutieren, was das bedeutet – eine unangemessene Erörterung wäre wertlos –, bedürfte eines oder zweier weiterer Bände. Denn wir müßten ein Wissen überprüfen, das kaum vorhanden ist und wenn, dann nur als anfängliches. Es genügt festzustellen, daß eine spirituelle menschliche Gesellschaft von drei wesentlichen Wahrheiten des Seins auszugehen hat, die sie auch verwirklichen muß. Diese Wahrheiten, die die Natur durch ihre Gegensätze zu verbergen versucht und die daher für die Masse der Menschheit bislang nur Worte und Träume sind, heißen Gott, Freiheit, Einheit – drei, die eines sind, denn man kann nicht Freiheit und Einheit verwirklichen, ohne Gott zu verwirklichen, man kann nicht Freiheit und Einheit besitzen, wenn man nicht Gott, zugleich das höchste Selbst und das Selbst aller Geschöpfe, besitzt. Was sonst unter Freiheit und

Einheit verstanden wird, sind einfach Versuche unserer Abhängigkeit und unseres Geteiltseins, zu entkommen, indem sie die Augen schließen, während sie Purzelbäume um den eigenen Mittelpunkt schlagen. Sobald der Mensch imstande ist, Gott zu erkennen und zu besitzen, wird er um wahre Freiheit wissen und zu wahrer Einheit gelangen, anders ist das nicht möglich. Gott wartet nur darauf, erkannt zu werden, während der Mensch überall nach ihm sucht und Abbilder des Göttlichen Wesens errichtet, in Wirklichkeit aber nur Abbilder seines eigenen Mental-Ichs und Lebens-Ichs findet, aufbaut und verehrt. Sobald der Mensch mit seinem Jagen nach dem Ich aufhört, erhält er seine erste wahre Gelegenheit, in seinem inneren und äußeren Leben zur Spiritualität zu finden. Das ist nicht genug, aber es ist ein Anfang, ein wahres Tor und kein blinder Eingang.

Eine spiritualisierte Gesellschaft würde, ebenso wie die spirituellen einzelnen darin, nicht im Ich leben sondern im Geist, nicht als kollektives Ich sondern als kollektive Seele. Freisein vom kollektiven egoistischen Standpunkt wäre ihr erstes und hervorragendes Merkmal. Aber die Ausmerzung des Egoismus wird nicht, wie man heute vorschlägt, dadurch herbeigeführt, daß man den einzelnen überredet oder zwingt, sein persönliches Wollen und Trachten und seine kostbare und hart errungene Individualität dem kollektiven Willen, Ziel und Egoismus der Gesellschaft zu opfern, wobei der einzelne, dem Opfer des Altertums gleich, gezwungen wird, seine Seele auf dem Altar jenes riesigen und formlosen Idols zu töten. Denn das bedeutete nur, den kleineren Egoismus dem größeren zu opfern, der größer nur an Umfang, nicht unbedingt auch an Qualität, nicht weiter oder edler ist als ein kollektiver Egoismus, dieses Ergebnis des vereinten Egoismus aller. Er kann keineswegs als Gott verehrt werden, da er befleckt ist und häufig als Fetisch häßlicher und barbarischer als die Selbstsucht des einzelnen. Der spirituelle Mensch sucht durch Verlust des Ichs das Selbst zu finden, das eines in allen ist, vollendet und vollständig in jedem, und durch Leben im Selbst in das Abbild von dessen Vollkommenheit hineinzuwachsen, – und zwar als einzelner, wohl gemerkt, doch mit allumfassender Universalität seiner Natur und deren bewußtem Umkreis. In den alten indischen Schriften heißt es, daß Vishnu im zweiten Zeitalter, dem der Macht, als König herabsteigt, im dritten, dem Zeitalter des Ausgleichs, als Gesetzgeber oder –aufzeichner. Im Zeitalter der Wahrheit steigt er als Vajna herab, d. h. als Meister der Werke, die sich in den Herzen seiner Geschöpfe offenbaren. Es ist dieses Königreich Gottes im Inneren, dieses Ergebnis der Erkenntnis Gottes nicht in einem fernen Himmel sondern in uns selbst, aus dem der Zustand der Gesellschaft im Zeitalter der Wahrheit, dem spirituellen Zeitalter, hervorgeht und was ihm äußere Gestalt verleiht.

Deshalb wird eine auch nur etwas spiritualisierte Gesellschaft die Offenbarung und Entdeckung des göttlichen Selbstes im Menschen zum ersten Ziel all ihrer Aktivitäten, ihrer Erziehung, ihres Wissens, ihrer Wissenschaft, ihrer Ethik, ihrer Kunst, ihres wirtschaftlichen und politischen Aufbaus machen.

Was bis zu einem gewissen Grade in den alten vedischen Zeiten mit der kulturellen Bildung der höheren Klassen geschah, würde dann mit aller Bildung passieren. Sie würde alles Wissen umfassen, aber Richtung und Ziel und den alles durchdringenden Geist nicht zum bloß weltlichen Nutzeffekt sondern zu dem der Selbst-Entwicklung und Selbst-Findung machen. Sie würde Physik und Psychologie nicht nur betreiben, um die Welt und die Natur in ihrer Entwicklung zu erkennen und sie für materielle menschliche Zwecke zu benutzen, sondern um durch, in, unter und über allen Dingen das Göttliche Wesen in der Welt und die Wege des Geistes in seinen Masken und hinter diesen zu erkennen. Sie würde es als Ziel der Ethik betrachten, eine Regel des Handelns aufzustellen, nicht zur Ergänzung oder Verbesserung des gesellschaftlichen Rechts, denn dieses ist trotz allem häufig nur eine grobe, von Unwissenheit zeugende Regel für das Verhalten einer zweibeinigen Menschen-Herde, sondern um die göttliche Art im Menschen zu entwickeln. Sie würde es zum Ziel der Kunst machen, nicht bloß Bilder der subjektiven oder objektiven Welt zu präsentieren, sondern diese aus bedeutsamer und schöpferischer Sicht, die ihre Erscheinungsformen durchschaut, zu betrachten und die Wahrheit und Schönheit zu offenbaren, deren Formen, Masken, Symbole und bedeutungsvollen Gestalten die uns sichtbaren und unsichtbaren Dinge sind.

Eine spiritualisierte Gesellschaft würde in ihrer Soziologie die Individuen, vom Heiligen bis zum Verbrecher, nicht als soziale Problemfälle behandeln, die durch eine geschickt ausgedachte Maschine gedreht und in eine soziale Form gepreßt oder aus ihr herausgedrückt werden. Sie würde sie vielmehr als leidende Seelen behandeln, die in einem Netz gefangen sind und gerettet werden müssen, als heranwachsende Seelen und solche, die zum Reifen ermutigt werden müssen, als erwachsene Seelen, von denen Hilfe und Kraft für die geringeren Geister, die noch nicht erwachsen sind, bezogen werden kann. Ziel ihrer Wirtschaft wäre nicht die Schaffung einer riesigen Produktionsmaschine, sei es konkurrierender oder kooperativer Art, vielmehr, den Menschen – nicht nur einigen, sondern allen Menschen in dem für jeden höchstmöglichen Umfang – Freude an der Arbeit gemäß der eigenen Natur und freie Muße für das innere Wachstum und ein einfaches, reiches und schönes Leben für alle zu geben. Politik hieße in der spiritualisierten Gesellschaft nicht, die Nationen im Rahmen ihres einheimischen Lebens als ungeheure Staatsmaschinen zu betrachten, die von Menschen geführt und bewaffnet werden, von Menschen, die um der Maschine willen leben, diese als Gott und ihr höheres Selbst verehren und bereit sind, beim ersten Anruf andere auf ihrem Altar zu töten und dort selbst zu verbluten, damit die Maschine intakt und mächtig bleiben und stets größer, komplexer, schwerfälliger, mechanisch wirksamer und vollständiger werden kann. Sie würde sich auch nicht damit zufrieden geben, diese Nationen oder Staaten in ihrer Wechselbeziehung als schädliche Maschinen zu erhalten, die dazu gedacht sind, in Friedenszeiten Giftgas aufeinander loszulassen und in Zeiten des Konflikts auf die bewaffneten und unbewaffneten Millionen der jeweils anderen Seite mit geladenen Waffen loszugehen, als Menschen, deren Mission das Morden ist, gleich Panzern auf einem Schlachtfeld der Gegenwart. Für sie sind die Völker Gruppenseelen, die verborgene Gottheit, die in ihren menschlichen Kollektiven selbst-entdeckt werden soll, Gruppenseelen, die wie der einzelne dazu berufen sind, gemäß ihrer Art zu wachsen und mit diesem Wachstum einander beizustehen, der ganzen Menschheit bei dem einen gemeinsamen Werk des Menschseins beizustehen. Diese Aufgabe besteht darin, das göttliche Selbst im einzelnen und in der Kollektivität zu erkennen und seine höchsten, weitesten, reichsten und tiefsten Möglichkeiten im inneren Leben aller und deren äußerem Handeln und Wesen spirituell, mental, vital und materiell zu verwirklichen.

Denn der einzelne wie die Nation müssen in das Göttliche Wesen in jedem Menschen und jedem Volk hineinwachsen. Das ist keineswegs eine äußere Idee oder Regel, die von außen auferlegt werden muß. Deshalb wird das Gesetz zunehmender innerer Freiheit im spirituellen Zeitalter der Menschheit am höchsten in Ehren gehalten. Solange der Mensch nicht der Selbsterkenntnis meßbar nahe gekommen ist und ihr sein Gesicht zugewandt hat, kann er in der Tat dem Gesetz äußeren Zwanges nicht entgehen und werden alle Anstrengungen, dies zu tun, vergeblich bleiben. Solange dies andauert, ist der Mensch – und muß er sein – der Sklave anderer, der Sklave seiner Familie, seiner Kaste, seines Clans, seiner Kirche, seiner Gesellschaft, seiner Nation. Er kann nichts anderes sein, und auch sie können ihm nicht helfen, indem sie ihm ihren harten und mechanischen Zwang auferlegen, denn beide sind die Sklaven ihres Ichs, ihrer niederen Natur. Wir müssen den Zwang des Geistes fühlen und ihm gehorchen, wenn wir unser inneres Recht, anderem Zwang zu entrinnen, zum Zuge kommen lassen wollen. Wir müssen unsere niedere Natur zum willigen Sklaven, zum bewußten und erleuchteten Werkzeug, zum geadelten, doch noch selbst-unterworfenen Gefährten oder Partner des Göttlichen Wesens in uns machen. Denn diese Unterwerfung ist die Bedingung unserer Freiheit, da geistige Freiheit nicht die egoistische Bestätigung unseres losgelösten Mentals und Lebens meint, sondern Gehorsam gegenüber der Göttlichen Wahrheit in uns und in jeglichem um uns herum. Doch wir müssen festhalten, daß Gott die Freiheit der natürlichen Glieder unseres Wissens achtet und ihnen Raum zum Hineinwachsen in ihre eigene Art zubilligt, so daß sie das Göttliche Wesen in sich durch natürliches Wachstum und nicht durch Selbst-Auslöschung finden können. Die Unterwerfung, die sie letztlich und vollkommen bejahen, muß eine willige Unterwerfung der Erkenntnis und des Strebens nach deren Quelle des Lichtes und der Macht und ihres höchsten Wesens sein. So finden wir, daß selbst im verderbtesten Staat sich das gesündeste, wahrste und lebendigste Wachstum und Handeln aus größtmöglicher Freiheit erhebt und alles Übermaß an Zwang entweder dem Gesetz allmählicher Entartung folgt oder eine Tyrannei darstellt, die durch Ausbrüche wilder Unordnung verändert oder geheilt wird. Sobald es dem Menschen gelingt, sein spirituelles Selbst zu erkennen, mitunter schon durch die Suche nach ihm, befreit er sich, wie dem alten Wissen und den früheren Religionen bekannt war, vom äußeren Gesetz, und tritt er ein in das Gesetz der Freiheit.

Ein spirituelles Zeitalter der Menschheit wird diese Wahrheit begreifen. Es wird nicht versuchen, den Menschen durch die Maschine vollkommen zu machen oder aufrechtzuhalten, indem es seine Glieder nach oben festbindet. Es wird dem einzelnen in der Gesellschaft sein höheres Selbst nicht in der Person eines Polizisten, Beamten oder Korporals vorführen, auch nicht in Gestalt einer sozialistischen Bürokratie oder eines Arbeiterrates. Sein Ziel ist, möglichst schnell und weitgehend den äußeren Zwang im menschlichen Leben durch Erweckung des inneren göttlichen Geistesdranges zu vermindern und alle vorbereitenden Mittel für dieses Ziel einzusetzen. Schließlich wird ein spirituelles Zeitalter vorwiegend, wenn nicht ausschließlich, den geistigen Einfluß einsetzen, den schon der spirituelle einzelne auf seine Umgebung ausüben kann – umso mehr sollte eine spirituelle Gesellschaft dazu in der Lage sein. Es erweckt in uns trotz aller inneren Widerstände und äußeren Leugnung den Zwang des Lichtes, das Verlangen und die Macht, durch das eigene Wesen hindurch in das Göttliche Wesen hineinzuwachsen. Denn in der vollkommen spiritualisierten Gesellschaft werden, wie es die spirituellen Anarchisten erträumten, alle Menschen zutiefst frei sein, und zwar deshalb, weil die Voraussetzungen hierzu geschaffen sind. In jenem Staat wird der Mensch nicht nur sich selbst Gesetz sein, sondern das Gesetz selber sein, das göttliche Gesetz, weil er eine im Göttlichen Wesen lebende Seele ist und nicht ein Ich, das vorwiegend oder ganz und gar um seines eigenen Interesses und Zweckes willen lebt. Sein Leben wird vom Gesetz seiner göttlichen Art geführt, die vom Ich befreit ist. Das bedeutet keineswegs, daß die menschliche Gesellschaft in das isolierte Handeln einzelner zerbröckelt. Das dritte Wort des Geistes heißt Einung. Das spirituelle Leben ist die Frucht nicht einer gestaltlosen sondern einer bewußten und vielfältigen Einheit. Jeder Mensch muß in sein inneres göttliches Wesen durch seine Persönlichkeit hineinwachsen. Daher bedarf es dringend eines zunehmenden Maßes an Freiheit, während er sich entwickelt. Vollendete Freiheit ist das Zeichen und die Bedingung vollkommenen Lebens. Das Göttliche Wesen aber, das er in sich erkennt, sieht er gleichermaßen in allen anderen und als den gleichen Geist in allen. Daher ist auch zunehmende Einung mit den anderen eine Notwendigkeit seines Wesens und vollendete Einheit das Zeichen und die Bedingung vollkommenen Lebens. Dem vollständigen Gesetz geistigen Seins entspricht nicht nur, das Göttliche Wesen in sich, selbst sondern auch in allen anderen zu sehen und zu erkennen und nicht nur nach der eigenen persönlichen Freiheit oder Vollkommenheit zu streben, sondern auch nach der Befreiung und Vollkommenheit der anderen. Wäre die angestrebte Göttlichkeit eine abgesonderte Gottheit in uns und nicht das eine Göttliche Wesen oder suchte der einzelne Gott für sich allein, dann könnte freilich ein ungeheurer Egoismus das Ergebnis sein, der olympische Egoismus eines Goethe oder der titanische Egoismus, wie ihn sich Nietzsche vorstellte, oder das isolierte Selbst-Wissen oder der Asketismus im Elfenbeinturm. Doch derjenige, der Gott in allen schaut, wird Gott dienen mit dem Liebesdienst an allen. Er wird, mit anderen Worten, nicht nur seine eigene Freiheit sondern die Freiheit aller erstreben, nicht nur seine eigene Vollkommenheit sondern die Vollkommenheit aller. Er wird seine Individualität nicht als vollkommen empfinden, es sei denn in der weitesten Universalität. Er wird sein eigenes Leben nur in der Einheit mit dem allumfassenden Leben erfüllt sehen. Er wird weder für sich noch für den Staat oder die Gesellschaft, weder für das individuelle noch für das kollektive Ich, sondern für etwas Größeres, für Gott in ihm selbst und für das Göttliche Wesen im Universum leben.

Das spirituelle Zeitalter wird anbrechen, sobald das gemeine Mental des Menschen anfängt, für diese Wahrheiten empfänglich zu sein, und von diesem dreifachen oder dreieinigen Geist bewegt wird oder bewegt zu werden ersehnt. Das bedeutet, daß sich der Zyklus der gesellschaftlichen Entwicklung, den wir betrachtet haben, aus seinen unvollkommenen Wiederholungen einem neuen Aufwärtstrend in Richtung auf sein Ziel zuwendet. Denn nachdem die Entwicklung – entsprechend unserer Annahme – mit einem symbolischen Zeitalter begonnen hat, einem Zeitalter, in dem der Mensch hinter allem Leben eine große Wirklichkeit empfand, die er in Symbolen zu fassen versuchte, wird es zu einem Zeitalter kommen, in dem er in dieser Wirklichkeit zu leben beginnt, nicht durch Symbole, nicht durch die Macht der Art oder der Konvention oder der individuellen Vernunft und des intellektuellen Willens, sondern in unserer höchsten Art, die das Wesen der Wirklichkeit vollenden wird unter Bedingungen irdischer Existenz, die nicht die gleichen wie die heutigen sein müssen. Dies haben die Religionen mehr oder weniger zutreffend intuitiv erkannt, meistens wie in einem dunklen Spiegel, und als Königreich Gottes auf Erden bezeichnet, als Königreich Gottes im menschlichen Geist und deshalb – denn das eine ist das materielle Ergebnis der Wirkung des anderen – als Königreich Gottes draußen im Leben der Völker.

Eine spirituelle Religion der Humanität ist die Hoffnung für die Zukunft. Damit ist aber nicht das gemeint, was man gemeinhin eine universale Religion nennt, ein System, eine Sache des Bekenntnisses, des intellektuellen Fürwahrhaltens, des Dogmas und äußeren Kultus. Die Menschheit hat ihre Einung auch durch dieses Mittel versucht. Es hat versagt und sein Mißlingen verdient. Denn es kann kein universales religiöses System geben, das im mentalen Glaubensbekenntnis und in der vitalen Gestalt eins wäre. Ganz gewiß ist der innere Geist ein einziger. Aber mehr als alles andere drängt das spirituelle Leben auf Freiheit und Variation zum Ausdruck seines Selbstes und bei den Mitteln zu seiner Entfaltung. Religion der Humanität bedeutet die immer umfassender werdende Realisation dessen, daß es einen geheimen Geist, die eine göttliche Wirlichkeit gibt, in der wir alle geeint sind. Sie bedeutet die Einsicht, daß ihr jetziger höchster Vermittler auf Erden die Menschheit ist; daß die menschliche Rasse und das Einzelwesen die Mittel sind, durch die sie sich hier fortschreitend selbst offenbart. Das verlangt aber, daß immer stärker der Versuch unternommen wird, das eigene Leben aus diesem Wissen zu führen und ein Reich des göttlichen Geistes auf der Erde zustande zu bringen. Durch sein Wachsen in unserem Innern wird das Einssein mit den Mitmenschen zum leitenden Prinzip unseres Lebens, nicht nur Leitmotiv des Zusammenwirkens, sondern tieferer Bruderschaft, eines wahrhaft tiefgründigen Sinnes von Einigkeit, Gleichheit und gemeinsamem Leben. So muß es beim einzelnen Menschen zu der Einsicht kommen, daß sich sein eigenes Leben nur im Leben seiner Mitmenschen erfüllen kann. Gleichzeitig muß bei der Menschheit insgesamt die tiefe Überzeugung bestehen, daß ihre Vervollkommnung und ihr dauerndes Glück nur auf das freie und erfüllte Leben des einzelnen gegründet ist. Es müssen auch eine Disziplin und ein Heilsweg ausgebildet werden, die mit dieser Religion in Einklang stehen, also eine Weise, durch die diese Religion von jedem Menschen innerlich entfaltet werden kann, damit sie sich durch ihn im Leben der ganzen Menschheit entfaltet.

(XV, S. 554)

Das Supramental in der Evolution

Eine neue Menschheit wäre also eine Gattung mentaler Wesen auf Erden und in irdischen Körpern, jedoch befreit von den gegenwärtigen Bedingungen unter der Herrschaft kosmischer Unwissenheit, insofern sie von einem vollkommenen Mental bestimmt werden, einem Mental des Lichtes, das auch eine untergeordnete Wirkung des Supramentals oder Wahrheitsbewußtseins sein könnte, auf jeden Fall aller Möglichkeiten des Mentals mächtig wäre und als Empfänger jener Wahrheit handelt, zumindest als deren nachgeordnete Wirkung in Denken und Leben. Sie könnte sogar Bestandteil dessen sein, was man als göttliches Leben auf Erden beschreiben würde, zumindest als die Anfänge einer Entwicklung des Wissens und nicht mehr völlig oder vorwiegend der Unwissenheit. Wie weit dies ginge, ob es schließlich die ganze Menschheit umfassen würde oder nur den fortgeschrittenen Teil derselben, hängt von der Absicht der Evolution selbst ab, von dem, wohin auch immer der kosmische oder transzendente Wille die Bewegungen des Universums hinzuleiten beabsichtigt. Wir haben nicht nur die Herabkunft des Supramentals auf die Erde vorausgesetzt, sondern auch seine Verkörperung in einer supramentalen Menschheit mit all den natürlichen Folgen und einer neuen Gesamtwirkung, in der die neue Menschheit ihre volle Entfaltung und ihren sicheren Platz in der neuen Ordnung findet.

Doch ist ersichtlich, daß sich all dies nur aus jener Entwicklung ergeben könnte, die bereits auf Erden stattfindet, sich dabei weit über ihre gegenwärtigen Grenzen erstreckt und in eine radikal neue Bewegung übergeht, die von einem neuen Prinzip beherrscht wird, in der Mental und Mensch untergeordnete Elemente sind, das Mental nicht mehr die höchste Errungenschaft und der Mensch nicht mehr der Kopf oder Führer ist. Die Entwicklung, die wir heute um uns herum beobachten, ist nicht von dieser Art und, so könnte man sagen, zeigt nur wenige Merkmale einer solchen Möglichkeit, so wenige, daß die Vernunft, unser gegenwärtig einziger sicherer Führer, keine Veranlassung hat, Vertrauen in sie zu setzen. Die Erde, wie wir sie sehen, mit ihrem tief im Unbewußten und in der Unwissenheit versunkenen und gegründeten Leben, ist einer solchen Ankunft nicht gewachsen. Dank ihrer materiellen Struktur und Begrenzungen ist sie dazu verdammt, ständig der Austragungsort einer weitaus niedrigeren Ordnung zu sein. Man sollte aber hinzufügen, daß es auch für eine solche Ordnung irgendwo einen Platz geben muß, und es für das Supramental keine Notwendigkeit und keinen Ort gibt, um sich hier zu verkörpern, selbst wenn es sich bei ihm nicht um ungerechtfertigte Spekulation sondern um konkrete Wirklichkeit handelt. Das Mental ist kennzeichnend für das ganze Spiel der Erkenntnis, das in der Unwissenheit möglich ist, und muß irgendwo seinen Ort haben, und es dient wohl der Ökonomie der kosmischen Natur am besten, wenn an der Erde als seinem natürlichen Feld festgehalten wird. Eine materialistische Philosophie würde nicht einmal die Möglichkeiten eines göttlichen Lebens in der Materie zugeben. Aber auch eine Philosophie, die eine Seele, den Geist oder ein spirituelles Ziel der evolutionären Bewegung einräumt, könnte sehr wohl der Erde die Fähigkeit zu einem göttlichen Leben absprechen. Ein göttliches Dasein könnte nur erreicht werden durch Verlassen von Erde und Körper. Selbst wenn das kosmische Sein keine Illusion, kein Spiel der Maya ist, wäre ein göttliches oder völlig vergeistigtes Wesen wahrscheinlich nur in einer anderen, weniger materiellen Welt oder nur im reinen Geiste möglich. Auf jeden Fall spricht für die normale menschliche Vernunft alle Wahrscheinlichkeit gegen eine frühe Materialisierung irgendeines göttlichen Wesens auf Erden.

Wenn man außerdem den gegenwärtigen oder sichtbaren Charakter der Entwicklung zu stark hervorhebt, wie es bei uns durch die Naturwissenschaften geschieht, dürfte sich aufdrängen, daß kein Anlaß zu der Erwartung besteht, ein höheres Prinzip als das menschliche Mental oder so etwas wie ein übermenschliches Wesen werde in der materiellen Welt auftauchen. Das Bewußtsein hängt selbst von der Materie ab und ist auf materielle Tätigkeiten hinsichtlich seiner Entstehung und Wirkungen angewiesen. Ein unfehlbares Wahrheitsbewußtsein, für das wir das Supramental halten, wäre ein Widerspruch zu diesem Zustand und müßte als Hirngespinst aufgegeben werden. Die Naturwissenschaften betrachten Evolution grundsätzlich als eine Entwicklung von Formen und vitalen Handlungen. Die Entfaltung eines weiteren und fähigeren Bewußtseins ist für sie ein untergeordnetes Ergebnis der Entwicklung von Leben und Form und nicht ein höheres Merkmal oder ein wesentlicher Umstand; sie kann nicht über Grenzen hinausgehen, die der materielle Ursprung von Mental und Leben gesetzt hat. Das Mental hat bewiesen, daß es zu vielen außerordentlichen Leistungen in der Lage ist, aber Unabhängigkeit vom materiellen Organ oder von physischen Bedingungen oder die Befähigung zu etwas wie der Macht unmittelbaren und unbedingten Wissens, das nicht mit Hilfe materieller Mittel erlangt wird, läge jenseits der von der Natur auferlegten Bedingungen. Deshalb kann die Entfaltung des Bewußtseins nicht über einen bestimmten Punkt hinausgehen. Selbst wenn etwas Bestimmtes und Unabhängiges existierte, das wir Seele nennen, wäre es hier durch seine natürlichen Umstände eingeschränkt, da die Materie seine Grundlage, das körperliche Leben seinen Zustand, das Mental sein höchstmögliches Werkzeug bildet. Es gibt keine Möglichkeit für ein Wirken des Bewußtseins außerhalb des Körpers, die die physische, vitale oder mentale Natur übersteigt. Das legt die Grenzen unserer hiesigen Entwicklung fest.

Man könnte auch der Ansicht sein, es sei keineswegs sicher, daß es existiert, solange sich nicht etwas klar Erkennbares wie das Supramental mit einiger Entschiedenheit und Fülle geoffenbart hat und solange es nicht herabgestiegen ist und von unserem Erdbewußtsein Besitz ergriffen hat. Bis dahin behält das Mental seinen Platz als allgemeiner Schiedsrichter, als Bezugsfeld aller Erkenntnis, ist aber unfähig zu sicherem, unbedingtem Wissen. Es hat alles zu bezweifeln, zu prüfen und doch zu erreichen, kann aber nicht in seinem Wissen, seinen Errungenschaften sicher sein. Dieser Umstand macht ein Prinzip wie das Supramental oder Wahrheitsbewußtsein notwendig für eine verständliche Welt, denn ohne es gäbe es kein Ergebnis, kein Ziel, weder für das Leben noch für die Erkenntnis. Das Bewußtsein kann ohne es nicht zu seinem eigenen Sinn finden, sein höchstes Resultat nicht erzielen. Es würde in Zusammenhanglosigkeit, in einem Fiasko enden. Es ist das eigentliche Ziel seines Seins, sich seiner eigenen und jeglicher Wahrheit bewußt zu werden, aber gerade dies kann es nicht, solange es sich um Wahrheit und Wissen in Unwissenheit und durch Unwissenheit bemühen muß. Es muß aus sich eine Kraft entwickeln oder erreichen, deren wahre Natur darin liegt, in einer Machtvollkommenheit zu sehen, zu erkennen, zu besitzen. Dies ist es, was wir Supramental nennen, und wird dies zugegeben, wird alles andere verständlich. Bis dahin aber sind wir im Zweifel, und man könnte die Meinung vertreten, es gebe selbst dann keine Gewißheit hinsichtlich der Ankunft und Herrschaft des Supramentals, wenn es als Wirklichkeit anerkannt wird. Bis dahin kann alles Bemühen um es scheitern. Es genügt nicht, daß das Supramental eigentlich über uns und seine Herabkunft eine Möglichkeit oder eine künftige Absicht der Natur sein sollte. Wir haben keine Gewißheit, daß diese Herabkunft wirklich eintritt, solange sie nicht zur objektiven Tatsache in unserem irdischen Leben wird. Das Licht hat oft versucht, auf die Erde herniederzukommen, aber das Licht bleibt unzureichend und unvollständig. Der Mensch kann das Licht zurückweisen, die Welt ist noch voll von Dunkelheit, und die Ankunft scheint kaum mehr als eine Chance zu sein. Dieser Zweifel ist dank der Ereignisse in der Vergangenheit und der noch gegebenen Möglichkeiten in der Zukunft bis zum gewissen Grade gerechtfertigt. Seine Beharrungskraft würde erst dann verschwinden, wenn das Supramental einst als folgerichtiger Bestandteil des Universums anerkannt ist. Wenn die Entwicklung von der Materie zum Supramental führt, muß sie auch dahin führen, daß das Supramenal in die Materie herniedergebracht wird, und die Folgen sind unausweichlich.

Das ganze Problem dieser Ungewißheit ergibt sich aus der Tatsache, daß wir nicht geradezu auf die ganze Wahrheit der Welt, so wie sie ist, blicken und aus ihr die rechten Schlüsse ziehen bezüglich dessen, was die Welt sein muß und notwendigerweise sein wird. Diese Welt ist zweifellos vorgeblich auf Materie gegründet, ihr höchstes Ziel aber ist Geist, und der Aufstieg zum Geist muß das Ziel und die Rechtfertigung ihres Daseins und der Wegweiser zu ihrem Sinn und Zweck sein. Die natürliche Schlußfolgerung aber, die aus der Überlegenheit und dem Gipfelsein des Geistes gezogen werden muß, wird getrübt durch eine falsche und unvollkommene Vorstellung von Spiritualität, wie sie vom Intellekt in seiner Unwissenheit und auch durch zu hastiges und einseitiges Streben nach Wissen konstruiert worden ist. Den Geist hat man sich nicht als etwas Alldurchdringendes und die geheime Essenz unseres Wesens vorgestellt, sondern als etwas, das nur von den Höhen auf uns herabschaut, uns zu diesen Höhen hinaufzieht und wegführt vom übrigen Sein. So gelangen wir zu der Vorstellung, daß unser kosmisches und persönliches Sein eine große Täuschung und unsere Abkehr von ihm und Auslöschung des einzelnen wie des Kosmos in unserem Bewußtsein unsere einzige Hoffnung und Befreiung ist. Oder wir entwickeln die Vorstellung von der Erde als einer Welt der Unwissenheit, des Leidens und der Prüfung und hegen einzig die Hoffnung, in jenseitige Himmel zu entkommen. Hier gibt es für uns keine Aussicht auf das Göttliche, ist keine Erfüllung möglich, selbst bei höchster Entwicklung auf Erden im Körper, kommt es nicht zu erfolgreicher Umwandlung, gibt es kein erhabenes Ziel, das im irdischen Sein erarbeitet wird. Wenn aber das Supramental existiert, wenn es herabkommt und zum herrschenden Prinzip wird, wird alles, was dem Mental unmöglich erscheint, nicht nur möglich sondern auch unausweichlich. Wenn wir näher hinsehen, erkennen wir, daß sich Mental und Leben auf ihren Höhen um ihre Vollendung bemühen, um eine Art göttlicher Erfüllung, um ihre eigene Unbedingtheit. Dies und nicht so etwas wie Jenseits oder Nirgendwo ist das wahre Zeichen, der Sinn dieser ständigen Entwicklung, die Mühe kontinuierlichen Gebärens und Wiedergeborenwerdens und der gewundene Aufstieg der Natur. Aber nur durch die Herabkunft des Supramentals und die Vollendung von Mental und Leben durch ihr Hinausgehen über sich selbst, kann die geheime Absicht in den Dingen, der verborgene Sinn von Geist und Natur, gänzlich offenbar und im ganzen erkennbar werden. Dies ist der evolutionäre Aspekt und Sinn des Supramentals, in Wahrheit das ewige Prinzip, das auch im materiellen Universum verborgen liegt, der geheime Erhalter aller Schöpfung. Es ist jenes, das das Emportauchen des

Bewußtseins ermöglicht und den Aufstieg der Natur zur höchsten geistigen Wirklichkeit erzwingt. Es ist in der Tat eine bereits und stets vorhandene Ebene des Seins, die Verbindung zwischen Geist und Materie, die Wahrheit und Wirklichkeit in sich birgt und den ganzen Sinn und das Ziel des Universums sicherstellt.

Wenn wir unsere gegenwärtigen Vorstellungen von Entwicklung unbeachtet lassen, verändert sich alles, sofern wir das Bewußtsein und nicht Leben und Form als das fundamentale und entscheidende Prinzip der Evolution und sein Auftauchen und die volle Entfaltung seiner Möglichkeiten als das Ziel des evolutionären Dranges betrachten. Die Unbewußtheit der Materie kann kein unüberwindbares Hindernis bilden. Denn in dieser Unbewußtheit kann ein verborgenes Bewußtsein entdeckt werden, das sich entwickeln muß. Leben und Mental sind Stufen und Werkzeuge dieser Entwicklung. Der zweckvolle Trieb und das zweckgerichtete Wirken der unbewußten materiellen Energie entsprechen genau dem, was wir der Gegenwart eines involvierten selbstbewegten Bewußtseins als Eigenschaft zuordnen, das nicht das Denken benutzt gleich dem Mental, sondern geführt wird von einer Art innewohnendem materiellen Instinkt, der in all seinen Schritten praktisch unfehlbar, noch nicht erkennend, aber in wunderbarer Weise schöpferisch ist. Das gänzlich und von Natur aus erleuchtete Wahrheits-Bewußtsein, das wir dem Supramental zuordnen, wäre dieselbe Wirklichkeit auf der höchsten Stufe der Entwicklung, endgültig entwickelt und keineswegs mehr gänzlich eingewickelt in die Materie oder teilweise und unvollkommen entwickelt und deshalb der Unvollkommenheit und dem Irrtum ausgeliefert, wie sie in Leben und Mental vorkommen, jetzt im Besitz seiner natürlichen Fülle und Vollendung, leuchtend selbstbewegt und unfehlbar. Damit fallen alle Einwände gegen eine vollkommene Entwicklungsmöglichkeit weg. Diese wäre, im Gegenteil, die unausweichliche Folge, die nicht nur in der Natur im ganzen, sondern auch in der materiellen Natur enthalten ist.

Bei solcher Betrachtung der Dinge dürfte sich das Universum selbst in seiner Einheit und Ganzheit als die Offenbarung eines einzigen Wesens enthüllen, die Natur als seine Offenbarungsmacht, die Evolution als sein schrittweiser Selbstenthüllungsprozeß hier in der Materie. Wir würden die Reihen göttlicher Welten als eine Aufstiegsleiter von der Materie zum erhabenen Geist erkennen. Es würde sich die Möglichkeit, die Aussicht auf eine höchste Offenbarung durch die bewußte und nicht mehr verschleierte und rätselhafte Herabkunft des Geistes und seiner Mächte in ihrer Fülle selbst in die niederste Welt der Materie ergeben.

Das Rätsel dieser Welt brauchte nicht länger ein Rätsel zu sein. Das zweifelhafte Geheimnis der Dinge, ihre Doppelsinnigkeit wäre enträtselt, die wirren Schriften würden lesbar und verständlich. Mit dieser Offenbarung würde das Supramental seinen natürlichen Platz einnehmen und nicht mehr Gegenstand des Zweifelns oder Fragens für eine Intelligenz sein, die durch die Komplexität dieser Welt verwirrt ist. Es würde uns als unausweichliche Folge der Natur des Mentals, des Lebens und der Materie erscheinen, als Erfüllung ihres Sinnes, ihres innewohnenden Prinzips und ihrer Neigungen, als die notwendige Vervollkommnung ihrer Unvollkommenheit, als der Gipfel, zu dem alle hinaufstreben, als die Vollendung göttlichen Seins, Bewußtseins und göttlicher Seligkeit, zu denen es hinführt, als das letzte Ergebnis der Hervorbringung der Dinge und als höchstes Ziel dieser fortschreitenden Offenbarung, die wir hier im Leben erkennen.

Das volle Emporkommen des Supramentals mag in einer souveränen Offenbarung vollendet werden, in der Herabkunft in das Erdbewußtsein, dessen Mächte es sich rasch aneignet, sowie durch die Enthüllung seiner Formen, die Schöpfung einer supramentalen Menschheit und eines supramentalen Lebens. Dies muß in der Tat das vollständige Ergebnis seines Wirkens in der Natur sein. Aber solches war in der Vergangenheit nicht üblich im evolutionären Verhalten der Natur auf Erden. Es kann wohl sein, daß auch die supramentale Entwicklung ihre eigenen Zeiträume festlegt, wenn es sich hier auch keineswegs um eine Entwicklung ähnlich jener handelt, deren Zeuge die Erde bisher war. Aber wenn sie einmal begonnen hat, muß sich alles unvermeidlich und vollkommen offenbaren, und alle Bereiche der Natur werden größtmöglicher Lichtfülle und Vollkommenheit entgegensehen. Diese Gewißheit berechtigt uns anzunehmen, daß Mental und Menschheit ebenfalls einer Verwirklichung zustreben, die weit über unsere jetzigen Träume von Vollkommenheit hinausreicht. Ein Lichtmental wird an die Stelle der heutigen Verwirrung und Sorge in irdischer Unwissenheit treten. Wahrscheinlich werden sogar jene Teile des Menschengeschlechts, die das nicht erreichen können, dennoch seiner Möglichkeiten gewahr werden und bewußt zu ihm hinstreben. Darüber hinaus wird das Leben der Menschheit erleuchtet, aufgerichtet, beherrscht und harmonisiert durch dieses lichtvolle Prinzip, ja selbst der Körper wird weniger machtlos, dunkel und animalisch in seinen Neigungen, stattdessen zu neuer und ausgeglichener Vollendung befähigt. Auf diese Möglichkeit müssen wir schauen, sie bedeutet eine neue Menschheit, die, erhoben zum Licht, befähigt wäre zu spiritualisiertem Sein und Handeln, offen für die Lenkung durch Licht des Wahrheits-Bewußtseins, selbst auf der mentalen Ebene und in ihren eigenen Ordnungen fähig zu etwas, das als Anfang eines vergöttlichten Lebens bezeichnet werden könnte.

Was getan werden muß, ist so umfassend wie das menschliche Leben. Daher werden diejenigen, die den Weg weisen, alles menschliche Leben als ihren Bereich ansehen. Nichts wird diesen Wegbereitern fremd sein, nichts wird außerhalb ihrer Reichweite liegen. Denn jeder Teilbereich menschlichen Lebens muß vom Geistigen aufgenommen werden, nicht nur das Intellektuelle, das Ästhetische, das Moralische, sondern auch das Kraftvolle, das Vitale, das Körperliche. Deshalb werden sie nichts von alledem bzw. von den Aktivitäten, die aus ihm hervorgehen, ablehnen oder verachten, wie sehr sie auch auf einen Wandel im Geistigen und einer Veränderung in der Form bestehen mögen. In jeder Macht unseres Wesens werden sie nach den ihr eigenen Mitteln zur Wandlung suchen. Da sie wissen, daß in allem das Göttliche Wesen verborgen ist, werden sie daran festhalten, daß alles zum Mittel der Selbstfindung des Geistes gemacht und in dessen Werkzeuge zum göttlichen Leben verwandelt werden kann.

(XV, S. 251)

Die Schau und die Gnadengabe*

Jetzt regte sich nichts mehr im weiten und tief versonnenen Raum:
Auf das Lauschen der Welt legte sich eine Stille
und eine stumme Unermeßlichkeit Ewigen Friedens.
Doch Aswapatis Herz gab ihr die Antwort.
Es war ein Aufschrei mitten in der Weiten Schweigen:
„Wie soll ich mit den sterblichen Tagen zufrieden bleiben
und mit dem öden Maßstab der irdischen Dinge,
der ich hinter der Maske dieses Kosmos
die Herrlichkeit und Schönheit deines Angesichts erblickt habe?
Wie hart ist das Verhängnis, an das du deine Söhne fesselst,
wie lange sollen unsre Geister kämpfen mit der Nacht,
wie lange sollen wir die Niederlage dulden und des Tods brutales Joch,
wir, die wir die Gefäße einer todesfreien Kraft sind
und die Erbauer jener Göttlichkeit der Menschenrasse?
Ist dies dein Werk, das ich hier unten tue
inmitten der Vergeudung und des Irrtums dieses Menschenlebens,
im unbestimmten Licht des halbbewußten menschlichen Mentals?
Warum bricht nicht von dir ein fernes Leuchten ein?
So gehen die Jahrhunderte und die Jahrtausende vorüber.
Wo ist in dieser grauen Existenz der Lichtstrahl deines Kommens?
Wo ist das Donnern deiner Schwingen, die den Sieg uns bringen?
Wir hören nur den Schritt der Füße, wenn die Götter hier vorübergehen.
In dem geheimen, ewigen Mental wurde ein Plan entworfen,
der rückwärts blickt und auch prophetisch ausgerichtet ist.
Äonen wiederholen immer ihre wandellosen Runden,
die Zyklen bauen alle wieder auf und streben ewig weiter.
Alles, was wir geleistet haben, ist immer wieder neu zu tun.
Alles zerbricht und alles wird stets neu und ist dasselbe.
Große Revolutionen sind des Lebens unfruchtbarer Kreislauf,
die neuen Zeitalter vergehen wie die alten,
als ob dies traurige Rätsel sein Recht behaupten würde,
bis alles das getan ist, für das die Szene geschaffen ward.

---

*Savitri – Legende und Sinnbild, Buch III, Canto 4, 351-358.

Zu klein ist diese Kraft, die hier und jetzt mit uns geboren wurde,
zu dämmrig das Licht, das durch die Augenlider der Natur dringt,
zu ärmlich ist die Freude, die sie als Preis für unsern Schmerz zahlt.
Wir leben in einer brutalen Welt, die ihren Sinn nicht kennt,
werden gefoltert von dem Denken auf dem Rad unsrer Geburt.
Wir sind die Instrumente eines Antriebs, der nicht der eigne ist,
werden getrieben, um uns um den Preis des Herzbluts
ein halbes Wissen, halbe Schöpfungen, die bald ermüden, zu erwerben.
Als tief enttäuschte unsterbliche Seele in sterblichen Gliedern,
zertrampelt und zurückgeschlagen, schaffen wir doch weiter.
Zum Nichts gemacht, frustriert, verbraucht, überleben wir dennoch.
Wir mühen uns in Ängsten ab, damit dereinst aus uns
ein Mensch entsteht, der weiter schaut, mit edlerem Herzen,
ein goldenes Gefäß der inkarnierten Wahrheit,
der jenen göttlichen Versuch vollendet
und ausgerüstet ist, Gottes irdischen Körper hier zu tragen,
mit ihm kommuniziert als sein Prophet, sein Liebhaber und König.
Ich weiß, daß deine Schöpfung nicht versagen kann,
denn selbst durch diesen Nebel sterblicher Gedanken
gehn deine Schritte unfehlbar, geheimnisvoll,
und wenn auch die Notwendigkeit das Kleid des Zufalls anzieht,
bewahrt sie doch, verborgen in des Schicksals blinden Wechselfällen,
die langsame und stille Logik ihres Schrittes der Unendlichkeit
und ihres Willens unverletzte Folgerichtigkeit.
Das Leben ist auf einer Skala festgelegt, die steigt,
und hart wie Diamant ist der Evolution Gesetz.
Am Anfang ist das Ende schon vorausgebildet.
Das aus dem Schlamm entstiegene seltsame irrationale Wesen,
dies Resultat des Kompromisses zwischen Tier und Gott
ist nicht die Krone deiner wundersamen Welt.
Ich weiß von einem Geist, der diese unbewußten Zellen neu gestalten wird,
so daß sie mit Natur geeint sind und auf gleicher Höhe mit dem Himmel,
ein Geist, so weit wie dieser Himmel, der ihn in sich faßt,
der von Ekstase hingerissen ist aus unsichtbaren Quellen,
ein Gott, hierhergekommen und nur größer durch den Fall.
Aus meines Schlummers Zelle hat sich eine Macht erhoben.
Sie gab der Stunden zögerndes und träges Hinken auf
und auch das unbeständige Geblinzel sterblicher Betrachtung
und sah dort, wo der Denker schläft, in allzu vielem Licht

und unduldsamen Flammen das einsame und all-beobachtende Auge
und hörte dort das Schicksals-Wort aus dem Herzen des Schweigens
in dem unendlichen Moment der Ewigkeit,
und sie betrachtete aus der Zeitlosigkeit die Werke dieser Zeit.
Die bleiernden Begriffe des Mentals waren nun überholt,
und überwältigt war das Hindernis des Raums der Sterblichkeit:
Das Angesicht, das sich enthüllte, zeigte ihm die kommenden Ereignisse.
Ein riesenhafter Tanz von Shiva hat nun das Vergangene zerrissen.
Es gab ein Donnern, wie wenn Welten stürzen.
Die Erde wurde überrannt vom Feuer und Gebrüll des Todes,
der prahlte, daß er eine Welt erschlägt, die sein Hunger erschaffen hat.
Es gab ein Krachen von den Flügeln der Zerstörung:
In meinen Ohren war der Kampfruf des Titanen,
Bestürzung und Gerüchte erschütterten die waffenstarre Nacht.
Ich sah die Flammen-Pioniere des Allmächtigen
in Massen über jenen Himmelsrand, der sich dem Leben zuneigt,
die Bernsteinstufen der Geburt zur Erde niederkommen.
Sie sind Vorläufer einer Menge himmlischer Erscheinungen
und kamen aus des Morgensternes Wegen
herab in diesen kleinen Raum sterblichen Lebens.
Ich sah sie durch das Zwielicht einer Zeitepoche kommen,
die Kinder mit den Sonnenaugen einer wunderbaren Morgendämmerung,
die großen Schöpfer mit den breiten Stirnen einer Stille,
die mächtigen Zerbrecher der Barrieren dieser Welt,
die mit dem Schicksal ringen in den Weltverzeichnissen des Willens
und in den Steinbrüchen der Götter harte Arbeit leisten,
die Boten aus den Reichen des Nicht-Mitteilbaren,
die Architekten der Unsterblichkeit.
Sie kamen in die Sphäre der gefallnen Menschheit,
Gesichter, die die Glorie des Unsterblichen noch an sich trugen,
Stimmen, die noch mit Gedanken Gottes kommunizierten,
Körper, die schön gestaltet waren durch des Geistes Licht.
Sie brachten das magische Wort und das mystische Feuer
und trugen jenen Kelch der Freude des Dionysos zu uns,
Augen, die eher denen eines göttlicheren Menschen glichen,
Lippen, die einen unbekannten Lobgesang der Seele sangen,
Füße, die widerhallten in den Wandelgängen dieser Zeit.
Hohepriester der Weisheit, Süße, Macht und Seligkeit,
sie, die der Schönheit sonnenlichte Wege neu entdecken,

die in der Liebe feurig-lachenden Gewässern schwimmen
und innerhalb der goldnen Tore der Entzückung tanzen.
Ihr Schritt soll eines Tages die leidende Erde verwandeln
und dem Licht auf dem Antlitz der Natur die Anerkennung bringen.
Obwohl das Schicksal immer noch im hohen Jenseits zögert,
das Werk vergeblich scheint,
für das unseres Herzens Stärke ausgegeben war,
soll doch alles geschehn, für das wir unsre Schmerzen trugen.
Wie in den alten Zeiten nach dem Tier der Mensch gekommen ist,
soll ganz gewiß nun dieser hohe, göttliche Nachfolger kommen
hinter des Menschen sterblichem und wirkungslosem Schritt,
hinter seinem vergeblichen Bemühen, Schweiß, Blut und Tränen:
Wissen soll er, was sein sterbliches Mental kaum zu denken wagte,
tun, was das Herz des Sterblichen sich nie zu tun getrauen konnte.
Als Erbe all der Plackerei der Menschen dieser Zeit
soll er der Götter Bürde auf sich nehmen.
Besuchen soll dann alles Himmelslicht die irdischen Gedanken.
Die Macht des Himmels soll den irdischen Herzen Stärke verleihen.
Der Erde Taten sollen bis zur Höhe eines Übermenschen reichen.
Der Erde Schauen soll sich weiten bis in das Unendliche.
Noch unverändert schwer wiegt die unvollkommene Welt.
Die wundervolle Zeit der Jugend ist vorüber, und sie hat versagt.
Schwer und lang sind die Jahre, die unser Mühen zählt.
Noch sind die Siegel auf des Menschen Seele fest,
und matt geworden ist der alten Mutter Herz.
O Wahrheit, die verteidigt wird in der Verborgenheit deiner Sonne,
du Stimme ihrer mächtigen Besinnungen in den verschlossnen Himmeln
auf Dinge, die zurückgezogen sind in ihre lichten Tiefen,
du Weisheits-Glanz, Mutter des Universums,
du Schöpferin, du künstlerische Braut des Ewigen,
zögere nicht mehr mit deiner umwandelnden Hand,
die noch vergeblich drückt auf die eine goldne Türklinke der Zeit,
als ob die Zeit nicht wagte, ihr Herz für Gott aufzutun.
Du strahlend helle Quelle aller Seligkeit der Welt,
frei von der Welt und unerreichbar über ihr,
O Wonne, die du immer tief verborgen in dem Innern wohnst,
während die Menschen dich da draußen suchen und nie finden,
du, das Mysterium und die Muse mit der priesterlichen Zunge,
verkörpere die weiße Leidenschaft von deiner Kraft,

sende doch eine lebende Gestalt von dir zur Erde!
Erfülle einen einzigen Moment mit deiner Ewigkeit,
laß deine Unermeßlichkeit doch wenigstens in einem Körper leben,
All-Wissen hier ein einziges Mental in Licht-Meeren umhüllen,
All-Liebe wenigstens in einem Menschenherzen pochen!
Wenn ein Unsterblicher dann diese Erde mit sterblichem Fuß betritt,
häufe des Himmels Schönheit in irdischen Gliedern!
O Allmacht, gürte mit der Gottes-Macht
Bewegungen und Augenblicke des sterblichen Willens,
packe eine einzige Menschenstunde voll mit der ewigen Macht
und wandle so mit einer einzigen Geste alle künftige Zeit!
Laß ein erhabenes Wort von den Gipfeln sprechen
und öffne mit einem einzigen großen Akt des Schicksals Tore!"
Sein Beten sank im Widerstreit der Nacht
und ward von all den tausend Kräften überwältigt, die verneinen,
als wäre es zu schwach, des Erhabenen Gipfel zu erklimmen.
Doch da erhob sich eine weite zustimmende Stimme.
Der Geist der Schönheit offenbarte sich im Klang:
Ein Licht umflutete die Stirne dieser wundervollen Schau,
auf ihren Lippen nahm die Freude des Unsterblichen Gestalt an.
„O starker Vorläufer, ich habe deinen Ruf vernommen.
Es soll ein Mensch herniederkommen und das eiserne Gesetz zerbrechen
und das Verhängnis der Natur allein mit seines Geistes Macht verwandeln.
Ein unbegrenztes Mental, das die Welt in sich enthalten kann,
ein liebliches und doch gewaltig starkes glühend stilles Herz,
das von der Götter Leidenschaft bewegt ist, soll herniederkommen.
Vereinen sollen sich in ihm die Mächte und die Größen alle.
Und himmlisch soll die Schönheit auf der Erde wandeln.
Im Wolkennetz ihres Haares soll das Entzücken schlafen,
in ihrem Körper soll, als wär's auf ihrem Heimat-Baum,
die unsterbliche Liebe ihrer Herrlichkeit Flügel entfalten.
Musik von kummerlosen Dingen soll zärtlich ihren Charme umweben,
die Harfen des Vollkommenen sollen ihre Stimme begleiten,
in ihrem Lachen sollen Himmelsströme flüstern,
und ihre Lippen sollen Gottes Honigwaben
und seine goldenen Gefäße der Ekstase ihre Glieder,
des Paradieses Blumen der Verzückung ihre Brüste sein.
In ihrem stimmelosen Busen soll sie Weisheit tragen,
Stärke soll mit ihr sein wie bei dem Schwert des Siegers,

aus ihren Augen soll des Ewigen Seligkeit strahlen.
Ein Samenkorn soll in der schrecklichen Stunde des Todes eingesät,
ein Zweig des Himmels eingepflanzt in Menschen-Boden werden.
Natur soll die Stufe ihrer Sterblichkeit überspringen,
durch unveränderlichen Willen soll das Schicksal umgewandelt werden."
Wie eine Flamme im endlosen Licht verschwindet
und die Unsterblichkeit erlischt in ihrem Ursprung,
so schwand der Glanz dahin und ward das Wort gestillt.
Ein Echo des Entzückens, das einmal so nahe war,
die Harmonie ging weiter zum geheimnisvollen fernen Schweigen,
und leis verklang im Ohr der Trance die Musik,
eine Kadenz, die heimgerufen war von fernen anderen Kadenzen,
wie eine Stimme, die vibrierend ausklang in verhallenden Akkorden.
Es zog sich von der sehnsuchtsvollen Erde ihre Form zurück
und gab die Nähe auf zu den zurückgelassnen Sinnen,
sie stieg zu ihrem uns entrückten Heim empor.
Die inneren Gefilde lagen einsam da, brillant und leer.
Das Ganze war ein unerfüllter, ungeordneter Bereich des Geistes,
indifferent und öde, eine Wüste hellen Friedens.
Doch dann bewegte sich eine Linie am fernen Rand der Stille:
Eine sanfte irdische Woge kam mit warmen Lippen und gefühlvoll,
die rasch und vielfach flüsterte, ein Stöhnen und ein Lachen,
und glitt hernieder auf des Klanges weißen Füßen.
Nun war das Herz der tiefen Herrlichkeit des Schweigens aufgeschlossen,
die absoluten und bewegungslosen Kräfte dieser Stille
ergaben sich dem Atem einer Luft der Sterblichkeit
und lösten unbegrenzt die Himmel jener Trance auf,
sie stürzten ein auf das erwachende Mental. Die Ewigkeit
schloß wieder ihre unnahbaren Augenlider über
den eignen Einsamkeiten, die unserm Wissen unzugänglich sind,
hinter dem schweigenden Mysterium des Schlafs.
Die grandiose Ruhe und die weite Freiheit hörten auf.
Im Licht der Ebenen, die in die Ferne rasch entwichen,
die vor ihm flohen wie vor einem Stern, der fällt,
gezwungen, ihre menschliche Behausung in der Zeit zu füllen,
zog seine Seele sich zurück in all das Hasten und den Lärm
des riesigen Geschäfts erschaffener Dinge.
So wie ein Wagen, voll der Himmels-Wunder,
so breit gebaut, daß er auf Feuer-Rädern jene Götter tragen kann,

fegte der Wanderer flammend abwärts durch des Geistes Tore.
Das sterbliche Gewirr empfing ihn hier in seiner Mitte.
Erneut bewegte er sich inmitten der materiellen Szenen,
wenn auch erhoben durch die Ahnungen aus jenen Höhen,
und in den Ruhepausen seines aufbauenden Hirns ward er
berührt von den Gedanken, die das unergründliche Gewoge der Natur
wohl überfliegen, um dann zurückzukehren zu versteckten Küsten.
So war der Ewig-Suchende auf diesem äonischen Felde,
vom unnachgiebigen Druck der irdischen Stunden überwältigt,
jetzt wieder stark genug für rasch-füßige große Taten.
Wach lag er unter dem unwissenden Gewölbe der Nacht,
und sah der Sterne unzählbare Völker
und hörte all das Fragen der unbefriedigten Flut
und mühte sich mit dem Mental, das Formen schafft und mißt.
Ein Wanderer aus den geheimen unsichtbaren Sonnen,
der der vergänglichen Dinge Schicksal vollendet,
ein Gott in der Gestalt des aufsteigenden Tiers,
so hob er seine Stirn siegesgewiß empor zum Himmel,
errichtete das Königreich der Seele
auf der Materie und deren eng begrenztem Universum,
als wäre das ein starker Fels in grenzenlosen Meeren.
Der Herr des Lebens nahm seine machterfüllten Runden
im kargen Feld des ungewissen Erdballs wieder auf.

Die Legende von Satyavan und Savitri wird im Mahabharata erzählt als Gleichnis von der ehelichen Liebe, die den Tod besiegt. Aber diese Legende ist einer der vielen Symbol-Mythen aus dem Umkreis der Veden, wie zahlreiche Eigenarten dieser menschlichen Geschichte beweisen. Satyavan ist die Seele, die die göttliche Wahrheit des Seins, herabgestiegen in die Gewalt von Tod und Unwissenheit, in sich trägt. Savitri ist das Göttliche Wort, die Tochter der Sonne, die Gottheit der höchsten Wahrheit, die herabkommt und geboren wurde für das Heil. Aswapati, der Herr des Pferdes, ihr menschlicher Vater, ist der Herr von Tapasya, jener konzentrierten Energie spirituellen Bemühens, die uns hilft, uns aus den Niederungen der Sterblichkeit zum Unsterblichen zu erheben. Dyumatsena, der Herr der Heerscharen, Vater von Satyavan, ist das Göttliche Mental, das hier erblindete und sein himmlisches Königtum der Schau und damit seines Ruhmes verliert. Doch dies ist nicht bloße Allegorie, die Mitwirkenden sind nicht personifizierte Eigenschaften, sondern Inkarnationen oder Emanationen lebendiger und bewußter Kräfte, mit denen wir konkret in Berührung kommen können. Sie nehmen menschliche Gestalt an, um dem Menschen zu helfen und ihm den Weg von seiner sterblichen Verfassung zu einem göttlichen Bewußtsein und unsterblichen Leben zu weisen.

(XXVII, S. 511)

Teil IV
Epilog

Einführung

Erziehung

Die Thesen Sri Aurobindos und der Mutter zum Supramentalen Zeitalter und die Behauptung der Mutter von 1956, daß das Supramental vermittels ihres eigenen Körpers und Mentals auf Erden geoffenbart wurde, werden weniger argwöhnisch aufgenommen, wenn solche Thesen persönliches und geschichtliches Wachstum positiv beeinflussen. Zwei Aktivitäten, die die Thesen Sri Aurobindos und der Mutter besonders unterstützen, sind ihr Erziehungssystem und die Gründung der Stadt Auroville. Wenn auch beider Folgen für die kommenden Jahrzehnte nicht endgültig veranschlagt werden können, so gibt es doch hinlänglich Beweise dafür, daß beide Unternehmungen zahlreiche tief verwurzelte Untugenden der meisten bisherigen Erziehungs- und Kommunal-Projekte vermieden haben.

Bezeichnenderweise ist die Erziehungs-Philosophie, wie sie im Ashram und in Auroville praktiziert wird, integrierter Bestandteil ihrer Lehre von Anbeginn. 1910 formulierte Sri Aurobindo die drei Erfordernisse eines wahren Erziehungssystems so:

„Der erste Grundsatz wahren Unterrichts lautet: Nichts kann gelehrt werden. Der Lehrer ist kein Instrukteur oder Aufseher, er ist Helfer und Ratgeber. Seine Aufgabe besteht darin, zu empfehlen, nicht aufzudrängen. Er trainiert nicht eigentlich das Mental des Schülers, sondern zeigt ihm, wie er seine Erkenntnis-Werkzeuge vervollkommnen kann, hilft ihm und ermutigt ihn bei diesem Vorgang. Er erlegt ihm kein Wissen auf, er zeigt ihm vielmehr, wie er Wissen für sich erlangen kann. Der zweite Grundsatz lautet: Das Mental muß bei seinem eigenen Wachstum zu Rate gezogen werden. Der Gedanke, das Kind müsse in die Form gepreßt werden, die von den Eltern oder dem Lehrer gewünscht wird, ist eine barbarische und von Wissen unberührte Unterstellung. Das Kind muß vielmehr dahin geführt werden, daß es in Übereinstimmung mit seinem Wesen wächst … Jeder hat in sich etwas Göttliches, etwas Eigenes, die Möglichkeit der Vervollkommnung und Kraft, in welch geringem Umfang sie Gott ihm auch zur Annahme oder Zurückweisung anbieten mag. Die Aufgabe besteht darin, sie zu finden, zu entwickeln und zu nutzen. Das Hauptziel der Erziehung sollte darin liegen, der heranreifenden Seele dabei zu helfen, das Beste aus sich herauszuholen und zum edlen Gebrauch zu vervollkommnen.

Der dritte Grundsatz der Erziehung lautet: Man soll vom Naheliegenden zum Entfernten gehen, von dem, was ist, zu dem, was sein soll. Grundlage der menschlichen Wesensart bilden fast immer, außer dem Vorleben seiner Seele, seine Umwelt, seine Nationalität, sein Land, der Boden, von dem er seine Nahrung bezieht, die Luft, die er atmet, die Anblicke, Geräusche, Gewohnheiten, die ihm vertraut sind ... Die Vergangenheit ist unsere Grundlage, die Gegenwart unser Material, die Zukunft unser Ziel und Höhepunkt. Jeder braucht den ihm gemäßen und natürlichen Platz in einem nationalen Erziehungssystem.“ [1]

Die Ashram-Schule wurde während der vierziger Jahre eingerichtet, anfangs für die Kinder der Anhänger. Aber im Januar 1952 gründete die Mutter das Sri Aurobindo International Centre of Education (SAICE), und der Ashram öffnete seine Erziehungseinrichtungen auch für andere indische und westliche Kinder. Von Anfang an hob die Mutter hervor, das SAICE eine größere Kraft geistigen und intellektuellen Fortschritts repräsentiere. Heute stellt SAICE eine gemischtklassige Internatsschule mit annähernd sechshundert Schülern dar, die etwa je zur Hälfte aus Indien und aus dem Westen stammen. Alle Kinder lernen Englisch und Französisch und mindestens eine indische Sprache (indische Schüler aus dem Norden lernen eine südindische Sprache, Schüler aus dem Süden eine nordindische). Jungen und Mädchen – wie auch Männer und Frauen in allen Teilen des Ashrams und in Auroville – erhalten dieselbe Ausbildung einschließlich Sport wie Fußball und Boxen. Die Schule fängt mit dem Kindergarten an und schreitet fort zu einer dem üblichen Studium entsprechenden Ausbildung, aber Diplome und Zeugnisse, Prüfungen und akademische Grade werden als bloße Nützlichkeitseinrichtungen betrachtet, die dem wahren Ziel der Erziehung unangemessen sind.

Wie bei jedem solchen Unternehmen bleiben die Schüler unvermeidlich hinter dem anspruchsvollen Beispiel des Lehrers zurück und verwechseln Uniformität und Orthodoxie mit der schöpferischen und vereinigenden Synthese, die Sri Aurobindo und die Mutter einzuführen suchten. Soll das Vertrauen der Mutter darauf, daß SAICE am Ende „der größte Sitz des Wissens auf der Erde“[2] ist, gerechtfertigt werden, müssen die Schüler die hohen Erwartungen der Mutter erfüllen. Letztlich liegt der Schlüssel in der spirituellen Disziplin: Das gesamte Ausbildungssystem hängt von den Anforderungen ab, die mit dem Yoga Sri Aurobindos und der Mutter gestellt werden. „The Science of Living“ (Wissenschaft vom Leben) lautet deren kürzeste und maßgebende Zusammenfassung.

Die Wissenschaft vom Leben

In dem Essay mit dem Untertitel „Sich selbst kennen und beherrschen“ beschreibt die Mutter die vierfältige Lehre, durch die der ernsthafte Anwärter zur integralen Vollkommenheit auf den vier Ebenen menschlichen Seins, der körperlichen, der vitalen, der mentalen und der seelisch-spirituellen, vorankommen kann. Diese vier Bereiche entsprechen den vier Zielen: Schönheit, Macht, Wissen und Liebe. Während Sri Aurobindo betont, daß die Yoga-Wege des Wirkens, des Wissens und der Liebe gleichgewichtige Bestandteile des integralen Yoga der Selbst-Vervollkommnung bilden, sagt die Mutter, es sei notwendig, die vier Ebenen des Selbstes zu vervollkommnen und gleichzeitig die vier Ziele des menschlichen Lebens zu verwirklichen. Da die gesellschaftlichen Lebensformen gewöhnlich einer selbstlosen Einheit des einzelnen und der Gemeinschaft entgegenwirken, organisierte die Mutter eine Gemeinschaft, die Sri Aurobindo Ashram genannt wird, wo die Anhänger sich auf die spirituelle Lehre konzentrieren können, wie sie von Sri Aurobindo verkündet worden ist. Der Ashram, zu dem mehr als dreitausend Anhänger gehören, bildet das Herz des Werkes von Sri Aurobindo und der Mutter. Die Mutter stand im Ashram Aktivitäten wie SAICE, World Union und Sri Aurobindo’s Action voran und ebenso dem fünf Meilen von Pondicherry entfernt liegenden Auroville, der ersten im Bau befindlichen planetarischen Kommune.

Auroville

Auroville ist fraglos das ehrgeizigste Projekt der Mutter und ihrer Anhänger, um Sri Aurobindos Vision einer spirituellen, disziplinierten, selbstlos handelnden Kommune zu erfüllen. Tatsächlich gilt Auroville als Brücke zwischen dem Menschen auf der gegenwärtigen Evolutionsstufe und dem Göttlichen Leben, das als Ziel der Lehre und historischen Schau Sri Aurobindos und der Mutter betrachtet wird.

Weder die folgende Beschreibung noch eine Kombination von Berichten und Fotos vermögen die vielschichtige Kreativität adäquat einzufangen, durch die die Aurovillianer versuchen, eine spiritualisierte und supramentale Gemeinde zu gestalten. Im Vergleich zum Ashram stellt Auroville die größere Anforderung dar, weil hier versucht wird, die persönliche Spiritualität mit einer spezifisch gemeinschaftlichen Aufgabe zu vereinen. So erklärte die Mutter im Juni 1971: *„Der Ashram wird seine Rolle als Pionier, Anreger und Wegweiser behalten. Auroville stellt ein Experiment in kollektiver Verwirklichung dar.“*[3]

Das Ideal, das die Mutter aufgestellt hat, stellt höchste Anforderungen, was in Auroville deutlich, wenn auch ungleichmäßig wahrgenommen werden kann. Das sollte dazu beitragen, daß solche, die bereit sind, angezogen, jene aber, die nicht dazu bereit sind, entmutigt werden. Ermutigend ist, daß es einige gibt, die die Beschreibung eines wahren Aurovillianers, wie sie die Mutter geliefert hat, mit Leben füllen:

„Um ein Aurovillianer zu sein, muß einer mindestens zur erleuchteten Menschheit gehören und nach dem höheren Bewußtsein streben, das die Menschheit von morgen regiert. Stets höher und immer besser, über die egoistischen Grenzen hinaus!“[4]

Viele, die mit Auroville vertraut sind, mit Auroville, so wie es bei Pondicherry und wie es als Ideal von Gemeinschaft in anderen Gegenden der Welt existiert, glauben, daß dank seiner die Evolution des Menschen beschleunigt voranschreiten kann.

Anmerkungen

[1] „A System of National Education“ in: The Hour of God, CL XVII, S. 204 f. Vgl. auch Sri Aurobindo and the Mother on Education (1966), S. 11.

[2] K. R. Srinivas Iyengar, Sri Aurobindo: A Biography and a History (1972), II, S. 1382.

[3] Zitiert in Gazette Aurovilienne, No. 4, S. 9.

[4] Zitiert ebenda, No. 3, S. 17.

Die Mutter über Erziehung

Das International Centre of Education*

Die Bedingungen, unter denen die Menschen auf der Erde leben, sind das Ergebnis ihres Bewußtseinszustands. Der Versuch, die Bedingungen zu verändern, ohne das Bewußtsein zu wandeln, hieße, einem Hirngespinst nachzujagen. Wer immer erkannt hatte, was getan werden könnte oder sollte, um die Lage auf den verschiedenen Gebieten menschlichen Lebens, wirtschaftlich, politisch, gesellschaftlich, finanziell, erzieherisch oder gesundheitlich zu verbessern, gehörte stets zu denjenigen, die ihr Bewußtsein mehr oder weniger in ungewöhnlichem Ausmaß entwickelt und sich mit höheren Bewußtseinsebenen in Verbindung gebracht hatten. Aber ihre Ideen blieben, im ganzen gesehen, theoretisch. Falls jemals ein Versuch unternommen wurde, sie praktisch durchzuführen, scheiterte er bedauerlicherweise früher oder später. Denn die menschliche Organisation kann sich nur von der Wurzel her verändern, wenn sich das Bewußtsein wandelt. Die Propheten einer neuen Menschheit folgen einer dem anderen, spirituelle und gesellschaftliche Religionen wurden geschaffen, ihre Anfänge waren gelegentlich vielversprechend, aber da die Menschheit sich nicht im Herzen wandelte, traten die alten Irrtümer, die sich aus der menschlichen Natur erheben, allmählich wieder in Erscheinung, und nach einer gewissen Zeit stellte sich heraus, daß man beinahe an derselben Stelle stand, von der man mit so viel Hoffnung und Begeisterung ausgegangen war. Bei den Anstrengungen, die Bedingungen des menschlichen Lebens zu verbessern, gab es jedoch zwei Tendenzen. Statt sich gegenseitig zu ergänzen und gemeinsam den Fortschritt zu erarbeiten, befanden sie sich zueinander in Widerspruch. Die eine bemühte sich um kollektive Reorganisation, um etwas, das zu einer wirkungsvollen Einung der Menschheit führen würde. Die andere erklärte, daß jeglicher Fortschritt zuerst vom einzelnen vollzogen wird, und betonte, daß es der einzelne ist, dem Umstände zugebilligt werden sollten, unter denen er frei voranschreiten kann. Beides ist gleichermaßen zutreffend und notwendig, und unser Bemühen sollte auf beides ausgerichtet sein. Kollektiver und individueller Fortschritt hängen voneinander ab. Bevor der einzelne einen Sprung vorwärts ma-

---

*Sri Aurobindo and the Mother on Education (1966), S. 102-104; Bulletin of the International Centre of Education (Sonder-Ausgabe 1968), S. 25-27.

chen kann, ist es notwendig, daß mit einem vorhergehenden Fortschritt im kollektiven Leben etwas erreicht wird. Es muß daher ein Weg gefunden werden, auf dem der zweifache Fortschritt gleichzeitig vonstatten gehen kann.

In Reaktion auf diese drängende Notwendigkeit entwarf Sri Aurobindo das Programm seines „International Centre of Education", so daß eine Elite der Menschheit vorbereitet werden kann, die in der Lage ist, für die fortschreitende Vereinigung der Menschheit zu arbeiten und gleichzeitig die neue Kraft zu verkörpern, die herniederkommt, um die Erde umzuwandeln. Einige allgemeine Gedanken bilden die Grundlage für den Aufbau dieses Centre of Education und dienen als Führer durch das Studien-Programm. Die meisten davon finden sich bereits in den Schriften Sri Aurobindos und in den Artikel-Reihen über Erziehung.

Der bedeutendste davon besagt, daß die Einheit der Menschheit weder durch Einförmigkeit noch durch Herrschaft und Unterwerfung erreicht werden kann. Nur eine synthetische Organisation aller Völker, von denen jedes seinen Platz in Übereinstimmung mit seinem Genius und mit der Rolle, die es im Ganzen zu spielen hat, einnimmt, kann eine umfassende und fortschreitende Vereinigung bewirken, die die Chance hat, von Dauer zu sein. Wenn die Synthese eine lebendige Angelegenheit sein soll, sollte man sich um eine zentrale Idee versammeln, die so hoch und weit wie möglich ist und in der alle Tendenzen, selbst die am meisten entgegengesetzten, ihren Ort finden. Diese Idee besteht darin, dem Menschen Lebensbedingungen zu bieten, die erforderlich sind, damit er die neue Kraft offenbaren kann, die die Menschheit von morgen erschafft.

Aller Rivalitätsdrang, alles Ringen um Vorrecht und Vorherrschaft sollte verschwinden und dem Willen nach harmonischer Organisation weichen, damit klarsichtige und wirksame Zusammenarbeit stattfinden kann.

Um dies zu ermöglichen, müssen Kinder von frühester Jugend an nicht nur an die Idee sondern auch an ihre Verwirklichung gewöhnt werden. Deshalb wird das International Centre of Education nicht nur darum international sein, weil Lernende aus allen Ländern zugelassen werden oder weil die hier gebotene Unterrichtung in der jeweiligen Muttersprache erfolgt, sondern vor allem auch, weil die Kulturen der verschiedenen Gegenden der Erde in einer Weise repräsentiert werden, die sie jedem zugänglich macht, nicht bloß intellektuell, in Gedanken, Theorien, Grundsätzen und Sprachen, sondern auch vital in Gewohnheiten und Sitten, in allen Kunstrichtungen – Malerei, Plastik, Musik, Architektur, Dekoration – und körperlich durch die natürliche Landschaft, Kleidung, Spiele, Sport, Gewerbe und Nahrung. Eine Art Weltausstellung muß veranstaltet werden, auf der alle Länder in konkreter, lebendiger Art vertreten sind. Ideal wäre, wenn jede Nation mit genau abgegrenzter Kultur über einen Pavillon verfügte, in dem sie ihre Kultur repräsentiert und der nach dem Vorbild dessen gebaut ist, was die Eigentümlichkeit des Landes am besten erkennen läßt. Er wird die für die jeweilige Nation typischen Erzeugnisse, natürliche wie hergestellte, zeigen, also Erzeugnisse, die den intellektuellen und handwerklichen Genius sowie die spirituellen Tendenzen am besten ausdrükken. Jede Nation wird damit ein praktisches und konkretes Interesse an der kulturellen Synthese finden und an dem Werk mitarbeiten, indem sie den sie repräsentierenden Pavillon in ihre Obhut nimmt. Auch ein Wohnheim könnte zugeordnet werden, groß oder klein, je nach Bedarf, wo die Lernenden gleicher Nationalität untergebracht werden. Sie werden sich auf diese Weise der Kultur ihres Mutterlandes erfreuen und zugleich im Centre of Education die Ausbildung erfahren, die sie in andere Kulturen der Erde einführt. So wird die internationale Erziehung nicht einfach theoretisch sein, auf der Schulbank stattfinden, sondern praktisch in allen Einzelheiten des Seins...

Die erste Aufgabe wird darin bestehen, den einzelnen zu helfen, sich des grundlegenden Genius derjenigen Nation bewußt zu werden, zu der sie gehören, um sie gleichzeitig mit den Lebensweisen anderer Nationen in Berührung zu bringen, so daß sie den wahren Geist aller Länder der Erde gleichermaßen kennen und achten lernen. Denn alle Welt-Organisationen müssen, um lebensfähig zu sein, auf dem gegenseitigen Respekt und Verstehen zwischen den Völkern wie zwischen den einzelnen Menschen beruhen. Nur in kollektiver Ordnung und Organisation, in Zusammenarbeit, die auf gegenseitigem guten Willen beruht, liegt die Möglichkeit des Menschen, sich aus dem quälenden Chaos zu erheben, in dem er sich jetzt befindet. Mit diesem Ziel und in diesem Geist werden alle Probleme im Centre of Education studiert. Und ihre Lösung wird im Lichte jenes supramentalen Wissens dargeboten, das Sri Aurobindo in seinen Schriften hat sichtbar werden lassen.

Die Wissenschaft vom Leben*

Ein zielloses Leben ist stets ein elendes Leben.

Jeder von euch sollte ein Ziel haben. Und vergeßt nicht, daß die Qualität eures Lebens von der Qualität eures Zieles abhängt!

Euer Ziel soll hochgesteckt und weit, gehaltvoll und uneigennützig sein. Das wird euer Leben für euch und für alle wertvoll machen.

Doch was auch immer euer Ideal ist, es kann nicht vollkommen verwirklicht werden, ohne daß ihr in euch selber Vollkommenheit verwirklicht habt.

Der erste Schritt, um an eurer Vervollkommnung zu arbeiten, besteht darin, euch eurer selbst, der verschiedenen Teile eures Wesens und ihrer entsprechenden Aktivitäten bewußt zu werden. Ihr müßt lernen, diese verschiedenen Teile voneinander zu unterscheiden, so daß ihr klar den Ursprung dessen, was euch bewegt, die zahlreichen inneren Antriebe, Reaktionen und widerstreitenden Willensimpulse, die euch zum Handeln motivieren, herausfinden könnt. Das erfordert emsiges, beharrliches Studium, das viel Ausdauer und Offenheit verlangt. Denn die menschliche Natur, vor allem die mentale Art, ist spontan dazu geneigt, eine Erklärung zu finden, die dem, was einer denkt, fühlt, sagt und tut, gewogen ist. Nur wenn wir diese Bewegungen mit großer Sorgfalt beobachten, indem wir sie, so wie sie sind, vor das Tribunal unseres höchsten Ideals bringen, mit dem aufrichtigen Willen, uns dessen Urteil zu unterwerfen, können wir hoffen, in uns ein Unterscheidungsvermögen zu entwickeln, das nicht irrt. Denn wenn wir wirklich voranschreiten und die Fähigkeit erwerben wollen, die Wahrheit unseres Wesens zu erkennen, d. h. dasjenige, um dessentwillen wir in Wahrheit geschaffen wurden, das, was wir unsere Sendung auf Erden nennen können, dann müssen wir sehr sorgsam und beständig alles von uns weisen oder in uns ausmerzen, was der Wahrheit unseres Seins widerspricht, was sich in Gegensatz zu uns befindet. Dergestalt werden nach und nach alle Teile, alle Elemente unseres Wesens in ein homogenes Ganzes um unser psychisches Zentrum entwickelt. Diese Aufgabe der Vereinigung erfordert viel Zeit, bis ein gewisser Grad von Vollkommenheit erreicht wird. Um das zu vollbringen, müssen wir uns also mit Geduld und Ausdauer versehen und damit unser Leben so weit verlängern, wie es für den Erfolg unserer Anstrengung erforderlich ist.

---

* „The Science of Living: To Know Oneself and to Control Oneself" in: Sri Aurobindo and the Mother on Education(1966) S.49-53.

Während wir diese Mühe der Läuterung und Vereinigung auf uns nehmen, müssen wir gleichzeitig sehr darum bemüht sein, die äußeren und instrumentalen Teile unseres Wesens zu vervollkommnen. Wenn die höhere Wahrheit sich offenbart, muß sie in dir ein mentales Wesen vorfinden, das subtil und reich genug und damit in der Lage ist, dem Gedanken, der sich auszudrücken sucht, eine Form zu geben, die seine Kraft und Reinheit bewahrt. Dieses Denken wiederum muß, wenn es sich in Worten einhüllen möchte, eine hinlängliche Ausdruckskraft in dir finden, so daß die Worte den Gedanken enthüllen und nicht entstellen. Die Formel, in die du die Wahrheit kleidest, sollte in all deinen Gefühlen, Willensimpulsen und Taten, in allen Bewegungen deines Wesens deutlich gemacht werden. Schließlich sollten diese Bewegungen ihrerseits durch dauerndes Bemühen ihre höchste Vollendung erfahren.

All dies kann mit Hilfe einer vierfältigen Disziplin verwirklicht werden, deren allgemeiner Umriß hier dargelegt wird. Die vier Aspekte der Lehre schließen einander nicht aus, man kann ihnen allen gleichzeitig folgen, was in der Tat auch am besten ist. Ausgangspunkt ist das, was man die psychische Disziplin nennt. Mit dem Wort „psychisch" bezeichnen wir die seelische Mitte unseres Wesens, den Ort drinnen in der höchsten Wahrheit unseres Seins, der die Wahrheit weiß und offenbart. Es ist daher für uns von höchster Bedeutung, uns seiner Gegenwart in uns bewußt zu werden, uns auf diese Gegenwart zu konzentrieren, sie zu einer lebendigen Tatsache für uns zu machen und uns mit ihr zu identifizieren.

Durch die Zeiten hindurch wurden viele Wege ersonnen, um zu dieser Erkenntnis zu gelangen und schließlich die Übereinstimmung mit ihr zu erreichen. Einige Wege sind psychologischer, andere religiöser oder mechanischer Art. In Wahrheit muß jeder herausfinden, welcher Weg für ihn am besten taugt, und wenn man aufrichtig und beständig strebt, beharrlich und kraftvoll will, kann man sicher sein, auf die eine oder andere Weise, äußerlich durch Studium und Unterweisung, innerlich durch Konzentration, Meditation, Offenbarung und Erfahrung die Hilfe zu finden, die man braucht, um das Ziel zu erreichen. Nur eines ist unabdingbar: der Wille zu entdecken und zu verwirklichen. Diese Entdeckung und diese Verwirklichung sollten als erstes von uns Besitz ergreifen, die Perle jenes großen Juweles sein, den man um jeden Preis erwerben sollte. Was auch immer du tust, was immer dein Beruf und dein Handeln ist, der Wille, die Wahrheit deines Wesens zu finden und dich mit ihr zu einen, muß stets in dir lebendig sein, stets gegenwärtig hinter allem, was du tust, hinter allem, was du erlebst, hinter allem, was du denkst.

Um dieses Streben nach innerer Entdeckung zu vervollständigen, ist es gut, wenn man nicht die mentale Entwicklung vernachlässigt. Denn das mentale

Werkzeug kann gleichermaßen eine große Hilfe wie ein großes Hindernis sein. In seinem natürlichen Zustand ist das menschliche Mental stets in seiner Schau begrenzt, in seinem Verstehen beengt, in seinen Vorstellungen unbeweglich, und es ist eine gewisse Anstrengung erforderlich, um es zu erweitern, geschmeidig zu machen und zu vertiefen. Von daher ist dringend erforderlich, daß man alles von allen möglichen Standpunkten aus betrachtet. In dieser Hinsicht gibt es eine Übung, die das Denken wesentlich ergänzt und erhebt. Das geschieht so: Eine eindeutig formulierte These wird aufgestellt. Ihr wird die Antithese gegenübergestellt, die mit derselben Genauigkeit formuliert wurde. Dann muß durch sorgfältige Reflexion das Problem ausgeweitet oder transzendiert werden, so daß eine Synthese gefunden wird, die die beiden Gegensätze in einem weiteren, höheren und umfassenderen Gedanken vereinigt.

Es gibt zahlreiche Übungen derselben Art. Einige üben eine wohltätige Wirkung auf den Charakter aus und erbringen so doppelten Gewinn: Sie bilden das Mental aus und bewerkstelligen es, daß man seine Gefühle und deren Ergebnisse beherrscht. Beispielsweise soll man nicht seinem Mental gestatten, Dinge und Menschen zu verurteilen. Denn das Mental ist kein Werkzeug des Wissens. Es ist unfähig, Wissen zu erlangen. Aber es sollte durch Wissen bewegt werden. Wissen ist einer Region zugeordnet, die viel höher liegt als das menschliche Mental, sogar höher als die Region der reinen Gedanken. Das Mental soll zum Schweigen gebracht und aufmerksam werden, um das Wissen von oben zu empfangen und zu offenbaren. Denn es ist ein Werkzeug der Gestaltung, Organisation und des Handelns. In diesen Funktionen erfüllt es seinen ganzen Zweck und seinen wahren Nutzen.

Für den Fortschritt des Bewußtseins mag eine andere Methode sehr hilfreich sein: Wenn immer es bei einer Frage nicht zur Übereinstimmung darüber kommt, wie eine Entscheidung aussehen soll und eine Handlung auszuführen ist, sollte man nicht an seiner eigenen Vorstellung oder an seinem eigenen Standpunkt kleben. Im Gegenteil, man muß versuchen, den Standpunkt des anderen zu verstehen, sich an seine Stelle versetzen und eine Lösung ausfindig machen, die beide Seiten vernünftigerweise zufriedenstellen kann, statt daß man sich streitet oder gar miteinander kämpft. Es gibt immer einen, der guten Willens ist.

Hier muß das Vital-Training erwähnt werden. Das vitale Wesen in uns ist der Sitz der Antriebe und Wünsche, der Begeisterung und Gewalt, der dynamischen Kraft und der verzweifelten Depression, der Leidenschaft und der Empörung. Es kann alles in Bewegung setzen, aufbauen und verwirklichen. Es kann aber auch alles zerstören und verderben. Es scheint der Teil im Menschen zu sein, der am schwersten zu erziehen ist. Es erfordert große Mühe und viel

Geduld sowie vollständige Aufrichtigkeit, denn ohne sie wird sich einer vom ersten Schritt an selbst täuschen, und alle Anstrengung wegen des Fortschritts wird vergeblich sein. In Zusammenarbeit mit dem Vital erscheint keine Verwirklichung unmöglich, keine Umwandlung undurchführbar. Die Schwierigkeit liegt indessen in der Gewährleistung ununterbrochener Zusammenarbeit. Das Vital ist ein guter Arbeiter, aber es hält meistens Ausschau nach seiner eigenen Befriedigung. Wird sie verweigert, gänzlich oder auch nur teilweise, so wird das Vital beunruhigt, mürrisch und fängt an zu streiken. Im Ergebnis geht die Kraft mehr oder weniger vollständig verloren und läßt Abscheu gegenüber Menschen und Dingen, Entmutigung oder Empörung, Niedergeschlagenheit und Unbefriedigtsein zurück. In solchen Augenblicken muß man ruhig bleiben und sich weigern zu handeln. Denn in solchen Augenblicken geschieht es, daß einer törichte Dinge tut und in wenigen Minuten zerstört oder verdirbt, was er in Monaten stetiger Bemühung aufgebaut hat, womit er allen erzielten Fortschritt rückgängig macht. Derartige Krisen sind von geringer Dauer und weniger gefährlich für diejenigen, die einen Kontakt zu ihrem psychischen Wesen entwickelt haben, der ausreicht, um in ihnen die Flamme des Strebens nicht erlöschen zu lassen und das Bewußtsein des Ideals lebendig zu erhalten, das verwirklicht werden soll. Sie können mit Hilfe dieses Bewußtseins lernen, ihr Vital zu beherrschen, wie man mit einem Kind umgeht, das sich sträubt, indem man ihm geduldig und beharrlich Wahrheit und Licht zeigt, sich darum bemüht, es zu überzeugen und in ihm den guten Willen zu erwecken, der einen Augenblick lang verhüllt war. Mit Hilfe einer derartigen geduldigen Vermittlung kann jede Krise in neuen Fortschritt verwandelt werden, in einen weiteren Schritt vorwärts zum Ziel. Der Fortschritt mag gering sein, man mag häufig zu Fall kommen, doch wenn ein mutiger Wille bewahrt bleibt, wird man eines Tages triumphieren und alle Schwierigkeiten vor dem Bewußtsein der Wahrheit dahinschmelzen und verschwinden sehen.

Endlich müssen wir unseren Körper stark und biegsam machen mit Hilfe vernünftiger und klarsichtiger körperlicher Erziehung, so daß er in der materiellen Welt zu einem geeigneten Werkzeug der Wahrheits-Kraft wird, die sich durch uns manifestiert.

Ja, der Körper muß nicht herrschen, er hat zu gehorchen. Von seinem Wesen her ist er ein fügsamer und treuer Diener. Leider hat er nicht immer die Fähigkeit zur Einsicht in bezug auf seine Herren, das Mental und das Vital. Er gehorcht ihnen blind auf Kosten seines eigenen Wohlbefindens. Das Mental mit seinen Dogmen, seinen starren und launenhaften Grundsätzen und das Vital mit seinen Leidenschaften, Übertreibungen und Zerstreuungen tun bald alles, um das natürliche Gleichgewicht des Körpers zu zerstören und Überanstrengung, Erschöpfung und Krankheit in ihm zu erzeugen. Von dieser Tyrannei muß der Körper befreit werden. Das kann nur durch dauerhafte Einung mit der psychischen Mitte des Wesens geleistet werden. Der Körper hat eine wunderbare Fähigkeit zu Anpassung und Ausdauer. Er ist dazu geeignet, sehr viel mehr Dinge zu vollbringen, als man sich gewöhnlich vorstellt. Wenn er von der zentralen Wahrheit des Wesens gelenkt wird und nicht von unwissenden und despotischen Herren, die ihn regieren, dann wird man überrascht sein, was er zu leisten vermag. Still und ruhig, stark und ausgeglichen, wird er jederzeit diejenige Anstrengung aufbringen, die gefordert ist, denn er wird gelernt haben, im Handeln auszuruhen, durch Kontakt zu den universalen Kräften jene Energien zu ersetzen, die er bewußt und nutzbringend verbraucht. In diesem gesunden und ausgeglichenen Leben wird sich im Körper eine neue Harmonie zeigen, die die Harmonie höherer Regionen widerspiegelt, die ihm vollkommene Proportionen und die ideale Schönheit seiner Gestalt verleiht. Diese Harmonie wird sich fortsetzen, denn die Wahrheit des Wesens ist nicht statisch, sie ist ein kontinuierliches Sichentfalten im Wachstum, eine zunehmend vollständige und umfassende Vollkommenheit. Sobald der Körper lernt, der Richtung fortschreitender Harmonie zu folgen, ist es ihm möglich, in einem kontinuierlichen Umwandlungsprozeß der Notwendigkeit von Zerfall und Zerstörung zu entgehen. Damit hat das unwiderrufliche Gesetz des Todes keinen Grund mehr, weiter zu existieren.

Indem wir uns zu diesem Vollkommenheitsgrad, der unser Ziel ist, aufschwingen, begreifen wir, daß die Wahrheit, die wir suchen, vier Hauptaspekte hat: Liebe, Wissen, Macht und Schönheit. Diese vier Attribute der Wahrheit werden sich automatisch in unserem Wesen zum Ausdruck bringen. Die Seele wird zum Träger der wahren und reinen Liebe, das Mental zum Träger unfehlbaren Wissens, das Vital wird eine unüberwindliche Macht und Stärke offenbaren, und der Körper wird vollkommener Schönheit und Harmonie Ausdruck verleihen.

Auroville* – Ein Traum

Irgendwo auf der Welt sollte es einen Ort geben, den keine Nation als ihr Eigentum für sich in Anspruch nehmen kann, einen Ort, wo alle Menschen guten Willens, aufrichtig in ihrem Streben, frei als Weltbürger leben können und nur einer einzigen Autorität gehorchen, nämlich derjenigen der höchsten Wahrheit, einen Ort des Friedens, der Eintracht und Harmonie, wo alle kämpferischen Instinkte des Menschen ausschließlich dazu benutzt werden, die Ursachen seiner Leiden und Nöte zu bewältigen, seine Schwächen und seine Unwissenheit zu überwinden, über seine Begrenzungen und Unfähigkeiten die Oberhand zu gewinnen, einen Ort, wo die Bedürfnisse des Geistes und das Interesse am Fortschritt Vorrang erhalten gegenüber der Befriedigung von Wünschen und Leidenschaften, der Suche nach materiellen Vergnügungen und Genuß. An diesem Ort könnten die Kinder heranwachsen und sich ganzheitlich entwickeln, ohne den Kontakt zu ihrer Seele zu verlieren. Hier würde Erziehung vermittelt nicht im Hinblick auf Prüfungen oder um Zeugnisse oder Posten zu bekommen, sondern zur Bereicherung der vorhandenen Fähigkeiten und zur Hervorbringung weiterer. An diesem Ort würden Titel und Stellungen ersetzt durch die Gelegenheiten, zu dienen und aufzubauen. Für die körperlichen Bedürfnisse aller und jedes einzelnen würde gesorgt. Beim systematischen Aufbau würden sich intellektuelle, moralische und spirituelle Überlegenheit nicht in der Vermehrung von Vergnügen und Lebensmächten ausdrükken, sondern in der Zunahme an Pflichten und Verantwortlichkeiten. Künstlerische Schönheit in allen Formen – Malerei, Bildhauerei, Musik und Literatur – wäre allen gleichermaßen zugänglich. Die Gelegenheit, an den Freuden, die sie schenken, teilzuhaben, würde nur durch die Aufmerksamkeit des einzelnen und nicht durch gesellschaftliche oder finanzielle Positionen begrenzt. Denn an diesem idealen Ort wäre Geld nicht mehr der unumschränkte Herrscher. Der persönliche Wert des einzelnen hätte größere Bedeutung als der Reichtum oder die soziale Stellung. Arbeit wäre hier nicht ein Mittel zum Erwerb des Lebensunterhalts, vielmehr das Mittel, um seinem Selbst Ausdruck zu verleihen, seine Fähigkeiten und Möglichkeiten zu entwickeln, während man gleichzeitig der ganzen Gruppe dient, die ihrerseits den Unterhalt jedes einzelnen und für seinen Arbeitsbereich sorgt. Kurz gesagt, es wäre ein Ort, an dem die Be-

---

* Auroville: The Cradle of a New World (1972).

ziehungen unter den Menschen, die gemeinhin fast ausschließlich auf Konkurrenz und Kampf beruhen, ersetzt würden durch Bemühungen des Wetteiferns um besseres Betragen, für Zusammenarbeit und Beziehungen echter Brüderlichkeit.

Die Erde ist gewiß noch nicht bereit, solch eine Idee zu verwirklichen, denn die Menschheit verfügt noch nicht über das erforderliche Wissen, sie zu verstehen und zu akzeptieren, und auch nicht über die unerläßliche bewußte Kraft, sie auszuführen.

Darum nenne ich sie einen Traum.

Doch dieser Traum ist dabei, Wirklichkeit zu werden. Genau dies ist es, was wir im Ashram Sri Aurobindos in kleinem Umfang und mit unseren bescheidenen Mitteln zu leisten versuchen. Das Erreichte ist in der Tat weit davon entfernt, vollkommen zu sein, doch ist es vorwärts gerichtet. Mehr und mehr nähern wir uns unserem Ziel, das wir eines Tages, so hoffen wir, der Welt als ein brauchbares und wirksames Mittel empfehlen können, um aus der gegenwärtigen Verwirrung herauszugelangen und in ein eher wahres und harmonisches Leben hineingeboren zu werden.

Auroville – die Wiege einer neuen Welt

Im April 1956 erklärte die Mutter:

Die Offenbarung des Supramentals ist nicht mehr bloße Verheißung sondern eine lebendige Tatsache, Wirklichkeit. Es ist hier am Wirken, und es wird der Tag kommen, an dem auch der am meisten Blinde, Unbewußte, ja, der Unwilligste genötigt sein wird, sie anzuerkennen.

Indem sie in ihrer Vision von 1914 das Tempus vom Futur in das Präsens umwandelte, stellte die Mutter fest:

Ein neues Licht bricht auf die Erde herein,
Eine neue Welt wird geboren.
Alles, was verheißen war, erfüllt sich.

Im darauffolgenden Jahr äußerte sich die Mutter in einem Gespräch im Ashram zu diesem Ereignis:

Vergangenes Jahr, als ich euch die Offenbarung des supramentalen Bewußtseins und Lichtes und der supramentalen Kraft ankündigte, hätte ich hinzufügen sollen, daß es sich um die Vorankündigung der Geburt einer neuen Welt handelte. Aber damals war die neue Welt so sehr von der alten überdeckt, daß es selbst heute nur sehr wenige Menschen gibt, die sich der Geburt dieser neuen Welt bewußt sind und der Andersartigkeit, die sie mitsichbringt. Doch die neuen Kräfte wirkten weiter in sehr geregelter, beharrlicher, hartnäckiger und bis zum gewissen Grade sehr wirksamer Weise. Das Ergebnis all dessen ist bei jedem Schritt und beinahe Tag für Tag erfahren worden.

Zunächst einmal, es handelt sich dabei nicht bloß um eine neue Idee des spirituellen Lebens und der göttlichen Wirklichkeit. Die alte Spiritualität bedeutete Flucht hin zur göttlichen Wirklichkeit, wobei die Welt, wo und wie sie war, verlassen wurde. Unsere neue Vision bedeutet im Gegensatz dazu die Vergöttlichung des Lebens, die Umwandlung der materiellen Welt in eine göttliche. Aber diese Aufgabe hätte einfach in einer Fortführung, Verbesserung, Vergrößerung der alten Welt, wie sie war, bestehen können. Was sich tatsächlich ereignete, ist aber etwas Neues:

Eine Neue Welt ist geboren worden. Es handelt sich nicht um die alte Welt, die sich in Umwandlung befindet, vielmehr um eine ganz und gar neue Welt, die tatsächlich konkret geboren worden ist.

Zur gegenwärtigen Stunde befinden wir uns in der Mitte einer Periode des Übergangs, wo die beiden sich ineinanderschlingen. Die alte Welt besteht weiter, noch all-mächtig, sie fährt fort, das gewöhnliche Bewußtsein zu beherrschen, während die neue Welt hereingleitet, noch bescheiden, unbemerkt bis zu dem Grade, daß sie im Augenblick nichts äußerlich stört, selbst im Bewußtsein der meisten Menschen ist sie kaum wahrnehmbar. Und doch wirkt die neue Welt, wächst sie bis zu dem Augenblick, da sie stark genug ist, sich sichtbar aufzudrängen.

Auf jeden Fall kann man vereinfachend sagen, daß die alte Welt, die Schöpfung, die Sri Aurobindo Übermental nannte, bezeichnenderweise das Zeitalter der Götter und damit das Zeitalter der Religionen war. Die Frucht der Bemühung des Menschen um das, was höher war als er, verhalf zahllosen Religionen zum Leben, verhalf zu einer religiösen Beziehung zwischen den Seelen der wenigen Auserwählten und der unsichtbaren Welt, und auf dem Höhepunkt all dessen wurde als Bemühung um eine noch höhere Verwirklichung die Idee der Einheit der Religionen geboren, die Idee von etwas Einzigartigem, das hinter aller Offenbarung steht – und diese Idee war wahrlich das Höchstmaß an menschlichem Streben. Diese Konzeption ist dem Grenzland zugeordnet: Sie ist etwas, das noch gänzlich zur übermentalen Welt gehört, um auf etwas anderes zu schauen, etwas, von dem sie nur eine Vorahnung hat, was eine neue Schöpfung bedeutet, die sie zu erreichen versucht, aber sich nicht aneignen kann. Sie sich anzueignen – was notwendig ist – bedeutet Umkehrung. Man muß aus der übermentalen Schöpfung herauskommen. Aber dazu muß die supramentale Schöpfung vorhanden sein; denn nun erscheinen diese alten Dinge so alt, so antiquiert, so unvernünftig zu sein, daß sie ein Zerrbild der wirklichen Wahrheit darstellen.

In der supramentalen Schöpfung wird es keine Religionen mehr geben. Alles Leben wird Ausdruck und Erblühen in Formen der Göttlichen Einheit sein, die sich in der Welt offenbart. Es wird nicht mehr das geben, was die Menschen jetzt die Götter nennen. Aber all dies gehört der Zukunft an, einer Zukunft, die schon begonnen hat, jedoch einige Zeit braucht, um sich vollständig zu verwirklichen. Inzwischen befinden wir uns in einer ganz besonderen Lage. Wir wohnen der Geburt einer neuen Welt bei, die noch ganz jung und schwach ist, schwach nicht im Wesen sondern in ihrer äußerlichen Erscheinung, die noch nicht erkannt, noch nicht empfunden, von den meisten noch geleugnet wird. Aber es gibt sie, sie ist da und bemüht sich zu wachsen und ist ihres Erfolges sicher. Dennoch, der Weg dahin ist ein neuer Weg, der nie zuvor begangen worden ist. Keiner ging diesen Weg, niemand tat es. Es ist ein Anfang, ein allumfassender Anfang. Deshalb ist es ein absolut unerwartetes und unvorhersehbares Abenteuer.

Es gibt Menschen, die das Abenteuer lieben. Ihnen gebe ich ein Zeichen und sage ihnen: Ich lade euch ein zu dem großen Abenteuer. Bei diesem Abenteuer sollt ihr spirituell nicht wiederholen, was andere vor uns getan haben, denn unser Abenteuer beginnt jenseits jener Teilstrecke. Wir stehen für eine neue Schöpfung, für eine gänzlich neue, die alles Unvorhergesehene, alle Risiken, alle Gefahren einschließt, ein wahres Abenteuer, dessen Endpunkt der sichere Sieg, dessen Verlauf aber unbekannt ist und erst mit jedem Schritt ins Unerforschte ausfindig gemacht werden muß. Es handelt sich um etwas, das es im gegenwärtigen Universum niemals gab und das nie in derselben Weise vorkommen wird. Falls ihr daran interessiert seid, macht mit! Was morgen geschehen wird, weiß ich nicht. Ihr müßt alles hinter euch lassen, was ausgedacht oder aufgebaut war, und dann voranschreiten auf dem Weg ins Unbekannte. Komme, was mag!

Auroville Charta

1. Auroville gehört niemandem im besonderen. Auroville gehört der Menschheit als Ganzes. Aber um in Auroville zu leben, muß man der willige Diener des Göttlichen Bewußtseins sein.
2. Auroville wird zum Ort einer Erziehung ohne Ende, zum Ort ständigen Fortschritts und einer Jugend, die niemals altert.
3. Auroville möchte Brücke sein zwischen Vergangenheit und Zukunft. Indem es alle äußeren und inneren Entdeckungen nutzt, wird sich Auroville kühn emporschwingen zu künftigen Verwirklichungen.

4. Auroville wird ein Feld materieller und spiritueller Forschung zur lebendigen Verkörperung wirklicher menschlicher Einheit sein.

Ein wahrer Aurovillianer

1. Die erste Notwendigkeit liegt in der inneren Entdeckung, durch die man lernt, wer man hinter den sozialen, moralischen, kulturellen, rassischen und erbmäßigen Erscheinungsformen in Wahrheit ist.
   In unserem Innersten gibt es ein freies Wesen, weit und wissend, das von uns entdeckt werden will, das unsere Wesensmitte bildet und in Auroville zu unserem Wesens- und Lebens-Mittelpunkt werden sollte, aus dem wir handeln.
2. Man muß in Auroville leben, um frei zu sein von moralischen und gesellschaftlichen Konventionen. Aber diese Freiheit soll keine Hörigkeit gegenüber unserem Ich, seinen Wünschen und Begierden bedeuten.
   Die Erfüllung von Wünschen versperrt den Weg der inneren Entdeckung, die nur im Frieden und bei ersichtlich vollkommener Uneigennützigkeit geleistet werden kann.
3. Der Aurovillianer muß den eigentumsrechtlichen Sinn für Besitztum aufgeben.
   Denn unser Durchgang durch die materielle Welt, der für unser Leben und Handeln unerläßlich ist, wird uns zur Verfügung gestellt gemäß dem Platz, den wir dort einnehmen sollten. Je bewußter sich unsere Berührung mit dem inneren Wesen vollzieht, umso geeigneter fallen die Mittel aus, die uns verliehen werden.
4. Arbeit, auch Handarbeit, ist unverzichtbar für die innere Entdeckung. Wenn einer nicht arbeitet, wenn einer sein Bewußtsein nicht in die Sache hineingibt, wird sich diese nicht entwickeln. Es ist gut, wenn man sein Bewußtsein die Materie auf dem Weg über den Körper ein bißchen beleben läßt. Ordnung um sich herum zu schaffen, verhilft dazu, in sich selber Ordnung herzustellen.
   Man sollte das Leben nicht nach äußeren, künstlichen Regeln aufbauen, sondern gemäß einem systematischen inneren Bewußtsein, weil das Leben ausdruckslos und unentschlossen wird, wenn man ihm gestattet, sich treiben zu lassen, ohne ihm die Kontrolle durch ein höheres Bewußtsein aufzuerlegen. Das bedeutete, seine Zeit zu verschwenden, in dem Sinne, daß Materie ohne bewußte Verwendung weiterbesteht.
5. Die ganze Erde muß sich für die Ankunft der neuen Art vorbereiten, und

Auroville möchte bewußt darauf hinweisen, daß diese Ankunft baldigst erfolgt.

6. Nach und nach wird uns enthüllt, was diese neue Art sein sollte, und bis dahin ist die beste zu ergreifende Maßnahme, sich selbst ganz und gar dem Göttlichen Wesen zu weihen.

Verwaltung und Aufbau

Auroville gehört niemandem im besonderen ... In Auroville gehört niemandem etwas im besonderen. Es ist der ideale Ort für jene, die die Freude und die Befreiung kennenlernen möchten, welche mit Aufgabe allen persönlichen Besitztums verknüpft sind. Alles ist gemeinsames Eigentum...

Auroville wird ein Ort sein, den keine Nation als ihr Eigentum in Anspruch nehmen kann, ein Ort, wo alle Menschen guten Willens und aufrichtig in ihrem Streben als Weltbürger frei leben können und nur einer einzigen Autorität gehorchen, nämlich derjenigen der höchsten Wahrheit.

Um die Irrtümer und Unzulänglichkeiten aller früheren und gegenwärtigen Herrschaftssysteme, seien sie theokratischer, plutokratischer, demokratischer oder auch sozialistischer oder kommunistischer Art, zu vermeiden, muß eine grundlegende Tatsache von allen anerkannt und angenommen worden sein:

Es gibt eine unsichtbare höchste Macht – ein höheres Bewußtsein (es kann heißen wie es will, Göttliches Bewußtsein, Höchste Wahrheit), das nicht der gewöhnlichen Bewußtseinsebene angehört, aber dem Menschen erreichbar ist. Dieses Bewußtsein, das eine Macht darstellt, eine Kraft, ist in der Lage, die materiellen Dinge in heilsamerer und wahrhaftiger Weise – glücklicher für alle – zu beherrschen, als irgendeine gewöhnliche menschliche Macht.

Es ist kein Bewußtsein, das man zu besitzen sich anmaßen kann, denn auf jeden Fall wird offenkundig werden, wenn es angemaßt ist. Entweder man hat es, oder man hat es nicht. Außerdem verleiht es einem keine materielle Macht. Die an der Spitze stehen, haben notwendigerweise die geringsten Ansprüche. Ihre materiellen Bedürfnisse verringern sich in dem Maße, in dem ihre Fähigkeit, das Materielle zu erkennen, zunimmt. Die Erfahrung, in der diese Dinge an Bedeutung und Wert einbüßen, erfolgt automatisch und spontan, nicht als Ergebnis von Anstrengung.

Sodann verfügt eine Person, die mit diesem höheren Bewußtsein in Berührung gekommen ist, automatisch über eine größere Überzeugungskraft, als sie einem Bewußtsein möglich ist, das sich mit den dazwischenliegenden Regionen berührt. Diese Überzeugungskraft ist eine Macht zur Transformation der Materie.

Sobald man von dieser höchsten Höhe herniederkommt (selbst bei flüchtiger Herabkunft), kommen verschiedene Einflüsse ins Spiel. Nur das, was ganz oben und vollkommen rein ist, hat die Macht zu spontaner Überzeugung. Daher ist alles, was man tun kann, um das zu ersetzen, eine Annäherung und nicht besser als Demokratie, ein System, das durch die größte Zahl und die niedrigste Stufe herrschen möchte.

Wenn es keinen Vertreter des höchsten Bewußtseins gibt, kann er durch die Regierung einer geringeren Zahl ersetzt werden, einer Zahl zwischen vier und acht, die eine „intuitive" Intelligenz verwendet, eine Intuition, die intellektuell zum Ausdruck gebracht wird. „Intuition" ist wichtiger als „Intelligenz". Vom praktischen Standpunkt aus mag sie Unbequemlichkeiten mit sich bringen, aber es besteht die Aussicht, daß das Ergebnis der Wahrheit näher liegt, die dieses höhere Bewußtsein zu offenbaren sich müht, näher als alles, was bislang von den verschiedenen Regierungen versucht worden ist.

Wer dieses Bewußtsein besitzt, kann jeder Klasse oder Gesellschaft angehören. Es ist kein Privileg, das von der Geburt herkommt, es ist das Ergebnis einer Anstrengung, eines persönlichen Wachstums. Es sind einzelne, die ein höheres Bewußtsein erreicht und daher das Recht haben zu regieren – nicht andere –, und es ist gleich, zu welcher Klasse diese einzelnen gehören.

Notwendig ist, daß alle, die an dem Experiment Auroville teilhaben, unbedingt davon überzeugt sind, daß das höhere Bewußtsein der beste Richter über die meist materiellen Angelegenheiten ist. Was Indien untergraben hat, ist die Vorstellung, das höhere Bewußtsein habe etwas mit höheren Dingen zu tun, die Dinge hier unten gingen es überhaupt nichts an, und von diesen Gegenständen verstehe es nichts. Gerade das höchste Bewußtsein sieht am deutlichsten, was die Notwendigkeiten der zumeist materiellen Dinge sind. Auf dieser Grundlage kann eine neue Art von Regierung für den gemeinsamen Aufbau versucht werden.

Die Mutter wird von allen Aurovillianern als der beste Richter für alles, was Auroville betrifft, betrachtet...

Nur nach seiner Eingebung, nach seinem inneren Gefühl zu leben, verlangt von allen Aurovillianern, daß sie Yogis sind, der Göttlichen Wahrheit bewußt. Bis ein solcher Zeitpunkt erreicht ist, muß es einen hierarchischen Aufbau geben, um den am meisten erleuchteten Mittelpunkt herum angelegt und einer gemeinsamen Disziplin unterworfen.

Disziplin ist für das Leben notwendig. Um zu leben, ist der Körper in seinen Wirkweisen einer nachdrücklichen Disziplin unterworfen. Jede Lockerung dieser Disziplin verursacht Krankheiten. Organisation ist Disziplin im Handeln, aber für Auroville erstreben wir, über willkürliche und künstliche Organisation hinauszugehen. Wir brauchen einen Aufbau, der Ausdruck eines höheren Bewußtseins ist, das darauf hinwirkt, die Wahrheit der Zukunft zu manifestieren.

Für die zu leistende Arbeit bedarf es dringend einer Organisation, aber die Organisation muß flexibel, biegsam bleiben, um stets voranschreiten und sich entsprechend den Erfordernissen modifizieren zu können...

Die Aurovillianer werden keinerlei Lohn erhalten. Es wird in Auroville keinen Geld-Austausch geben. Auroville wird lediglich mit der Welt draußen Geldbeziehungen unterhalten. Geld wird nicht mehr der unumschränkte Herrscher sein. Der persönliche Wert wird größere Bedeutung haben als der Wert materiellen Reichtums und gesellschaftlicher Stellung. Es ist der Mangel an Zukunftsträchtigkeit, der den Fluß des Geldes aufhält.

Die Zukunftsträchtigkeit besteht in der Bereitschaft, alle Gewinne, moralische wie materielle, aufzugeben, um das zu erlangen, was die Zukunft uns geben kann. Sehr wenige sind so. Es gibt viele, die gern hätten, was die Zukunft bringen wird, aber nicht bereit sind, das, was sie haben, aufzugeben, um den neuen Reichtum zu erlangen.

Nur wenn die Menschen wirklich fühlen, daß es zu ihrem Besten ist, Auroville in seinem Werdeprozeß zu helfen, geschieht es, daß reichlich Geldmittel zusammenkommen.

Nahrung

Erstens wird jedes Land seinen Pavillon haben, und in dem Pavillon wird es eine Küche des betreffenden Landes geben, d. h. die Japaner werden in der Lage sein, so zu essen, wie sie es wünschen usw...

Aber in der Stadt selbst wird es Nahrung für Vegetarier ebenso wie für Nicht-Vegetarier geben, und es wird auch der Versuch unternommen werden, die Nahrung von morgen zu ermitteln.

All diese Mühe zum Zwecke der Nahrungsverarbeitung macht dich so schwer, nimmt so viel Zeit in Anspruch und kostet die Person so viel Kraft, die „vorher" geleistet sein sollte. Es muß etwas verabreicht werden, was sofort verarbeitet werden kann, wenn es gegessen wird. Zum Beispiel gibt es Vitamine, die direkt umsetzbar sind, und auch Proteine, nahrhafte Elemente, die in diesen oder jenen Dingen gefunden werden, und die nicht so sperrig sind. Chemisch gesehen ist man weit genug fortgeschritten und fähig zu vereinfachen.

Die Leute mögen es nicht einfach, weil sie großen Spaß am Essen haben. Wenn man jedoch am Essen keinen Gefallen findet, verlangt man Nahrung und verliert keine Zeit mit Essen oder Verdauen.

So braucht man hier eine Versuchsküche, eine Art kulinarisches Laboratorium zum Experimentieren. Die Leute werden je nach ihrem Geschmack und ihrer Vorliebe hier- oder dort- oder anderswohin gehen.

Ehe

In Auroville wird es keine Hochzeiten geben. Wenn sich ein Mann und eine Frau lieben und zusammenleben wollen, mögen sie es tun, und dies ohne Zeremonie. Wollen sie sich trennen, sind sie frei, dies zu tun. Warum sollten Menschen gezwungen werden zusammenzuwohnen, wenn sie aufgehört haben, einander zu lieben?

Was in der einen Epoche von Wert war, ist in einer anderen Epoche wertlos, weil das menschliche Bewußtsein unablässig voranschreitet. Aber man muß darauf achten, daß man ein Gesetz, dem man nicht mehr Folge leistet, durch ein höheres und wahreres Gesetz ersetzt, das dem Fortschritt zur künftigen Verwirklichung Vorschub leistet. Man hat kein Recht, ein Gesetz zurückzuweisen, es sei denn, man weiß um ein höheres und besseres Gesetz, dem man folgen will.

Die Vereinigung von Paaren

Euer körperliches Sein und eure materiellen Interessen zu vereinen, euch zu verbinden, um gemeinsam Schwierigkeiten und Erfolgen, Niederlagen und Siegen gegenüberzutreten, das ist die wahre Grundlage von Heirat. Aber ihr wißt bereits, daß das nicht genügt.

Es ist gut, es ist notwendig, in den Gefühlen vereint zu sein, denselben Geschmack zu haben und dieselben sinnlichen Freuden, gemeinsam dieselbe Schwingung zu erfahren bei einer gemeinsamen Reaktion auf dieselbe Sache, einer beim anderen und einer für den anderen, aber das ist noch nicht genug.

Es ist gut, es ist sehr gut, ja unerläßlich, wenn ihr in den tiefen Gefühlen eins seid, wenn sich eure Zuneigung, eure gegenseitigen Zärtlichkeitsempfindungen trotz all der Ärgernisse des Daseins nicht unterscheiden; wenn ihr dem Stumpfsinn, den nervösen Irritationen und Enttäuschungen widersteht, immer und in jeder Lage glücklich seid, am meisten im Zusammensein; wenn ihr unter jeglichen Umständen den einen in der Gegenwart des anderen findet; wenn jeder von euch in der Gegenwart des anderen, unter allen Umständen, Ruhe, Frieden und Freude findet, aber das ist noch nicht genug.

Es ist gut, wenn ihr eure Mentalkörper vereint, euer Denken harmonisiert und euch einander ergänzen laßt, eure intellektuellen Vorurteile und Entdekkungen miteinander teilt, mit einem Wort, wenn ihr die Bereiche eurer mentalen Aktivität gleichsetzt durch Erweiterung und Bereicherung, die ihr beide gleichzeitig erfahrt, aber das ist noch nicht genug.

Jenseits all dessen, auf dem Grunde, in der Mitte, auf dem Höhepunkt des Wesens, gibt es eine Höchste Wahrheit des Seins, ein Ewiges Licht, unabhängig von allen Umständen der Herkunft, des Landes, der Umwelt, der Erziehung. Den Ursprung, Grund und Herrn unserer spirituellen Entwicklung bildet Jenes, das unserem Sein eine entschiedene Ausrichtung gibt, das über unsere Bestimmung entscheidet. In diesem Bewußtsein solltet ihr euch vereinigen.

Eins zu sein in Bestreben und Aufstieg, im Gleichschritt auf dem spirituellen Pfad voranzuschreiten – das ist das Geheimnis einer dauerhaften Verbindung.

Keine Religion

Auroville ist für jene gedacht, die ein wesentlich göttliches Leben führen wollen, aber alle Religionen zurückweisen, ob sie alt, modern oder zukunftsorientiert sind.

Das Wissen der Wahrheit kann nur in der Erfahrung gewonnen werden. Niemand sollte vom Göttlichen Wesen sprechen, wenn er nicht die Erfahrung des Göttlichen Wesens gemacht hat. Erfahre das Göttliche Wesen, dann nur hast du das Recht, von ihm zu reden!

Das objektive Studium der Religionen wird einen Teil des historischen Studiums der Entwicklung des menschlichen Bewußtseins ausmachen.

Religionen bilden einen Teil der Geschichte der Menschheit, und als solche werden sie in Auroville studiert werden – nicht als Glaubensüberzeugungen, denen man sich anheften sollte oder nicht – vielmehr als Teil eines Prozesses in der Entwicklung des menschlichen Bewußtseins, die den Menschen zu seiner höheren Verwirklichung führen soll.

Forschung durch Erfahrung der Höchsten Wahrheit!

Ein Göttliches Leben, aber keine Religionen!

Nachwort

von Robert A. McDermott

Zur geistigen Sendung von Sri Aurobindo und der Mutter

Das Motto, das der Widmung dieses Buches an Aurobindo folgt, lautet: „Solch große Seele ist schwer zu finden“ (Bhagavad Gita, VII, 19). Aber was heißt „finden“ oder suchen nach einer großen Seele? Angenommen „große Seele“ sei eine kluge Idee, und weiter, daß es große Seelen gibt oder vielleicht gab – wie könnten wir die relative Größe Sri Aurobindos oder Sri Aurobindos-und-der-Mutter beurteilen? Indem wir diese Anthologie seiner Schriften lesen? Wieviele Leser von den etwa zehntausend Menschen, die dieses Buch erwarben, seit es 1973 veröffentlicht wurde, und von den vielen anderen, die wahrscheinlich die dreitausend Exemplare gelesen haben, die an Bibliotheken verkauft wurden, sind in der Lage oder geneigt zu beurteilen, ob Sri Aurobindo (und die Mutter) „solch eine große Seele“ ist (sind)? Für wieviele westliche Leser blieb Aurobindo ein indischer Schriftsteller im viktorianischen Zeitalter, ein geistiger Seher in einer Zeit, die durch Materialismus, Nützlichkeit und auf praktische Anwendbarkeit gerichtetes Denken gekennzeichnet ist? Vielleicht sorgen die außergewöhnlichen Behauptungen in diesem Buch und die Art und Weise, in der Sri Aurobindo sie vorträgt und verteidigt, für die notwendige Erklärung, warum so relativ wenige Menschen im Westen Sri Aurobindo und die Mutter „gefunden“ haben. Vielleicht wissen auch relativ wenige im Westen, wie man nach einer großen Seele sucht, oder ob man sie gefunden hat.

In der pragmatischen Art des Denkens, die er als typischer Amerikaner mitbegründete, ging William James auf die Suche nach großen Seelen und testete ihren Wert an Hand der Ergebnisse ihrer Erfahrung. In seinem Buch „The Varieties of Religious Experience“ vertrat James die Auffassung, der einzige Weg, um Religion zu studieren, bestehe darin, die Sachverständigen zu Rate zu ziehen, nämlich jene Personen, deren Leben das ungewöhnliche Bewußtsein einer für göttlich gehaltenen Gegenwart zur Schau stellt. Er schloß seine Untersuchung mit der Behauptung, die Ergebnisse religiöser Erfahrung seien das Beste, was die Geschichte vorzuweisen hat.

Was ist das Charakteristische der Erfahrungen, von denen Sri Aurobindo und die Mutter auf diesen Seiten sprechen, und was sind die Ergebnisse dieser Erfahrungen? Hätten wir die Qualität ihrer Schriften oder Schüler oder die Qualität und das Ausmaß ihres Einflusses auf einzelne Personen und die übrige Kultur abzuschätzen, würden wir sicherlich die Ergebnisse ihres Einflusses als positiv bewerten. Leider ist es jedoch schwierig, eine klare Perspektive für ein so kompliziertes Phänomen zu gewinnen, und im Ergebnis würden diejenigen, die sich zu Sri Aurobindos Yoga und Vision hingezogen fühlen, mehr Beweise für deren günstigen Einfluß finden als jene, die von solchen Lehren nicht angezogen werden. Hätten wir Sri Aurobindo und die Mutter darum gebeten, ihr Werk einem pragmatischen Test in bezug auf seine Qualität und seinen Einfluß zu unterziehen, dürften sie mit dem Hinweis auf eine fast unbemerkte Zeile in Sri Aurobindos Dichtung Savitri geantwortet haben:

So ist die ganze weite Welt nur er und sie. (Savitri, S. 63; dt. A. S. 73)

Es liegt auf der Hand, daß keine einzelne Zeile einer Dichtung, und sei sie noch so gehaltvoll, für dreißig Bände von Sri Aurobindo, für zwanzig Bände der Mutter und für zwei aufregende, erfüllte Leben stehen kann. Aber wie ein Fingerhut voll Wasser alles über die Beschaffenheit einer riesigen Wassermasse verraten kann, vermag eine einzelne Zeile, richtig meditiert und durchdrungen vom Gehalt umfassenden Schrifttums und einem Lebenswerk, außerordentlich aufschlußreich zu sein für einen, der nach der großen Seele sucht. Ruud Lohman zum Beispiel, ein katholischer Geistlicher aus Holland, der fünfzehn Jahre lang in Auroville arbeitete, bis er 1986 plötzlich verstarb, war ein Suchender, der über die oben genannte Zeile – „So ist die ganze weite Welt nur er und sie" – meditierte und es möglich machte, daß sie wichtige Sinnzusammenhänge in Savitri und in der gesamten Schau und Kraft aufschloß, die Sri Aurobindo und die Mutter für sein Leben repräsentierten.

Mit seinem kleinen Buch *A House for the Third Millenium – Essays on Matrimandir**, das 1972 bis 1986 entstand, liefert Lohman ein glänzendes Beispiel für die Art und Weise, in der Sri Aurobindos Schrifttum in unserem Denken Frucht tragen und unsere Empfänglichkeit für geistige Erkenntnis und Offenbarung steigern kann. Sri Aurobindo und die Mutter lehren eine höhere, weitere Harmonie. Indem sie ihr Bewußtsein miteinander verbinden, repräsentieren Sri Aurobindo und die Mutter, Er und Sie, die Überwindung von Gegensätzen, worin die Aufgabe aller Evolution besteht. Der Geist wirkt nicht nur im Matrimandir, dem Mutter-Tempel, sondern ebenso draußen; nicht nur in der Flamme im Zentrum und in der Stille des Meditations-Raumes, sondern gleichermaßen im Material und in den Muskeln, die beim Aufbau gebraucht

*Deutsche Ausgabe: Ein Haus für das dritte Jahrtausend, Gladenbach: Hinder u. Deelmann, 1990

werden. Lohman findet folgende Worte für seine Meditation über das Matrimandir:

Nur Er in mir ist das, was fähig ist, Sie zu lieben,
Ihr zu folgen durch die Jahrhunderte:
Wo jedes Ding sein eigenes einsames Selbst zu sein scheint,
sind alle Formen jenes einzigen und transzendenten Einen:
Sie existieren nur durch ihn, sein Atem ist ihr Leben.
Denn unsichtbare Gegenwart formt diesen selbstvergessnen Lehm.
Als Spielgefährte kam der Eine in das Spiel der starken Mutter
herab auf diesen wirbelnden und zweifelhaften Erdball,
um hier sich der Verfolgung zu entzieh'n in Kraft und Form.
(Savitri, S. 60; dt. A., S. 70)

Er gibt seine Zeitlosigkeit auf, um mit Ihr zusammenzusein. Er verbirgt seine Formen und Kräfte, damit Sie Ihn wiederentdeckt und liebt. Er verbirgt sich in mir, in dir, in uns, den Masken seiner Göttlichkeit. Das Geheimnis ist so offenkundig, daß man es kaum erkennt. Das Geheimnis besteht darin, daß es sich weder dahinter noch darüber noch über all diesem befindet, es ist all dieses. Ich bin es, und es sind meine Gehirnzellen, meine Hände und der Strahl, den ich berühre, und du bist es, und es sind die Dinge, die du ißt, und die Gedanken, die du denkst, und die Menschen, mit denen du kommunizierst. Es gibt keine zwei Wirklichkeiten. Es ist dieselbe Wirklichkeit, die Seinige und die Ihre, deine und meine. Wenn die Evolution vollständig und ausgewachsen ist, wird Er, wird Sie nicht in ihren Palast einziehen, es ist sehr viel dramatischer, liebevoller, schöner: Die Evolution mit all ihrem Auf und Nieder, ihren Rückschritten und kleinen Fortschritten, die Geschichte mit all ihren Kriegen und Kulturen, der Kunst, den Helden und Soldaten, das ist ihr Ort, ihr Liebes-Zimmer, in dem sie sich umarmen. Wenn das Matrimandir fertig ist, wird Sie nicht einherschweben in feinster, supramentaler Form und es als Königin bewohnen, die von ihren Untertanen angebetet wird. Vielmehr sind Er und Sie alle Schufterei, alles Streben, alle körperliche Arbeit, alle Entwürfe, alles Geld, aller Stahl, aller Beton, alle Formen, Spiralen und Kurven der Gebäude. Es gibt nichts anderes. Alles ist entweder Er oder Sie oder beide, sobald es durch Liebe erfüllt ist.

Denn insgeheim sind sie in unserm Denken und Leben vermählt.
Das Universum ist endloses Maskenspiel:
Denn letztlich ist hier nichts, was es zu sein scheint.

Es ist die Traum-Tatsachen-Schau von einer Wahrheit,
die, wäre sie kein Traum, nie völlig wahr sein würde.
Ein Phänomen tritt hier bedeutungsvoll hervor
vor einem düstern Hintergrund von Ewigkeit.
Wir akzeptieren sein Gesicht, gehen vorbei an dem, was es bedeutet.
Ein Teil wird sichtbar, den wir für das Ganze nehmen.
So haben sie ihr Spiel verfaßt und uns die Rollen vorgeschrieben:
Autor und Darsteller mit sich selber als Szenerie,
in ihr bewegt er sich als Seele, sie als die Natur.
(Savitri, S. 61, dt. A. S. 71)

Sich mit ihrem Liebesspiel zu vereinen, darin zu sein, aus ihm zu stammen, es zu fühlen, es zu erkennen, muß demnach der Sinn dieser ganzen phänomenalen Schau und die reine Freude an ihr sein. Auf jedes Warum gibt es nur eine letzte Antwort: Liebe. Nicht jene verschwommene Art ätherischer Liebe, von der gepredigt wird „liebe deinen Nächsten..." usw., sondern eine handfeste, geradewegs „wirkliche" Liebe bis hinunter zu deinem Fleisch, deinen Knochen, deinen Drüsen, deinen Organen. Sri Aurobindo redet wie üblich nicht um die Sachen herum: „Ehebruch mit Gott zu begehen, ist die vollkommene Erfahrung, um deretwillen die Welt geschaffen wurde." (The Hour of God, S. 129)[1]

Aus Ruud Lohmans Essays über das Matrimandir kann man schließen, daß ihr Verfasser Sri Aurobindo und die Mutter als „eine große Seele" betrachtete. Sein „Finden" Sri Aurobindos und seine Meditation auf der Linie des Savitri-Zitats „So ist die ganze weite Welt nur er und sie" bilden ein weiteres Beispiel für ein „er und sie". Sri Aurobindo und die Mutter bieten eine ganze Bibliothek von Worten, Bildern und Gedanken, und Ruud, Priester und Arbeiter, Theologe und Aurovillianer, findet mit seinem spirituellen Hunger und seiner Empfänglichkeit zur Seelenkraft Sri Aurobindos und der Mutter. Lila, das Spiel, geht weiter um des *ananda* willen, der Freude daran.

Für andere, die nach einer großen Seele Ausschau halten, mag Savitri nicht die rechte Stelle sein um nachzusehen, aber das ist nicht von Belang. Die Ergebnisse aus der Erfahrung Sri Aurobindos erstrecken sich über eine ganze Lebensgeschichte, seine Philosophie der geistigen Evolution, seine Yoga-Lehre, Karma und Wiedergeburt und seine Vision einer transformierten Welt. Deren weitere Offenbarung ist die Vision der Mutter von Auroville, dessen vollkommensten Ausdruck das Matrimandir darstellt. Alle diese tiefgreifenden und äußerst wichtigen Themen laden zu jener Art meditativer Betrachtung ein, die Ruud Lohman zu Savitri und seiner Arbeit am Matrimandir anstellte und von daher bezog.

Die spirituellen Biographien Aurobindos und der Mutter – vielleicht sollten wir besser sagen, deren zwei wahrnehmbare Lebensläufe (Plural) und ihre spirituelle Biographie (Singular) – bieten einen hervorragenden Ausgangspunkt, um über die große Seele von Aurobindo-Mutter nachzudenken, mit ihr und durch sie hindurch zu denken. Als er noch nicht Sri Aurobindo war, sondern Aurobindo Ghose, ein Häftling im Gefängnis von Alipur, Kalkutta, und auf seinen Prozeß wegen aufrührerischer Aktivität gegen die britische Herrschaft in Indien wartete, wurde er mit einem umwandelnden „Er-und-Sie"-Erlebnis gesegnet: Krishna trat in ihn ein, so daß er – nicht nur intellektuell sondern auch spirituell – eine Einung mit Krishnas göttlichem Willen verwirklichte, was ihn in die Lage versetzte, „ein gleichmütiges Herz gegenüber Hoch und Niedrig, Freund und Feind, Erfolg und Scheitern zu haben, doch nicht seine Arbeit nachlässig zu verrichten". Krishna vermittelte Aurobindo die Kraft zu harmonischer Einsicht, ähnlich derjenigen, die er Arjuna verlieh. Die anderen Häftlinge und die Gefangenenwärter erschienen Aurobindo nun als Teil einer zugrundeliegenden Eintracht, als Teil der geistigen Wirklichkeit Krishnas. Obgleich Aurobindo enttäuscht und verlassen war, vermochte er Haß, Abneigung und Uneinigkeit dank der heilenden Kraft des Krishna-Bewußtseins zu überwinden. Nicht daß Aurobindo, die Häftlinge und die Gefangenenwärter ihre Identität eingebüßt hätten. Sie alle bewahrten ihren Charakter. Aber Aurobindo konnte jetzt erkennen, in welchem Umfang diese Charaktere oberflächlich waren (und sind). Das innere, wahre, wesenhafte Selbst ist in keinem Fall der Oberflächen-Charakter, die Oberflächen-Personalität oder –Rolle, sondern der göttliche Kern, der Krishna, der hinter und in jedem einzelnen steht.

Als Aurobindo Mira Richard begegnete, wußten beide sofort, daß der jeweils andere die genaue Ergänzung war, deren Er und Sie für das göttliche Drama dringend bedurften. Sie brachte in diese göttlich geförderte Verbindung westliche Esoterik, ergänzt durch mehrere Jahre Übung in Zen-Buddhismus in Japan und eine starke Affinität zum indischen Yoga, besonders zum Tantra (der Disziplin geistiger Verwandlung der Materie einschließlich zunehmender Vergeistigung des menschlichen Körpers) ein. Aurobindo brachte die englische Sprache und Erziehung sowie seine tiefgründige indische Spiritualität mit.

Der Gedanke geistiger Zusammenarbeit, der Vereinigung zweier Seelen, verlangt jene Art meditativer Reflexion, die Ruud Lohman zu Savitri und dem Matrimandir führte. Wie sollen wir verstehen, daß das Bewußtsein des Inder-Mann-Mystiker-Dichter-Yogi eins wird mit dem Bewußtsein der Französin-Frau-Künstlerin-Okkultistin? Ein Weg führt über den Beweis, daß sie nicht auf der Ebene Aurobindo Ghose und Mira Richard vereint sind: Die Seelen dieser Persönlichkeiten sind vermutlich ebensowenig in der Lage zu solch einer Vereinigung des Bewußtseins wie unsere Seelen auf unserem geistigen Niveau. Eher vollzieht sich ihre Vereinigung auf dem Niveau von Sri Aurobindo und der Mutter als gemeinsamen Avataren. Ist dies nicht das Zeichen des Avatar-Status, daß sie fähig sind, jeweils das Bewußtsein und die Bestimmung des anderen anzunehmen? Wenn wir uns mit jemandem verbinden, so könnte diese Vereinigung den Körper, das Gefühl und das Mental einschließen, es wird auf jeder dieser Ebenen unvollkommen sein und nicht an ein spirituelles Niveau heranreichen. Unsere Seele bleibt ebenso unvollkommen auf andere Seelen bezogen wie auf unser mentales, vitales und körperliches Leben entsprechend dem Umfang, in dem wir dem Avatar (oder Eingeweihten oder Buddha) nicht entsprechen. Wenn Sri Aurobindo sagt, daß sein Bewußtsein und das der Mutter ein und dasselbe sind, muß er so etwas wie „Er und Sie" in der Zeile aus Savitri meinen, was Krishnas Anspruch wiedergibt, Legionen höherer Wesen und Kulturen in sich zu umfassen. Wenn wir die Vereinigung des Bewußtseins von Sri Aurobindo mit dem der Mutter darstellen und hervorheben sollen, müssen wir uns mit Sri Aurobindo in seine supramentale Dichtung hineinbegeben, eine Dichtung, die aus spiritueller Erfahrung resultiert, wie Savitri und wie eine Menge anderer Schöpfungen und Offenbarungen, die aus dem individuellen und doch vereinten Sri-Aurobindo-Mutter-Bewußtsein hervorgingen.

Ebenso wie der Schüler, der sich anschickte, eine Biographie über Sri Aurobindo zu schreiben und nicht davon abzubringen war, obwohl sein Meister immer wieder betonte, daß sein Leben nicht an der Oberfläche zu erkennen sei, so werden wir keinen Erfolg haben, wenn wir Sri Aurobindo aus oberflächlichen, äußeren Ereignissen oder in Begriffen der uns zugänglichen Persönlichkeit, der tatsächlichen Person Mira Richard erfassen wollen. Sri Aurobindos Erklärung, daß sein Bewußtsein mit dem der Mutter identisch sei, war Resultat seiner Erfahrung des Übermentals, einer Verwirklichung, die auf die Herabkunft des Supramentals durch die Mutter dreißig Jahre später vorbereiten sollte. Bis zur übermentalen Herabkunft wußte Sri Aurobindo vermutlich nicht – zumindest nicht hinlänglich, um es zu verkünden und sich danach zu richten, daß sein Bewußtsein und das der Mutter für sie beide und für ihre Schüler den göttlichen Willen ausdrückte. Überdies bedeutete der Tod Sri Aurobindos, am 5. Dezember 1950, nicht den Tod der geistigen Wirklichkeit, der seelischen Wesenheit Avatar, die durch die Person des Aurobindo Ghose lebte. Der Tod der Mutter im Alter von fünfundneunzig Jahren, am 17. November 1973, beendete nicht die aktive spirituelle Kraft, *shakti* oder Mutter, hinter der

Doppel-Aufgabe, die Materie zu vergeistigen und eine neue Welt hervorzubringen, für die Auroville als lebendiges Laboratorium vorgesehen ist. Die Frage, ob Sri Aurobindo möglicherweise wegen der Herabkunft des Supramentals 1956, sechs Jahre nach seinem Tod, mit der Mutter zusammenarbeitete und die mögliche Zusammenarbeit der Mutter mit den Aurovillianern im Interesse der Weiterentwicklung in Auroville (d. i. die Schaffung und spätere Kraft des Matrimandir, des Mutter-Tempels) sind Themen, über die nicht nur Anhänger, sondern alle spirituellen Sucher zu meditieren eingeladen sind.

Für einige Leser des Neuen Testaments ist Jesus ein moralischer und religiöser Lehrer, nicht der Christus, jenes göttliche Wesen mit einzigartiger Beziehung zum Vater. Eine ähnliche Auseinandersetzung war um Buddha entbrannt. Sri Aurobindo erinnert jeden, der ein spirituelles Leben studiert, daran, daß „es das innere Leben ist, welches dem äußeren jede Macht verleiht, die es haben möchte, und daß das innere Leben eines spirituellen Menschen etwas Unermeßliches und Erfülltes und zumindest in den bedeutenden Gestalten so vollkommen und sinnerfüllt ist, daß kein Biograph oder Historiker auch nur hoffen könnte, dies alles zu erfassen und davon zu berichten". Er fährt fort:

> *„Die äußeren Tatsachen, wie sie von Christus oder Buddha berichtet werden, sind nicht sehr viel anders als das, was sich im Leben manches anderen ereignete. Worin besteht dann das, was Buddha oder Christus ihren bedeutsamen Platz in der geistigen Welt einräumt? Darin, daß etwas, das durch sie geoffenbart wurde, mehr war als ein äußeres Ereignis oder irgendeine Lehre."* (Letters on Yoga, S. 428).

Um zu verstehen, was durch Buddha oder Christus manifestiert wurde, bedarf es eines meditativen Studiums auf Lebenszeit (oder mehr). Um Sri Aurobindo und die Mutter in ihrer Rolle als Avatare zu verstehen, bedarf es einer ähnlichen Anstrengung – mit keinerlei Garantie für Erfolg, wenn auch die Bemühung an sich schon eine Belohnung darstellt. Das Wesen des Yoga besteht nach allem darin, das zu tun, was gefordert ist; in diesem Fall, einzudringen in den inneren Sinn des Lebens und in die Sendung von Sri-Aurobindo-Mutter, ohne nach den Früchten eines solchen Bemühens zu schielen.

Abgesehen von dem Ringen um die spirituelle Bedeutung von Sri-Aurobindo-Mutter für das eigene Leben, bestehen Sri Aurobindo und die Mutter darauf, daß man versucht, die Kräfte zu erfassen und sich mit ihrer Mission zu vereinen hinsichtlich der gesamten Entwicklung von der Materie zum Supramental und der Umwandlung auf jeder Stufe der Evolution, von der mentalen hinab zur vitalen und körperlichen Transformation. Die ungeheure Schau und Herausforderung wird ergänzt durch das gleichermaßen wichtige – für westliche Mentalität ganz und gar unübliche – Doppelkonzept von Karma und Wiedergeburt. Um Sri Aurobindo und die Mutter ganz zu verstehen, muß man sich ihre Überzeugung bewußt machen, daß ihre Inkarnation zu dieser Lebenszeit ermöglicht wurde durch frühere Leben, denen sie spirituell folgten und in denen beide wichtige spirituelle Kräfte erlangten, die notwendig waren für die ihnen in diesem Jahrhundert gestellte Aufgabe; und weiter, daß sie ihre Aktivität in der spirituellen Welt fortsetzen werden, bis sie zu einem künftigen Zeitpunkt zurückkehren, um in der Evolution des Bewußtseins Hilfe zu leisten, nicht als Aurobindo Ghose und Mira Richard, sondern als die spirituellen Wirklichkeiten, die in dieser Inkarnation unvollkommen als Sri Aurobindo und die Mutter bekannt sind.

Karma und Wiedergeburt in der Evolution des Bewußtseins

Wenn wir – um William James zu folgen – die Sachverständigen zu Rate ziehen, um Wesen und Sinn religiöser Erfahrung zu bestimmen, können wir dasselbe zugunsten des religiösen Denkens tun: Was sollen wir mit Aurobindos spirituell begründeter Theorie der Evolution und dem komplexen Phänomen von Karma und Wiedergeburt, durch das sie voranschreitet, anfangen? Für Aurobindo ist ein genaues Verstehen der Evolution, d. h. die Vorstellung, daß Raum und Zeit, das Universum möglich sind aufgrund einer früheren Involution des Geistes – der Grundstein seiner gesamten Lehre. Er betont auch, es sei die Frage nach der Bestimmung des Menschen und ihre Lösung, die durch Karma und Wiedergeburt bereitgestellt wird, um die sich alle unsere Fragen bewegen. Die große Bedeutung seiner Lehre von Involution und Evolution wird in seinem drei Seiten füllenden Abriß „The Teaching of Sri Aurobindo“ wie folgt summarisch zusammengefaßt:

„Sri Aurobindos Lehre stellt fest, daß dieses eine Wesen (das immerwährende göttliche Selbst) und Bewußtsein hier der Materie involviert ist. Evolution ist der Vorgang, durch den es sich befreit. Bewußtsein erscheint in dem, was unbewußt zu sein scheint, und nachdem es erschienen ist, wird es durch sich selbst getrieben, höher und höher zu wachsen und sich gleichzeitig auszuweiten und zu immer mehr Vollkommenheit zu entwickeln. Der erste Schritt bei dieser Befreiung heißt Leben, der zweite Mental. Aber die Evolution hört nicht beim Mental auf. Sie erwartet eine Befreiung in etwas Größeres hinein, in ein Bewußtsein, das spirituell und supramental ist. Der nächste Schritt der Evolution muß in Richtung einer Entfaltung des Supramentals und Geistes als der beherrschenden Macht im bewußten Wesen erfolgen. Denn nur dann wird die involvierte Göttlichkeit in den Dingen sich ganz und gar befreien und es für das Leben möglich werden, Vollkommenheit zu offenbaren.“

Diese Vorstellung von Evolution als einer Manifestation vorher involvierter Göttlichkeit bildet den wesentlichen theoretischen Kontext, in dem alle anderen theoretischen Fragen beantwortet werden müssen, angefangen mit den Fragen, von denen die Menschheit in erster Linie betroffen ist, den Fragen nach ihrer Bestimmung.

In seiner leicht lesbaren und gut begründeten Schrift über Wiedergeburt und Karma, *The Problem of Rebirth,* behauptet Aurobindo, die Frage nach dem Sinn menschlichen Lebens, nach seinem Ursprung, Verlauf und seiner Bestimmung, sei die Grundfrage, um die sich alle Philosophie dreht. Er stellt fest, daß wir diese Frage (oder dieses Bündel von Fragen) nicht zufriedenstellend beantworten können, wenn wir nicht die Schlüssel zu Hilfe nehmen, die durch Karma und Wiedergeburt bereitgestellt werden:

„Die eine Frage, die durch alle ihre Verschlungenheiten die Summe der Philosophie darstellt und zu der alles menschliche Fragen am Ende zurückkehrt, ist das Problem unserer selbst – warum wir hier sind, was wir sind, was hinter uns, vor uns und um uns herum ist, und was wir mit uns anfangen sollen, unser innerer Sinngehalt und unsere äußere Umwelt. In dem Gedanken der evolutionären Wiedergeburt haben wir einen geeigneten Schlüssel zu einer Antwort auf alle Probleme, die mit der für alle Zeiten gültigen Frage zusammenhängen, sofern wir ihn nur als wahr und seinen Vorrang und seine Konsequenzen anerkennen. Eine geistige Evolution, deren Schauplatz das Universum, deren Grund und Bühne die Erde bildet, diese Weise der Existenzerhellung ist ein ausgezeichneter Schlüssel für die vielen Türen zum Unverständlichen, obwohl ihr Plan immer noch zurückgehalten wird oberhalb unserer noch begrenzten Erkenntnis. Aber wir müssen sie mit der rechten Einstellung betrachten, um ihre wahren Proportionen zu erkennen und, vor allem, um sie über ihren Charakter als mechanischer Vorgang hinaus in ihrer geistigen Bedeutung zu erfassen." (The Supramental Manifestation, S. 113)

Zum Verständnis von Karma und Wiedergeburt ist dieselbe Betrachtungsweise erforderlich wie für das Begreifen anderer geistiger Phänomene, wie der Mission Sri Aurobindos und der Mutter oder dem dreifachen Prozeß von Involution, Evolution und Transformation: Sri-Aurobindo-Mutter „finden" oder Karma und Wiedergeburt „finden" heißt, diese Erscheinungen eher in ihren geistigen als in ihren äußeren Manifestationen zu erkennen.

Die kosmische und menschliche Evolution verstehen heißt, zu erkennen oder zu wissen (in spiritueller Erfahrung ist dies identisch), daß der ganze evolutionäre Vorgang, sowohl in seinen eigentümlichsten wie allgemeinen Ausdrucksweisen, Ursprung und Ziel darin hat, die höchstmöglichen Sinngehalte darzustellen, die mit dem göttlichen Ursprung aller Dinge verbunden sind. Wiederum ist es das Innere, das als wahrer, wertvoller als das Äußere betrachtet wird: das innere Leben Sri Aurobindos („nicht an der Oberfläche zu erkennen"), die innere Bedeutung der Zusammenarbeit von Sri Aurobindo und der Mutter und der innere Prozeß von Wiedergeburt und Karma, der in jedem Fall die Lösung des Rätsels menschlicher Bestimmung erbringt. Jede Wiedergeburt stellt einen einzigartigen Ausdruck des göttlichen Wesens dar und gleichzeitig einen Fortschritt der Evolution zu einem göttlichen Leben auf Erden:

„Der geistige Prozeß, in dem unsere menschliche Geburt einen Schritt und unser Leben einen Abschnitt bildet, erscheint als die Hervorbringung einer Größe, asya mahaminan, *die geheim, innewohnend und selbst-gefangen, versunken in die Form und das Wirken der Dinge ist. Unser Wirken in der Welt stellt eine Entwicklung dar, das Ausrollen einer mannigfaltigen Macht, die versammelt und zusammengerollt in der rohen Verworrenheit der Materie ruht. Der Fortschritt der aufeinanderfolgenden Hervorbringungen nach oben bedeutet eine Erhebung in ein Sichbewußt-Werden und in das immer hellere Licht eines Bewußtseins, das in die erste hermetische Zelle des Schlafes der immerwährenden Kraft eingeschlossen ist."*

(The Supramental Manifestation, S. 238)

Aufeinanderfolgende Geburten und Wiedergeburten kämpfen sich nach oben zu einer größeren Freiheit von Materie, zu einer vollkommeneren Offenbarung der Göttlichkeit, um das innewohnende *ananda* (Freude, Wonne) des schöpferischen Vorgangs zu erfahren. In dieser Hinsicht vereinigt sich alle Hervorbringung mit dem Beweggrund des Göttlichen Wesens: um das höchste *ananda* zu erfahren und darzustellen:

„Wenn also das Wesen frei ist, sich zu bewegen oder ewig still zu verharren, sich in Formen zu entwerfen oder die Möglichkeit von Formen in sich zurückzubehalten, und seine Bewegungs- und Gestaltungskräfte genießt, kann es nur aus einem Grund geschehen: um der Freude willen." (The Life Divine, S. 91)

„Wie der Dichter, der Künstler oder der Musiker eigentlich nichts tun, wenn sie schöpferisch tätig sind, als etwas Potentialität in ihrem ungeoffenbarten Selbst in einer Form der Offenbarung zu entfalten, und wie der Denker, der Staatsmann oder der Maschinist lediglich in dinglicher Form hervorbringen, was in ihnen selbst verborgen lag, ihnen gehörte, ihnen noch immer gehört, auch wenn es in eine Form gebracht worden ist, so verhält es sich auch mit der Welt und mit dem Ewigen. Alle Schöpfung oder alles Werden ist nichts als diese Selbst-Offenbarung."

(The Life Divine, S. 112)

Diese Definition des Schöpferischen, die Geburt und Wiedergeburt einschließt, als Selbst-Offenbarung von Potentialität, die ganz und gar göttlichen Wesens ist und von diesem herkommt, kann entweder als intellektuelle Theorie übergangen oder zum Gegenstand meditativer Betrachtung gemacht werden. Aurobindo bietet diese Theorie an, wie alle seine Theorien, als Hilfe zur spirituellen Erkenntnis und Praxis. Gewiß ist es leichter, sich nicht mit einer metaphysischen, wenn nicht geheimnisvollen und unbeantworteten Frage wie der „Warum ist überhaupt Welt?" zu befassen. Gleichwohl wollte uns Aurobindo über diese Frage angestrengt nachdenken lassen, wegen ihres spirituellen Gehalts und ihrer spirituellen Herausforderung. Es ist eine Übung in *jnāna* oder Yoga der Erkenntnis, sich mit einem Gedanken auseinanderzusetzen wie: *„Das Absolute kann in der Manifestation keinen anderen Sinn haben als die Manifestation seiner selbst."* (The Life Divine, S. 834) Diese Feststellung rührt aus Aurobindos eigener spiritueller Erfahrung und lädt den Leser seiner Schriften über Evolution (s. oben Teil 1) ein, Beweggrund und Willen des göttlichen Wesens als die eigenen zu akzeptieren – *„nach der Wonne (zu) suchen ... sie zu finden, zu besitzen und zu erfüllen".* (The Life Divine, S. 219)

Das Suchen nach der Wonne des Seins muß zum Beweggrund nicht nur des Lebens im allgemeinen, sondern auch jedes einzelnen Lebens werden, für jede Geburt und Wiedergeburt. Von jedem einzelnen wird erwartet, daß er sich mit *shakti,* dem göttlichen Willen und der göttlichen Kraft, verbindet, um das spirituelle Potential von Materie, Leben und Mental zu verwirklichen. Bei dem großen Ringen, das Sri Aurobindo und die Mutter eingeleitet haben, geht es um die Verwirklichung der göttlichen Kraft auf den Ebenen über dem Mental, auf Ebenen des Bewußtseins, die als Intuition, erleuchtetes Mental, Übermental und Supramental bezeichnet werden. Diese stufenweise Selbst-Offenbarung der göttlichen Macht heißt in indischen Begriffen „Brahmanisation der Welt" und in christlicher Sprache „das Königreich Gottes auf Erden". Sri Aurobindo nennt sie die Gründung des göttlichen Lebens.

Aurobindos Darstellung dessen, was er als Triumph erhofft, verleiht der höchsten Transformation der Materie ein Höchstmaß an Bedeutung. Mit Blick auf beides, auf die Philosophie (besonders die Metaphysik, die philosophische Erforschung des Wesens oder des Seins in seinen allgemeinsten Ausdrucksformen) und auf die praktischen Erfordernisse spiritueller Disziplin, argumentiert Aurobindo sowohl gegen jene, die die Bedeutung der Materie verneinen, wie gegen diejenigen, die in ihren Fallstricken gefangen sind. Entsprechend der integralen Perspektive, die seine Philosophie und seinen Yoga kennzeichnet, kritisiert Aurobindo die Verneinung des Geistes durch den Materialisten ebenso wie die Verneinung der Materie durch den Spiritualisten. Philosophie und Yoga vereinigen sich in seiner Schau und seinem praktischen geistigen Rat, die Wonne der Hervorbringung betreffend, wie sie schon in den Upanishaden vereint waren. Vor dreitausend Jahren drückte die Taithiriya Upanishad den Gedanken des *ananda,* der Schöpfungswonne, den Sri Aurobindo in moderner Ausdrucksweise erweitert hat, so aus: Aus Freude wurden alle diese

Dinge geschaffen, durch Freude existieren und wachsen sie, zur Freude kehren sie zurück (II, 7).

Im Gegensatz zur weltverneinenden Spiritualität (die Sri Aurobindo mit einer Menge indischen Denkens gleichsetzte, einschließlich des Buddhismus und des Advaita-Vedanta des Shankara) hob er den Wert der Materie ebenso hervor wie den des Geistes:

> *„Die Bejahung eines göttlichen Lebens auf Erden und eines unsterblichen Sinnes im sterblichen Sein kann eine Grundlage nur darin haben, daß wir nicht nur den Geist als den Bewohner des körperlichen Hauses, den Träger dieses veränderlichen Mantels, sondern auch die Materie, aus der er gefertigt wurde, als geeignetes und edles Material anerkennen, aus dem er unablässig seine Gewänder webt, die unendliche Reihe seiner Häuser periodisch wiederkehrend baut."* (The Life Divine, S. 6)

Sri Aurobindos erregendste Aussage über die Wechselwirkung von Geist und Materie und die daraus resultierende Vergeistigung der Materie findet sich in seiner Erfahrung und Vorstellung des Supramentals. Sri Aurobindo und die Mutter sahen ihre geistige Mission – ihre Arbeit als gemeinsame Avatare – in erster Linie als Zusammenarbeit mit dem Supramental an der letztendlichen Vergeistigung oder Supramentalisierung der Materie, einschließlich des menschlichen Körpers.

Die supramentale Ebene des Bewußtseins oder die Weise der Umwandlung schließt göttliche Involution und Evolution ein. Involution ist sie insofern, als sie eine Herabkunft vom göttlichen Wesen und des göttlichen Wesens ist, das sich in Mental, Leben und Materie begibt. Sie ist auch eine Phase der Evolution, die vierte und höchste bisherige Phase, und darin die Ebene über dem Mental, auf der die Menschheit nichts anderes tut, als das Supramental zu suchen oder eine ähnliche spirituelle transformative Macht. Sri Aurobindo bestätigt, daß während des gesamten Ablaufs der Evolution das Physische, das Vitale und das Mentale beinahe vollständig das Spirituelle dominiert haben und die zeitgenössische Menschheit von daher Probleme hat, wenn sie die Existenz des Supramentals oder die Möglichkeit, den Körper spirituell umzuwandeln, bejahen soll. Herabkunft und Offenbarung des Supramentals könnten solche Zweifel zerstreuen, aber nur, wenn sie im menschlichen Bewußtsein stattfinden und tatsächlich die Befreiung unseres mentalen, vitalen und körperlichen Lebens von deren gegenwärtigen Begrenzungen einleiten würden. Aurobindos zwei Bedingungen für den Eintritt des spirituellen Zeitalters sind: Einige wenige einzelne, die die transformative Kraft des Geistes erfahren, und eine Masse von Menschen, die eine solche fortgeschrittene Erfahrung sich anzueignen vermag.

Sri Aurobindo behauptet, wegen unserer unzureichenden Einsicht und Disziplin, die beide an einer Zusammenfassung von Materie und Geist vorbeigehen, seien wir blind geworden gegenüber der Möglichkeit eines Prinzips wie dem Supramental. Wo es gelte, das Ganze des Universums als eine komplexe aber organische Manifestation der einen göttlichen Wirklichkeit zu erfahren und zu verstehen, seien wir geneigt, die Welt, oder unsere Welt, in abgetrennte Felder zu teilen, wobei das Geistige, wenn überhaupt anerkannt, von Körper, Leben und Mental entfernt bleibt. In Reaktion auf diese Sicht bietet Aurobindo eine Betrachtung der Welt als eine sich entwickelnde integrale Darstellung des göttlichen Wesens, das sich bald dramatischer und unfehlbarer offenbaren werde als in allen vorherigen Zeiten:

„Der Geist ist nicht als etwas Alldurchdringendes und das geheime Wesen unseres Daseins gedacht worden, sondern als etwas, das von den Höhen auf uns herabblickt und uns lediglich zu den Höhen hinaufzieht, weg von dem übrigen Sein. So erleben wir die Idee unseres kosmischen und individuellen Wesens als eine große Illusion und die Loslösung davon und die Auslöschung in unserem Bewußtsein, individuell wie kosmisch, als die einzige Hoffnung, als einzige Befreiung. Oder wir entwikkeln die Vorstellung, die Erde sei eine Welt der Unwissenheit, des Leidens und der Heimsuchung, und unsere Zukunft liege einzig darin, in jenseitige Himmel zu entkommen. Hier unten gebe es keine Aussicht, keine mögliche Erfüllung, auch nicht bei höchster Entwicklung auf Erden im Körper eine erfolgreiche Transformation, kein erhabenes Ziel, das in unserem Erdendasein erreicht wird. Doch wenn das Supramental existiert, wenn es herabkommt, wenn es zum beherrschenden Prinzip wird, wird all das, was dem Mental als unmöglich erscheint, nicht nur möglich sondern sogar unausweichlich.“ (The Supramental Manifestation, S. 63)

Das Supramental würde die Menschheit in die Lage versetzen, im Zusammenwirken mit seiner transformativen Kraft, die Polaritäten, die das Mental, die Gefühle und den physischen Leib in ihren entsprechenden Bereichen begrenzen, in einer höheren Eintracht zu vereinen. Das Mental würde seine natürliche Neigung, die Wirklichkeit in einander ausschließende Teile zu trennen, überwinden. Das Vital oder Emotional würde freiwerden von dem Verlangen, Gegenstände und Erfahrungen als die seinigen zu besitzen. Und auf physischer Ebene würden alle körperlichen Antriebe und Begierden wie Essen und Sexualität „als Teil des göttlichen Lebens akzeptiert und unter dieses Gesetz gestellt“. (The Supramental Manifestation, S. 28) Der durchschnittliche Mensch ist vermutlich an einer solchen Umwandlung nicht interessiert, doch das Bewußtsein fährt, nach Aurobindo, fort, sich langsam von einem unvollkommenen mentalen Leben zu einem mehr supramentalen Leben zu entwikkeln. Die machtvollen Wirkungen der „großen Seele“ – jener, die so schwer zu finden ist und nicht leicht akzeptiert wird, was dasselbe ist – werden in zunehmendem Maße von einer Minderheit von Menschen empfunden, wenngleich sie den meisten unbegreiflich bleiben. Die Religionen haben ihren Grund darin, daß sie die Fortschritte der großen Seelen jenen in der größeren Gemeinschaft vermitteln, die spirituell abseits des Erreichten leben. Durch diese Vermittlung arbeiten die großen Seelen und die religiösen Gemeinschaften zusammen an der Ermöglichung einer größeren, vollkommeneren Offenbarung des göttlichen Wesens.

Die großen Seelen leisten darüber hinaus fortgesetzt ihren Beitrag zur Evolution des Bewußtseins unmittelbar nach dem Tod von der geistigen Welt aus, und wenn sie danach zur Erde zurückkehren, üben sie ihre Fähigkeiten aus, die sie in ihrer vorangehenden Lebenszeit erworben haben. Die Mutter erklärte, Sri Aurobindo habe geholfen, die Herabkunft des Supramentals zu bewerkstelligen, wenn auch – oder besser weil – er auf der anderen Seite war. Laut ihren Schülern wirkt die Kraft von Sri Aurobindo und der Mutter weiter in den Gemeinschaften, die während ihrer Lebenszeit um sie herum entstanden. Auch die Schüler nehmen ihre geistigen Errungenschaften, ihre Arbeit für die Umwandlung von Mental, Vital und Körper mit in die geistige Welt und stellen sie in den Dienst am evolutionären Gesamtprozeß. Doch anders als die großen Seelen bleiben die Schüler im allgemeinen unwissend in bezug auf ihr früheres Leben. Gleich am Anfang der Bhagavad Gita enthüllt Lord Krishna seinem Schüler Arjuna die Wahrheit der Wiedergeburt etwas mitleidsvoll: „Zahlreiche Leben habe ich in der Vergangenheit gelebt, und auch du, Arjuna. Ich kenne die Meinigen alle, aber du kennst sie nicht mehr…“ (IV, 5). Krishna setzt Arjuna (die Menschheit) nicht durch Dialog oder intellektuelle Argumentation, vielmehr durch seinen Fortschritt in der Yoga-Praxis instand, die Tatsache von Karma und Wiedergeburt zu begreifen. Ähnlich behauptet Sri Aurobindo, daß allein geistige Erfahrung zur Annahme dieses subtilen geistigen Gesetzes zu führen vermag:

„Die Seele bedarf keines Beweises ihrer Wiedergeburt, ebensowenig wie sie eines Beweises ihrer Unsterblichkeit bedarf. Denn es kommt eine Zeit, da sie bewußt unsterblich ist, ihrer selbst gewahr in ihrem immerwährenden und unwandelbaren Wesen. Wenn man diese Realisation vollbracht hat, erstirbt alles intellektuelle Gerede für und wider die Unsterblichkeit der Seele wie ein vergeblicher Lärm der Unwissenheit um die selbst-offenbare und immer-anwesende Wahrheit.“

(The Supramental Manifestation, S. 88)

Das der früheren irdischen Leben bewußte Selbst ist in der Tat das zeitlose, geistige Selbst, nicht die Persönlichkeit, die vom Geist für diese Lebenszeit ausgearbeitet wurde. Hätte sich Aurobindo Ghose nicht zu Sri Aurobindo entwickelt oder hätte Mira Richard nicht ihre Realisation als die Mutter erreicht, würden beide keine Kenntnis ihrer früheren Leben gewonnen haben, ebensowenig wie Arjuna eine solche Kenntnis gehabt hätte, hätte er nicht sein gewöhnliches Bewußtsein durch ein echtes Krishna-Bewußtsein ersetzt. Arjuna, Aurobindo und Mira Richard starben als das alte Selbst und wurden zu einem neuen Selbst geboren – das in Wahrheit das alte oder ursprüngliche geistige Selbst ist und erfolgreich war in der Überwindung oder Umwandlung des gewöhnlichen Selbstes, durch das es früher behindert wurde.

Ironischerweise ist es gerade das gewöhnliche Selbst, das äußerst ungeeignet ist für das Wissen um Karma und Wiedergeburt. Aurobindo bejaht den Wert des gewöhnlichen Selbstes – die physischen, vitalen und mentalen Teile des menschlichen Wesens oder Ebenen des Bewußtseins –, aber er sieht es als Werkzeug der Seele, nicht als ein Ziel an sich. Weder der menschliche Körper noch die Gefühle oder das individuelle Mental – die drei Komponenten, die ich als „ich" betrachte –, werden wiedergeboren. Ihre Leistungen werden in die Seele eingeschrieben, aber an sich ist ihre Existenz auf das irdische Leben beschränkt. Von dauerhaftem Wert ist nur die Seele oder das, was Aurobindo in dem folgenden Auszug als das psychische Wesen bezeichnet:

„Nicht die Persönlichkeit, der Charakter ist bei der Wiedergeburt von großer Bedeutung. Das psychische Wesen ist es, das hinter der Evolution der menschlichen Natur steht und sich mit ihr entfaltet. Wenn sich die Seele vom Körper löst und Mental und Vital auf dem Weg zu ihrem Ruheplatz zurückläßt, bewahrt sie den Kern ihrer Erfahrungen, nicht die physischen Ereignisse, nicht die vitalen Entwicklungen, nicht den mentalen Aufbau, nicht die Fähigkeiten oder besonderen Merkmale sondern etwas Wesentliches, das aus alledem bezogen wird, und das man das göttliche Element nennen könnte, um dessentwillen alles übrige bestand. Das ist die andauernde Hinzufügung, das, was dazu beiträgt, dem göttlichen Wesen entgegenzuwachsen. Darum hat man auch meistens keine Erinnerung an die äußeren Ereignisse und Umstände früherer Leben. Für eine solche Erinnerung müßte es eine kraftvolle Entwicklung zu einem ungebrochenen Fortbestehen des Mentals, des Vitals und sogar eines subtilen Körpers geben. Denn obwohl alles in einer Art keimhafter Erinnerung bleibt, tritt es gewöhnlich nicht hervor. Das, was das göttliche Element im Großmut des Krieges war, was sich in seiner Treue, seinem Adel, seinem Mut zeigte, das, was das göttliche Element in der harmonischen Geistigkeit und der freigebigen Vitalität des Dichters war und sich in ihnen darstellte, bleibt erhalten und kann in einer neuen Harmonie des Charakters neuen Ausdruck finden oder aber als Kraft zur Verwirklichung oder für das Werk, das für das göttliche Wesen zu leisten ist, in Anspruch genommen werden, falls das Leben dem göttlichen Wesen zugewandt wird." (Letters on Yoga, S. 452)

Das Selbst, dem sich die meisten von uns die längste Zeit über verpflichten, gab es nicht in der Vergangenheit, und es wird in der Zukunft nicht wiedergeboren. Die Wirkungen der früheren Selbste haben mein gegenwärtiges Selbst ausgestaltet gemäß dem Gesetz oder den Gesetzen von Karma, und die Wirkungen meines gegenwärtigen Lebens werden das Selbst, das ich in Zukunft sein werde, karmisch beeinflussen, aber das „ich" in dieser Feststellung bezieht sich auf meine Seele oder mein psychisches Wesen, nicht auf das körperliche, vitale oder mentale Selbst, um dessentwillen ich lebe und das ich liebe. Ich leiste meinen Beitrag zu meiner eigenen Seelen-Entwicklung und zur Evolution der Menschheit, indem ich die Offenbarung des göttlichen Wesens durch weiterentwickelte seelische Qualitäten unterstütze.

Die Evolution schreitet voran, oder wird behindert, durch den beständigen Einfluß der Fähigkeiten der Seele, die in früheren Leben erarbeitet wurden.

> *„In dem Umfang, in dem sich das entwickelnde Wesen noch weiter entfaltet und reicher und komplexer wird, häuft es gewissermaßen Persönlichkeiten an. Diese verbergen sich manchmal hinter den aktiven Elementen und bringen etwas Farbe in diese, etwas Eigenart, hier und da etwas Begabung. Oder sie stehen im Vordergrund, und es entsteht eine vielschichtige Persönlichkeit, ein vielseitiger Charakter oder ein Vielseitiges, das mitunter einem universalen Talent gleicht. Wenn aber eine frühere Persönlichkeit, ein früheres Talent gefördert wird, dann nicht, um zu wiederholen, was schon getan wurde, sondern um die gleiche Begabung in neuen Formen und Gestalten hervorzubringen und in eine neue Harmonie mit dem Wesen zu bringen, die keine Reproduktion dessen ist, was schon war."* (Letters on Yoga, S. 451 f.)

Praktisch setzt Sri Aurobindo hier eine doppelte Evolution voraus: In dem Maße, in dem sich die Welt durch die aufeinanderfolgenden Stadien irdischer und menschlicher Geschichte entfaltet, sammelt jede Seele nach und nach neue Persönlichkeiten an, jede davon geeignet für ihre eigene Geschichte und für die geschichtliche Epoche, in der sie ihre Bestimmung zu erfüllen hat. Diese Kombination von Seelen-Geschichte und weltgeschichtlicher Umgebung, beide karmisch geführt, setzt voraus, daß die Welt im allgemeinen und die Einzelseele im besonderen sich strebend bemühen, freilich unbewußt, göttliche Vollkommenheit in und durch das irdische Leben zu erlangen. Damit diese doppelte Verwirklichung stattfinden kann, muß der einzelne in Kontakt treten mit der geistigen Aufnahmefähigkeit der Materie, des Lebens und des Mentals:

> *„Die Seele wird hervorgebracht um der Erfahrung willen, um des Wachstums willen, um der Entwicklung willen, bis sie das göttliche Wesen in die Materie einbringt."* (Letters on Yoga, S. 451)

Obwohl die geistige Qualität von Selbst und Universum gewöhnlich verhüllt ist, kann sie durchdringen, und wenn das geschehen ist, sind Selbst und Universum dadurch geistig vorangeschritten. Aurobindo kritisiert die überlieferten Vorstellungen von Wiedergeburt weitgehend auf der Grundlage dieser Vorstellung von der Seele, die in Übereinstimmung mit dem evolutionären Prozeß arbeitet. Nach Aurobindo behauptet der Advaita-Vedanta (eine unbedingt monistische Philosophie, die auf den Upanishaden basiert), die Wirklichkeit des Selbstes sei eins mit Brahman, er versäume aber, die Wirklichkeit der Seele oder deren Verhältnis zur Welt des Wandels ernstzunehmen. Während Aurobindo die Position der Vedantins kritisiert, weil diese die Wirklichkeit des Selbstes in der Welt vernachlässige, kritisiert er die traditionelle Betrachtungsweise der Buddhisten, weil sie ein immerwährendes Selbst verneint:

„Nach ihr ist die Wiederkehr der Geburt eine verlängerte mechanische Kette. Sie erblickt mit einem Gefühl des Leidens und der Abneigung das immerwährende Sich-im-Kreise-Drehen eines ungeheuren kosmischen Rades der Energie, ohne göttlichen Sinn in seinen Offenbarungen, mit Bejahung unwissenden Verlangens am Anfang und dem Für-null-und-nichtig-Erklären der Wonne des Entrinnens am Ende. Das ganze Rad dreht sich nutzlos, zerstört für immer den Frieden des Nicht-Seins und bringt Seelen hervor, deren einzige, sich kaum bietende Gelegenheit und Aufgabe es ist, aufzuhören." (The Supramental Manifestation, S. 116)

Diese Stellungnahme zur Position des Buddhisten zeigt das Ausmaß, in dem Sri Aurobindo sich der Wirklichkeit des Selbstes, der Welt und deren schöpferischer Zusammenarbeit, die sie in ihrem Miteinander für den göttlichen Zweck entwickeln, verpflichtet weiß:

„Was aber wäre, wenn die Wiedergeburt in Wahrheit keine lange, sich fortschleppende Kette ist, sondern zunächst eine Leiter zum Aufstieg der Seele und zuletzt eine Aufeinanderfolge machtvoller geistiger Gelegenheiten? Das wird so sein, wenn das unendliche Sein nicht das ist, als was es dem logischen Intellekt erscheint, eine abstrakte Wesenheit, sondern was es für die Intuition und die tiefere Erfahrung der Seele ist, nämlich eine bewußte geistige Wirklichkeit, und wenn diese Wirklichkeit hier ebenso wahr ist wie im entlegenen Überbewußtsein. Denn dann wäre die allumfassende Natur kein Mechanismus ohne Geheimnis mehr, nicht ihre unbewußte Mechanik und nicht absichtsloses, bloß wiederkehrendes Funktionieren. Sie wäre die bewußte Kraft des universalen Geistes, der in der Erhabenheit ihres Ablaufs verborgen ist, mahimanam asya. *Die Seele, die vom Schlaf in der Materie durch pflanzliches und tierisches Leben bis auf die menschliche Stufe der Lebensmacht emporsteigt und dort gegen die Unwissenheit kämpft, aber zu begrenzt ist, um ihr unendliches Königreich in Besitz zu nehmen, wäre dann der Vermittler, dazu bestimmt, den Geist in der Natur zu entfalten, der in deren Feinheiten und Unermeßlichkeiten verborgen ist. Dies ist der Sinn des Lebens und der Welt, wie ihn der Gedanke evolutionärer Wiedergeburt uns eröffnet. Das Leben wird auf einmal eine fortschreitende Aufstiegsfolge für den sich entfaltenden Geist. Es enthält*

eine ganz tiefe Bedeutung: Der Weg des Geistes in seiner Macht wird gerechtfertigt, ist nicht mehr närrischer leerer Traum, ewiges Delirium, großes mechanisches Spielzeug oder grenzenlose Sinnlosigkeit, er ist vielmehr die Summe der Werke oder ein großes geistiges Wollen und Weisheit. Die menschliche Seele und der kosmische Geist schauen einander in die Augen in edler und göttlicher Absicht.“

(The Supramental Manifestation, S. 12-21)

Integraler Yoga und die Aufgabe des gegenwärtigen Zeitalters

Aurobindos Yoga-Lehre basiert auf den Yoga-Wegen der Bhagavad Gita – des Wissens, des Handelns, der Hingabe und der Meditation – geht aber über die Gita hinaus und verlangt vom Yoga-Übenden, ebenso mit der Entwicklung der Menschheit wie mit seiner geistigen Befreiung befaßt zu sein. Alle Yoga-Wege der Gita werden in Aurobindos integralem Weg bejaht und erweitert.

In der Gita wird Arjuna aufgefordert, Brahman in der Erscheinung des inkarnierten Gottes Krishna zu kennen oder zu erkennen. In Aurobindos Integralem Yoga wird vom Suchenden erwartet, daß er um die weitest mögliche Offenbarung des göttlichen Wesens, von seiner anfänglichen Involution in Zeit und Raum an, über die physischen, vitalen, mentalen und supramentalen Stufen der Entwicklung weiß. Dem Karma-Yoga der Gita fügt Aurobindo hinzu, daß der Karma-Yogi allen Aufgaben und allen Teilnehmern am *lila* (dem göttlichen Lebens-Spiel) der menschlichen Gemeinschaft in ihrem evolutionären Kampf dienen muß, ohne den Früchten seines Handelns verhaftet zu sein. Die Gita lehrt die reine Hingabe an und die Liebe zu Krishna. Der Integrale Yoga fügt dem hinzu, daß der Ergebene seine Verpflichtung erweitern muß und eine selbst-aufopferungsvolle Liebe zu allen Manifestationen des göttliches Wesens in sie einbezieht.

Der Zustimmung der Gita zur überkommenen meditativen Disziplin, wie sie in Patanjalis Yoga-Sutras zusammengefaßt ist, fügt Aurobindo die Betonung der Erfahrung der göttlichen Kraft hinzu, so daß Meditation sich auf eine Umwandlung des Willens einstellt und zu ihr hinführt. Darüber hinaus zeigt Aurobindo in seiner Synthese des Yoga, daß die Yoga-Wege der Gita voneinander abhängen und sich wahrhaft zu einem Ganzen zusammenschließen:

„*Mittels des integralen Wissens gelangen wir zur Vereinigung der Ziele, die wir uns auf drei Pfaden des Wissens, des Wirkens und der Hingabe gesetzt haben. Der Yoga des Wissens zielt auf die Realisation wahren Selbst-Seins. Der Yoga des Wirkens zielt auf die Realisation des göttlichen Bewußtheits-Willens, der insgeheim alles Handeln lenkt. Der Yoga der Hingabe zielt auf die Realisation der Seligkeit, die sich so wie der göttliche Liebende an allen Wesen und an allem Seienden erfreut:* Sat, cit-tapas *und* ananda. *Darum strebt jede einzelne Methode danach,* Saccidananda *durch den einen oder anderen Aspekt Seiner dreieinigen göttlichen Natur zu besitzen.*" (The Synthesis of Yoga, S. 406; dt. A. S. 448)

Außer den Yoga-Wegen, die traditionellerweise mit der Gita in Zusammenhang gebracht werden – die Wege des Wissens, des Wirkens, der Hingabe und dem vierten, der Meditation, der nicht immer mit den drei anderen aufgeführt wird – hebt Aurobindo den Tantra-Weg oder die Lehre von der Vergeistigung der Natur hervor. Er beschreibt die Tantra-Methode wie folgt:

„Sie will die menschliche Natur in die manifestierte Macht des Geistes erheben. Dabei faßt sie die gesamte Natur zu einer spirituellen Umwandlung zusammen."

(The Synthesis of Yoga, S. 585; dt. A. S. 621)

In Aurobindos Integralem Yoga bezieht sich Tantra auf die Vereinigung des Yoga-Übenden mit Shakti, der Kraft der göttlichen Mutter, um eine Umwandlung des materiellen Lebens zu bewirken. Tantra-Yoga oder einfach Tantra hat eine wichtige Funktion in Aurobindos gesamter geistiger Lehre, weil diese sich auf die heutige Gelegenheit und Notwendigkeit konzentriert, dem göttlichen Willen zu dienen und dabei zu helfen, sich zu offenbaren, vor allem im Verein mit der supramentalen Kraft, die jetzt durch spirituell hoch entwikkelte einzelne wie Sri Aurobindo und die Mutter wirkt. Aurobindos Yoga-Lehre basiert allerdings nicht ausschließlich auf dem Tantra oder der Gita, vielmehr auf beiden und seiner bzw. ihrer zeitgenössischen indischen und westlichen spirituellen Erfahrung.

Es ist bemerkenswert, daß Aurobindos geistige Erfahrung von zwei Seiten her eine westliche Färbung erhielt: durch seine Erziehung und Ausbildung in England, von der Grundschule bis zum Abschluß am King's College der Universität von Cambridge, und durch den Einfluß der Mutter. Hingegen zeigt er wenig oder gar keine Spur von Einfluß seitens christlicher Spiritualität oder im Zusammenhang mit dem Christus. In einem Brief an einen Schüler aus dem Jahre 1936 (worin es um die Meinung über eine dritte Person geht) bekannte Aurobindo seine Beziehungslosigkeit gegenüber Christus wie seine tiefgründige Bezugnahme auf Krishna:

„Ich habe Schwierigkeiten, etwas über Christus und Krishna zu sagen. Die Anziehungskraft, die ihrer Meinung nach Christus auf die Menschen ausübt, hat mich nie berührt, weil ich von der Trockenheit und Kälte des Christentums in England angewidert wurde und weil der Christus des Evangeliums (abgesehen von einigen wenigen geistreichen Episoden) zweifellos glänzend, aber irgendwie überschattet und unvollkommen konstruiert ist in seinem Glanz: Es wird mehr Ethisches als Geistiges herausgestellt, nicht der göttliche Mensch. Der Christus, der in den westlichen Heiligen und Mystikern lebendig war, ist der Christus des Heiligen Franz von Assisi, der Heiligen Therese und anderer. Aber abgesehen davon, ist es denn etwa so, daß Christus von Christen außerordentlich und intensiv geliebt wurde? Nur von

ganz wenigen, scheint mir. Was Krishna betrifft, so ist es nicht möglich, ihn und seine Offenbarungs-Tradition durch die Gestalt des Christus und die christliche Überlieferung zu beurteilen. Die beiden gehören zwei verschiedenen Welten an. In Christus lebt nichts vom großen, ungebundenen und souveränen spirituellen Wissen und der Macht der Verwirklichung, wie wir sie in der Gita finden, nichts von der emotionalen Kraft, Leidenschaft, Schönheit des Gopi-Symbols und all dessen, was dahinter steht, nichts von der vielseitigen Offenbarung der Krishna-Gestalt. Christus hat andere Qualitäten. Es bringt keinen Gewinn, sie nebeneinander zu stellen und gegeneinander aufzuwiegen." (On Himself, S. 137 f.).

Wenn man dies liest, fragt man sich, ob Sri Aurobindo hier nicht teilweise von dem Aurobindo Ghose beeinflußt ist, der das Christentum in England und über die britischen Gouverneure von Indien während seiner Zeit als indischer Nationalist erlebte. Er kritisiert zu Recht die westliche Gewohnheit, Christus mit Krishna, Buddha und anderen großen Seelen zu vergleichen, was selten frei von sektiererischer Enge geschieht. Aurobindo hat ganz bestimmte innere Beziehungen zu diesen Gestalten und entsprechende Vorstellungen, vermeidet aber, diese und die religiösen Traditionen, die sich um die großen Seelen entwickelt haben, gegeneinander auszuspielen.

Nichtsdestoweniger bestätigt Aurobindo, daß für ihn weder Buddha noch Christus den Rang haben, den Krishna einnimmt. Er sah es nicht als seine Aufgabe an, Vergleiche zwischen seiner Vorstellung von supramentaler Transformation und christlicher Inkarnations-Theologie anzustellen. Sein Denken bestätigt nicht, entmutigt aber auch nicht eine dritte Gruppe, die sich bei ihrem Versuch, Spiritualität zu erfahren, um die innere Verwandtschaft und geistige Ergänzung von seiner Schau der spirituellen Entwicklung und christlichem Evolutionsdenken bemüht, wie es von zeitgenössischen Denkern wie Pierre Teilhard de Chardin und Rudolf Steiner vertreten wird. Es besteht ein Bedürfnis nach besserem Verständnis für Vergleiche und Ergänzungen – ohne sektiererische Enge –, was die geistigen Kräfte betrifft, die von den drei beherrschenden geistigen Gestalten Krishna, Buddha und Christus repräsentiert werden, und für die Rolle, die sie weiterhin im zeitgenössischen geistigen und kulturellen Leben spielen.

Im Falle des Integralen Yoga verknüpft Aurobindo seine tiefgründige Bejahung der positiven Züge, die er an den überlieferten geistigen Lehren fand, mit einer radikal neuen Erkenntnis, die die neueste Entwicklung in der menschlichen Evolution betrifft. So betrachtet er beispielsweise im Hinblick auf die Gita Krishna als einen Avatar, ein göttliches Wesen, das Fleisch wurde zum Nutzen des Menschen in dessen Ringen um ein höheres und wahres Bewußtsein des Göttlichen. Aber Krishnas Botschaft, wie sie in der Gita und im überlieferten Hinduismus zum Ausdruck kommt, sieht er als unzureichend an im Vergleich mit seinem eigenen Verständnis des kommenden evolutionären Geschehens – der supramentalen Umwandlung der Materie. Er betrachtet Buddha, Krishna und Christus als Avatare, von denen jeder einen ganz bestimmten Beitrag zur Entwicklung der Menschheit geleistet hat, und er gibt zu, daß diese Beiträge noch immer für den Großteil der spirituellen Sucher bedeutsam sind. Er fügt jedoch hinzu, es werde mit dem Beginn der supramentalen Herabkunft in der zweiten Hälfte unseres Jahrhunderts für die Anhänger religiöser Traditionen – die Anhänger Krishnas, Buddhas und des Christus – in zunehmendem Maße möglich und wichtig, ihre jeweiligen Lebensaufgaben und Kräfte auf eine mehr spirituelle Art zu verwirklichen. Aurobindo bedauert, daß Hindus, Buddhisten und Christen gleichermaßen die geistige Mission von Krishna, Buddha und Christus allgemein auf ein ethisches und soziales Niveau (Essays on the Gita, S. 161 f.) reduziert haben. Dennoch hält er diese Traditionen nicht für wertlos, sondern erkennt an, daß sie ein Saatfeld für das spirituelle Zeitalter und die geistig Entwickelten bilden, die bald physisch in Erscheinung treten werden.

Aurobindo warnt vor Vergleichen, die aus ihrem evolutionären Kontext herausgenommen sind, würde es aber gewiß als verdienstvoll angesehen haben, wenn man eine Bestätigung seiner spirituellen Vision in anderen zeitgenössischen geistigen Einsichten und Traditionen entdeckte. Aurobindo stellt die Offenbarung des göttlichen Wesens in Materie, Leben und Mental heraus und unternimmt damit gleichzeitig den Versuch, die herkömmliche indische Betrachtung der geschaffenen Welt als Maya (Illusion) zu ersetzen durch eine Betrachtung der irdischen Entwicklung als einer Realität. Angesichts dessen ist es nützlich, die eigentliche Bedeutung von Aurobindos Position im Vergleich zur herrschenden christlichen Sicht der Schöpfung und irdischen Entwicklung darzutun. Der erste auffällige Unterschied zwischen Aurobindos Lehren und dem üblichen Christentum liegt darin, daß die Doppelidee von Karma und Wiedergeburt im Christentum fehlt, vor allem die Möglichkeit eines Fortschritts der Seele in Einklang mit dem Fortgang der irdischen Entwicklung. Aurobindo berücksichtigt zu wenig die Aussagen für und gegen die transformative Wirkung der Fleischwerdung des Christus und konzentriert sich stattdessen weitgehend auf das geistige Phänomen und die transformative Kraft, die er selbst erfuhr, auf die Herabkunft des Supramentals in der zweiten Hälfte dieses Jahrhunderts, als den entscheidenden Eingriff des göttlichen Wesens in die Geschichte des Menschen.

Aurobindos Betonung des geistigen Ursprungs und Zieles der Evolution und der transformativen Wirkung göttlichen Eingreifens, bietet eine breite

Grundlage an Übereinstimmung für eine Synthese von Christentum und Aurobindo. Die christliche Überlieferung (d. h. die Weiterentwicklung der Franziskanischen Tradition von Bonaventura her) kann, auch wenn sie häufig diesbezüglich versagte, eine ebenso positive geistige Quelle und geistiges Ziel der Evolution sein wie die transformative Wirkung göttlicher Einmischung. Die christliche Überlieferung kann als positive Deutung der Rolle, die die Materie spielt, verstanden werden, auch wenn sie häufig darin versagte. Noch deutlicher: Die Inkarnation des Christus in einem menschlichen Körper, der litt und sein Blut in die Erde vergoß, könnte zumindest als Analogie zur Rolle von Shakti, der göttlichen Kraft, aufgefaßt werden, die Aurobindo in den Mittelpunkt seiner Schau und Yoga-Lehre stellt. Darüber hinaus vermittelt Aurobindos Darstellung der besonderen Merkmale und möglichen Wirkungen der supramentalen Herabkunft geistige Erfahrungen und Umwandlungen, die Christen dem kontinuierlichen Einfluß beimessen, den Christus auf die menschliche Geschichte und die irdische Entwicklung genommen hat, und der Gnade genannt wird.

Nirgendwo vollzieht sich der Kampf zwischen Materie und Geist, der mit der unbewußten Bindung an die Evolution verknüpft ist, offenkundiger als in der jungen materialistischen und doch religiösen Kultur der Vereinigten Staaten. Aurobindo war nicht der einzige, der die große spirituelle Bedeutung des amerikanischen Experimentes, den amerikanischen Gang in die Wüste, erkannte.

In seiner Antwort auf die Bitte um eine Botschaft aus Anlaß seines Geburtstages, den Schüler 1949 in New York feierten, sandte Sri Aurobindo ein Drei-Seiten-Statement. Darin umriß er die sich ergänzenden Kräfte des Ostens (worunter er Indien und das buddhistische Asien versteht) und des Westens (worunter er Europa und Nordamerika versteht). Drei Gesichtspunkte bietet er an, von denen jeder geeignet ist, die Bedeutung Sri Aurobindos für den Westen (und besonders für Amerika) in der Gegenwart besser zu verstehen. Erstens bemerkt er, daß im Gegensatz zu der üblichen Annahme Ost und West in ihrer Geschichte nicht völlig entgegengesetzt seien oder sich gegenseitig ausschließen. Der Osten, der gemeinhin als typisch spirituell und mystisch angesehen werde, habe nichtsdestoweniger „seine materialistischen Tendenzen gehabt, seinen materiellen Glanz, den gleichen oder identischen Umgang mit Leben, Materie und der Welt, in der wir leben“ und „der Westen besaß nicht weniger als der Osten sein spirituelles Suchen und – wenn auch nicht in solcher Fülle – seine Heiligen, Weisen und Mystiker“. (On Himself, S. 414) Aurobindos zweiter Punkt betrifft den Kontrast, der in den letzten Jahrhunderten in zunehmendem Maße bestimmend geworden ist. Mit der Festlegung auf die

Naturwissenschaft habe der moderne Westen den geistigen Bereich zunehmend vernachlässigt und schließlich geleugnet:

„Der Westen hat sich mehr und mehr auf die Welt konzentriert, auf den Umgang des Mentals und des Lebens mit unserer materiellen Existenz, mit unserer Herrschaft darüber, mit der Vervollkommnung von Mental und Leben und etwas Erfüllung für den Menschen hier auf Erden. Das ging schließlich so weit, daß der Geist geleugnet und die Materie als einzige Wirklichkeit auf den Thron erhoben wurde." (On Himself, S. 414 f.)

Aurobindos dritter Punkt besagt als Schlußfolgerung schlicht und einfach: Die tiefe Erfahrung und Erkenntnis des Geistes, die noch im Osten lebendig ist, könnte und sollte als das wahre Ziel der Bindung an die Evolution, wie sie der Westen versteht, betrachtet werden. Intelligenz und Kraft, die der Westen im evolutionären Ringen einsetzt, müssen dazu gebracht werden, der Evolution des Bewußtseins, nicht nur dessen Ausdruck in der materiellen Welt, Anerkennung zu zollen und zu dienen. Wenn der Westen hinter seine Bindung an Materie und Natur auf den geistigen Ursprung und das geistige Ziel des evolutionären Prozesses blicken könnte, wäre das die bestmögliche Kombination. Er schließt seine Botschaft mit folgender Hoffnung:

„Der Aufstieg der menschlichen Seele zum höchsten Geist ist das höchste Ziel der Seele und höchst notwendig für sie, denn es ist die höchste Wirklichkeit. Aber es kann auch die Herabkunft des Geistes und seiner Mächte in die Welt stattfinden, und das würde die Existenz der materiellen Welt ebenso rechtfertigen, ihr einen Sinn geben, einen göttlichen Zweck der Schöpfung verleihen und deren Rätsel lösen. Ost und West könnten versöhnt werden im Verfolg des höchsten und größten Ideals, der Geist könnte die Materie umarmen und die Materie im Geist ihre wahre Wirklichkeit und die in allen Dingen verborgene Wirklichkeit finden." (On Himself, S. 416)

Sri Aurobindos Vermächtnis stellt den einzigartigen, verheißungsvollen Versuch dar, eine geistige Grundlage und ein geistiges Ziel für Amerikas Bindung an das Materielle zu bieten. Es stellt eine Disziplin bereit, durch die alles materielle Leben in ein Werkzeug für den Fortschritt des einzelnen und der menschlichen Gemeinschaft verwandelt wird.

Bibliographie und Glossar

Anleitung zu weiterem Studium und Informationen

Wer ernsthaft an Sri Aurobindos Schriften interessiert ist, wird die dreißigbändige Ausgabe Sri Aurobindo's Birth Centenary Library (SABCL) benutzen müssen, deren Einzelbände auf den vorhergehenden Seiten inhaltlich aufgelistet sind. Die Auszüge in der vorliegenden Anthologie wurden dieser Ausgabe entnommen. Die SABCL ist zwar vergriffen, aber zahlreiche Bibliotheken verfügen über sie, und fast alle Einzelbände sind als Buch beim Matagiri Sri Aurobindo Center, P. O. Box 372, High Falls, N.Y. 12440, erhältlich.

Wenn nicht ausdrücklich anderes gesagt wird, erscheinen alle Werkteile bei: Sri Aurobindo Ashram, Pondicherry 605 002, Indien. Bei Bezugnahme auf die Bände der SABCL wird mit CL und der Angabe der Band-Nummer zitiert.

1. Einführung: Leben und Lehre

Die reichhaltigste Quelle für bibliographische Informationen über Sri Aurobindo bildet Sri Aurobindo on Himself and on the Mother (1953, CL XXVI). Ebenso verläßlich und informativ sind Nirodbarans Correspondence with Sri Aurobindo (1969) und Dilip Kumar Roys „Conversation" mit Sri Aurobindo in Among the Great (Bombay: Jaico Publishing House, 1950), S. 199-306.

Zu den meist gelesenen allgemeinen Einführungen in Sri Aurobindos Leben und Denken gehört Satprem, Sri Aurobindo oder Das Abenteuer des Bewußtseins (1968), das aus kurzen Auszügen aus dem Werk Sri Aurobindos besteht, die durch Satprems fortlaufenden Kommentar miteinander verbunden werden. Beiträge Sri Aurobindos und der Mutter über Yoga, Evolution und Auroville enthält eine Sondernummer von Cross Currents, XII (Winter 1972) mit dem Titel „Sri Aurobindo: His Life, Thought and Legacy", hrsg. von Robert A. McDermott.

Das vielleicht beste einschlägige Sekundär-Werk stammt von R. R. Diwakar: Mahayogi Sri Aurobindo (Bombay: Bharatiya Vidya Bhavan, 1967). Dieses Buch wird gut ergänzt durch Sisirkumar Mitra, The Liberator: Sri Aurobindo, India and the World (Bombay: Jaico Publishing House, 1970). Der ernsthaft Studierende der Werke Sri Aurobindos wird jedoch gern K. R. Srinivas Iyengars Buch Sri Aurobindo: A Biography and a History (2 Bde., 1972) zur Hand nehmen, eine 1400-Seiten-Studie, die wahrscheinlich für lange Zeit die maßgebende Arbeit bleiben wird.

2. Philosophie

The Life Divine (CL XVIII, XIX, deutsche Ausgabe: Das göttliche Leben, 2 Bde., Gladenbach: Hinder + Deelmann, 1974) zuerst fortsetzungsweise in der Zeitschrift Arya und in den dreißiger Jahren revidiert erschienen, enthält Sri Aurobindos Theorien von Sein, Wissen, Evolution und dem Göttlichen Wesen. Die letzten sechs Kapitel (CL XIX, S. 824–1070) bieten die klarste und verständlichste Darlegung der philosophischen Schau Sri Aurobindos.

The Mind of Light, Einführung und Bibliographie von Robert A. McDermott (New York: E. P. Dutton, 1971) stellt vielleicht die lesbarste kurze Zusammenfassung von Sri Aurobindos Evolutions-Philosophie in seinen eigenen Worten dar. Dieses Buch ergänzen zwei ausgezeichnete Anthologien: P. B. Saint-Hilaire (Pavitra), The Future Evolution of Man (1963) und Rishabhchand and Shyamsundar (Hrsg.), The Destiny of Man (1969).

In der Sekundär-Literatur bietet S. K. Maitras An Introduction to the Philososphy of Sri Aurobindo (1965) die klarste und knappste Zusammenfassung von Sri Aurobindos philosophischem System. Eine ausgezeichnete Studie stammt von Beatrice Bruteau, einer amerikanischen Autorin: Worthy is the World: The Hindu Philosophy of Sri Aurobindo (Rutherford, N. J.: Fairleigh Dickinson University Press, 1971). Eine ideale Einführung in Sri Aurobindos Philosophie als Synthese von östlichem und westlichem Denken schrieb Haridas Chaudhuri: Sri Aurobindo: Prophet of the Life Divine (1950; neu herausgegeben vom California Institute of Asian Studies, 1973). Zusammen mit Frederick Spiegelberg hat Professor Chaudhuri auch The Integral Philosophy of Sri Aurobindo (London: George Allen & Unwin, 1960) herausgegeben. Diese Arbeit enthält dreißig Essays über Sri Aurobindos Denken von indischen und westlichen Gelehrten. Professor Chaudhuri und McDermott haben das „Special Centenary Symposium on the Thought of Sri Aurobindo (1872–1950)" für die Zeitschrift The International Philosophical Quarterly, XII (Juni 1972) kompiliert.

3. Integraler Yoga

Sri Aurobindos Yoga-System wird am sorgfältigsten in The Synthesis of Yoga (1965; CL XX-XXI, deutsche Ausgabe Die Synthese des Yoga, Gladenbach: Hinder + Deelmann, 1976) dargelegt und hilfreich erweitert durch die drei Briefbände Letters on Yoga (1971; CL XXII-XXIV; deutsche Ausgabe Briefe über den Yoga, 4 Bde., Pondicherry, 1977 ff, AL: Hinder + Deelmann, Gladenbach). Die am besten geeignete einbändige Anthologie der Schriften von Sri Aurobindo und der Mutter über Yoga ist A Practical Guide to Integral Yoga (1971). Die wohl hilfreichste Sekundärquelle bietet Morwenna Donnelly, Founding the Life Divine: The Integral Yoga of Sri Aurobindo (London: Rider and Company, 1955). Der tiefer Suchende wird sich Rat holen bei Kees Bolle, The Persistence of Religion: An Essay on Tantrism and Sri Aurobindo's Philosophy (Leiden: E. J. Brill, 1965), vor allem auf den Seiten 79-102. Schriften über Yoga von Nolini Kanta Gupta und M. P. Pandit sind ebenso äußerst wertvoll.

4. Heilige Schriften: Übersetzungen und Kommentare

The Secret of the Veda (1971; CL X; deutsche Ausgabe: Das Geheimnis des Veda, Gladenbach: Hinder + Deelmann, 1987) und Hymns of the Mystic Fire (1952; CL XI) enthalten Übersetzungen aus dem Rig Veda und kurze Abhandlungen über die Veden und die Sprache der Arier. Diese Arbeiten werden leichter verständlich dargeboten von A. B. Purani (Hrsg.), Sri Aurobindo's Vedic Glossary (1962). Sri Aurobindos Kommentare zu den Upanishaden (1971; CL XII) heben deren vedische und tantrische Elemente hervor.

5. Soziales und politisches Denken

Sri Aurobindos frühes politisches Denken enthalten die Bände I-IV der CL. The Ideal of the Karmayogin (1966) und Speeches (1969) stellen die wohl repräsentativsten Sonderausgaben dar. Sri Aurobindos reifes gesellschaftliches und politisches Denken findet seinen Niederschlag in The Human Cycle (deutsche Ausgabe: Der Zyklus der menschlichen Entwicklung) und in War and Self-Determination (1971; CL XV).

Unter der Sekundär-Literatur dürfte Karan Singh, Prophet of Indian Nationalism: A Study of the Political Thought of Sri Aurobindo Ghose, 1893-1910

(London: George Allen & Unwin, 1963) die brauchbarste knappe Abhandlung sein. Zu ausführlicherem Studium vgl. V. P. Varma, The Political Philosophy of Sri Aurobindo (New York: Asia Publishing House, 1960). Über Sri Aurobindos Bedeutung als soziale und politische Kraft in Indien liegen mehrere Arbeiten von Sisirkumar Mitra vor.

6. Erziehung

Sri Aurobindos Schriften über Erziehung sind enthalten in Sri Aurobindo and the Mother on Education (1966), Sri Aurobindo and the Mother on Physical Education (1967) und The International Centre of Education at the Sri Aurobindo Ashram (Sonderheft von Mother India, November-Dezember 1968). Die besten Ausführungen über diese Ideen findet man bei Pavitra (P. B. Saint-Hilaire), Education and the Aim of Human Life (1967). Bezüglich Erziehung in Auroville vgl. Equals One, Nr. 4/1968: „Auroville: System of Education".

7. Indische Kultur

In Foundations of Indian Culture (1959; CL XIV; deutsche Ausgabe: Die Grundlagen der indischen Kultur, Gladenbach: Hinder + Deelmann, 1984) betont Sri Aurobindo die spirituelle Grundlage der indischen Kunst, Religion und Literatur. Zu seinen kleineren Arbeiten über verschiedene Aspekte der indischen Kultur zählen „The Brain of India", „The Chariot of Jagannatha", „The National Value of Art" und „The Renaissance in India" (letzteres deutsch enthalten in „Die Grundlagen der indischen Kultur"). Außerdem findet man Äußerungen zur indischen Kultur über das gesamte Werk verstreut, vor allem in The Harmony of Virtue (CL III) and The Hour of God (CL XVII).

8. Literatur

Sri Aurobindos literarisches Werk umfaßt Poesie (CL V), Stücke (CL VI), Kurzgeschichten (CL VII), Übersetzungen (CL VIII) und Literaturkritiken (CL IX). Savitri (CL XXVIII-XXIX; deutsche Ausgabe: Savitri – Legende und Sinnbild, Gladenbach: Hinder u. Deelmann, 1985) ist wahrscheinlich das längste Gedicht in englischer Sprache und Gegenstand ausführlicher Kommentare von Sri Aurobindo, der Mutter und vieler ihrer Schüler. K. D.

Sethna, Sri Aurobindo the Poet (1970) behandelt Sri Aurobindos Dichtung und seine Theorien über Dichtung, darüber hinaus vergleicht der Verfasser Sri Aurobindo mit Shakespeare.

9. Die Mutter

Sri Aurobindos Schriften über die Mutter sind im letzten Teil von Sri Aurobindo on Himself (1953; CL XXVI) und in The Mother (CL XXV) enthalten. Die meiste Sekundärliteratur über Sri Aurobindo handelt auch von der Mutter. Zu den Schriften der Mutter selbst gehören verschiedene Bücher, die Gespräche und Korrespondenzen wiedergeben. Zahlreiche Fragen mit schriftlichen Antworten der Mutter, die zuerst im Bulletin erschienen, wurden in einer Reihe von Ausgaben herausgebracht, deren erste Questions and Answers 1950-1951 (1972) und Questions and Answers 1956 (1973) waren. Die Arbeit der Mutter an der körperlichen Transformation, aufgenommen von Satprem, erschien fortsetzungsweise seit 1965 im Bulletin unter der Überschrift „Notes along the Way". 1973 wurden diese Protokolle zusammen mit den anderen Gesprächen und Schriften der Mutter in sechzehn Bänden als The Collected Works of the Mother veröffentlicht. Die vollständige Wiedergabe ihrer Gespräche mit Satprem umfaßt dreizehn Bände und wurde als Mother's Agenda vom Institute for Evolutionary Research veröffentlicht.

10. Bibliographien

Eine umfassende Liste mit wechselseitigen Verweisen der Schriften von und über Sri Aurobindo, die Mutter und den Ashram samt seiner Aktivitäten bietet H. K. Kaul, Sri Aurobindo, A Descriptive Bibliography (New Delhi: Munshiram Manoharlal, 1972). Eine mit Anmerkungen versehene Bibliographie befindet sich auch in Robert A. McDermott, The Mind of Light (S. 120-128). Die wohl brauchbarste und leicht zugängliche Beschreibung weiterer Lektüre enthält der Matagiri Katalog.

11. Zeitschriften

Folgende Zeitschriften werden (wurden) vom Sri Aurobindo Ashram und dem Auroville International Center veröffentlicht und sind entweder direkt von dort oder durch Matagiri erhältlich:

The Advent. Eine Vierteljahresschrift, die der Zukunftsschau Sri Aurobindos gewidmet ist.

All India Magazine. Eine Monatszeitschrift mit Auszügen aus den Werken Sri Aurobindos und der Mutter.

The Bulletin of the Sri Aurobindo International Center of Education. Vierteljahreshefte in Englisch und Französisch mit Essays und Gesprächen der Mutter, sowie Berichten über die Aktivitäten des Centers.

The Call Beyond. Eine Monatsschrift des Delhi-Zweigs des Sri-Aurobindo-Ashrams.

Collaboration. Eine Vierteljahresveröffentlichung von Matagiri, die Auszüge aus den Schriften Sri Aurobindos und der Mutter sowie Nachrichten über Personen und Zentren enthält.

Focus: Evolution. Ein Vierteljahres-Bulletin des Laboratory of Evolution, hrsg. vom Sri Aurobindo International Institute for Educational Research, Auroville.

Mother India. Eine Monatsschrift für Kultur.

Sri Aurobindo's Action. Die Monats-Zeitung der Organisation.

Sri Aurobindo Archives and Research. Eine zweimal jährlich erscheinende Zeitschrift, die unveröffentlichte Schriften Sri Aurobindos enthält.

World Union. Eine Vierteljahresschrift, die das Interesse der Organisation an der spirituellen Grundlegung des Weltfriedens widerspiegelt.

12. Der Ashram, Auroville, Zentren und Aktivitäten

Sri Aurobindos umfassendste Erörterung des Ashrams befindet sich in „The Mother and the Working of the Ashram" in The Mother 1982, CL XXV, S. 219-322). Eine knappe Zusammenfassung mit dem Titel Sri Aurobindo und His Ashram (1987) liefert Hintergrund-Information über die Gemeinschaft in Pondicherry und deren Beschreibung. Jedermann kann jederzeit den Ashram besuchen. Informationen über Unterbringung erhält man durch: The Secretary, Sri Aurobindo Ashram, Pondicherry, 605 002, Indien.

In Amerika ist Auroville vertreten durch Auroville International USA, P. O. Box 162489, Sacramento, CA 95816. AVI-USA ist eine gemeinnützige Organisation, die einen Rundbrief herausgibt und über die jeweils neuesten Informationen hinsichtlich der Besuchsmöglichkeiten für Auroville verfügt. Man kann mit Auroville direkt in Kontakt treten über: The Secretariat, Auroville, Kottakuppam 605 104, Indien. Sowohl der Ashram als auch Auroville haben nur begrenzte Unterbringungsmöglichkeiten, von daher empfiehlt sich Voranmeldung.

In den Vereinigten Staaten ist das Matagiri Sri Aurobindo Center die beste Stelle zum Erhalt von Verzeichnissen der Zentren, von Büchern, Rundbriefen, Informationen und Aktivitäten, die auf Sri Aurobindos Yoga bezogen sind. Seine Gründer heißen jeden, der die umfassende Bibliothek des Zentrums besuchen und benutzen möchte, willkommen, sich mit Matagiri, Mt. Tremper, N. Y. 12457, in Verbindung zu setzen. Alle anderen Auskünfte erteilt das Matagiri Sri Aurobindo Center (MSAC), P. O. Box 372, High Falls, N. Y. 12440.

Verzeichnis wichtiger Namen und Begriffe

Advaita-Vedanta, Bedeutende Schule der indischen Philosophie. Lehrt die Nicht-Zweiheit des Brahman. Basiert auf den Veden.

Ahimsa, Nichtverletzen. Element der Moralphilosophie Gandhis.

Ananda, Vollendete Glückseligkeit oder Wonne. Eines der drei Attribute des Brahman oder Sat-Chit-Ananda.

Arjuna, Krieger in der Bhagavad Gita, dem Gott Krishna als Avatar erschien.

Asana, Körperhaltungen. Teil des Hatha-Yoga.

Ashram, Religiöse Gemeinschaft, die auf der spirituellen Lehre eines Guru beruht.

Atman, Universales Selbst oder Geist.

Avatar, Eine Person, in der sich das göttliche Bewußtsein manifestiert (z. B. Rama, Krishna, Buddha).

Avidya, Unwissenheit, Mangel an Erkenntnis der Einheit des Seins.

Bande Mataram, „Ich beuge mich vor der Mutter (dem Vaterland)". Nationalhymne Indiens seit 1906.

Bhagavad Gita (Gita), „Gesang des Erhabenen". Belehrung Arjunas durch Krishna. Entwickelt drei Yoga-Wege, die Wege des Jnana, des Karma und des Bhakti. Heilige Hindu-Schrift von höchster Autorität. Entstanden etwa 100 v. bis 100 n. Chr.

Bhagavan, Gott als Liebe.

Bhakti, Liebe zum Göttlichen Wesen oder dessen Verehrung. Bhakti-Yoga: der Weg der Liebe und Verehrung bzw. Selbst-Hingabe.

Brahman, Absolute Wirklichkeit. Das Göttliche Wesen als das Eine.

Buddha, Gautama, der Erleuchtete Eine. Spiritueller Lehrer des 6. vorchr. Jahrhunderts, dessen Einfluß sich in ganz Asien ausbreitete. (Sri Aurobindo betrachtete Buddha als einen Avatar, den Buddhismus jedoch als weltverneinend.)

Dharma, Die Mannigfaltigkeit der sozialen, ethischen und religiösen Verpflichtungen des Hindu.

Gandhi, Mohandas K. (1869-1948), Genannt Mahatma, die große Seele. Führer der indischen Unabhängigkeitsbewegung und Befürworter von Ahimsa.

Guna, Eigenschaft. Die drei ursprünglichen Qualitäten, die das Wesen der geschaffenen Welt bilden: Sattva (Wissen, Erleuchtung), Rajas (Handeln, Energie), Tamas (Dunkelheit, Trägheit).

Guru, Lehrer, Spiritueller Führer.

Hatha-Yoga, Körperliche Disziplin, die im wesentlichen aus asanas und pranayama besteht.

Integraler Yoga, Sri Aurobindos Synthese verschiedener Yoga-Wege, vor allem von Jnana-, Karma-, Bhakti- und Tantra-Yoga sowie des Yoga der Selbst-Vervollkommnung. (Zu unterscheiden vom Yoga gleichen Namens, den später Swami Satchidananda entwickelt hat).

Ishvara, Der Herr. Gott als Gebieter der Schöpfung.

Jnana-Yoga, Der Weg spiritueller Erkenntnis.

Karma, Das Gesetz des Wertes, den jede Handlung zur Folge hat.

Karma-Yoga, Der Weg selbstlosen Handelns.

Krishna, Avatar des Vishnu. Offenbart sich in der Bhagavad Gita.

Kundalini, Zusammengerollte, schlafende Kraft, die in der Nähe der Basis der Wirbelsäule ihren Ort hat. Die Erweckung der Kundalini ist das Wesentliche auf dem Tantra-Weg.

Lila, Spiel. Das Seiende als Spiel des Göttlichen Wesens betrachtet.

Mahabharata, Eines der beiden großen indischen Epen. Eine umfassende Vereinigung von indischer Geschichte, Folklore, Moral und Spiritualität. Die eigentliche Quelle der Bhagavad Gita.

Maya, Das Mysterium des Seins. Die Illusion, daß den Einzeldingen dieselbe Wirklichkeit zukommt wie dem Brahman.

Mayavada, Die Theorie des Vedanta von der Welt als etwas durch die Macht einer Illusion Geschaffenes, das deshalb nicht in vollem Sinne wirklich ist.

Moksha, Spirituelle Befreiung. Freiwerden von den Bindungen des Ego.

Mutter, Offenbarung der Shakti. Die traditionelle indische Bezeichnung für spirituelle Würde in weiblicher Gestalt, besonders als Ergänzung einer männlichen Persönlichkeit oder Kraft (wie etwa Sita gegenüber Rama, Radha gegenüber Krishna, die Mutter gegenüber Sri Ramakrishna und die Mutter des Sri Aurobindo Ashrams gegenüber Sri Aurobindo).

Nehru, Jawaharlal (1889-1964), Mit Gandhi Führer der indischen National-Bewegung. Von 1947-1967 indischer Ministerpräsident.

Nirvana, Erlöschen des gewöhnlichen Seins infolge der Überwindung des Ego und ichhaften Verlangens.

Pondicherry, Alter Hafen in Indien südlich von Madras. Bis 1947 Hauptstadt der französischen Kolonie in Indien. Seit 1926 Standort des Sri-Aurobindo-Ashrams.

Prakriti, Grundprinzip der sichtbaren Welt. Die aktive Ergänzung zum Purusha.

Pranayama, Beherrschung und Kontrolle des Atems. Teil des Hatha-Yoga.

Purusha, Geist, untätig, wesenhaft Prakriti unterstützend.

Radha, Gemahlin Krishnas im Mahabharata.

Radhakrishnan, Sarvepalli (1888-1979), Bedeutendster Interpret der indischen Philosophie. Von 1962-1967 indischer Staatspräsident.

Raja-Yoga, Weg der Stillegung des Mentals gemäß der Yoga-Sutras des Patanjali. Umfaßt Konzentration, Meditation und Kontemplation.

Ramakrishna, Sri, Mystiker des 19. Jahrhunderts. Lehrer von Swami Vivekananda.

Rama, Sita, Held und Heldin des indischen Epos Ramayana.

Richard, Mira (21. Februar 1878 bis 17. November 1973), Französische Mystikerin. Seit 1926 Mutter des Sri-Aurobindo-Ashrams.

Richard, Paul, Französischer Diplomat und spiritueller Sucher. Freund Sri Aurobindos und Rabindranath Tagores. Verheiratet mit Mira Richard vor deren spiritueller Zusammenarbeit mit Sri Aurobindo.

Rishis, Die Weisen, die die Veden schrieben. Die Übermittler des vedischen Wissens.

Sadhak, Spiritueller Sucher.

Sadhana, Spirituelle oder yogische Praxis.

Samadhi, Die Vereinigung von persönlichem Mental mit dem höchsten oder kosmischen Bewußtsein im Yoga.

Sankhya, Eines der sechs orthodoxen Systeme der indischen Philosophie. Betont die Vielheit von Bewußtsein (Purusha) und die Universalität der Natur (Prakriti).

Sat-Chit-Ananda, Sein-Bewußtsein-Seligkeit. Die drei charakteristischen Merkmale des Brahman.

Savitri, Sri Aurobindos episches Gedicht von spirituellem Aufstieg und spiritueller Verwandlung der physischen Welt. Benutzt die alte puranische Legende von Satyam und Savitri stellvertretend für Sri Aurobindo und die Mutter als Werkzeuge der supramentalen Transformation.

Shakti, Göttliche oder kosmische Energie. Bewußte Kraft des Geistes. Offenbart in der Mutter.

Siddhi, Erlangen okkulter Kräfte.

Shiva, Die dritte Gottheit in der Hindu-Trinität (neben Brahma und Vishnu), bekannt für Zerstörung und Verwandlung des Kosmos. Kosmische Harmonie und Rhythmik,

Sri, Titel, der spirituelle Würde ansagt.

Sri Chinmoy, In Amerika seit den späten sechziger Jahren bekannter Yogi, der im Sri Aurobindo-Ashram erzogen wurde. Lebte zwanzig Jahre unter der spirituellen Anleitung der Mutter. Seine Lehren basieren auf dem Integralen Yoga Sri Aurobindos.

Supramental, Wahrheits-Bewußtsein. Die Ebene des Bewußtseins über dem Mental, die die niederen Ebenen (Materie, Leben, Seele und Mental) mit den höheren Ebenen des Seienden (Wonne, Bewußtheitskraft und Sein) verbindet. Das bewußte Werkzeug der spirituellen Entwicklung. Vereinigt die Einzeldinge der manifestierten Welt, ohne seine eigene vollkommene Einheit zu verlieren. Wird unterstützt vom Übermental.

Tagore, Rabindranath (1861-1941), Bekanntester Exponent der indischen, besonders der bengalischen Kulturszene während der ersten Hälfte des 20. Jahrhunderts. Erhielt 1912 den Nobelpreis für Literatur. Gründer von Shantiniketan, der bekannten Kultur- und Erziehungsstätte in der Nähe von Kalkutta.

Tantra, Disziplin der körperlichen Kraft (basierend auf Shakti).

Übermental, Bewußtseinsebene zwischen dem individuellen menschlichen Mental und dem Supramental. Man geht davon aus, daß dieses Mental durch Sri Aurobindo am 24. November 1926 ins Erdbewußtsein herabgekommen ist.

Vedanta, Ende oder Höhepunkt der Veden. Seine bekannteste Schule ist das Advaita.

Vedas, Die Heiligen Schriften, die die Grundlage der meisten religiösen und philosophischen Systeme der Hindus bilden (und die vedischen Hymnen und die Upanishaden enthalten).

Vishnu, Die zweite göttliche Person der Hindu-Trinität (neben Brahma und Shiva). Zu seinen Avataren zählen Rama und Krishna.

Vivekananda, Swami, Jünger Sri Ramakrishnas im frühen 20. Jahrhundert. Spiritueller Führer und Organisator des Ramakrishna-Ordens.

Yoga, Wörtlich: verbinden, vor allem mit dem Göttlichen Wesen. Umfaßt verschiedene Wege: Hatha-, Raja-, Jñāna-, Karma-, Bhakti- und Tantra-Yoga sowie den Integralen oder Purna-Yoga (Sri Aurobindos Synthese dieser Yoga-Wege).

Yogi, Einer, der Yoga praktiziert.

Das Werk Sri Aurobindos

Die Synthese des Yoga,	965 Seiten, Leinen
Das Göttliche Leben,	3 Bände, zus. 1213 Seiten
Essays über die Gita,	580 Seiten, Leinen
Savitri,	724 Seiten, Leinen
Das Geheimnis des Veda,	560 Seiten, Leinen
Die Grundlagen der indischen Kultur,	410 Seiten, Leinen
Das Ideal einer geeinten Menschheit,	362 Seiten, Paperback
Bhagavad Gita,	117 Seiten, Leinen
Verzeichnis der Sanskrit-Ausdrücke,	55 Seiten, broschiert
Die Mutter, Über sich selbst,	56 Seiten, gebunden

Zum Werk Sri Aurobindos

Rainer Püschel, Selbst-Transformation Integraler Yoga nach Sri Aurobindo und esoterisches Christentum, 187 Seiten, Paperback

Udo Knipper, Anthroposophie im Lichte indischer Weisheit Sri Aurobindo und Rudolf Steiner, 270 Seiten, Paperback

Wilfried Huchzermeyer, Der Übermensch bei Friedrich Nietzsche und Sri Aurobindo, 122 Seiten, Paperback

Alle Titel sind erschienen im: Verlag Hinder + Deelmann, Postfach 12 06, 3554 Gladenbach